Buch-Updates
Registrieren Sie dieses Buch auf unserer Verlagswebsite. Sie erhalten dann Buch-Updates und weitere, exklusive Informationen zum Thema.

Galileo BUCH UPDATE

Und so geht's

> Einfach **www.galileocomputing.de** aufrufen
<<< Auf das Logo **Buch-Updates** klicken
> Unten genannten **Zugangscode** eingeben

Ihr persönlicher Zugang zu den Buch-Updates

165768051379

Steffen Wendzel, Johannes Plötner

Einstieg in Linux

Eine distributionsunabhängige Einführung

Galileo Press

Liebe Leserin, lieber Leser,

schön, dass Sie sich für ein Galileo Computing-Buch entschieden haben.

Wir gehen davon aus, dass Sie an umfassendem Linux-Wissen interessiert sind, dass Linux für Sie nicht preiswertes Windows ist und Sie über den Desktop hinauskommen wollen. Kurz gesagt – dass Sie wirklich wissen wollen, wie es arbeitet.

Aus diesem Grund haben wir dieses Buch so konzipiert, dass es distributionsunabhängig verständlich ist. Ob openSUSE, Debian oder Slackware – Sie lernen das richtige Linux kennen. Vielleicht sind Sie nach der Lektüre an weiteren Galileo-Büchern zum Thema interessiert:

Unsere Autoren Steffen Wendzel und Johannes Plötner haben auch ein Handbuch zu Linux verfasst, das auf über 1000 Seiten noch umfassenderes und spezielleres Wissen bietet. Mehr Informationen zu diesem Titel finden Sie unter www.galileocomputing.de/1579. Auf der beiliegenden DVD ist das Buch als vollständige HTML-Version enthalten. Darüber hinaus bietet unser Web-Katalog zahlreiche weitere Bücher zu Linux-Themen, natürlich auch distributionsspezifische Werke, etwa zu Debian oder Ubuntu.

Dieses Buch wurde mit großer Sorgfalt geschrieben, begutachtet, lektoriert und produziert. Sollte dennoch etwas nicht so funktionieren, wie Sie es erwarten, dann scheuen Sie sich nicht, sich mit mir in Kontakt zu setzen. Ihre freundlichen Anregungen und Fragen sind jederzeit willkommen.

Und jetzt wünsche ich Ihnen viel Spaß beim Lesen!

Ihre Judith Stevens-Lemoine
Lektorat Galileo Computing

judith.stevens@galileo-press.de
www.galileocomputing.de
Galileo Press · Rheinwerkallee 4 · 53227 Bonn

Auf einen Blick

Der Name Galileo Press geht auf den italienischen Mathematiker und Philosophen Galileo Galilei (1564–1642) zurück. Er gilt als Gründungsfigur der neuzeitlichen Wissenschaft und wurde berühmt als Verfechter des modernen, heliozentrischen Weltbilds. Legendär ist sein Ausspruch *Eppur se muove* (Und sie bewegt sich doch). Das Emblem von Galileo Press ist der Jupiter, umkreist von den vier Galileischen Monden. Galilei entdeckte die nach ihm benannten Monde 1610.

Gerne stehen wir Ihnen mit Rat und Tat zur Seite:
judith.stevens@galileo-press.de bei Fragen und Anmerkungen zum Inhalt des Buches
service@galileo-press.de für versandkostenfreie Bestellungen und Reklamationen
stefan.krumbiegel@galileo-press.de für Rezensions- und Schulungsexemplare

Lektorat Judith Stevens-Lemoine, Anne Scheibe
Korrektorat Friederike Daenecke, Zülpich
Herstellung Steffi Ehrentraut
Satz Johannes Plötner, Steffen Wendzel
Einbandgestaltung Barbara Thoben, Köln
Titelillustration Johannes Kretzmar, Jena
Druck und Bindung Bercker Graphischer Betrieb, Kevelaer

Dieses Buch wurde gesetzt aus der Linotype Syntax Serif (9,25/13,25 pt) in LaTeX.
Gedruckt wurde es auf chlorfrei gebleichtem Offsetpapier.

Bibliografische Information der Deutschen Bibliothek
Die Deutsche Bibliothek verzeichnet diese Publikation in der Deutschen Nationalbibliografie; detaillierte bibliografische Daten sind im Internet über http://dnb.ddb.de abrufbar.

ISBN 978-3-8362-1089-8

3., aktualisierte Auflage 2008

Inhalt

Vorwort

Linux bietet Ihnen viele kleine Zahnräder, an denen Sie drehen können. Einzeln betrachtet sind diese vielleicht auf den ersten Blick unübersichtlich, verwirrend und unnötig kompliziert. Wenn Sie aber einmal das Potenzial ihres Zusammenspiels erkannt haben, wird Ihnen schnell klar, wie mächtig diese Werkzeuge doch sind.

Was auch immer Sie jetzt mit Ihrem System vorhaben: Linux bietet Einsteigern wie Profis alle Möglichkeiten. Wir hoffen, Ihnen das benötigte Grundwissen samt wichtiger Vorgehensweisen zur Problemlösung in diesem Buch zu vermitteln.

Zur dritten Auflage

An der zweiten Auflage dieses Buches gab es zwar – mal wieder – nichts zu berichtigen, doch überall dort, wo es nötig war, haben wir den Inhalt aktualisiert.

Mehr Know-how

Sie halten im Moment ein Einsteigerbuch in den Händen. Für diejenigen unter Ihnen, die noch mehr oder sogar wesentlich mehr wissen möchten, haben wir allerdings noch ein zweites Buch, »Linux. Das distributionsunabhängige Handbuch«, geschrieben, das Sie komplett gratis unter *linux-openbook.de* herunterladen können.

Dank

Unser Dank gilt wie immer unserer Lektorin Judith Stevens-Lemoine, die unsere Buchprojekte bereits seit vielen Jahren betreut und uns bei Fragen immer freundlich zur Seite steht. Des Weiteren geht unser Dank an Steffi Ehrentraut und Anne Scheibe vom Verlag, die uns bei der Produktion tatkräftig unterstützt haben. Auch Friederike Daenecke, die Korrektorin dieses Buches, soll ihren Namen hier finden.

Johannes Plötner und **Steffen Wendzel**

`autoren@ploetner-it.de`

Der Anfang ist der schwerste Teil der Arbeit.
– Platon

1 Einleitung

1.1 Was ist Linux?

Das fängt ja gut an. Da will man ein Buch schreiben und weiß nicht einmal, wie man das Thema grob umreißen soll. Dabei könnte alles so einfach sein – wir schreiben doch nur über ein Betriebssystem, das eigentlich keines ist, und über einen Begriff, der nicht mehr nur Technik, sondern mittlerweile eine ganze Philosophie umschreibt.

Der Kernel

Neugierig? Zu Recht! Trocken gesagt steht der Begriff Linux heute für ein sehr stabiles, schnelles, freies, UNIX-ähnliches Betriebssystem, obwohl Linux streng genommen nur der Kern (»Kernel«) dieses Betriebssystems ist.

Freie Software

Die Entwicklung von Linux begann 1991, als sich der finnische Student Linus Torvalds an die Programmierung eines Betriebssystemkerns machte. Und weil so ein Betriebssystemkern natürlich nicht so trivial zu programmieren ist, ließ er sich kurzerhand von anderen helfen. Damit das Ganze fair zuging, veröffentlichte Linus den Code unter der GNU General Public Licence, kurz GPL. Diese Lizenz besagt, dass jeder das Programm, das durch diese Lizenz geschützt wird, nach Belieben verändern und verbessern kann – mit einer Einschränkung: Das veränderte bzw. verbesserte Programm muss auch frei und dessen Sourcecode frei zugänglich sein, sodass die Entwicklung weitergehen kann.

Kommunismus!

Aber Ihr Leser, die Ihr jetzt schon freudig erregt und »Kommunismus!« schreiend aufgesprungen seid, lasst Euch sagen: Steckt die rote Fahne wieder ein, hängt das FDJ-Hemd bitte zurück in den Schrank, und macht um Gottes Willen die Ton-Steine-Scherben-Platte wieder aus! Linux ist bei Weitem nicht nur für die ewigen Rebellen unter uns, mittlerweile setzen immer mehr Firmen Linux und andere freie Software ein. Und noch schlimmer: Sie verdienen damit auch noch Geld! Und es werden täglich mehr Firmen, sodass ihre Anzahl, wenn wir sie während des Schreibens des Buches in mühevoller Recherche ermitteln würden, beim Erscheinen dieses Buches schon wieder hoffnungslos veraltet wäre.

Was kann Linux eigentlich, und was soll man damit anfangen? Nun, prinzipiell kann Linux erstmal alles.[1]

Portierungen Von Linus Torvalds 386er wurde Linux auf mittlerweile alle möglichen und unmöglichen Rechnerarchitekturen portiert. Nicht nur die PowerPC-Architektur von Apple, die auf dem Atari verwendeten 68020- und 68000-Prozessoren des Amigas, die PalmPilots, SGIs MIPS-Systeme, ARM, DEC Alpha-CPUs oder die Sparc-Systeme von Sun Microsystems sind mittlerweile schon Bastionen der Jünger des freien Betriebssystems, ja, auch die Playstation oder die XBox sind nicht mehr vor Linux sicher.

Der Kernel bietet Multitasking- und Multiuserfähigkeiten, um das gleichzeitige Arbeiten verschiedener Benutzer sowie das parallele Ablaufen von Programmen zu ermöglichen. Linux kann darüber hinaus mehrere Prozessoren gleichzeitig verwenden, was es natürlich für den Einsatz auf Großrechnern fit macht. Aber nicht nur die großen Multiprozessormaschinen in den Rechenzentren dieser Welt laufen unter Linux, auch der eine oder andere Videorekorder oder so manches Autoradio ist schon infiziert.

Konfigurierbarkeit Der Grund für diese extreme Verbreitung ist natürlich in erster Linie, dass sich jeder und jede sein bzw. ihr Linux so zusammenschustern kann, wie er oder sie es braucht. Und nach der Lektüre dieses Buches können Sie Linux zwar noch nicht unbedingt auf Ihre Armbanduhr portieren, aber doch zumindest Ihr System so bauen, dass alle Ressourcen optimal von Linux genutzt werden können und kein unnötiger Ballast mehr Ihre Rechnerzeit stiehlt.

Unter Linux können Sie von Ihrem alten Koaxialkabel-Netzwerk über kabellose Wireless-LAN-Verbindungen, Modem- und ISDN-Zugängen bis hin zum Gigabyte-FDDI-Netzwerk und modernen DSL-Anschlüssen alle Möglichkeiten der Vernetzung nutzen – denn als Kind des Internets ist Linux im Netzwerkbereich nahezu unschlagbar. Verschiedene Serverdienste erlauben den Einsatz in jedem nur denkbaren Einsatzbereich für Server. Dabei kommt auch der Heimanwender nicht zu kurz, der mit Linux natürlich auch CDs brennen, Filme anschauen und Musik hören kann.

Die Community Aber hat Linux nur Vorteile? Natürlich nicht. Freie Software – und damit Linux – ist ständig auf die aktive und selbstlose Hilfe vieler Freiwilliger rund um den Globus angewiesen. Da kann es schon mal vorkommen,

1 Zumindest wird daran gearbeitet.

dass ein für Sie ganz wichtiges Feature in einer Software noch nicht implementiert oder ein Programm schlicht noch nicht ausgereift ist. Außerdem halten es viele Hardwarehersteller trotz stark steigender Nutzerzahlen immer noch nicht für notwendig, Linux-Treiber für ihre Hardware anzubieten. Und so kann es sein, dass man eben nicht alle Features der neu erstandenen Grafikkarte nutzen kann oder vorerst auf Original Dolby Digital Sound aus seinen beiden Plastiklautsprechern verzichten muss. Allerdings bessert sich die Situation, was Treiber und Hardwareunterstützung anbelangt, ständig und ist nicht mehr mit den Zuständen zu vergleichen, als wir Autoren damals angefangen haben, uns mit Linux zu beschäftigen.

Hardwaresupport

Mittlerweile findet man in Linux ein sehr modernes und leistungsfähiges Betriebssystem, für das man auch als Firma keine Lizenzgebühren zahlen muss[2] und das sich keinesfalls hinter Systemen wie Microsofts Windows NT oder Apples MacOS zu verstecken braucht.

1.2 Die Linux-Distributionen

Die extreme Konfigurier- und Skalierbarkeit von Linux ist zwar sehr schön, aber eigentlich möchte man für den Anfang doch einfach nur ein System haben, das erstmal funktioniert und mit dem man arbeiten kann. Die Arbeit, ein funktionierendes System zusammenzustellen, übernehmen sogenannte *Distributoren*. Sie packen den Kernel, ein Basissystem und nach Lust und Laune noch extra Software zu einem Paket zusammen, das sich dann mehr oder weniger einfach über ein grafisches Interface installieren lässt.

Distributionen

Manche Distributoren verkaufen diese Pakete, wobei sie jedoch nicht die Software an sich verkaufen. Sie lassen sich für das Zusammenstellen der Programme, für die schöne Installation und meist noch für die Handbücher, die einem Paket oft beigefügt sind, bezahlen. Es gibt allerdings auch wie so oft kostenlose Distributionen, die im Internet heruntergeladen werden können. Des Weiteren haben die großen kommerziellen Distributionen meist eine Art kostenlose Evaluationsversion, in der nicht die gesamte Software des kompletten Pakets enthalten ist.

Knoppix – ein Linux von CD

Für den allerersten Linux-Schnupperkurs eignet sich eine Distribution besonders: Knoppix. Knoppix ist eine komplett von CD lauffähige Version

2 Wenn Sie also Linux-Software kopieren und an Ihre Freunde weitergeben, brauchen Sie nicht mal ein schlechtes Gewissen zu haben. Eine solche Verteilung ist nicht nur erlaubt, sondern ausdrücklich erwünscht.

der freien Debian-Distribution und benötigt keinerlei Plattenplatz.[3] Nach dem Booten wird eine hübsche grafische Oberfläche geladen, unter der Sie viele Programme, die unter Linux verfügbar sind und oft genutzt werden, ausprobieren können. Doch Knoppix ist nicht nur für einen ersten Eindruck sehr gut geeignet, denn selbst professionelle Anwender wissen den Nutzen von Knoppix als fast schon dekadente Luxusversion der Standard-Rettungsdiskette durchaus zu schätzen.

Debian Bleiben wir gleich bei Debian. Debian ist die freie Distribution, auf der Knoppix aufbaut. Professionelle Anwender schätzen Debian vor allem wegen seines ausgereiften Paketsystems. Die Programme liegen dabei in Paketen vor, die sehr sauber ins System integriert und auch wieder entfernt werden können. Besonders erwähnenswert ist dabei das ursprünglich für Debian entwickelte APT-System, das es ermöglicht, mit nur einer kurzen Zeile ein neues Softwarepaket automatisch (inklusive aller dafür benötigten Pakete) aus dem Internet zu laden, zu installieren und konfigurieren zu lassen. Nur aufrufen müssen Sie das Programm noch selbst. Trotz alledem ist Debian keine Distribution für Einsteiger, da die relativ schwierige Installation und Konfiguration eine gewisse Einstiegshürde darstellt.

Source selbst übersetzen Möchte man es noch etwas freakiger haben, kann man Gentoo installieren. Diese Distribution liefert keine bereits übersetzten und damit lauffähigen Programme, sondern nur den Sourcecode, der dann auf dem lokalen Rechner übersetzt wird. Das stellt sicher, dass beim Übersetzen alle Optimierungen und Features, die Ihr Prozessor und Ihr System bietet, genutzt werden können. Wem selbst das zu einfach ist, dem bleibt nur noch, Linux »from scratch« zu installieren. Das heißt, man baut alles selbst. Von Grund auf. Ohne Pakete, ohne Software, ohne Hilfe und ohne jede Installationsroutine.

Einsteiger-Linux Das andere Extrem wären wohl die SUSE- und die Ubuntu-Distribution. Diese Distributionen legen ganz besonderen Wert auf Benutzerfreundlichkeit und einfache Bedienung. Und das konsequent. Lobenswert ist hier vor allem die vorbildliche Hardwareerkennung und die einfache Installation.

Eine andere, auch sehr weit verbreitete Distribution ist RedHat. RedHat konzentriert sich eher auf den Servermarkt, ist also in diesem Buch für uns weniger interessant. Die ehemalige RedHat-Version für Desktop-Systeme wurde nämlich in das offene Fedora-Projekt ausgelagert. So gibt

3 Versuchen Sie das mal mit einem proprietären System!

es mit Fedora-Linux noch eine leicht zu bedienende Alternative zum kommerziellen SUSE-Linux.

Eine weitere, eher desktoporientierte Distribution ist Mandriva. Sie baut auf RedHat auf und bietet auch eine sehr einfache Installation und Konfiguration.

Slackware

Slackware ist eine der bekanntesten und ältesten freien Distributionen. Slackware bietet dem Anwender die Möglichkeit, bereits während der Installation einen Blick hinter die Kulissen der Funktionsweise zu werfen. Wenn Sie die Installation von Slackware mithilfe dieses Buches verstanden haben, können Sie dieses Wissen einfacher auf andere Distributionen übertragen – auch wenn diese vielleicht den einen oder anderen Schritt verstecken oder so nett umschreiben, dass man am Ende gar nicht mehr weiß, was man jetzt eigentlich mit seinem PC anstellt.

Die Alternative

So bleibt zusammenfassend zu sagen, dass die Wahl der Distribution teilweise von objektiven Gesichtspunkten, aber zu einem sehr großen Teil auch vom persönlichen Geschmack abhängt. Auf jeden Fall sollten Sie sich nicht davon abhalten lassen, auch mal die eine oder andere Alternative auszuprobieren. Denn mit Linux haben Sie ja die Wahl. Nutzen Sie sie.

Das Arbeiten ist dabei überall und unter jeder Distribution gleich – Unterschiede ergeben sich nur in der Installation, der Konfiguration und teilweise bei der Administration, wie zum Beispiel beim Aktualisieren des Systems.

1.3 UNIX- und Linux-Geschichte

Da Linux ein UNIX-ähnliches Betriebssystem ist und eine Unzahl von dessen Eigenschaften besitzt, beschäftigen wir uns an dieser Stelle zunächst einmal mit der Entstehungsgeschichte von UNIX. Wir beginnen dazu mit einem Rückblick in die graue Vorzeit der Informatik.

1.3.1 UNIX

Im Jahre 1965 begannen BELL, General Electric und das MIT an einem System namens MULTICS (multiplexed information and computing system) zu arbeiten. Als allerdings feststand, dass dieses Vorhaben scheitern würde, stieg BELL aus.

Die Raumfahrt

Als 1969 das Apollo-Raumfahrtprogramm der USA im Mittelpunkt der Aufmerksamkeit stand, begann Ken Thompson (BELL) aufgrund zu primitiver Möglichkeiten der Programmentwicklung mit der Entwicklung einer Zwei-User-Variante für den DEC PDP-7. Ziel war es, raumfahrtbezogene Programme zu entwickeln, um Orbit-Berechnungen für Satelliten, Mondkalender und Ähnliches zu realisieren. Das Grundprinzip von MULTICS wurde dabei übernommen, und so bekam das spätere UNIX beispielsweise ein hierarchisches Dateisystem.

Brian Kernighan nannte dieses System spöttischerweise UNICS (uniplexed). Erst später benannte man es aufgrund der Begrenzung für die Länge von Dateinamen auf der Entwicklungsplattform GECOS in UNIX um.

Ursprünglich waren alle UNIX-Programme in Assembler geschrieben. Ken Thompson entschied sich später, einen FORTAN-Compiler[4] zu entwickeln, da UNIX seiner Meinung nach ohne einen solchen wertlos wäre. Nach kurzer Zeit entschied er sich allerdings, eine neue Programmiersprache namens B zu entwickeln, die stark von der Sprache BCPL (Basic Combined Programming Language) beeinflusst wurde.

Aus B wird C

Da das Team 1971 ein PDP11-System bekam, das byte-adressiert arbeitete, entschloss sich Dennis Ritchie, aus der wortorientierten Sprache B eine byte-orientierte Sprache mit dem schlichten Namen »C« zu entwickeln, indem er u.a. Typen hinzufügte.

1973 wurde der UNIX-Kernel komplett neu in C geschrieben. Dieses neue UNIX (mittlerweile in der Version 4) wurde damit auf andere Systeme portierbar. Noch im selben Jahr wurde UNIX zu einem Multiuser-Multitasking-Betriebssystem weiterentwickelt und der Öffentlichkeit vorgestellt. Da C gleichzeitig eine sehr portable, aber auch systemnahe Sprache war, konnte UNIX recht gut auf neuen Plattformen implementiert werden, um dann auch dort performant zu laufen. Die Vorteile einer Hochsprache wurden hier deutlich: Man braucht nur einen Übersetzer auf einer neuen Hardwareplattform, und schon kann der Code mit nur wenigen Änderungen übernommen werden.

Derivate

1977 nahm man dann auch die erste Implementierung auf ein Nicht-PDP-System vor, nämlich auf ein Interdate 8/32. Dies regte weitere UNIX-Portierungen durch Firmen wie HP und IBM an, und die UNIX-Entwicklung begann, sich auf viele Abkömmlinge, sogenannte Derivate, auszuweiten.

System V

Die UNIX-Variante von AT&T wurde 1981 mit der von BELL zu einem einheitlichen »UNIX System III« kombiniert. 1983 kündigt BELL das »System V« an, das primär für den Einsatz auf VAX-Systemen an Universitäten

4 FORTRAN ist wie C eine Programmiersprache der dritten Generation und erlaubt das Programmieren in einer höheren Abstraktionsebene.

entwickelt wurde. Im Jahr darauf kündigt AT&T die zweite Version von System V an. Die Anzahl der UNIX-Installationen stieg bis dahin auf ca. 100.000 an. 1986 erscheint System V, Release 3. Schließlich wurde 1989 System V Release 4 (SVR4) freigegeben, das noch heute als UNIX-Standard gilt.

Neben SVR4-UNIX gab es noch eine Entwicklung von BSD-UNIX, auf deren Darstellung wir hier natürlich keineswegs verzichten möchten.[5]

Bereits 1974 verteilte AT&T Quellcode-Lizenzen an einige Universitäten. Auch das Computing Science Research Center (CSRC) der University of California in Berkeley bekam solch eine Lizenz.

Das erste BSD

In Berkeley wurden in den darauffolgenden Jahren von einem Kreis aus Programmierern der dortigen Universität ein neuer Code und Verbesserungen für AT&T-UNIX entwickelt, wonach 1977 »1BSD«, die erste Berkeley Software Distribution, von Bill Joy zusammengestellt wurde. Im darauffolgenden Jahr wurde »2BSD« veröffentlicht, das über neue Software und Verbesserungen verfügte.

Das erste freie UNIX

1979 beauftragte die Defense Advanced Research Projects Agency (DARPA) der amerikanischen Regierung die Computer Systems Research Group (CSRG), die UNIX-Referenzimplementierung der Protokolle für das ARPANET, den Vorläufer des Internets, zu entwickeln. Die CSRG veröffentlichte schließlich das erste allgemein verfügbare UNIX namens 4.2BSD, das unter anderem folgende wichtige Merkmale aufwies:

- Integration von TCP/IP
- Berkeley Fast Filesystem (FFS)
- Verfügbarkeit der Socket-API

Somit kann dieses BSD-Derivat als Urvater des Internets angesehen werden. Durch die Integration von TCP/IP und die Berkeley Socket-API wurden Standards geschaffen bzw. geschaffene Standards umgesetzt, die für das spätere Internet essenziell sein sollten. Wenn man bedenkt, dass selbst heute noch eben diese Berkeley Socket-API als Standard in allen netzwerkfähigen Betriebssystemen implementiert ist, wird erst das volle Ausmaß der Bedeutung dieser Entwicklungen deutlich.

1989 entschloss man sich dazu, den TCP/IP-Code in einer von AT&T unabhängigen Lizenz als »Networking Release 1« (Net/1) zu vertreiben.

5 Schließlich haben wir der BSD-TCP/IP-Implementierung mehr oder weniger das heutige Internet zu verdanken.

Net/1 war die erste öffentlich verfügbare Version. Viele Hersteller benutzten den Net/1-Code, um TCP/IP in ihre Systeme zu integrieren. In 4.3BSD Reno wurden 1990 noch einmal einige Änderungen am Kernel und in den Socket-APIs aufgrund der Aufnahme von OSI-Protokollen vorgenommen.

Im Juni 1991 wurde Net/2 herausgegeben, das komplett neu und unabhängig vom AT&T-Code entwickelt wurde. Die wichtigsten Neuerungen von Net/2 waren die folgenden:

- komplette Neuimplementierung der C-Bibliothek
- Neuimplementierung von vielen Systemprogrammen
- Ersetzen des AT&T-Kernels bis auf 6 Dateien

Nach einiger Zeit stellte Bill Jolitz, der nun auch die letzten 6 Dateien neu entwickelt hatte, ein vollständiges, bootbares Betriebssystem zum freien FTP-Download zur Verfügung. Es trug den Namen 386/BSD und lief auf Intel-Plattformen.

Die Berkeley Software Design, Inc. (BSDI) brachte 1991 mit BSD/OS eine kommerzielle Weiterentwicklung von 386/BSD auf den Markt. Diese Version konnte für den Preis von 999 US-Dollar erworben werden.

NetBSD

1992 entstand außerdem das freie NetBSD-Projekt, das es sich zum Ziel setzte, 386/BSD als nichtkommerzielles Projekt weiterzuentwickeln und auf möglichst vielen Plattformen verfügbar zu machen.

Nachdem die UNIX System Laboratories (USL), eine Tochtergesellschaft von AT&T, BSDI wegen einer Urheberrechtsverletzung verklagt hatten, mussten einige Veränderungen am Net/2-Code vorgenommen werden. Daher mussten 1994 alle freien BSD-Projekte ihren Code auf den von 4.4BSD-Lite (auch als Net/3 bezeichnet) umstellen. Mit der Veröffentlichung von 4.4BSD-Lite2 im Jahre 1995 wurde die CSRG aufgelöst. Allerdings werden die mittlerweile existierenden 4 BSD-Derivate NetBSD, BSD/OS, FreeBSD und OpenBSD noch bis heute gepflegt und ständig weiterentwickelt.

1.3.2 Die Geschichte vom kleinen Linux

Das erste Linux

Wir schreiben das Jahr 1991, und Linus Torvalds kann die Version 0.02 von Linux bereits in der Newsgroup `comp.os.minix` posten. Zu diesem Zeitpunkt liefen bereits Programme wie der GNU C-Compiler (`gcc`), die bash und compress auf diesem System.

Im Folgejahr stellte er Version 0.12 auf einen Anonymous FTP-Server, wodurch die Anzahl derjenigen stieg, die an der Systementwicklung mitwirkten. Im gleichen Jahr wurde die Newsgroup `alt.os.linux` gegründet. So wie das Internet mit BSD groß wurde, ist Linux also ein Kind des Internets.

Linux 1.0

Im Jahre 1994 wurde Version 1.0 veröffentlicht. Der Kernel verfügte zu diesem Zeitpunkt schon über Netzwerkfähigkeit. Außerdem portierte das XFree86-Projekt seine grafische Oberfläche – das X-Window-System – auf Linux. Das wohl wichtigste Ereignis in diesem Jahr ist jedoch, dass Linus endlich auf die Idee kam, den Kernelcode unter der GNU General Public License zu veröffentlichen. Zwei Jahre später war Linux 2.0 zu haben. Erste Distributionen stellten ihre Systeme nun auf die neue Version um, darunter auch Slackware mit dem »'96«-Release.

1998 erschien die Kernel-Version 2.2. Von nun an verfügte Linux auch über Multiprozessorsupport. Im Jahr 2001 erschien schließlich die Version 2.4 und im Dezember 2003 Version 2.6.

1.3.3 Die Kernelversionen

Linux-Versionen

Der Linux-Kernel erschien bis Juli 2004 in zwei Versionskategorien: einer Entwickler- und einer Stable-Version. Die Entwicklerversionen hatten ungerade Zahlen als zweite Versionsnummern (etwa 2.1, 2.3, 2.5), die Stable-Versionen hingegen gerade Zahlen (2.0, 2.2, 2.4, 2.6).[6] Eine dritte Zahl nummeriert die unterschiedlichen kleineren Releases, die beispielsweise mit neuen Features ausgestattet sind. Seit Kernel 2.6.11 jedoch kann zur schnellen Bereinigung schwerer Fehler auch eine vierte Versionsnummer geführt werden.

Entwicklerversionen des Kernels gibt es mittlerweile gar nicht mehr, und der Entwicklungsprozess läuft nun folgendermaßen ab: Es gibt ein Zeit-Delta (in der Regel 2 Wochen) innerhalb dessen neue Features in den Kernel eingebaut werden. Anschließend werden diese Features optimiert und auf ihre korrekte Funktionsweise hin überprüft. Steht fest, dass alle neuen Features ordentlich funktionieren, wird schließlich eine neue Kernelversion herausgegeben.

6 Sollten Sie mal jemanden treffen, der Ihnen von irgendwelchen komischen Versionen à la »Linux 8.0« erzählen will, haben Sie ein seltenes Exemplar der Spezies Mensch gefunden, die offensichtlich die falschen Bücher liest. Sie bringen nämlich die Versionen der Distributionen und des Kernels durcheinander.

Distributions-kernel

Aber keine Angst, aktuelle Distributionen beinhalten natürlich immer die Stable-Version. Einige Distributionen beschäftigen auch intern Kernelhacker, die die Features des (eigenen) Kernels erweitern, um den Anwendern beispielsweise zusätzliche Treiber zur Verfügung zu stellen.

Vanilla-Kernel

Wie bereits erwähnt, gibt es Distributionen, die einen modifizierten Kernel beinhalten und solche, die den unmodifizierten Kernel beinhalten. Dieser unmodifizierte Kernel ohne zusätzliche Patches wird auch als *Vanilla-Kernel* bezeichnet.

Die aktuelle Version

Auf *kernel.org* erfahren Sie zu jedem Zeitpunkt etwas über die aktuellen Versionen des Linux-Kernels. Führen Sie dazu einfach einen `finger`-Request auf diesen Host aus, oder benutzen Sie einen Browser, um eine Verbindung aufzubauen.

```
$ finger @kernel.org
[kernel.org]
The latest stable version of the Linux kernel is: 2.6.24
The latest snapshot for the stable Linux kernel tree
is: 2.6.24-git16
The latest 2.4 version of the Linux kernel is: 2.4.36
The latest 2.2 version of the Linux kernel is: 2.2.26
The latest prepatch for the 2.2 Linux kernel tree
is: 2.2.27-rc2
The latest -mm patch to the stable Linux kernels is:
2.6.24-mm1
```

Listing 1.1 Zum Zeitpunkt des Schreibens aktuelle Kernelversionen

Das Linux-Maskottchen

Da Linus Torvalds ein Liebhaber von Pinguinen ist, wollte er einen als Logo für Linux haben. Ein Pinguin wurde dann von Larry Ewing mit dem `gimp`-Grafikprogramm erstellt. Er gefiel Torvalds und fertig war *Tux*. *Tux* steht übrigens für ***Torvalds Unix***.

Abbildung 1.1 Tux

1.4 Die Anforderungen an Ihren Rechner

Um Linux auf Ihrem Rechner laufen zu lassen, benötigen Sie, je nach Einsatzgebiet des Systems, gewisse Hardwarevoraussetzungen. Da Linux jedoch sehr sparsam mit den Ressourcen umgeht, reicht für eine Minimalinstallation ohne Nutzung der grafischen Oberfläche durchaus ein 486er-Rechner mit 16 MByte RAM und einer VGA-Grafikkarte aus. Auf diesem System könnte Linux von Diskette gebootet werden und für die nächsten Jahre als Firewall für den heimischen DSL-Zugang dienen.

Anforderungen

Beim Einsatz auf einem Desktop-System empfiehlt es sich, einen ganz normalen Standard-PC heranzuziehen. Je nach Distribution und Wunsch reicht dabei eine 2 bis 8 GByte große Festplatte aus. Für speicherfressende Oberflächen wie KDE empfiehlt sich jedoch eine gewisse Windows-ähnliche Rechenleistungs- und Hauptspeicherkapazität.

1.4.1 Hardwarekompatibilität

Treiber

Eines jedoch muss im Umgang mit diesem System beachtet werden: Kaufen Sie nicht ziellos neue Hardware ein. Hin und wieder kommt es vor, dass die neue Grafikkarte nicht von der grafischen Oberfläche unterstützt wird oder dass noch niemand einen Treibercode für eine neue Soundkarte geschrieben hat. Daher gilt: Erst nachfragen, dann kaufen!

1.5 Über dieses Buch

1.5.1 Was Sie in diesem Buch erwartet

Die *Kapitel 2 und 3* behandeln die Installation der populärsten Distributionen. Es geht dabei um die Partitionierung von Festplatten, die Konfiguration des Bootmanagers `grub`, die Installation der Softwarepakete und des Kernels und den anschließenden Test der Installation.

Die folgenden Kapitel bieten einen Einblick in die Funktionsweise des Systems. *Kapitel 4* erklärt die grundlegende Funktionsweise, also das Zusammenwirken zwischen der Hardware, dem Kernel und den Userspace-Applikationen und den Einstieg in das Dateisystem. *Kapitel 5* beschäftigt sich mit dem Startvorgang von Linux bis hin zum Login-Prompt. *Kapitel 6* befasst sich schließlich mit der Thematik »Prozesse«, deren Umgebung, Hierarchie und Administration.

Kapitel 7 setzt sich mit der grundlegenden Administration auseinander, so zum Beispiel mit der Benutzerverwaltung, der Installation neuer Software, dem Einspielen von Backups und dem Kompilieren eines eigenen Kernels[7].

Der wohl wichtigste Teil dieses Buches ist *Kapitel 8*, »Die Shell«. Leider wird in vielen Linux-Büchern kaum auf die Shell eingegangen. Stattdessen finden Sie sich auf Seite 1 in der grafischen Benutzeroberfläche wieder und bekommen gesagt, wo Sie hinklicken müssen. Wir werden die Shell sehr detailliert behandeln, da diese nicht nur unter Linux, sondern auch auf allen anderen UNIX-Systemen das definitiv wichtigste und mächtigste Werkzeug für den Anwender, Administrator oder Programmierer darstellt.

In *Kapitel 9* lernen Sie die wichtigsten UNIX-Editoren kennen. Tatsächlich ist kaum einer von ihnen grafisch, dafür sind die meisten auf absolut jedem System vorhanden und immer nutzbar. Wir verwenden diese Editoren selbst, da man bei der Konfiguration von Linux-Systemen hervorragend auf diese zurückgreifen kann.

Für alle, die es bis hierhin geschafft haben und endlich die grafische Benutzeroberfläche sehen möchten, werden wir in *Kapitel 10* die Konfiguration dieser Oberfläche vornehmen und die wichtigsten grafischen Applikationen wie zum Beispiel den `xterm` und einige Windowmanager[8] vorstellen.

Kapitel 11 setzt sich anschließend mit der Netzwerkkonfiguration auseinander. Die wichtigsten Netzwerkapplikationen wie `ping`, `traceroute` und `netstat` werden hier erläutert. Auch die Einrichtung von Modems und DSL-Verbindungen wird an dieser Stelle besprochen. Unvermeidlich und daher natürlich auch mit dabei sind die DNS-Konfiguration, die wichtigsten Dienste, `syslog`, die Firewall und die Routingkonfiguration.

Kapitel 12 stellt die wichtigsten Web-, Usenet- und Mailprogramme wie `mozilla`, `knode` und `sylpheed` vor.

---

7 Wundern Sie sich nicht, wenn jeder zu Ihnen sagt, dass heutzutage kein Mensch mehr einen eigenen Kernel kompiliert. Das ist insofern richtig, als alle benötigten Funktionalitäten standardmäßig integriert sind oder durch Kernelmodule geladen werden können. Nach unserer Meinung ist es jedoch essenziell, sich als Anwender mit der Kernelkompilierung auseinanderzusetzen.

8 Das Wort Windowmanager verwechseln viele Nutzer mit dem WindowMaker. Der WindowMaker ist jedoch, etwa wie der fvwm, selbst ein Windowmanager. Mehr dazu in Kapitel 10.

Kapitel 13 beschäftigt sich mit der Nutzung von Druckern und der Textverarbeitung. Es geht um das Ansprechen von lokalen Druckern sowie von Netzwerkdruckern, um die Nutzung von Textverarbeitungsprogrammen wie `KOffice` und `Openoffice` und um das unverzichtbare Textsatzsystem LaTeX, mit dem auch dieses Buch erstellt wurde.

Verschiedene von Linux unterstützte Speichermedien und -verfahren werden in *Kapitel 14* erläutert. Darunter befinden sich ZIP-Laufwerke, SCSI- und RAID-Systeme sowie Disketten- und CD-Laufwerke, CD-Brenner, DVD-Laufwerke und USB-Memorysticks.

Für den Schluss haben wir uns das *Multimedia-Kapitel* aufgehoben. Hier erfahren Sie nun endlich – wir legen eben sehr großen Wert auf die spirituelle Reinigung eines jeden Users durch die Shell – wie die Einrichtung Ihrer Soundkarte, TV-Karte oder Webcam zu bewerkstelligen ist und mit welcher Software Sie diese benutzen können.

1.5.2 Wie Sie dieses Buch lesen sollten

Natürlich von links nach rechts und von oben nach unten. Wenn Sie dann auch noch von vorn nach hinten lesen, kann es theoretisch vorkommen, dass Sie mit einigen Begriffen oder Bezeichnungen noch nichts anfangen oder die Beispiele nur schwer nachvollziehen können. Wir bemühen uns zwar, das Buch schrittweise aufzubauen, allerdings ist die Thematik viel zu komplex, als dass dies immer reibungslos gelingen würde. Wenn Sie an so einer Problemstelle sind, lesen Sie einfach weiter, aber merken Sie sich Ihr Problem. Irgendwann wird der Punkt kommen, an dem wir jedes Problem im Detail behandeln und hoffentlich alle Fragen aus der Welt schaffen.

Ein solcher Vorgriff auf später behandelte Probleme sei gleich an dieser Stelle getan: Wie bereits erwähnt, möchten wir viel mit der Shell arbeiten, auch wenn wir diese im Detail erst in Kapitel 8 behandeln. In den Kapiteln davor ist es daher notwendig, dass Sie wissen, dass die Shell eine Art Eingabeaufforderung oder Kommandointerpreter ist. Man tippt einen Befehl ein, drückt die Enter-Taste und wartet das Ergebnis ab. Diese archaische Methode der Bedienung eines Computers mag Ihnen vielleicht nicht ganz zeitgemäß vorkommen, aber wir schwören: Sie werden sie lieben lernen und später mit einem mitleidigen Blick auf alle mausverwöhnten Computerbenutzer schauen.

In den Beispielen werden Sie also oft einen sogenannten *Prompt*, eine Eingabeaufforderung, sehen. Dahinter schreiben wir dann jeweils den

Befehl, den wir im aktuellen Beispiel benutzen wollen. Des Weiteren gilt: Jede Zeile ohne Prompt ist logischerweise das Resultat eines Befehls.

In den Beispielen werden wir zwei unterschiedliche Prompts benutzen: # sowie $. An dieser Stelle reicht es, wenn Sie wissen, dass Sie alle Befehle, die nach einer Raute (#) stehen, nur als Systemadministrator ausführen können, alle Befehle nach dem Dollarzeichen hingegen als x-beliebiger Nutzer. Was es sonst noch alles mit Administratoren und Benutzern auf sich hat, erfahren Sie zu gegebener Zeit.

```
# Befehl
Ausgabe des Befehls
```

Listing 1.2 Ein Beispiel

Icons

Im Buch sind einige Icons zu finden:

[»] Dieses Icon leitet einen Hinweis ein. Im Buch werden Sie einige Hinweise finden, die zusätzliche Randinformationen geben.

[zB] Dieses Icon leitet ein Beispiel ein. Oftmals werden wir verschiedene Themen erst besprechen und dann mit einem Beispiel verdeutlichen.

[!] Wenn Sie dieses Symbol sehen, möchten wir Ihnen etwas Wichtiges mitteilen oder Sie vor einem möglichen Problem warnen.

[+] Einen kurzen Tipp zeigt Ihnen dieses Symbol an.

1.5.3 Wo Sie weitere Informationen bekommen

Im Laufe der letzten Jahre entstanden unzählige Dokumentationen und frei zugängliche Informationssammlungen zum Betriebssystem Linux.

Wenn Sie eine gewisse Portion Mut aufbringen, auch einmal selbst etwas auszuprobieren, und eine Problemlösung gern konstruktiv angehen, dann stellt Ihnen Linux mehr als jedes andere Betriebssystem Möglichkeiten zur Selbsthilfe bereit, frei nach dem Motto: Hilf dir selbst, dann hilft dir Gott.

The linux documentation project

Als Erstes möchten wir an dieser Stelle auf das Linux-Dokumentationsprojekt (tldp) verweisen. Es beinhaltet eine große Anzahl freier Linux-Bücher,

FAQs, Dokumentationen und HOWTOs[9] in verschiedenen Sprachen. Die Webseite des Projektes ist unter `www.tldp.org` zu erreichen.

HOWTOs und FAQs

Möchten Sie unter Linux in Assembler programmieren, Ihren eigenen Firmen-Webserver aufsetzen oder auf Ihrer Katze Linux installieren, um den Futterverbrauch zu senken? Alles kein Problem – für jedes »Problem« gibt es eine Antwort in den Linux FAQs und HOWTOs, die ebenfalls unter `tldp.org` zu finden sind. In HOWTOs werden komplexere Szenarien dargestellt und größere Probleme behandelt, in FAQs hingegen werden häufig gestellte Fragen direkt beantwortet.

Manpages

Im späteren Verlauf des Buches kommen wir noch auf die Manpages zu sprechen. Manpage bedeutet so viel wie Handbuchseite (manual page), und bietet Hilfe zu allen möglichen auf Ihrem Linux-System verfügbaren Kommandos, Syscalls und eigentlich allem, was immer mal schnell wichtig ist.

Usergroups

Viele größere Städte verfügen über Linux-Usergroups. Usergroups treffen sich hin und wieder und tauschen die neuesten Linux-Probleme, Neuerungen und Eigenentwicklungen aus bzw. helfen einander. Die Mitgliedschaft ist in der Regel frei, und Anfänger sind willkommen.

Newsgroups

Für jedes Linux-Thema gibt es die passende Newsgroup, und das mittlerweile auch in so ziemlich jeder Sprache. Die für Einsteiger wichtigsten Newsgroups befinden sich in der Hierarchie `de.comp.os.unix.linux`. Empfehlenswert ist dabei besonders `.misc`, die alle Diskussionen umfasst, die nicht in die anderen Gruppen passen.

Zusätzlich seien noch ein paar Newsgroups genannt, die sich auf alle UNIX-Systeme beziehen und sehr empfehlenswert sind:

- Die Untergruppen der Hierachie de.comp.os.unix.apps
- de.comp.os.unix.discussion
- de.comp.os.unix.misc

9 HOWTO heißt auf Deutsch ungefähr so viel wie: So wird es gemacht.

- de.comp.os.unix.networking.misc
- de.comp.os.unix.shell
- de.comp.os.unix.programming

Adventure is the result of poor planning.
– Colonel Blatchford

2 Installationsvorbereitung

Bevor Sie zur Tat schreiten können und Ihr Linux-System installieren, müssen zunächst einige Vorbereitungen getroffen werden. Dieses Kapitel beschäftigt sich mit dieser Thematik.

Was beinhaltet dieses Kapitel aber im Speziellen?

Zuerst einmal eine Menge Verweise auf spätere Kapitel im Buch, da wir hier viele Themen nur kurz anreißen, um Ihnen eine erste Idee verschiedener Problemstellungen zu geben.

Dieses Kapitel ist in erster Linie als Sammlung von Hinweisen zu verstehen, die Ihnen während der Installation einer Linux-Distribution helfen sollen. Die eigentliche Installation besprechen wir am Beispiel einiger populärer Distributionen im nächsten Kapitel.

Worauf es ankommt

Um ein System zu installieren, müssen Sie sich darüber im Klaren sein, welche Hardware in Ihrem Zielsystem steckt. Die Kompatibilität dieser Geräte sollte geprüft werden. Eventuell werden Sie dann feststellen, dass einzelne Komponenten nicht oder nicht vollständig unterstützt werden. In diesem Fall können Sie entweder vorerst auf die Funktionen verzichten, oder Sie schaffen sich neue Hardware an – denn einen Kerneltreiber werden Sie ja wohl kaum programmieren wollen. Leider sind davon oft die neuen und superteuren Spielzeuge wie aktuellste Grafik- oder Soundkarten betroffen. Wenn man schon so ein Schmuckstück sein Eigen nennt, macht es nämlich überhaupt keinen Spaß, sich mit irgendwelchen qualitativ minderwertigen Kompatibilitätsmodi zufriedengeben zu müssen.

Haben Sie die hardwaretechnischen Fragen vorerst geklärt, sollten Sie sich den Festplatten zuwenden. Sind eine oder mehrere Festplatten in das System integriert? Welche Daten befinden sich darauf? Müssen Backups erstellt werden? Soll neben Linux noch ein weiteres Betriebssystem auf der Festplatte installiert werden? Und die wohl wichtigste Frage ist: Wie soll die Partitionierung der einzelnen Platten gestaltet werden? Aber eins nach dem anderen.

2.1 Die Anforderungen an Ihre Hardware

Wie bereits im voherigen Kapitel erwähnt wurde, können Sie Linux durchaus auf dem alten 486er installieren. Ob man mit einer solchen Ausstattung allerdings alle Aufgaben unseres multimedialen Zeitalters bewältigen kann, sei einmal dahingestellt.

Egal, was Sie tun möchten, die Hardwareanforderungen für 3D-Spiele und andere rechenintensive Aufgaben erfordern derzeit eigentlich immer eine gleiche Hardwareausstattung, wie Windows XP sie für dieselbe Aufgabe benötigen würde.[1]

2.2 Hardwareunterstützung

Auf dem Zielsystem[2] sollte natürlich die entsprechende Hardwarekompatibilität gewährleistet sein. Doch woher weiß man, welche Hardware überhaupt und, wenn ja, wie gut unterstützt wird?

Alt ist gut

In der Regel ist es so, dass ältere Hardware mit einer höheren Wahrscheinlichkeit als neuere Hardware unterstützt wird. Das liegt daran, dass die Entwickler genug Zeit[3] hatten, einen entsprechenden Treibercode in den Kernel zu implementieren. In den seltensten Fällen geben nämlich die Hardwarehersteller die nötigen Informationen über ihre Produkte frei. Schließlich könnte ja die Konkurrenz davon profitieren. Bei der wachsenden Unterstützung für Linux kann man sich eine solche Haltung aber bald nicht mehr leisten, da immer mehr Anwender schon vor dem Produktkauf auf Kompatibilität achten.

1 Windows Vista benötigt im Vergleich zu Linux mehr Rechenleistung und Speicher, um vernünftig zu laufen. Gleichzeitig bringt der Linux-Desktop aber Features mit sich, die sich locker mit denen von Windows Vista messen können (etwa den 3D-Desktop, transparente, schwankende und klebende Fenster).

2 Das Wort »Zielsystem« wird in diesem Buch benutzt, um den Rechner zu bezeichnen, auf dem eine Installation erfolgen soll.

3 In der Regel vergehen 3 bis 6 Monate vom Erscheinen der Hardware bis zur Unterstützung im Kernel.

In Kapitel 1 sprachen wir bereits die hohe Plattformverfügbarkeit von Linux[4] an, nun soll es um die einzelnen Peripherie-Geräte gehen.

2.2.1 Hardwarekompatibilitäts-Listen der Hersteller

Der Distributor SUSE stellt auf `cdb.suse.de` eine Datenbank bereit, in der die Hardwarekomponenten verzeichnet sind, die mit dieser Distribution funktionieren. Der Besucher kann mithilfe der Weboberfläche aus diversen Kategorien wie ISDN, Komplettsystemen, Netzwerkkarten, Amateurfunk, Chipsets, Scanner oder PCMCIA-Geräten auswählen und/oder nach Suchbegriffen im Bereich Hersteller und Modellbezeichnung suchen.

RedHat bietet für sein Enterprise Linux ebenfalls einen ähnlichen Service an. Unter `hardware.redhat.com/hcl/` ist die aktuelle Hardwareunterstützungsliste (hardware compatibility list, hcl) zu finden. Die gebotenen Suchmöglichkeiten sind ähnlich komfortabel wie bei der CDB von SUSE.

Für Notfälle

Wenn diese Ressourcen immer noch unbefriedigende Ergebnisse liefern, hilft Ihnen auf jeden Fall die Suchmaschine Ihrer Wahl weiter. Sicher hatte schon einmal irgendjemand auf dieser Welt ein ähnliches Problem und hat sich darüber ausgelassen. Allerdings erfordert dieses Vorgehen durchaus Eigeninitiative – aber wenn Ihnen das nicht passt, schreiben Sie ruhig Ihrem Lieblingshardwarehersteller einen oder gern auch mehrere Brandbriefe. Letztendlich liegt es nämlich nicht an den Leuten, die Linux aktiv weiterentwickeln, ob eine bestimmte Hardware unterstützt wird. In letzter Konsequenz ist dafür immer noch der Hersteller verantwortlich. Allerdings sollten Sie auch nicht die teilweise bescheidenen Leistungen in der Treiberprogrammierung geringschätzen, da eine solche Arbeit durch den Mangel an Informationen sehr schwer ist. Wem trotzdem etwas nicht passt, der kann es ja ändern und fehlende Features nachträglich einprogrammieren, schließlich ist der Quellcode frei.

2.2.2 X11 und Grafikkarten

Eine ganz spezielle Bemerkung bezüglich unterstützter Hardware sei hier den Grafikkarten gewidmet. Wie kaum in einem anderen Segment der Hardwareentwicklung gilt hier seit Jahren das Prinzip »höher, schneller, weiter«. Die neuesten Karten müssen ständig noch höhere Auflösungen beim Arbeiten und eine noch bessere Performance bei 3D-Spielen liefern.

4 Allerdings ist Linux, was Rechnerplattformen anbelangt, nicht das Nonplusultra. So unterstützt beispielsweise NetBSD (dicht gefolgt von OpenBSD) über 50 unterschiedliche Architekturen.

Wie schön, dass Linux es im Kontrast dazu erlaubt, ein System vollständig ohne Bildschirmausgabe in vollem Umfang zu nutzen – Linux selbst schert sich nämlich nicht im Geringsten um die Ausgabe. Sie kann natürlich wie gewohnt lokal auf einem an den Rechner angeschlossenen Bildschirm oder auch auf einem Tausende Kilometer entfernten, über das Internet mit diesem System verbundenen Rechner erfolgen.

Das impliziert natürlich, dass der Betriebssystemkern kaum Unterstützung für Grafikkarten jenseits des guten alten Textmodus bietet, der den Veteranen unter den Lesern sicher noch aus der MS-DOS-Zeit bekannt ist. Aus diesem Grund ist die grafische Oberfläche, auf die wir in einem gesonderten Kapitel später noch intensiv eingehen werden, vom Kernel getrennt.

NVIDIA und ATI bieten Kerneltreiber an, damit Sie deren High-End-Karten auch unter Linux voll ausnutzen können. Leider liegen diese Treiber nur binär vor. Distributionen wie Ubuntu können solche Treiber allerdings nach ein paar Mausklicks kinderleicht einbinden.

Die unter Linux und einigen weiteren UNIX-Derivaten verwendete grafische Oberfläche ist das X-Window-System[5]. Die Grafikkartentreiber dieser Oberfläche sind in der X.Org-Software selbst enthalten, die natürlich standardmäßig bei jeder Distribution mitgeliefert wird. Den aktuellen Status der Treiberentwicklung können Sie auf der Seite `x.org` nachlesen. Nachdem sich nun seit einiger Zeit die X.org-Foundation um diese Software kümmert, wird das Projekt von Firmen wie SUN, IBM und Hewlett-Packard gesponsort. Mehr hierzu erfahren Sie in Kapitel 10, »X11 – Die grafische Oberfläche«.

[+] Notieren Sie sich gegebenenfalls den Chipsatz Ihrer Grafikkarte. Einige Grafikkarten sind zwar nicht in der Konfigurationsauswahl aufgelistet, beinhalten aber den gleichen Chip wie bereits unterstützte Karten. Ist dies der Fall, kann die Karte in den meisten Fällen trotzdem verwendet werden – allerdings besteht auch die theoretische Möglichkeit, dass sie Schaden nimmt. Zwar sind solche Fälle nicht bekannt, aber ein Restrisiko bleibt natürlich immer.

5 Das X-Window-System wird oft einfach nur mit X oder X11R6 bzw. X11R7 (X-Window-System Version 11, Release 6/7) bezeichnet.

2.2.3 Linux auf Laptops

Sofern Sie Linux auf einem Laptop betreiben möchten, sei Ihnen die Webseite `www.linux-on-laptops.com` wärmstens empfohlen. Die von Keeneth E. Harker gestaltete Website enthält eine Liste nach Herstellern sortierter Laptops. Zu jedem dort eingetragenen Objekt gibt es eine Informationsseite, auf der eventuell zu ladene Kernelmodule und die (nicht) unterstützte Hardware aufgelistet sind. Ebenfalls auf dieser Seite zu finden ist das Linux HOWTO für mobile Computer und einige Informationen zum Betrieb auf Palmtops. Mit etwas Glück stößt man für das eine oder andere Modell auch auf eine komplette Installationsanleitung.

Jetzt wissen Sie jedoch immer noch nicht, welche neuen Hardwarekomponenten für Laptops lauffähig sind. Dafür gibt es mit der »Linux PCMCIA Supported Device List« eine Liste, die nach Kategorien wie Netzwerkkarten und Modems geordnet die Linux-kompatible Hardware aufzählt.[6]

2.2.4 Andere Geräte

Im Internet es zahlreiche Informationsquellen, die sich mit der Hardwareunterstützung vom Amateurradiogerät bis hin zum Webcamdreher beschäftigen. Wir möchten an dieser Stelle auch auf die Hersteller verweisen, die sich seit einigen Jahren immer mehr in Richtung Treiberentwicklung unter Linux bewegen und Ihnen oftmals schon auf den Webseiten der Produkte die entsprechenden Informationen geben. Andernfalls gilt die Regel: Nachfragen hilft oft weiter.

An dieser Stelle Hardwarelisten zu publizieren, würde nicht nur den Umfang des Buches sprengen, sondern auch nahezu unmöglich sein, da es für diverse Geräte auf privaten Webseiten Kernelmodule zum freien Download gibt, sodass unsere Liste wohl in zwei Tagen schon wieder veraltet wäre.

2.3 Festplatten und Partitionen

Da sicherlich viele Leser ein kleines Problem mit der Unterscheidung zwischen Festplatte und Partition haben, wollen wir hier zuerst auf die kleinen, aber feinen Unterschiede hinweisen.

---

6 Diese Liste ist unter der Adresse *pcmcia-cs.sourceforge.net/ftp/SUPPORTED.CARDS* zu finden.

Eine Festplatte ist zuerst einmal nur das physikalische Gerät, das irgendwo im Innern Ihres Computers mit dem Rest der Technik verkabelt ist. Um eine Festplatte nutzen zu können, muss sie partitioniert werden, sprich: Die Platte wird in kleinere Teile (Partitionen) aufgeteilt. Jede dieser Partitionen wird dann als eigenes *Laufwerk* behandelt. Damit ein Betriebssystem auf den Partitionen Daten speichern kann, muss es natürlich eine gewisse Ordnung einhalten, um die gewünschten Informationen später auch wiederzufinden. Eine solche Ordnung wird durch ein Dateisystem realisiert. Indem man eine Partition entsprechend formatiert, verpasst man ihr das jeweilige Dateisystem.

Partitionen

Nun ist es aber so, dass Computer meist schon vorinstalliert verkauft werden. Es gibt dann genau eine Partition, die genauso groß ist wie die Festplatte. Das macht in fast allen Fällen ein Umpartitionieren der Festplatte erforderlich, dazu aber später mehr.

IDE, SCSI, RAID

Erst einmal zurück zur generellen Unterstützung von Festplatten durch Linux. Die meisten (E)IDE-Festplatten laufen unter Linux völlig problemlos.

Beim Kauf von RAID-Controllern und SCSI-Platten bzw. -Controllern sollten Sie sich vorher erkundigen, welche Hardware wie unterstützt wird. Auch hier hilft die Suchmaschine Ihrer Wahl, und auch die Linux-Foren sind der richtige Ort für solche Fragen.

SATA

Viele SATA-Controller werden bereits von den Standardkerneln der Distributionen unterstützt. Es kann somit durchaus vorkommen, dass Distribution A Ihre Hardware findet, während Distribution B etwas Nachhilfe benötigt. Dazu muss man den Kernel mit einer neuen Konfiguration kompilieren, um einen entsprechenden Treiber einzubauen, oder man lädt ihn (falls möglich) als Kernelmodul nach. Dies gilt auch für fehlende Treiber für RAID- und SCSI-Controller.

Um Ihre Festplatte später richtig partitionieren zu können, müssen Sie zuerst verstehen, wie Linux Ihre Festplatte(n) organisiert. Diese Organisation wird sich grundlegend von allem unterscheiden, was Sie bisher kennen – es sei denn, Sie hatten schon einmal mit einem UNIX-ähnlichen Betriebssystem zu tun.

Linux ist es gleichgültig, wie viele bzw. ob Sie überhaupt Festplatten haben und wie diese denn partitioniert sind. Es ist Linux auch egal, ob Sie gerade Daten von einer CD oder von einem Verzeichnis eines anderen Rechners aus dem Internet lesen. Linux organisiert seine Daten in einem großen »virtuellen Dateisystem«, dem VFS. Alle vorhandenen Dateisysteme werden dabei beim Systemstart oder auch beliebig zur Laufzeit in das VFS eingebunden, man sagt auch gemountet[7]. Danach ist das Dateisystem mit einem ganz normalen Verzeichnis nicht zu verwechseln, und so macht es im Gegensatz zu gewöhnlichen Allerweltsbetriebssystemen durchaus Sinn, seine Festplatte ordentlich zu partitionieren.

Unter Linux besitzen einzelne Partitionen der jeweiligen Platten sogenannte Mountpoints in diesem virtuellen Dateisystem, also die Verzeichnisse, unter denen sie dann später erreichbar sind. Eine Festplatte wird unter Linux (wie es bei jedem Gerät der Fall ist) einem Device[8] zugeordnet. IDE-Festplatten werden mit *hdx* bezeichnet, wobei x für einen Kleinbuchstaben beginnend mit a (erste Festplatte), b (zweite Festplatte) usw. steht.[9] Die einzelnen Partitionen werden über Nummern angesprochen: *hda1* (Platte 1, Partition 1), *hdb2* (Platte 2, Partition 2). Hiermit setzen wir uns aber noch genauer in späteren Kapiteln auseinander.

Dateisysteme von Microsoft

Sofern Sie zuvor ein Dateisystem wie Microsofts FAT32 oder NFTS in einer Windows-Umgebung gewohnt waren, wird es Ihnen vielleicht zu Anfang etwas schwerfallen, die neue Verzeichnisorganisation zu verstehen. Jedoch legt sich das mit der Zeit und bei häufigerer Anwendung.

Zwei Beispiele

Sehen wir uns einmal ein Beispiel zur Konfiguration eines heimischen FTP-Servers an. Das System verfügt über eine IDE-Platte mit einer Speicherkapazität von 80 Gigabyte.

In diesem Fall wird zunächst einmal Speicher im Hauptverzeichnis für die grundlegende Systeminstallation benötigt. Hierfür reichen 4 Gigabyte völlig aus. Je nach Hauptspeicher muss gegebenenfalls geswappt, das heißt, Hauptspeicher auf die Festplatte ausgelagert werden. Hierzu empfiehlt es sich, eine entsprechende Swap-Partition anzulegen. In der Regel reichen für diese Aufgabe 100 Megabyte aus. Der restliche Speicherplatz der Festplatte sollte nun die eigentliche Aufgabe, nämlich die Bereitstellung von FTP-Speicherplatz, übernehmen.

Für das zweite Beispiel konzentrieren wir uns auf die Partitionierung eines Desktop-Systems. Wie Sie sehen werden, ist die typische Aufteilung der Partitionen auch hier recht einfach.

---

7 Der Begriff »mount« kommt aus dem Englischen und bedeutet eben das Einbinden eines Dateisystems.

8 Ein Device ist nichts anderes als eine Datei, die ein Gerät repräsentiert.

9 Die Bezeichnungen für SATA/SCSI-Platten sind fast äquivalent zu denen der IDE-Systeme. Jedoch wird anstelle des h ein s, also beispielsweise »sda1«, verwendet.

Folgende Konfiguration wäre für diesen Zweck recht sinnvoll:

Partition	Mountpoint	Kapazität
hda1	/	4 Gigabyte
hda2	*Swap*	100 Megabyte
hda7	*/var/pubftp*	75,9 Gigabyte

Tabelle 2.1 FTP-Server-Konfiguration

Für ein Desktop-System wäre diese Konfiguration denkbar:

Partition	Mountpoint	Kapazität
hda1	/	10 Gigabyte
hda2	*Swap*	256 Megabyte
hda7	*/home*	69,73 Gigabyte (der Rest)

Tabelle 2.2 Konfiguration eines Desktop-Systems

Im Verzeichnis */home* sind in der Regel die Heimatverzeichnisse der einzelnen Benutzerkonten hinterlegt. Jeder Benutzer (in diesem Fall also Sie selbst) darf seine eigenen Daten im persönlichen */home-* Unterverzeichnis ablegen, daher die große Speichermenge in diesem Verzeichnis.

Der einfachste Weg

Möchte man es sich allerdings ganz einfach machen und hat man – sagen wir mal – *mindestens* 256 MB RAM, dann kann man auch auf die SWAP-Partition verzichten. Außerdem könnte man das System auf einer einzigen Partition (/) installieren, auf der auch die */home*-Verzeichnisse liegen. Dies bringt Vorteile, aber auch Nachteile mit sich, und außerdem sollte man sich ruhig der Herausforderung stellen, verschiedene Partitionen und Mount-Points anzulegen. So kann man Erfahrungen sammeln!

2.3.1 Vorinstallierte Systeme

Was tun, wenn schon ein anderes System installiert ist? Es kommt sehr oft vor, dass Anwender Linux parallel zu einem anderen System auf einem Einzelrechner installieren möchten. Das setzt voraus, dass Linux und das andere System auf getrennten Partitionen installiert werden. Die Partitionen sind dabei in der Partitionstabelle der Festplatte abgelegt, und die als »aktiv« gesetzte Partition übernimmt den Bootvorgang.

Natürlich muss es nicht der Fall sein, dass sich Linux auf der gleichen Festplatte wie das andere System befindet. Linux kann auch auf einer zweiten Festplatte abgelegt werden.

Bootloader

Doch woher soll der Computer wissen, welches Betriebssystem er wann booten soll? Um diese Problematik zu lösen, muss man einen sogenannten Bootmanager verwenden, der Sie auswählen lässt, welches System gebootet werden soll. Linux-Distributionen bringen bereits einen Bootloader mit, den Sie schon während der Installation konfigurieren können.

2.3.2 Windows und Linux

Falls bereits Windows auf Ihrem Rechner installiert ist und trotzdem Linux auf die gleiche Festplatte wie das Windows-System installiert werden soll, gibt es mindestens vier Möglichkeiten:

- Sie löschen die Windows-Installation und partitionieren die Festplatte erneut. Dann wird zunächst Windows und anschließend Linux mit einem Bootmanager (etwa »LILO« oder »Grub«) auf der Platte installiert.
- Mit einigen Programmen (beispielsweise PartitionMagic) lassen sich Windows-Partitionen verkleinern. So wird Platz für eine zweite Partition, auf der sich dann Linux installieren lässt, geschaffen.
- Bei einigen neueren Windows-Versionen lassen sich übrigens die Partitionen direkt von der Systemsteuerung[10] aus verkleinern. Den freien Platz können Sie dann während der Linux-Installation wieder füllen, indem Sie neue Partitionen anlegen.
- Sie entscheiden sich letztendlich gegen die Installation auf der gleichen Festplatte und besorgen sich eine Zusatzplatte, auf der Linux gespeichert werden kann.

2.3.3 UNIX und Linux

FreeBSD und Konsorten auf der gleichen Platte wie das Linux-System? Es ist durchaus möglich. Allerdings sollten Sie dabei eine ganze Menge netter »Kleinigkeiten« beachten. Zum Beispiel sollte das »active«-Flag nicht für die falsche Partition gesetzt sein. Für einzelne Systeme sollten weitere spezifische Einschränkungen beachtet werden, auf die wir im Rahmen dieses Buches allerdings nicht eingehen können.

10 Systemsteuerung • Verwaltung • Computerverwaltung • Datenträgerverwaltung

2.3.4 Erstellen eines Backups

Wenn Sie eine Festplatte neu partitionieren, sollten Sie vorher immer ein Backup aller wichtigen Daten machen. Wenn alles gut geht, erzielen Sie zwar das gewünschte Ergebnis auch so, aber sicher ist sicher.

Ist die Festplatte schon partitioniert und damit eine Linux-Partition vorhanden, könnte trotzdem etwas bei der Installation schiefgehen.[11] Daher gilt auch in diesem Fall: Sichern Sie zumindest die wichtigsten Daten.

2.4 Installationsmedien

Linux können Sie je nach Distribution auf verschiedenen Wegen installieren. Hierzu zählt zum Beispiel die Installation von CD oder DVD, aber auch die Installation über das Netzwerk. So kann je nach verwendeter Distribution beispielsweise eine Installation über FTP oder über das Network Filesystem (NFS) vorgenommen werden.

Ebenfalls im Bereich des Möglichen ist die Installation von einer anderen Festplatte, einem DAT- oder ZIP-Medium oder teilweise sogar von einer Diskette[12].

---

11 Es soll schon oft vorgekommen sein, dass bei der Auswahl für das Ziel der Installation die falsche Platte angegeben wurde.

12 Diese Möglichkeit war früher verbreitet, wobei allerdings Dutzende Disketten benötigt wurden, um eine Distribution vollständig zu installieren. Heutzutage finden Sie nur noch bei sehr exotischen Distributionen, etwa Monkey-Linux, eine Diskettenversion vor.

Wenn man seine ganze Kraft auf das Studium von Irrlehren verwendet, so kann das großen Schaden anrichten.
– Konfuzius

3 Linux-Installation

Dieses Kapitel beschäftigt sich mit der Konfiguration der Festplatten, der Installation der Software und der Konfiguration des Bootloaders unter verschiedenen Distributionen. Zunächst werden wir ausführlich die Installation der Slackware-Distribution erläutern, um Ihnen ein Verständnis für die Installation aller Distributionen zu vermitteln. Anschließend werden wir nur noch die distributionsabhängigen Unterschiede der Installation weiterer populärer Distributionen aufzeigen.

Noch etwas vorweg ...

Der normale Weg, Linux zu installieren, beginnt damit, eine CD oder DVD, die das Installationssystem der jeweiligen Distribution enthält, in den Rechner zu legen und von dieser zu booten. Dies wird dadurch erreicht, dass man den Rechner mit eben diesem Medium im Laufwerk startet. Funktioniert dies nicht, so ist die Bootreihenfolge im BIOS anzupassen.[1]

3.1 Slackware-Installation

Nach dem Booten erscheint ein Text und die Meldung »`boot:`«. Drücken Sie an dieser Stelle einfach die Enter-Taste.[2] Anschließend wird der für die Installation vorgesehene Standardkernel geladen.

3.1.1 Die Tastaturbelegung

Zunächst steht Ihnen wohl oder übel die amerikanische Tastaturbelegung zur Seite, daher findet sich auf der Taste »ö« beispielsweise das Semi-

1 Leider wird die Konfiguration der Bootreihenfolge bei den unterschiedlichen BIOS-Varianten unterschiedlich erledigt. Aus diesem Grund verweisen wir an dieser Stelle an die Suchmaschine Ihrer Wahl.

2 Dieser Prompt erscheint nicht umsonst. Es gibt beispielsweise die Möglichkeit, eine bestehende Linux-Partition als Rootpartition festzulegen oder einen alternativen Kernel zu laden.

kolon. Um etwas entspannter der eben begonnenen Installation entgegenzutreten, stellt Slackware zunächst die Frage nach Ihrer gewünschten Tastaturbelegung:

```
Enter 1 to select a keyboard map: 1 <return>.
```

Durch Eingabe einer »1« erscheint ein Bildschirm zur Auswahl der Belegung. Dort sollte `qwertz/de-latin1-nodeadkeys.map` ausgewählt werden, um die gewohnte deutsche Tastaturbelegung zu erhalten.

Das Folgemenü erlaubt Ihnen den Test der Belegung. Verwenden Sie einige Sondertasten sowie »ö«, »ä«, »ü« und »ß«, um sich Gewissheit darüber zu verschaffen, dass Sie im letzten Menü die richtige Wahl getroffen haben. Geben Sie »2« ein, um die Belegung nochmals zu verändern, oder »1«, um diese zu akzeptieren.

3.1.2 Das erste Login

Nun werden Sie sich zum ersten Mal in ein Linux-System einloggen müssen. Es ist zwar noch nicht das eigene installierte, dafür aber immerhin das Installationssystem. Geben Sie die Zeichen »root« ein, um sich als *Superuser* bzw. Administrator anzumelden.[3]

```
You may now login as 'root'.

slackware login: root <enter>

Linux 2.x.yz

#
```

Listing 3.1 Rootlogin

Die Raute (#) am Zeilenanfang stellt den Prompt des Administrators, also die Aufforderung zur Eingabe von Befehlen, dar. In den folgenden Kapiteln wird Ihnen der sogenannte *Prompt* noch öfter begegnen.

Ausserdem werden Sie in Kapitel 8, »Die Shell«, noch lernen, wie der Prompt auf die eigenen Bedürfnisse angepasst werden kann.

3 Okay, in Wirklichkeit ist dies kein richtiger Login, sondern ein netter Fake vom Slackware-Entwickler Patrick Volkerding. Sie können auch einfach (Enter) drücken oder beliebige Zeichen eingeben ;-)

3.1.3 Partitionierung der Festplatte

Um Linux auf der lokalen Festplatte zu installieren, muss diese zunächst einmal dafür konfiguriert werden. Zu diesem Zweck wird die Festplatte in Bereiche aufgeteilt, die Partitionen heißen.

Sinnvolle Beispielpartitionierungen wurden bereits in Kapitel 2 vorgestellt, nun werden wir eine mit einem handelsüblichen Laptop umsetzen.

Dort steht uns eine 4 Gigabyte große, unter */dev/hda* zu erreichende Festplatte zur Verfügung. Diese soll in zwei Partitionen, eine Linux-Partition sowie eine Swap-Partition, aufgeteilt werden, wobei Erstere einen möglichst großen Teil der Platte abbekommen soll. Wir haben uns aufgrund der kleinen Platte entschieden, keine extra Partitionen für */home* oder andere Verzeichnisse anzulegen, damit wir den vorhandenen Platz optimal nutzen können.

> Veränderungen an der Partitionierung können bei falscher Anwendung der Konfigurationstools zum Verlust aller Daten auf der Festplatte führen! Lesen Sie daher die folgenden Absätze gut durch!

fdisk

Zur Partitionierung verwendet man entweder das Programm `fdisk` oder die komfortablere Variante `cfdisk`, die wir anschließend besprechen werden. Geben Sie einmal spaßeshalber diesen Programmnamen ein, und bestätigen Sie mit `Enter`. Das Ergebnis ist ein Fehler – Sie haben keine Festplatte angegeben – sowie eine Anleitung zur Nutzung des Programms. Keine Angst, noch ist nichts kaputt. Auch wenn Sie nichts erreicht haben, haben Sie nun zum ersten Mal ein Linux-Programm gestartet und damit etwas Wichtiges gelernt.

Einem Programm können – wie auch unter anderen Betriebssystemen wie MS-DOS – Parameter und Argumente mit auf den Weg gegeben werden. In diesem Buch verwenden wir die beiden Begriffe der Einfachheit halber synonym. Im Falle von `fdisk` müssen wir die zu partitionierende Festplatte in Form eines Dateinamens (in diesem Fall */dev/hda*[4]) übergeben:

4 Linux verwendet Dateinamen zur Bezeichnung von Geräten. */dev/hda* steht dabei für die erste IDE-Festplatte, */dev/hdb* für die zweite. SCSI-Festplatten werden mit */dev/sda*, */dev/sdb* usw. bezeichnet. Kapitel 4 erklärt die Bezeichnung von Geräten im Detail.

```
# fdisk /dev/hda

Command (m for help):
```

Listing 3.2 Aufruf von fdisk

Es erscheint nun die Aufforderung zur Eingabe eines `fdisk`-Befehls, wobei dieser aus einem einzigen Buchstaben besteht. Eine Liste der verfügbaren Kommandos bekommen Sie durch Eingabe von »m«.

Eine Partition löschen
Falls Ihre Festplatte bereits partitioniert ist (zum Beispiel mit einer Windows-Partition) und diese gelöscht werden soll, um Speicher zu schaffen, sollten Sie den Buchstaben »d« eingeben.

Anschließend wird Ihnen die Frage nach der zu löschenden Partitionsnummer gestellt. Die Partitionsnummer der Zielpartition bekommt man heraus, indem man im Kommandomenü »print the partition table« (p) auswählt und die Partitionsliste von oben abzählt.

Eine Partition erstellen
Eine neue Partition wird via »n« erstellt, wobei zunächst angegeben werden muss, ob es sich um eine logische oder um eine primäre Partition handelt. Anschließend sind die Größe und der Typ der Partition festzulegen. Beide Informationen sind weiter unten beschrieben.

Der Partitionstyp
Der Partitionstyp wird durch eine ID bestimmt. Jede ID ist einem Dateisystem zugeordnet und entweder direkt in der Eingabehilfe von `fdisk` für Partitionstypen oder in Kapitel 5 dieses Buches zu finden. Die Eingabehilfe bekommen Sie, indem Sie sich die Liste der möglichen IDs anzeigen lassen, was mit dem `l`-Kommando bewerkstelligt wird. In der Regel sollte eine Linux-Partition (ID 83h) sowie eine Swap-Partition (ID 82h) erstellt werden.

Bootflag setzen
Das *Bootflag* wird für die zu bootende Partition gesetzt. Möchten Sie vielleicht lieber eine Windows-Partition booten? Dann setzen Sie via »a« die aktive Partition auf die Nummer jener Partition. Linux ist dieses Flag nämlich egal, da man es – wie Sie später sehen werden – problemlos über einen Bootmanager booten kann.

Die Partitionstabelle betrachten
Wenn Sie »p« im Kommandomenü eingeben, erhalten Sie eine Liste der Partitionen Ihrer Festplatte wie diese hier:

```
   Device Boot  Start  End  Blocks   Id  System
/dev/hda1   *       1  535 4044568+  83  Linux native
/dev/hda2         536  559  181440   82  Linux swap
```

Listing 3.3 Die Beispielpartitionstabelle

Die erste Spalte gibt die Gerätebezeichnungen für die Partitionen der Platte an. Die zweite Spalte enthält das eventuell vorhandene *Bootflag*.

Da eine Festplatte in Zylinder aufgeteilt ist (diese hier verfügt über 559 dieser Zylinder), werden die Partitionen durch diese abgegrenzt. »Start« und »End« geben jeweils den Anfangs- und Endzylinder einer Partition an.

Die »Blocks«-Spalte gibt die Größe der Festplatte in Blockeinheiten an, »Id« gibt die Partitions-ID und »System« die Bezeichnung des Partitionstyps an.

Speichern der Konfiguration
Die Konfiguration wird mittels der Taste »w« in die Partitionstabelle geschrieben, und mit »q« wird `fdisk` beendet. Wurden einige alte MS-DOS-Partitionen modifiziert, muss zunächst ein Neustart erfolgen, bevor es weitergeht.

3.1.4 Das Tool cfdisk

Ist Ihnen `fdisk` zu kryptisch? Kein Problem. Das Programm `cfdisk` bietet eine konsolenbasierte grafische Oberfläche und ist mit den Cursor-Tasten bedienbar. Wobei »auf und ab« zur Auswahl der Partition und »links und rechts« zur Auswahl der Menüoption dienen.

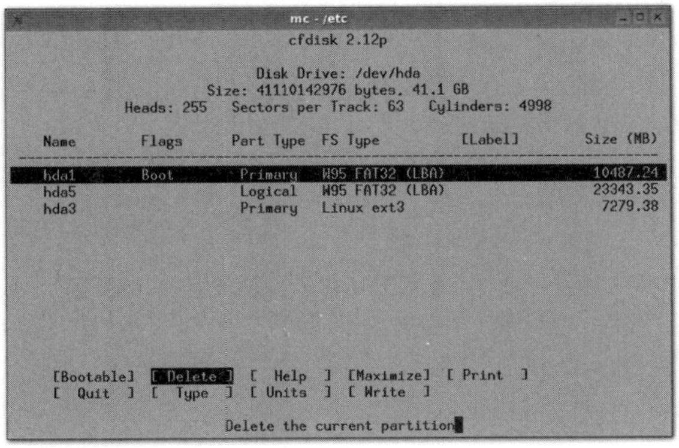

Abbildung 3.1 cfdisk

Die Bedienung ist selbsterklärend und einfacher als bei `fdisk`. Darüber hinaus wird die Nutzung durch bestimmte Details vereinfacht, so ist zum Beispiel die Größe der Partitionen in Megabyte dargestellt.

3.1.5 Setup – die eigentliche Installation

Nun ist es an der Zeit, das eigentliche Programm zum Installieren des Systems zu starten. Es heißt `setup` und wird direkt von der Kommandozeile aufgerufen. Sie finden sich nach dem Start in einem grafischen Menü wieder, das sich einfacherweise mittels Cursor-Tasten bedienen lässt.

Das Menü besteht aus verschiedenen Optionen. Die meisten von ihnen werden für jede Installation benötigt und werden Sie auf dem Weg zum »eigenen« Linux begleiten. Wir werden die Menüpunkte nun im Einzelnen besprechen.

»HELP«

In der Hilfe-Funktion des Setup-Programms werden die einzelnen Funktionen des Programms erklärt. Wenn Sie allerdings etwas umfangreichere, deutschsprachige Informationen wünschen, können Sie von der Hilfe-Funktion absehen – schließlich haben Sie ja dieses Buch.[5]

»KEYMAP«

Diese Funktion stellt die bereits zu Beginn der Installation konfigurierte Tastaturbelegung erneut um, sofern dies gewünscht ist.

»ADDSWAP«

Dieser Menüpunkt bietet Ihnen die Möglichkeit, eine Swap-Partition zu formatieren und zu mounten. Eine Swap-Partition ist ein Partitionstyp, auf dem Laufzeitdaten ausgelagert werden, wenn für sie kein Platz mehr im Hauptspeicher vorhanden ist. Besonders auf Computern, die über wenig Hauptspeicher verfügen, kann dies sinnvoll sein.

Swap-Partitionen müssen zunächst angelegt werden!

Eine Swap-Partition kann an dieser Stelle nur eingehängt werden, wenn Sie diese vorher mittels `(c)fdisk` angelegt haben. Mehr über Swap-Partitionen erfahren Sie in Kapitel 4.

5 Zu empfehlen ist in der HELP-Funktion allerdings für alle, die etwas mehr wissen wollen, der Abschnitt »virtual consoles and scrollback«.

»TARGET«

Hiermit wird das Ziel der Installation, also der Ort, an dem die Daten abgelegt werden sollen, angegeben. An dieser Stelle wird bzw. werden auch die Linux-Partition(en) formatiert, das heißt, sie werden mit einem Dateisystem versehen. Auf ihnen werden anschließend die entpackten Daten gespeichert. Ihre Handlungsweise hier ist schon durch die Partitionen vorbestimmt, also können Sie eigentlich nicht viel falsch machen.

Wenn Sie Partitionen einbinden wollen, wie beispielsweise ein schon von einer früheren Installation vorhandenes */home*, sollten Sie diese Partitionen natürlich nicht formatieren, sondern einfach nur an der entsprechenden Stelle einbinden.

Mehr zu Dateisystemen

Ab Slackware 9 kann der Typ des Dateisystems genauer festgelegt werden. Ihnen wird eine Auswahl zwischen dem ext2-, ext3- und dem Reiser-Dateisystem (und je nach Version auch weiteren Dateisystemen) angeboten. Diese Dateisysteme werden im weiteren Verlauf des Buches noch näher erläutert. Wählen Sie an dieser Stelle einfach »ext3« aus. In unserem Buch »Linux. Das distributionsunabhängige Handbuch« haben wir dem Thema »Dateisysteme« ein eigenes Kapitel spendiert. Sie können dieses Buch gratis auf *linux-openbook.de* lesen.

Leider nimmt die Formatierung (besonders die mit ausgewählter Überprüfung des Datenträgers) speziell bei größeren Partitionen recht viel Zeit in Anspruch. Um zu erfahren, wie weit die Formatierung fortgeschritten ist, können Sie auf das Terminal 4 wechseln (Alt+F4) und die Ausgaben des Formatierungsprogramms anschauen. Mit Alt+F1 kommen Sie dann wieder zu Ihrem Installationsterminal zurück. [+]

»SOURCE«

Nachdem das »TARGET« bereit ist, brauchen Sie eine Quelle: Diese Funktion legt das Quellmedium der Installation fest, das in der Regel die Slackware-CD/DVD sein sollte. Eine Installation von einer anderen Festplatte, von Disketten, dem Network-File-System (NFS) oder einem zuvor eingehängten Verzeichnis ist ebenfalls möglich.

»SELECT«

An dieser Stelle kann ausgewählt werden, welche Softwarekomponenten eigentlich installiert werden sollen. Oftmals verwendet man beispielsweise nur KDE, oder man benötigt keinen Emacs-Editor. Auf diese Weise kann natürlich auch speziell auf älteren Systemen wertvoller Speicher eingespart werden. Nach der Lektüre dieses Buches werden Sie noch viel genauer wissen, was Sie brauchen und was nicht. Aber seien Sie ruhig experimentierfreudig.

Unter Slackware sind die Softwarepakete in sogenannte *Serien* aufgeteilt. Diese Serien bilden verschiedene Kategorien, denen entsprechend passende Softwarepakete untergeordnet sind. Um Ihnen die Auswahl zu erleichtern, wollen wir einen kurzen Überblick geben:

Serie	Beschreibung	Wichtig?
A	Das Basis-System von Linux beinhaltet alles, was für den Betrieb mehr oder weniger notwendig ist, wie zum Beispiel die `bash`.	Ja
AP	Diverse Konsolenapplikationen, die nicht für die grafische Oberfläche gedacht sind.	Ja
D	Programme und Bibliotheken zur Software-Entwicklung. Hierin sind beispielsweise der C-Compiler und der Perl-Interpreter enthalten.	Ja
E	Der Emacs-Editor. Dieser Editor ist bei einigen sehr beliebt, andere mögen ihn hingegen gar nicht.	Nein
F	Diese Serie enthält die besonders für Einsteiger wichtigen Dokumentationen.	Bedingt
K	Der Linux-Kernelquellcode muss installiert werden, sofern der Kernel optimiert bzw. angepasst werden soll. In Kapitel 7 werden wir uns mit der Kernelkompilierung beschäftigen.	Bedingt
KDE	Das *K Desktop Environment* (KDE) ist besonders bei Einsteigern aufgrund der einfachen Bedienung beliebt und ist der Standard-Desktop vieler Distributionen.	Empfehlenswert
KDEI	Diese Paketserie stellt den internationalen Sprachsupport für das KDE-Projekt zur Verfügung.	Empfehlenswert
L	Bibliotheken, die zum Ausführen von Programmen benötigt werden.	Ja
N	Diverse Netzwerkprogramme wie `ping`, der Webserver `apache` oder auch der Mailserver `sendmail` sind hier zu finden.	Empfehlenswert
T	TeX ist ein Formatierungssystem für – wie der Name schon sagt – Texte. Vergleichen Sie dies jedoch nicht mit Programmen wie StarOffice, denn hier müssen ähnlich wie in HTML die Formatierungsanweisungen manuell gesetzt werden. Auch dieses Buch basiert auf diesem Textsatzsystem.	Nein

Tabelle 3.1 Paketserien

Serie	Beschreibung	Wichtig?
TCL	Tcl ist eine Skriptsprache, die recht einfach zu erlernen ist. Das Toolkit (tk) wird von vielen Tcl- und Perl-Skripten verwendet, um eine grafische Oberfläche zu erstellen.	Bedingt
X	Die X-Serie beinhaltet die Komponenten der grafischen Benutzeroberfläche von Linux, dem *X-Window-System*.	Ja
XAP	Hierin sind Pakete zu finden, die auf X11 basieren.	Empfehlenswert
Y	Diese Serie beinhaltet die Spiele. Freuen Sie sich jedoch nicht unbedingt auf packende 3D-Shooter, sondern vielmehr auf Konsolen-Spiele.	Nein

Tabelle 3.2 Paketserien (Forts.)

Die Spalte »Wichtig« soll an dieser Stelle verdeutlichen, ob wir die Serie als wichtig für einen Endanwender betrachten. Vor allem soll die durchaus subjektive Wertung etwas Ordnung in das Wirrwarr der verfügbaren Software bringen. So gehören die Anwendungen für die Konsole zu einer der wichtigsten Serien, wohingegen man etwa auf das Textsatzsystem TeX – sofern man nicht gerade »Einstieg in Linux« damit schreibt – eher verzichten kann.

»INSTALL«

Jetzt wird die eigentliche Installation der Software durchgeführt. Hier können gegebenenfalls noch einzelne Pakete gezielt (nicht) installiert werden.

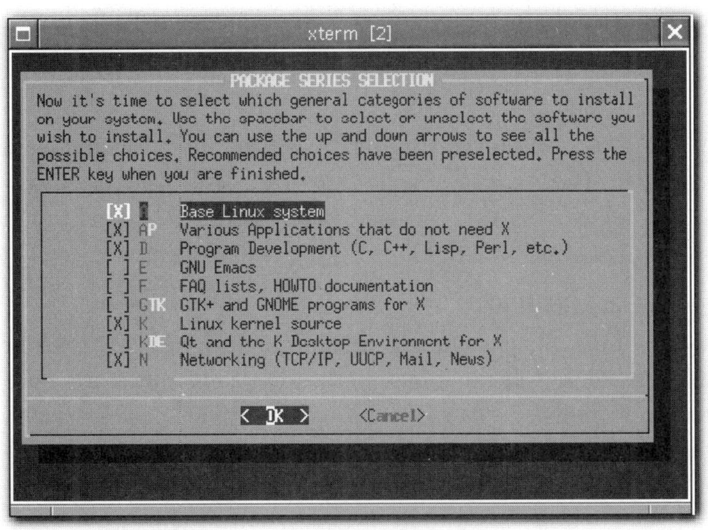

Abbildung 3.2 Auswahl der Serien

An dieser Stelle wird zudem die Frage nach der zu verwendenen Kernelversion gestellt. Ältere Versionen gelten zwar als stabiler, neuere unterstützen dafür aber mehr Hardware. In der Regel sollte die neuere der angebotenen Versionen genommen werden – oftmals gibt es allerdings auch nur eine Version zur Auswahl.

»CONFIGURE«

Nachdem die Pakete installiert worden sind, folgt nun die Konfigurationsphase. Gehen wir die Phasen der Konfiguration nun schrittweise durch:

Erstellen der Bootdisk
In diesem Menü kann eine Bootdiskette für den Notfall oder als alternative Bootmöglichkeit erstellt werden.

Auswahl eines Modems
Slackware lässt Ihnen die Wahl zwischen diversen Modems. Wählen Sie hier einfach kein Modem aus, da die Einrichtung von Modems im Netzwerkkapitel besprochen wird.

Auswahl des Screenfonts
Möchten Sie Linux in einer Auflösung von 1024x768 für den Textmodus betreiben? Kein Problem: In diesem Menü kann eine beliebige Auswahl getroffen werden.

Der Linux-Loader
Der Bootmanager, der im Masterboot-Record der Festplatte untergebracht wird, ist unter Slackware-Linux der *Linux-Loader* (LILO). Mit dessen Hilfe kann Linux von der Festplatte gebootet bzw. kann beim Rechnerstart zwischen mehreren auf dem Rechner installierten Systemen ausgewählt werden.

Installationsart

Wählen Sie am besten die Installationsart »Simple«, um sich unnötigen Ärger zu ersparen. Die Auflösung sollte mit »Standard« betrieben werden, und LILO sollte im »MBR« platziert sein. Kapitel 5 beschreibt die Funktionsweise des MBRs und des Linux-Loaders detailliert.

Welche Maus ist die richtige?
Im Auswahlmenü der Maus sollte eigentlich immer die PS/2-Maus ausgewählt werden. Einige Rechner betreiben die Maus allerdings noch an der seriellen Schnittstelle (Windows-Anwendern vielleicht besser als »COM«-Schnittstelle bekannt). Solche Mäuse werden als *serielle Mäuse* bezeichnet. Bei der Auswahl der Schnittstelle für eine solche Maus sollte die Auswahl zwischen */dev/ttyS0* und */dev/ttyS1* fallen, wobei */dev/ttyS0* entsprechend den ersten COM-Port bezeichnet.

Serielle Mäuse

Der GPM sollte beim Systemstart aufgerufen werden, damit er dafür sorgt, dass die Maus auch in der Konsole benutzbar ist.

Sendmail-Konfiguration

Es gibt verschiedene Möglichkeiten `sendmail`, das Standardprogramm für die E-Mail-Zustellung, zu betreiben. Im Normalfall sollte »SMTP«, das standardisierte Internetprotokoll, verwendet werden; UUCP (UNIX-To-UNIX-Copy) ist ein etwas veraltetes Übertragungsverfahren.

Die Netzwerkkonfiguration

Das Tool `netconfig` steht Ihnen unter Slackware standardmäßig zur Verfügung und führt Sie auch durch die Netzwerkkonfiguration. Natürlich ist hier die absolute Grundkonfiguration gemeint. Alles Wichtige zur Netzwerkkonfiguration erfahren Sie in Kapitel 11.

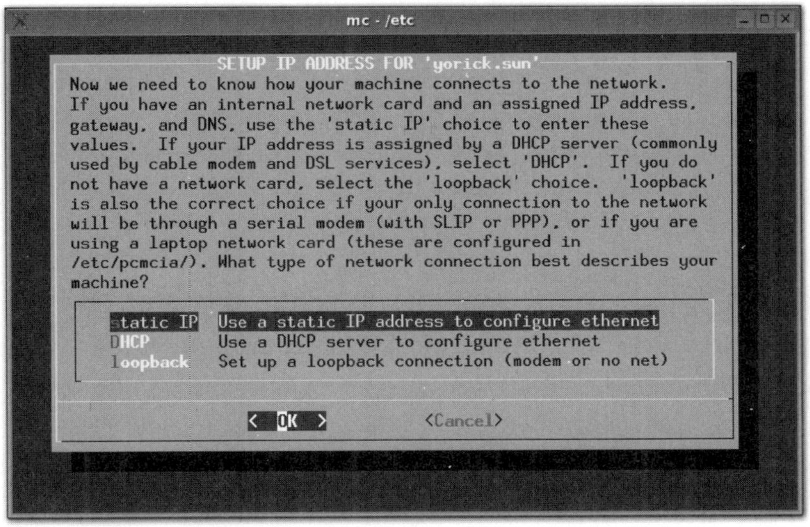

Abbildung 3.3 netconfig bei der Arbeit

Hostname

Dies ist der Hostname des Rechners. An dieser Stelle ist nur der reine Name des Rechners ohne Netzwerk-Domain gemeint, also z.B. *jupiter* anstelle von *jupiter.sun*.

Domain

Und jetzt kommt die Domain. Sofern kein FQDN (Fully Qualified Domain Name) vorhanden ist, sollte ein willkürlicher Name, der keiner bereits vergebenen Hierarchie im Internet entspricht, gewählt werden, wie etwa 'rechner1.daheim'.

Adresszuweisung

IP-Adressen können den Schnittstellen auf zwei Standardarten zugewiesen werden: statisch seitens des Administrators und dynamisch mithilfe eines DHCP-Servers. Ist Ihnen nicht bekannt, welche Technik in Ihrem Unternehmensnetzwerk eingesetzt wird, so kontaktieren Sie den Netzwerkadministrator. Ist der Rechner nicht vernetzt, kann auch »loopback« ausgewählt werden. In diesem Fall wird nur die lokale TCP/IP-Schnittstelle mit der Adresse `127.0.0.1` konfiguriert.

Lokale Vernetzung

Default-Gateway

Das Default-Gateway des Netzwerks ist nur einzusetzen, falls der Rechner in einem Netzwerk untergebracht ist, das eine Verbindung zu anderen Netzen – etwa dem Unternehmensnetz im Nachbargebäude oder dem Internet – hat.

DNS-Server

Zur Auflösung von Rechnernamen in Adressen kann unter anderem ein DNS-Server verwendet werden. Speziell im Internet kommen DNS-Dienste zur Geltung. Haben Sie einen eigenen Server in Ihrem Netzwerk, ist dieser anzugeben. Andernfalls sollte die IP des DNS-Servers des Providers, bei T-Online ist dies beispielsweise 194.25.2.129, verwendet werden. Nähere Informationen hierzu erfahren Sie von Ihrem Internet-Service-Provider.

Alle hier angesprochenen Konfigurationen im Bereich »Netzwerk« werden in Kapitel 11, »Einführung in Netzwerke«, erläutert. Dort werden auch alle Begriffe ausführlich erklärt, und es gibt eine Schritt-für-Schritt-Anleitung. Also machen Sie sich keine Gedanken, falls Sie die Netzwerkkonfiguration zu diesem Zeitpunkt noch nicht vollenden.

Eine Zeitzone festlegen

Auch die Zeitzonen–Einstellungen vergisst Linux nicht. Die Einträge sind nach Kontinent und Hauptstadt sortiert.

Auswahl der Oberfläche

Bereits während der Installation kann eine grafische Oberfläche ausgewählt werden – in Kapitel 10 werden Sie lernen, wie diese konfiguriert wird. Natürlich ist diese Auswahl später veränderbar.

Die richtige Oberfläche finden

Einen leichten Einstieg in Linux bietet »KDE«. Sehr stabil, aber etwas weniger einstiegsfreundlich und ohne umfangreiche Zusatzprogramme kommt »wmaker«, der WindowMaker, daher. Wer es klassisch mag und auf Benutzerfreundlichkeit verzichten kann, ist auch mit dem dafür schnellen und stabilen »fvwm«. Kapitel 10, »X11 – Die grafische Oberfläche«, stellt Ihnen auch diese Oberflächen etwas genauer vor.

Setzen des Superuser-Passworts
Nachdem die Grundinstallation abgeschlossen ist, werden Sie aufgefordert, das Passwort für den Benutzer »root« zu setzen, der als Administrator fungiert. Generell gilt: Ein Passwort sollte Zahlen und Sonderzeichen enthalten und nicht etwa den Namen von Familienmitgliedern tragen, wenn es wirklich sicher sein soll. Außerdem empfiehlt es sich, einen gesunden Mix von Groß- und Kleinbuchstaben zu verwenden.

»PKGTOOL«

Dieses Tool wird zum (De-)Installieren von Paketen verwendet. Es wird in Abschnitt 7.2.3, »Das Slackware Paketsystem«, beschrieben.

»EXIT«

Nachdem alle obigen Schritte erledigt worden sind, kann das Setup beendet werden. Anschließend befindet man sich wieder in der Shell und muss nur noch das Installationsmedium entnehmen sowie das System neu starten :

```
# reboot
...
```

Listing 3.4 Neustart mit dem reboot-Befehl

3.1.6 Test der Installation

Nach dem Neustart sollte Linux booten. Ist der Bootvorgang abgeschlossen, erscheint die Meldung »`login:`«. Geben Sie nun den Benutzernamen (beim ersten Login ist dies »root«) ein. Anschließend wird nach dem Passwort, das Sie bei der Installation auswählen mussten, gefragt.

Sofern das Passwort korrekt ist, haben Sie sich gerade eben zum ersten Mal auf dem eigenen Linux-Rechner eingeloggt.

> Schalten Sie den Rechner jedoch nie einfach aus! Dadurch nimmt das Dateisystem eventuell Schaden, und der Verlust wichtiger Daten kann die Folge sein. Aus Optimierungsgründen werden nämlich nicht immer alle Daten sofort auf die Platte geschrieben, sondern vorher gepuffert. Wenn Sie Ihren Rechner also einfach so ausschalten, gehen diese Daten verloren.

Probieren Sie stattdessen eines der Kommandos zum Herunterfahren des Rechners aus Abschnitt 5.5, »Herunterfahren und Neustarten«. Sofern keine dieser Methoden funktioniert, geben Sie notfalls `reboot` ein und warten, bis der BIOS-Bildschirm erscheint. Erst dann können Sie den Rechner ausschalten. Je nach `init`-Konfiguration funktioniert bei einigen Distributionen auch die Tastenkombination `Strg`+`Alt`+`Entf`, die den Rechner herunterfährt und neu startet.

Der zweite Versuch

Beim zweiten Login sollten Sie nun einige Dinge erkunden. Sind die Rechner im Netzwerk erreichbar? Funktionieren grundlegende Kommandos? Lesen Sie dieses Buch weiter, und probieren Sie Stück für Stück die Kommandos aus. Kapitel 4 gibt Ihnen beispielsweise einen Einblick in Linux und zeigt Ihnen erste Kommandos.

3.2 (Open)SUSE-Installation

Unter (Open)SUSE-Linux (im Folgenden einfach SUSE genannt) gestaltet sich die Installation dank des mitgelieferten Handbuches und des Setup-Programms YAST (Yet Another Setup Tool) besonders für Einsteiger sehr leicht. Da sich SUSE zum großen Teil über YAST konfigurieren lässt, geht dabei oft ein Großteil des benötigten Hintergrundwissens verloren. Allerdings sind Probleme nicht aus der Welt, nur weil sie uns nicht unmittelbar vor Augen stehen.

Nachdem die Installations-CD gebootet hat, wird zunächst die Sprache ausgewählt. Anschließend kann entweder eine komplette Neuinstallation durchgeführt oder ein bereits bestehendes System aktualisiert bzw. repariert werden.

3.2.1 Installation per Mausklick

Die komplette Installation ist grafisch und über die Maus konfigurierbar. In der Regel wird die Tastaturbelegung von YAST vorgeschlagen und auf Deutsch gestellt. Selbst Wheel-Mäuse und natürlich die Schnittstelle der Maus werden erkannt.

3.2.2 Partitionierung

Je nachdem, wie gut man sich mit der Partitionierung von Festplatten auskennt, kann diese entweder manuell oder automatisch vorgenommen werden. Bei der automatischen Partitionierung werden für den Anwender oft unpraktische Konfigurationen vorgenommen, weshalb Sie nur im Notfall eine Auto-Partitionierung in Erwägung ziehen sollten. Windows-Partitionen können automatisch eingehängt werden.

3.2.3 Paketinstallation

Standardmäßig werden unter SUSE neben dem Grundsystem auch die Dokumentationen, X11, KDE und einige Büroanwendungen installiert. Die Paketauswahl erfolgt wie bei Slackware sehr übersichtlich in Form von Kategorien.

3.2.4 Installation der Software

Nachdem obige Schritte erledigt wurden, beginnt die Installation der Software. Sie erfolgt automatisch, und Sie können anhand des eingeblendeten Balkens verfolgen, wie weit sie fortgeschritten ist.

3.2.5 Konfiguration

Nachdem die Dateien kopiert wurden, wird zunächst das Passwort für den Superuser gesetzt.

Netzwerkkonfiguration

Es folgt die Konfiguration der Netzwerkkarten, die wie bei Slackware meist automatisch erkannt werden. Für die Karten kann entweder eine statische IP-Adresse gesetzt oder DHCP verwendet werden.

Auch DSL-Geräte, ISDN-Karten und Modems werden nun erkannt. Zusätzlich kann direkt die Nutzung eines Proxy-Servers[6] konfiguriert werden.

Nachdem eventuell vorhandene Internetgeräte konfiguriert worden sind, bietet YAST die Möglichkeit, die Einstellungen zu testen, sich also testweise einzuwählen.

NIS, NIS+ und LDAP

Sehr praktisch ist es übrigens, die Benutzerauthentifizierung konfigurieren zu können. So kann neben SUNs NIS und NIS+ auch LDAP ohne großen Aufwand verwendet werden.

6 Siehe Kapitel 11, »Einführung in Netzwerke«.

Benutzer anlegen

Ist auch dieser Teil erledigt, folgt die Erstellung eines Benutzeraccounts, der üblicherweise entweder halbautomatisch oder selbst konfiguriert werden kann.

Die installationsinterne Lektüre

Haben Sie auch diesen Abschnitt der Installation erledigt, gibt es noch einige recht brauchbare Informationen über die Neuerungen des Releases und des Hardwaresupports mit auf den Weg.

Doch ...

... damit ist die Installation noch lange nicht beendet. Denn jetzt können Sie die (wahrscheinlich automatisch erkannte) Grafikkarte, das Drucksystem, die (natürlich auch erkannte) Soundkarte und sogar die TV-Karte konfigurieren.

3.3 Ubuntu, Xubuntu, Kubuntu etc.

Bei der Ubuntu-Installation (hiermit seien im Folgenden auch die Abkömmlinge Xubuntu, Kubuntu usw. gemeint) ist zwischen der Desktop- und der Alternate-Installation zu unterscheiden. Bei der ersten Variante wird von der Installations-CD ein komplettes Live-System gestartet, und die Installation erfolgt per Mausklick. Bei letzterer Variante gibt es eine konsolenbasierte Installation, die weniger Hauptspeicher benötigt.

Beide Installationsvarianten sind ähnlich einfach gehalten wie bei SUSE-Linux und selbsterklärend. Wir empfehlen SUSE und Ubuntu für alle, die Angst haben, etwas bei der Installation kaputt zu machen, da die Installationen zum einen in Deutsch sind, und zum anderen sehr einfach abgewickelt werden können.

Weitere Informationen zur Installation von Ubuntu erhalten Sie hier: *http://wiki.ubuntuusers.de/Installation*

3.4 Debian-Installation

Die Debian-Distribution haben wir schon als Distribution für fortgeschrittene Linux-Anwender lobend erwähnt. Nun wollen wir auch kurz etwas zur Installation sagen.

3.4.1 Die Releases von Debian

Im Gegensatz zu SUSE oder RedHat Enterprise Linux ist Debian eine völlig freie Distribution. Sie können demnach alle benötigten Dateien ohne Einschränkungen aus dem Internet zum Beispiel von `www.debian.org` herunterladen. Das Besondere bei Debian ist, wie wir bereits kurz erwähnten, das ausgefeilte Paketsystem. Hierbei wird zwischen drei *Releases* unterschieden:

- **stable**
  Die »stabile« Distribution. Sie enthält oft alte, wenn nicht gar veraltete Pakete, ist aber dafür sicher. Die Softwarepakete entsprechen zwar nicht den neuesten Versionen, wurden aber dafür ausführlich getestet und überprüft. Damit ist es recht unwahrscheinlich, dass sich ein Bug in dieser Software befindet. Das »stable«-Release ist damit eindeutig für Server sehr gut geeignet.
- **testing**
  Die weniger stabile Version mit recht neuer, ständig aktualisierter Software. Die Pakete werden hier ständig aktualisiert und deswegen natürlich nicht so ausführlich wie die der »stable«-Version getestet. Das Release ist damit recht gut für Workstations geeignet, mit denen gearbeitet werden soll und bei denen Sicherheit nicht oberste Priorität hat.
- **unstable**
  Das »unstable«-Release ist wie gesagt nicht sonderlich stabil, und hier kann es sogar zu Problemen im Paketsystem kommen. Wer aber auf brandneue Software nicht verzichten kann oder will, wird zumindest auf einige Pakete dieses Releases zurückgreifen wollen.

Das wirklich Schöne an Debian ist nun, dass Sie sich nicht für ein Release entscheiden müssen, sondern die Pakete fast beliebig mischen können. Für nähere Details zum Paketsystem sei auf Kapitel 7, »Grundlegende Administration«, verwiesen. Jetzt möchten wir uns erst einmal mit der Installation beschäftigen. Diese besteht meistens aus einem puren »stable«-Release, das dann später über das Internet aktualisiert werden kann.

3.4.2 Die Installations-CD

In den meisten Fällen werden Sie sich beispielsweise von `debian.org` ein ISO-Image heruntergeladen und dann eine Installations-CD gebrannt haben. Nach dem Booten von dieser CD werden Sie mit einem ganzen Bildschirm voller Text konfrontiert, den Sie, trotz allen Tatendrangs, sorgfältig lesen sollten, bevor Sie mit der Installation beginnen. Dort werden nämlich unter anderem wichtige Bootparameter mitgeteilt, die vor allem bei Problemen hilfreich sein können.

Sollten Sie gerade neben der Lektüre dieses Buches versuchen, ein Debian-System zu installieren, werden Sie vielleicht auch verstehen, warum wir Anfängern dazu nicht unbedingt raten. Sie werden nämlich während der Installation zum Beispiel gefragt, welche Kernelmodule Sie laden möchten.

Base-Config

Nach dem Installieren des `lilo` wird der Rechner während der Installation neu gestartet. Danach startet die sogenannte *Basiskonfiguration* des Systems, die Sie übrigens auch zu einem späteren Zeitpunkt als `root` mit dem Befehl `base-config` wiederholen können.

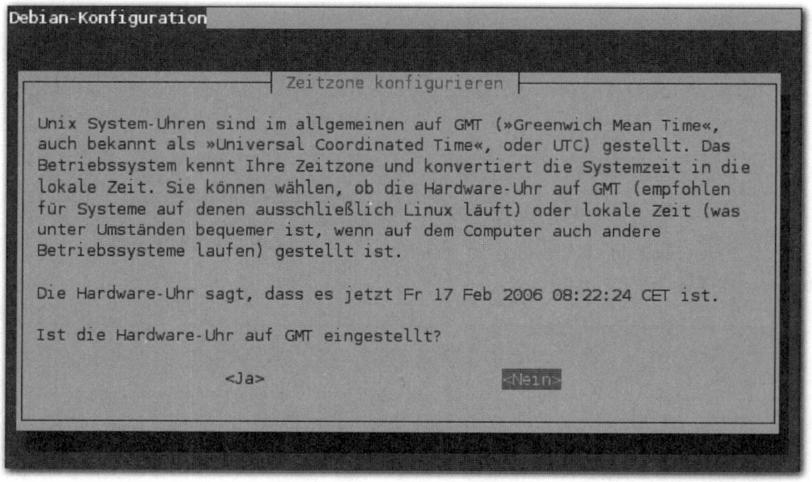

Abbildung 3.4 Start der Basiskonfiguration

Tasksel, aptitude und Co.

Am Ende der eigentlichen Installation wird das Programm `tasksel` aufgerufen, mit dem Sie ähnlich wie bei anderen Distributionen Ihr System durch das Installieren von Paketgruppen grob konfigurieren können.

Hinterher werden Sie unter Debian 3.1 gefragt, ob das Programm `aptitude` gestartet werden soll, das eine paketgenaue Auswahl und Konfiguration erlaubt. Leider ist das Tool recht kompliziert und soll deshalb in den kommenden Versionen komplett durch das APT-System ersetzt werden. Lesen Sie einfach in Kapitel 7 die dortigen Erklärungen zum Paketsystem, wenn Sie einzelne Pakete per Hand installieren oder deinstallieren möchten.

3.5 Zusammenfassung

Wie Sie vielleicht gemerkt haben, unterscheiden sich die Distributionen nur unwesentlich, was den Ablauf der Installation angeht. Vielleicht ist Ihnen die eine oder andere Distribution angenehmer, weil sie über eine bessere automatische Hardwareerkennung verfügt.

Ihnen sei aber trotzdem ans Herz gelegt, mehrere Distributionen auszuprobieren. Das Ausprobieren sollte natürlich nicht etwa mit der Installation enden, Sie können ruhig einmal etwas mit dem System spielen. Bei geeigneter Partitionierung[7] können Sie durchaus, ohne Daten oder eigene Konfigurationen zu verlieren, mal eine neue Distribution ausprobieren.

7 Zum Beispiel */home* auf einer eigenen Partition

Immer nur lernen, ohne dabei nachzudenken, das führt zur Verwirrung. Immer nur nachdenken, ohne dabei zu lernen, das führt zur Erschöpfung.
– Konfuzius

4 Die grundlegende Funktionsweise von Linux

Dieses Kapitel wendet sich der Funktionsweise des Linux-Kernels und dem virtuellen Dateisystem zu. Sie werden lernen, erste Arbeiten mit dem Dateisystem durchzuführen.

Wie Sie bereits wissen, handelt es sich bei Linux um ein Betriebssystem. Doch welche Aufgaben übernimmt der Kernel denn nun genau, und was bedeutet das für den Anwender?

Aufbau des Systems

Ein Betriebssystem ist die Software, die die Verwendung des Computers im Sinne des Anwenders ermöglicht. Das Linux-Betriebssystem besteht aus der Kernkomponente (dem Kernel, der als das eigentliche *Linux* bezeichnet wird) und der zugehörigen Software, die, wie bereits erläutert wurde, in Form von Distributionen vertrieben wird.

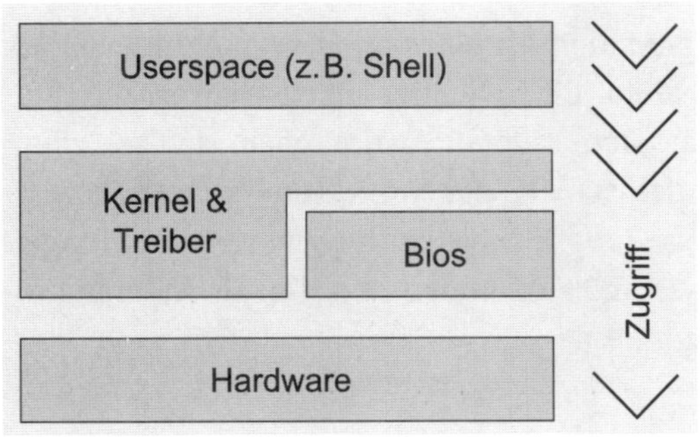

Abbildung 4.1 Aufbau

Der Kernel hat die Aufgabe, die Hardware zu verwalten und Applikationen deren Nutzung zu ermöglichen. Darüber hinaus muss der Kernel das problemlose Nebeneinanderlaufen aller Applikationen gewährleisten, er kümmert sich aus diesem Grund auch um die Prozess- und Speicherverwaltung.

4.1 Singleuser, Multiuser

UNIX wurde relativ früh in der Entwicklungszeit als ein Betriebssystem mit Multiuserfähigkeiten konzipiert. Betriebssysteme, die multiuser- bzw. mehrbenutzerfähig sind, unterstützen das gleichzeitige Arbeiten mehrerer Benutzer am System. Anders als Betriebssysteme wie Windows 98, OS/2 oder MS-DOS – die als Singleusersysteme bezeichnet werden – verfügen die Benutzer unter UNIX-Systemen (damit auch unter Linux) über sogenannte Accounts. Hat man also so einen Account, kann eine Anmeldung am System erfolgen und die Arbeit aufgenommen werden.

4.2 Singletasking, Multitasking

Eine Voraussetzung für den Multiuserbetrieb ist das Multitasking. Ein System, das Multitasking unterstützt, erlaubt es, mehrere Prozesse und damit mehrere Programme gleichzeitig auszuführen. Auf Systemen mit mehreren CPUs ist dies sogar tatsächlich möglich. Verfügt ein System jedoch nur über eine CPU, muss Multitasking emuliert werden. Dabei wird jedem Prozess vom sogenannten *Scheduler* nur ein sehr kleiner Teil der CPU-Zeit zugewiesen, anschließend wird der nächste Prozess in die Verarbeitung geschickt.

Prioritäten

Ein Prozess ist dabei *ein Programm in Ausführung*. Er verfügt unter Linux über eine Reihe von Eigeschaften. Eine wichtige Eigenschaft ist die Priorität eines Prozesses, die mit allen anderen Attributen in der vor allem vom Scheduler genutzten Prozesstabelle des Kernels steht. Über Prozessprioritäten ist es beispielsweise möglich, systemkritischen Anwendungen im Verhältnis mehr Rechenleistung zukommen zu lassen als anderen Prozessen mit geringer Priorität.

4.3 Ressourcenverwaltung

4.3.1 Speicherverwaltung

Kernel- und Userspace

Linux verwaltet den Hauptspeicher in zwei getrennten Bereichen: Es gibt den Kernel- und den Userspace. Der Userspace wird dabei von Anwendungen genutzt, wobei der Kernelspace dem Betriebssystemkern selbst sowie diversen Treibern vorbehalten bleibt. Beide Speicherbereiche sind natürlich physikalisch zusammen auf dem Hauptspeicher des Rechners abgelegt, jedoch ist der Zugriff auf den Kernelspace nur dem Kernel selbst erlaubt. Den vom Benutzer ausgeführten Programmen wird der Zugriff jedoch verweigert, was vor allem sicherheitstechnische Gründe hat. Genauso wenig kann aber beispielsweise ein Kernelmodul mit einem Treiber auf den Userspace zugreifen, auch wenn dies prinzipiell über Umwege möglich ist. So soll unter anderem verhindert werden, dass Viren oder andere bösartige Programme, die versehentlich von Benutzern ausgeführt werden, das System zerstören.

Virtueller Speicher

Denkt man diesen Gedanken weiter, erscheint es nur folgerichtig, dass auch die Speicherbereiche der einzelnen Programme[1] logisch voneinander getrennt werden. Linux nutzt dafür das Konzept des sogenannten *virtual memory*. Bei diesem Konzept werden die Programme überhaupt nicht mit dem realen Speicher konfrontiert, sondern arbeiten auf rein virtuellen Adressen, die dann erst beim Zugriff in reale Speicheradressen übersetzt werden. Damit »sehen« sich die unterschiedlichen Programme überhaupt nicht und haben demzufolge auch keine Möglichkeiten, sich gegenseitig negativ zu beeinflussen.

Die Programme besitzen also selbst keine Möglichkeit, aus ihrer *virtuellen* Umgebung auszubrechen, aber trotzdem wird ab und zu ein Programm wegen einer Speicherzugriffsverletzung beendet. Diese ist jedoch losgelöst vom Konzept des *virtual memory* zu betrachten, da das Programm in solchen Fällen meist in seinem »eigenen« Speicherbereich Unfug treibt. Dort werden dann undefinierte Variablen benutzt, oder es wird über Bereichsgrenzen im Speicher hinausgeschrieben, sodass andere wichtige Daten überschrieben werden.[2] Vielleicht fragen Sie sich jetzt, wieso das Konzept des virtuellen Speichers uns hier nicht schützt bzw. warum es keine effektiven Schutzmechanismen für diese Probleme gibt.

Natürlich gibt es genauso wie in der Programmiersprache Java entsprechende Schutzmechanismen. Die von UNIX-Anwendern am häufigsten genutzte Programmiersprache C allerdings bietet diese Sicherheit nicht, erlaubt es dem Programmierer aber, hardware- und systemnaher und damit deutlich effizienter zu programmieren. Und da der virtuelle Speicher die Anwendungen ja schließlich voreinander schützt, ist es für das Sys-

1 Eigentlich spricht man bei Programmen in Ausführung von Prozessen.

2 An dieser Stelle wird der Prozess dann einfach beendet und als Hinweis für Programmierer ein Speicherabbild, ein »core dump«, auf die Festplatte geschrieben.

tem als Ganzes egal, wenn einzelne Anwendungen einmal abstürzen. Der Rest kann, ohne etwas zu »merken«, unbeeinflusst weiterlaufen.

Der Speicher eines Programms selbst ist nun wiederum in verschiedene Bereiche aufgeteilt. So liegen im virtuellen Speicher eines Prozesses beispielsweise ein sogenanntes *Codesegment* mit den Anweisungen für den Prozessor, ein Segment mit statischen Daten sowie der *Heap* und der *Stack*. Aus dem Heap wird einem Programm beispielsweise dynamisch angeforderter Speicher zugewiesen, und ein Stack ist eine Datenstruktur, die unter anderem Funktionsaufrufe verwalten kann.

4.3.2 Swapping

Beim täglichen Gebrauch von Desktop-Systemen oder kurzzeitig sehr stark ausgelasteten Servern kann es durchaus vorkommen, dass Programme mehr Daten in den RAM laden wollen, als dieser Platz bietet. Um dieses Problem zu lösen, nutzt Linux das sogenannte *Swapping*. Beim Swapping werden im Moment nicht genutzte Daten aus dem Hauptspeicher auf einen speziellen Teil der Festplatte verschoben, die sogenannte *Swap-Partition*.

Dieses Auslagern schafft freien Hauptspeicher, kostet aber natürlich Zeit, da die Festplatte vielleicht um den Faktor 100 langsamer ist als der RAM.[3] Die Möglichkeit, Daten aus dem Hauptspeicher einfach in eine Datei im Dateisystem auszulagern, wird unter Linux im Gegensatz zu anderen Betriebssystemen so gut wie nicht genutzt. Durch das virtuelle Dateisystem kann nämlich nicht sichergestellt werden, dass die Datei auch tatsächlich auf der lokalen Festplatte und nicht etwa auf einem über ein Netzwerk angeschlossenen entfernten Rechner landet.

4.3.3 Speicherplatz der Festplatte

Was für den Hauptspeicher gilt, gilt in ähnlicher Weise auch für die Festplatten. Eine Festplatte hat eine Füllgrenze, und ein `ext`-Dateisystem hat eine maximale Anzahl von Verzeichnissen und Dateien. Hinzu kommt, dass ein Dateisystem unter Linux hierarchisch aufgebaut und mit Zugriffsrechten und diversen Dateitypen versehen ist. Hiermit beschäftigen wir uns im weiteren Verlauf dieses Kapitels aber noch detaillierter.

---

3 Die Zugriffsgeschwindigkeiten auf den RAM betragen viele Hundert MByte/s, die auf Festplatten nur einige MByte/s.

4.3.4 Verwaltung weiterer Ressourcen

Um mehreren Benutzern den gleichzeitigen Zugriff auf verschiedene Ressourcen zu ermöglichen, werden oft Dämonprozesse eingesetzt. Diese im Hintergrund laufenden Programme haben den exklusiven Zugriff auf die Ressource und gestalten dann, beispielsweise mittels einer Warteschlange und verschiedener Programme, den Benutzern den Zugriff auf ihren Dienst.

Als Beispiel für diese Art Dämonprozess sei der Lineprinter-Daemon `lpd` genannt. Der Dämon verwaltet unter Linux oft den Zugriff auf Drucker. Mittels verschiedener Programme wie `lpr` oder `lpq` können die User dann Dateien drucken und ihre Druckaufträge verwalten. Der `lpd` speichert alle Druckaufträge in einer Warteschlange und schickt dann einen nach dem anderen zum Drucker. **[zB]**

Nun verfügen aber nicht alle Schnittstellen über Dämonprozesse, und nicht jeder Dämonprozess verwaltet eine Ressource. Beispielsweise wird die Verwaltung der Netzwerkverbindungen ganz dem Kernel überlassen. Die Anwenderprogramme müssen hierbei selbst mithilfe von Syscalls[4] ihre Anforderungen (z.B. »Gib mir die für mich neu eingetroffenen IP-Pakete ...«) an den Kernel senden.

Dienste

Dämonprozesse werden oft auch als **Dienste** bezeichnet.

4.3.5 Schnittstellenbezeichnung unter Linux

Geräte werden unter Linux in Form von Dateien repräsentiert. Diese Gerätedateien sind Schnittstellen zu den reellen Ressourcen oder der logischen Ressource, die sie repräsentieren, und befinden sich unterhalb des */dev*-Verzeichnisses.

Gerätedateien werden demnach von Userspace-Applikationen angesprochen und benutzt – sofern diese über die entsprechenden Zugriffsberechtigungen verfügen. Hinter diesen Schnittstellen verbirgt sich oft der entweder direkt in den Kernel kompilierte oder in Form eines Kernelmodules geladene Treibercode.

Um so eine Schnittstelle zu benutzen, führt die jeweilige Applikation dazu mindestens drei Syscalls durch. Zuerst wird die Gerätedatei geöffnet,

4 Syscalls sind Systemaufrufe, mit denen wir die Unterstützung des Kernels in Anspruch nehmen.

dann von dieser Datei gelesen bzw. in sie geschrieben. Nachdem alle Daten gesendet bzw. gelesen worden sind, wird die Schnittstelle wieder geschlossen. Tut dies die Anwendung nicht selbst, so schließt der Kernel sie automatisch bei der Beendigung des Programms.

Deskriptoren

Intern werden geöffnete Dateien über sogenannte *Deskriptoren* verwaltet, die dem Programmierer beim Öffnen von Dateien in Form von Variablen übergeben werden. Der Kernel verwaltet intern für jeden Prozess ebenfalls die geöffneten Dateien mittels dieser Deskriptoren und kann so beim Zugriff anhand der Deskriptoren feststellen, welche Datei nun eigentlich gemeint ist.

4.3.6 pseudo devices

Pseudogeräte (*pseudo devices*) sind Schnittstellen, die nicht in Form von Hardware vorliegen und nur als Software implementiert wurden. Ein Beispiel dafür ist das sogenannte Datengrab */dev/null*.

[zB]

Die Schnittstelle */dev/null* wird als Datengrab bezeichnet, weil alle Daten, die an sie geschickt werden, einfach verschwinden. Diese Schnittstelle hat damit an sich keinen praktischen Nutzen, interessant wird sie erst im Zusammenhang mit anderen Anwendungen. Wie Sie in Kapitel 8, »Die Shell«, noch lernen werden, ist es möglich, die Ausgabe von Programmen zum Beispiel in eine Datei umzuleiten. Leitet man so eine Ausgabe von Programmen nun einfach statt standardmäßig auf den Bildschirm nach */dev/null* um, so wird die Ausgabe einfach ignoriert, und der Bildschrim bleibt wie gewünscht leer.

```
$ Befehl > /dev/null
```

Listing 4.1 Wir wollen keine Ausgabe sehen.

4.4 Zugriffsrechte

UID und GID

Vor die Datei haben die Götter das Recht gesetzt. Wir wollen Ihnen damit sagen, dass es unter UNIX generell ein ausgefeiltes und strenges Rechtemanagement gibt. Jeder Benutzer wird dabei eindeutig über eine Nummer identifiziert, die sogenannte UID (User ID). Zudem ist jeder Benutzer noch in einer bis beliebig vielen Benutzergruppen vertreten, die über eine GID (Group ID) referenziert werden.

4.4.1 Standardrechte

Prinzipiell gibt es für eine Datei folgende Rechte: Lesen, Schreiben und Ausführen. Für Verzeichnisse ist der Zugriff ähnlich geregelt: Ob man in ein Verzeichnis schreiben, es lesen[5] oder in es wechseln darf, ist jeweils über ein einzelnes Attribut geregelt.

Der Superuser

Für jede Datei können dabei die Rechte für den Eigentümer, dessen Gruppe und den Rest unterschiedlich eingestellt werden. Ändern können die Rechte nur der Eigentümer und `root`. Dabei ist `root`[6] der Systemadministrator, der von vornherein alles darf. Für ihn gelten keine Einschränkungen durch Rechte, entsprechend groß ist seine Macht.[7]

Der `root`-Account auf einem UNIX-System wird und sollte ausschließlich zur Systemadministration benutzt werden. Wenn zum Beispiel ein neues Programm installiert werden soll oder ein Administrator an den Konfigurationsdateien Änderungen vornehmen will, kommt `root` ins Spiel. Damit kein anderer Benutzer das System kaputtspielt, hat der normale Benutzer nur Schreibrechte auf seine eigenen Dateien – und nicht auf wichtige Systemdateien, wie beispielsweise die installierten Programme. Arbeitet der Systemadmi- nistrator auch selbst am System, so sollte auch er mit einem ganz normalen Benutzeraccount arbeiten und nur wenn nötig zu `root` werden.

Doch kommen wir nun wieder von der angewandten Gesellschaftskunde der Informatik zurück zum Rechtesystem unter Linux.

Ich, meine Freunde und der Rest der Welt

Wie bereits angesprochen wurde, kann der Eigentümer[8] Rechte für sich, die Gruppe und den Rest der Welt vergeben.

Kontext	Bedeutung
Benutzer	Bei dem Benutzer handelt es sich um den Eigentümer der Datei.
Gruppe	Der zugreifende Benutzer ist in derselben Gruppe wie die Datei.
Rest der Welt	Der Benutzer ist weder Eigentümer noch in der Gruppe der Datei.

Tabelle 4.1 Rechteübersicht

5 In diesem Zusammenhang ist das Anzeigen der vorhandenen Dateien gemeint.
6 Manchmal wird `root` auch als Superuser bezeichnet.
7 Daher ist die Übernahme dieses Accounts auch Ziel der Hacker.
8 Und natürlich `root`, den wir an dieser Stelle nicht mehr explizit miterwähnen wollen.

Möchte nun ein Benutzer lesend, schreibend oder ausführend auf eine Datei zugreifen, prüft Linux zuerst, ob er der Eigentümer dieser Datei ist. Ist er das, wird in diesem Feld geprüft, ob er die entsprechenden Rechte hat. Dieser Test wird meist positiv verlaufen.[9] Ist der Benutzer nicht der Eigentümer, wird geschaut, ob er in der entsprechenden Gruppe der Datei ist. Wenn ja, werden die Gruppenrechte abgefragt und so geprüft, ob er die entsprechende Berechtigung besitzt. Ansonsten wird geschaut, welche Rechte für die Nichtmitglieder vergeben wurden, und dann dementsprechend entschieden. Wie immer gilt: Wenn der Benutzer die UID 0 besitzt, also `root` ist, werden alle Rechte gewährt.

Verwaltung von Zugriffsrechten

Natürlich muss man diese Rechte zumindest halbwegs komfortabel verwalten können. Wenn Sie mit einer grafischen Oberfläche arbeiten, gibt es dazu wunderschöne und komfortable Dateimanager, wie beispielsweise den `konqueror`. Da sich diese Programme aber von selbst erklären und wir noch etwas ins Detail gehen wollen, werden wir die Veränderungen von Zugriffsrechten mithilfe von Shellkommandos beschreiben, auch wenn Sie an dieser Stelle des Buches noch keinen tieferen Einblick in die Shell haben.[10]

ls

Bevor man neue Rechte verteilt, will man vielleicht erst sehen, was für Rechte eine bestimmte Datei besitzt. Ein entsprechendes Shellkommando für dieses Problem ist `ls`. Ruft man `ls` ohne Parameter auf, zeigt es einfach alle Dateien im aktuellen Verzeichnis an.

```
$ ls
hallo  test.txt
```

Listing 4.2 Das Kommando ls

Mit einem Argument können wir `ls` aber überreden, etwas aussagekräftiger zu sein:

```
$ ls -l
-rwxr-xr-x 1 hannes users 2344 Sep 13 23:07 hallo
-rw-r--r-- 1 hannes users   23 Sep 13 23:07 test.txt
```

Listing 4.3 Ein langes Listing

9 Und selbst wenn nicht – der Eigentümer kann sich selbst *jedes* Recht auf eine Datei geben.

10 An dieser Stelle soll die Beschreibung genügen, dass die bzw. eine Shell eine Art Kommandointerpreter ist, der getippte Befehle ausführt.

r-w-x

In dieser Ausgabe finden wir schon alle Informationen, die wir bauchen. Beide Dateien gehören der Gruppe `users` und dem Benutzer `hannes`.

Die Datei *hallo* hat eine Größe von 2344 Bytes und die Datei *test.txt* ist 23 Bytes groß.

Nun wird es etwas komplizierter: Die zweite Spalte gibt die Anzahl der so genannten Hardlinks einer Datei an. Über Hardlinks werden Sie in diesem Buch natürlich auch noch mehr lesen.

Ganz links stehen sonderbare Zeichen und Striche. Diese sind folgendermaßen zu deuten: Das erste Zeichen gibt den Dateityp an. Bei einer regulären Datei wird ein Strich (-) dargestellt. Bei einem Verzeichnis würde ein 'd' und bei einem Unix-Domain-Socket ein 's' dargestellt werden. Außerdem gibt es noch Pipes (p), Block-Devices (b), Character-Devices (c) und symbolische Links (l). Natürlich werden auch all diese Themen im Buch besprochen.

Neben dem ersten Zeichen folgen die Zugriffsrechte, von denen schon oft die Rede war. Dabei stehen die Rechte in der Reihenfolge: Eigentümer, Gruppe und Andere zu jeweils 3 Zeichen. In unserem Beispiel kann der Eigentümer die Datei *hallo* lesen (r), schreiben (w) und ausführen (x). Alle anderen – Gruppenmitglieder und Andere sind gleich – dürfen nur lesen (r) und ausführen (x).

chmod

Der Befehl der Wahl ist in diesem Fall `chmod`. Bevor wir uns jedoch näher mit der Syntax dieses Befehls befassen, wollen wir noch kurz etwas über die Repräsentation der Rechte sagen. Dazu brauchen Sie nur etwas Binärarithmetik und müssen mit Oktalzahlen umgehen. Aber keine Angst: Wie immer wird nichts so heiß gegessen, wie es gekocht wird.

Oktales Zahlensystem

Es gibt genau zwei Modi, die ein Recht haben kann: Entweder ist es gegeben oder es ist verweigert. Was liegt also näher, als die binäre Darstellung, repräsentiert durch 0 und 1, zu wählen? Bei drei Rechten hat man dann drei Bits, was genau eine Oktalzahl darstellt. Eine Oktalzahl ist eine Zahl zur Basis 8 (8 ist 2^3), also wie gesagt durch drei Bits mit jeweils zwei Zuständen darstellbar.[11] Dabei werden die Bits in der Reihenfolge *lesen*, *schreiben* und *ausführen* gesetzt. Die Zahl 7 bedeutet also, da sie alle Bits gesetzt hat, volle Rechte. Die Zahl 6 dagegen hat nur die beiden hö-

11 Das heißt, es gibt keine 8 und keine 9, da wir bei 0 zu zählen anfangen und nach der 7 eine neue Stelle brauchen. Man würde also zählen: 0, 1, 2, 3, 4, 5, 6, 7, 10 usw.

herwertigen Bits gesetzt, was in diesem Fall *lesen* und *schreiben* bedeutet – *ausführen* ist nicht erlaubt.[12]

Oktalzahl	Übersetzung	Interpretation
777	`rwxrwxrwx`	Alle dürfen lesen, schreiben und ausführen.
644	`rw-r--r--`	Der Eigentümer darf lesen und schreiben, alle anderen dürfen nur lesen.
664	`rw-rw-r--`	Wie oben, nur darf jetzt auch die Gruppe schreiben.
600	`rw-------`	Der Eigentümer kann lesen und schreiben, sonst hat niemand Zugriff auf die Datei.

Tabelle 4.2 Rechenbeispiele für Oktalzahlen

Nun kann man ja Rechte für den Eigentümer, die Gruppe und die Nichtmitglieder festlegen. Hat man sich also entschieden, die Rechte durch drei Oktalzahlen zu repräsentieren, würde ein typischer Akt der Rechtevergabe mit `chmod` dann zum Beispiel so aussehen:

```
$ ls -l test.txt
-rw-r--r-- 1 hannes users 0 Sep 13 23:07 test.txt
$ chmod 664 test.txt
$ ls -l test.txt
-rw-rw-r-- 1 hannes users 0 Sep 13 23:07 test.txt
```

Listing 4.4 Ändern der Zugriffsrechte

Dieser Aufruf setzt auf die Datei *test.txt* folgende Rechte: Der Eigentümer und die Gruppe dürfen lesen und schreiben, Nichtmitglieder dürfen nur lesen.

In Kapitel 8, »Die Shell«, werden wir uns noch etwas näher mit diesem Kommando beschäftigen, und so soll diese Einführung im Augenblick erst einmal genügen.

umask

Freakfaktor hin oder her, manche Leute können dem Herumrechnen mit binären Repräsentationen diverser Oktalzahlen überhaupt nichts abgewinnen. Für diese Menschen gibt es den Befehl `umask`. Mit ihm wird eine Art Voreinstellung für Rechte vorgenommen, sodass man `chmod` auch mit intuitiveren Parametern sinnvoll aufrufen kann.

12 Keine Panik, die Rechtearithmetik ist nicht schwer. Mit etwas Mathe und Gewöhnung sieht alles ganz einfach aus.

Dabei ist zu beachten, dass die Voreinstellung nicht, wie man es vielleicht erwarten würde, alle Rechte gesetzt hat, die man haben möchte, sondern es ist genau anders herum. Man setzt mit `umask` also eine Einschränkung. Aber schauen wir uns das am Beispiel an:

```
$ umask 022              // umask setzen
$ umask                  // umask anschauen
022
$ chmod +w test.txt
$ ls -l test.txt
-rw-r--r--  1 hannes  users  0 Sep 14 02:04 test.txt
```

Listing 4.5 umask in Aktion

In diesem Beispiel wird die `umask` auf 022 gesetzt. Wenn ein `chmod` die Schreibrechte für diese Datei setzt, wird nur dort das Schreibrecht auch wirklich gesetzt, wo `umask` keine Einschränkung vorsieht. In diesem Fall bedeutet dies, dass nur der Eigentümer auch das Schreibrecht bekommt, da es in `umask` für die Gruppe und alle anderen User gesetzt ist. **[zB]**

Wäre die Umask gleich 000, so gäbe es keine Einschränkungen, und `chmod +w` hätte das Schreibrecht für alle gesetzt. Diese Voreinstellung mittels der `umask` wird übrigens auch automatisch bei neu erstellten Dateien wirksam.

Um die `umask` zu umgehen, kann man natürlich bei `chmod` auch noch die Identifier für den Kontext explizit angeben, sodass `chmod g+x` der Gruppe das Ausführungsrecht gibt. So kann man mit Recht behaupten, dass der `umask`-Befehl vor allem als Schutz vor der eigenen Schusseligkeit gebraucht wird.

chown und chgrp

Nun kann es passieren, dass man eine Datei einem anderen User oder einer anderen Gruppe zuordnen möchte. Für diesen Fall gibt es die beiden Befehle `chown` und `chgrp`, deren Handhabung eigentlich keiner weiteren Erklärung bedarf.

```
# chown steffen test.txt
# chgrp autoren test.txt
```

Listing 4.6 Setzen der Eigentumsrechte

Jetzt gehört die Datei *test.txt* dem Benutzer `steffen` und der Gruppe `autoren`. Natürlich kann man denselben Effekt auch mit einem einzigen

Aufruf erzielen, der Befehl chgrp ist also nur der Vollständigkeit halber aufgeführt:

```
$ chown steffen:autoren test.txt
```

Listing 4.7 chown setzt die Gruppe.

su und sudo

Dass man eine Datei dringend braucht und keine Rechte für sie hat, kommt leider öfter vor, als man denkt. Aber für diesen speziellen Fall gibt es das Programm su: Mit su kann man in die Identität jedes Benutzers schlüpfen, dessen Passwort man kennt:

```
$ whoami                // Wer bin ich?
hannes
$ su steffen
Password: <tippsel>
$ whoami                // Abrakadabra...
steffen
```

Listing 4.8 su in Aktion

[zB] Jetzt bin ich steffen und kann also die Datei bearbeiten oder am besten gleich die Rechte richtig setzen.

Ruft man su ohne Argument auf, wird automatisch angenommen, dass man root werden will. Es wird übrigens empfohlen, nur auf diese Weise als Systemadministrator zu arbeiten, ein extra Login als root ist meistens überflüssig.

Das Programm sudo öffnet im Gegensatz zu su keine Shell mit der Identität des Benutzers, sondern wird genutzt, um ein Programm mit den entsprechenden Rechten zu starten. Wie immer gilt: Ist kein Benutzer über die Option -u direkt angegeben, wird root als neue Identität genommen.

$ sudo vim führt das Programm vim als root aus. Damit man aber als Benutzer die Vorzüge von sudo genießen kann, muss man mit einem entsprechenden Eintrag in der /etc/sudoers eingetragen sein:

```
...
# Den Benutzern der Gruppe users ohne Passwort alles
# erlauben
%users  ALL=(ALL)       NOPASSWD: ALL
# Dem Benutzer Test das Mounten/Unmounten des CDROM-
# Laufwerks erlauben (hier wird der Befehl direkt
```

```
# angegeben)
test  ALL=/sbin/mount /cdrom,/sbin/umount /cdrom
...
```

Listing 4.9 Die /etc/sudoers

Für die genaue Syntax sei Ihnen wie so oft die Manpage ans Herz gelegt.

4.4.2 Erweiterte Zugriffsrechte

Unter UNIX-Systemen gibt es einige weitere Zugriffsrechte, auf die wir an dieser Stelle kurz eingehen möchten.

Sticky-Bit

Ist das Sticky-Bit (`chmod +t`) für ausführbare Dateien gesetzt, so werden diese beim Start in den Auslagerungsbereich kopiert. Dies kann sich unter Umständen positiv auf die Performance des Programms auswirken. Wenn es nämlich relativ oft gestartet wird, muss es dann nicht jedes Mal von der Festplatte nachgeladen werden.

Sticky-Verzeichnisse

Ist das Sticky-Bit auf ein Verzeichnis gesetzt, so dürfen nur der Superuser und der Eigentümer des Verzeichnisses die darin enthaltenen Dateien löschen und einsehen. Dies wird beispielsweise beim Verzeichnis */tmp* angewandt, wo jeder Benutzer schreiben und Dateien anlegen kann, aber diese Daten trotzdem privat bleiben sollen. Ein gesetztes Sticky-Bit[13] ist am »t« in den Zugriffsrechten zu erkennen und lässt sich mit dem Kommando `chmod +t` setzen.

```
$ chmod +t dir
$ ls -ld dir
drwxr-xr-t  16 steffen users   1024 Sep 15 19:37 dir
```

Listing 4.10 Das Sticky-Bit für Verzeichnisse

Suid/Sgid-Bit

Setzt man das Suid-Bit auf eine Programmdatei, so wird es zur Laufzeit mit den Rechten des Eigentümers ausgeführt, beim Sgid-Bit mit denen der Gruppe. Dies ist beispielsweise bei Programmen nötig, die direkten Hardwarezugriff erfordern oder Zugriff auf Dateien wie */etc/shadow* benötigen. Mit diesem Bit kann man also erreichen, dass der Zugriff auf

13 Oft findet man in anderer Fachliteratur auch die Bezeichnung »klebriges Bit«.

Dateien oder andere Ressourcen in vertrauenswürdigen Programmen gekapselt wird.

[zB] Betrachten wir nun einmal die Datei */etc/shadow*. Diese Datei enthält die verschlüsselten Passwörter aller User und darf nur von `root` gelesen und geschrieben werden. Nun macht es aber Sinn, dass Benutzer ihr Passwort selbst ändern können. Dazu gibt es nun das Programm `passwd`, das mit dem Suid-Bit ausführbar ist und `root` gehört. Führt ein Benutzer nun `passwd` aus, so kann das Programm mit Root-Rechten Änderungen an der */etc/shadow* vornehmen. Der Benutzer hat jedoch keine Möglichkeit zur bösartigen Manipulation, und da er die Datei nicht mal lesen kann, kann er auch nicht daheim heimlich versuchen, die Passwörter zu entschlüsseln.

Die beiden Bits werden über die Werte `u+s` (SUID) bzw. 4xxx in oktaler Schreibweise und `g+s` (SGID) bzw. 2xxx gesetzt.

```
$ chmod u+s file
$ chmod 2555 file2
$ ls -l file file2
-rwSr--r--  1 steffen  autoren  0 Sep 15 19:42 file
-r-xr-sr-x  1 steffen  autoren  0 Sep 15 19:42 file2
```

Listing 4.11 Setzen der Bits SUID und SGID

4.4.3 Access Control Lists

Manchmal ist die Welt leider komplizierter, als man sie mit UNIX-Rechten abbilden kann. Aus diesem Grund wurden für Linux und einige Dateisysteme wie beispielsweise XFS oder ext3 die sogenannten *Access Control Lists*, kurz ACLs, implementiert. Früher brauchte man, um ACLs nutzen zu können, noch einen speziellen Kernelpatch, aber ab Version 2.6 des Linux-Kernels sind ACLs auch ohne Patch schon standardmäßig im Kernel integriert. Je nach Distribution wird man aber trotzdem noch den Kernel neu kompilieren müssen, wenn die Option nicht schon standardmäßig aktiviert wurde.

In diesem Kapitel wollen wir also nicht auf die Installation dieser Erweiterung eingehen, da sie sich mit jeder neuen Kernelversion ändert. Die ACLs wollen wir Ihnen aber trotzdem nicht vorenthalten und sie im Folgenden kurz beschreiben.

Access Control Lists sind im Prinzip eine mächtige Erweiterung der Standardrechte. Stellen Sie sich vor, Sie hätten eine Firma mit einer Abteilung Rechnungswesen. Diese Abteilung darf natürlich auf eine Datei bzw. eine Datenbank mit den aktuellen Rechnungen zugreifen. Nun ist aber ein Mitarbeiter in Ungnade gefallen, und Sie möchten ihm das Recht auf diese eine Datei entziehen. Allerdings soll er weiterhin auf alle anderen Daten der Gruppe Rechnungswesen zugreifen dürfen. Mit UNIX-Rechten ist diese Situation, wenn überhaupt, nur sehr kompliziert lösbar, mit ACLs ist es jedoch so einfach, wie mit `chmod` ein Recht zu setzen. **[zB]**

Bei ACLs werden die Rechte nicht mehr nur für den Eigentümer, die Gruppe und alle anderen festgelegt – wie der Name schon sagt, kann mit einer Art Liste der Zugriff für jeden Nutzer und jede Gruppe separat gesteuert werden. Mit einem einfachen Aufruf von

```
$ setfacl -m u:hannes:--- test.txt
$ setfacl -m g:autoren:rwx test.txt+
```

Listing 4.12 ACL-Administration mit setfacl

werden die Einträge der Datei *test.txt* für den Benutzer `hannes` und die Gruppe `autoren` modifiziert. Dem Benutzer (gekennzeichnet durch ein vorangestelltes (`u:`) `hannes` wurden alle Rechte entzogen, da sie auf `---` gesetzt wurden, und der Gruppe (`g:`) `autoren` wurden alle Rechte gegeben.

Möchte nun ein Benutzer auf eine Datei zugreifen, werden zuerst die Standardrechte aktiv. Ist er der Besitzer, läuft alles wie gehabt. Ansonsten werden die ACLs gefragt, und es gilt die Regel: Die speziellste Regel greift. Ist also ein Eintrag für den Benutzer selbst vorhanden, zählt dieser, ansonsten der Eintrag der Gruppe, so weit vorhanden. Die Rechte aus der ACL können dabei aber nur so weit gehen, wie es die Standardgruppenrechte der Datei erlauben. Damit stehen also die UNIX-Rechte über den ACLs, und alles hat seine Ordnung. Wenn allerdings kein spezieller Eintrag für den Benutzer oder seine Gruppe existiert, werden wie bisher die Vorgaben für alle anderen bindend.

Eine ACL für eine bestimmte Datei oder ein bestimmtes Verzeichnis kann man sich übrigens mit `getfacl <Datei>` ähnlich wie bei `ls -l <Datei>` ansehen.

```
$ getfacl file.txt
#file:file.txt
#owner:jploetner
#group:users
```

```
user::rw-
user:swendzel:rw-
group::r--
mask::rw-
other::---
```

Listing 4.13 getfacl

[zB] Hier im Beispiel hat also der Benutzer swendzel noch ein explizit angegebenes Schreibrecht. Ansonsten sieht man die normalen Eigentümer- und Gruppenrechte sowie die sonstigen Rechte und die durch die Gruppenrechte gegebene effektive Maske für die ACLs.

4.5 Das virtuelle Dateisystem

In den vorangehenden Kapiteln des Buches wurde schon teilweise auf das virtuelle Dateisystem Bezug genommen, ohne jedoch genau zu erklären, was sich dahinter verbirgt. Andererseits wissen Sie aber schon eine ganze Menge, zum Beispiel, dass das Dateisystem nicht unbedingt mit der Festplatte gleichzusetzen ist oder die Hardware über sogenannte *Gerätedateien* repräsentiert wird. Keine Angst, wenn Ihnen das Ganze bisher mehr als spanisch vorkommt, denn erst jetzt werden auch die letzten Geheimnisse gelüftet.

Abstraktion

Das Dateisystem selbst ist in erster Linie völlig abstrakt und basiert auf dem altbekannten System von Datei und Verzeichnis. Der sogenannte *Root* »/« ist die Wurzel des Dateisystems und damit das höchste Verzeichnis. In diesem Stammverzeichnis kann es wie in jedem Unterverzeichnis auch wieder Unterverzeichnisse, normale Dateien, Gerätedateien, FIFOs oder Verweise (Links) geben. Um leichter den Überblick zu behalten, gibt es aber eine mehr oder minder exakt definierte Ordnung[14], wo welche Dateien in einem Verzeichnis abzulegen sind. Im Folgenden möchten wir die wichtigsten Verzeichnisse und ihre Aufgaben einmal kurz vorstellen.

4.5.1 Die Verzeichnisstruktur

/boot

Das Verzeichnis */boot* beinhaltet alle Dateien, die beim Systemstart unmittelbar benötigt werden. Dort findet man einen oder durchaus auch einmal

14 Diese Ordnung ist allerdings von UNIX-Derivat zu UNIX-Derivat verschieden. Hat man aber einmal das Prinzip verstanden, so findet man sich auch auf den anderen UNIX-Systemen, die nichts mit Linux zu tun haben, schnell zurecht.

mehrere Kernel und andere Dateien wie beispielsweise die Konfigurationsdatei für den aktuellen Kernel. Das Verzeichnis ist normalerweise nur ein paar Megabyte groß und wurde früher oft auf eine besondere Partition ausgelagert, die nah am Anfang der Festplatte war. Damals war es aus technischen Gründen noch notwendig, dass sich der Kernel innerhalb der ersten 1024 Zylinder[15] befand, denn sonst konnte das System nicht gebootet werden.

Im */home*-Verzeichnis besitzt jeder Benutzer eines UNIX-Systems sein eigenes Verzeichnis, auf das nur er Schreibrechte hat. Dort ist der Platz für alle seine persönlichen Dateien, Schriftstücke und Bilder. Im Normalfall sollte sich ein User auch nur für dieses Verzeichnis interessieren – der Rest der Festplatte geht ihn einfach nichts an. Die Chance, dass ein normaler Benutzer dort etwas kaputt macht, ist einfach zu groß. Demzufolge sind die Rechte normaler Benutzer auf andere Verzeichnisse sehr eingeschränkt, und sie dürfen oft, wenn überhaupt, nur deren Inhalt auflisten. Es reicht ja auch aus, Programme auszuführen. Veränderungen, wie das Einspielen neuer Versionen, sind nur dem Systemadministrator erlaubt.

Root's home

In */root* hat der Systemadministrator sein Heimatverzeichnis. Allerdings sollte mit dem Root-Account nicht produktiv gearbeitet werden – es kann einfach zu viel schiefgehen. Von daher wird man in diesem Verzeichnis im günstigsten Fall maximal ein vergessenes und schon leicht angestaubtes Backup von vor zwei Wochen finden.

Wichtig ist vielleicht noch anzumerken, dass unter Linux' eigenen Dateisystemen standardmäßig 5% des Plattenplatzes[16] für den Superuser reserviert bleiben. Wenn Sie also als Benutzer arbeiten und die Meldung bekommen, dass die Platte voll sei und Sie nichts mehr machen können, können Sie als `root` dieses Problem immer noch beheben.

/var

Im Verzeichnis */var* finden sich Dateien, die sich in ständiger Veränderung befinden. Dazu gehören die Mail-Postfächer in */var/mail*, die Logdateien der Dämonprozesse und des Systems in */var/log*, die Laufzeitdaten in */var/run* und Ähnliches.

Temporäre Dateien

Temporäre Dateien werden im Verzeichnis */tmp* abgelegt. Dabei ist */tmp*, wie in diesem Kapitel bereits erwähnt wurde, das einzige Verzeichnis (abgesehen vom jeweiligen */home*), wo auch normale Benutzer Schreibrechte haben – allerdings mit der Einschränkung des Sticky-Bits. So können alle Programme hier temporäre Dateien anlegen, ohne dass vertrauliche Daten

---

15 Eine Maßeinheit, die den geometrischen Aufbau einer Festplatte beschreibt.

16 Dieser Wert ist veränderbar. Mehr dazu folgt in Kapitel 12, »Serverdienste«.

preisgegeben werden. Das */tmp*-Verzeichnis ist oft auch gar nicht physikalisch auf der Festplatte vorhanden, sondern einfach nur ein Bereich im RAM, der mal eben als RAM-Disk gemountet wurde. So ist der Zugriff erstens extrem schnell, und zweitens werden alle Daten beim nächsten Neustart automatisch verschwunden sein.

/usr

Ein weiteres wichtiges Verzeichnis mit diversen Subverzeichnissen ist */usr*. Hier finden sich im Gegensatz zum */var*-Verzeichnis ausschließlich statische Daten, wie zum Beispiel wichtige Programme in */usr/bin*, Include-Dateien für die C(++)-Programmierung in */usr/include*, die Administrations-Binarys in */usr/sbin/*, die Dateien des X-Window-Systems in */usr/X11R6/* und Ähnliches. Dass sich unter */usr* nur statische Dateien befinden, hat den Vorteil, dass eine eventuell vorhandene eigene Partition für das Verzeichnis auch readonly gemountet werden kann, sodass selbst ein Hacker mit Rootrechten keine Programme zu seinen Gunsten verändern kann.

4.5.2 Dateinamen

Bei der Betitelung von Dateien sollten Sie einige Regeln beachten. Generell sollten Sie von der Verwendung der Sonderzeichen absehen. Dies kann die Arbeit mit dem System und mit Shellskripten unglaublich vereinfachen. Es ist darüber hinaus zu beachten, dass Linux einen Unterschied zwischen der Groß- und Kleinschreibung der Dateinamen macht.[17]

Versteckte Dateien

Dateinamen, die mit einem Punkt beginnen, gelten als versteckt und werden bei einem normalen `ls`-Aufruf ohne entsprechende Parameter nicht angezeigt. Das ist beispielsweise bei der */.cshrc* oder der *.login* der Fall. Mit dem Parameter `-a` des Kommandos werden diese Dateien jedoch ausgegeben. Versteckte Dateien sind also nicht versteckt, damit man sie nicht findet – dazu gibt es weiß Gott andere Möglichkeiten. Sie sind versteckt, damit sie während der täglichen Arbeit nicht stören und den Überblick über die wirklich wichtigen Dateien verstellen. Aus diesem Grund sind meist nur benutzerspezifische Konfigurationsdateien im */home*-Verzeichnis des entsprechenden Users versteckt.

```
$ ls -a
.Xauthority   .bash_history  .bashrc  .less  .lessrc
...
```

Listing 4.14 Anzeige der schüchternen Dateinamen

17 Es sei denn, Sie mounten ein Windows-Dateisystem ...

4.5.3 Dateitypen

Wie Sie vielleicht schon geahnt haben, ist unter Linux – wie auch unter anderen UNIX-Systemen – wirklich (fast) alles in Dateien realisiert. Sogar die Verzeichnisse sind auf Dateisystemebene eigentlich nur eine besondere Art von Dateien – ein Grund mehr, sich mal mit den unterschiedlichen Dateitypen näher auseinanderzusetzen.

Reguläre Dateien

Hierbei handelt es sich um alle *normalen* Dateien. Dazu zählen Textdateien (z.B. Konfigurationsdateien wie */etc/hosts*), Binärdateien (JPEG-Bilder, Wave-Dateien, MP3-Dateien) sowie ausführbare Dateien wie Shellskripte oder im Binärformat (a.out oder ELF) vorliegende Programme wie */bin/ls*.

Verzeichnisse

Wie versprochen, sprechen wir bei Dateitypen natürlich auch die Verzeichnisse an. Sie existieren im hierarchischen Aufbau des VFS und können jeweils wieder Dateien und Unterverzeichnisse beinhalten. Eigentlich speichern sie aber nicht die Dateien bzw. Verzeichnisse, sondern lediglich Verweise auf die an anderer Stelle gespeicherten Daten.

Das System sieht Verzeichnisse als Blockeinheiten, die aus verschiedenen Größen[18] bestehen. Ein Verzeichnis beinhaltet die Nummern der Inode-Einträge aller Dateien, die aus Sichtweise des Anwenders in diesem untergebracht sind. Soll eine Datei also von einem Verzeichnis in ein anderes verschoben werden, so muss einfach nur dieser Eintrag geändert werden. Das macht das Verschieben übrigens schneller als das Kopieren von Dateien, bei dem die Datei wirklich als Ganzes kopiert wird.

Sehen wir uns einmal die Ausgabe eines Verzeichnisses mit dem `ls`-Kommando an. Über den Parameter `-d` kann die Ausgabe des Verzeichnisses selbst, anstelle des Inhalts, erzielt werden.

```
$ ls -ld /root
drwx------ 5 root wheel 512 Sep 14 23:56 /root/
```

Listing 4.15 Nicht-rekursive Verzeichnisanzeige

18 Generell gilt: Je mehr Inode-Nummern vorhanden sind, desto größer muss der Block sein, um diese zu speichern. Typische Blockeinheiten haben eine Größe von 512 Byte, 1 KByte, 2 KByte oder 4 KByte.

Gerätedateien

Gerätedateien haben Sie in diesem Kapitel bereits kennengelernt. Diese besonderen Dateien ermöglichen, wie Sie bereits wissen, den Userspace-Zugriff auf Kernelspace-Treiber. Man unterscheidet dabei zwischen Block- und Character-Geräten. Der Unterschied zwischen beiden Typen ist, dass bei den Character-Geräten nur jeweils ein Zeichen (ein Character), bei den Block-Geräten hingegen ein ganzer Datenblock übertragen wird. Block-Geräte wie beispielsweise Festplatten müssen somit nicht für jedes Zeichen extra angesprochen werden, sondern können ganze Datenblöcke auf einen Schlag und damit gepuffert übertragen. Bei einem Character-Device wie z. B. einer seriellen Schnittstelle ist dieser Puffermechanismus nicht vorhanden, und alle Daten werden unmittelbar übertragen.

Major und Minor

Jedem Gerät ist eine sogenannte *Major-* und *Minor-Number* zugeordnet. Die Major-Number ist dem Treiber zugeordnet, die Minor-Number selbst gibt die Gerätenummer für den Treiber an. So werden also die abstrakten und eigentlich willkürlichen Gerätenamen einem entprechenden Treiber zugeordnet.

Ein Aufruf des `ls`-Kommandos zeigt beim Gerätedateien-Listing entweder `b` für Block-Device oder `c` für Character-Device an.

```
$ ls -l /dev/hda*
brwx-rw--- 1 root disk 3, 0 Sep 14 23:56 /dev/hda
brwx-rw--- 1 root disk 3, 1 Sep 14 23:56 /dev/hda1
brwx-rw--- 1 root disk 3, 2 Sep 14 23:56 /dev/hda2
...
```

Listing 4.16 Die Primärfestplatte

devfs

Im neuen `devfs` bzw. `sysfs` dagegen, das ab Kernel 2.6 standardmäßig aktiv ist, wird einem Device nicht mehr über Major- und Minor-Nummern sein entsprechender Treiber zugeordnet, sondern über den Namensraum. Das `devfs` ist daher wie auch das `procfs` ein Pseudodateisystem, das Zugriffe auf seine Elemente (Dateien und Verzeichnisse) direkt im Kernel behandelt und das für den Benutzer sichtbare Dateisysteminterface nur für die einfache Handhabung bereitstellt.

Damit bietet das `devfs` unter anderem folgende Vorteile:

- **Schnelligkeit**
  Beim Zugriff auf einzelne Geräte entfällt der Zugriff auf die Platte, um die Datei und damit die Major- bzw. Minor-Nummer zu lesen. Stattdessen wird über Dateiname und Verzeichnis der angesprochenen

Gerätedatei der entsprechende Treiber geladen. Welcher Treiber das im Einzelnen ist, weiß der Kernel.

- **Platz**
  Das `devfs` ist virtuell, benötigt also nur etwas RAM für den Code und steht in keinem Verhältnis zu den Platzansprüchen des alten Systems. Auf Desktop- oder Server-Rechnern ist das zwar weniger relevant, wohl aber auf *embedded devices*.

- **Übersicht**
  Das */dev*-Verzeichnis ist jetzt auch übersichtlicher, da nicht über 1000 Dateien mit möglichen Geräten vorgehalten werden müssen. Die Treiber registrieren stattdessen während ihrer Initialisierung nur alle Gerätedateien, für die auch Hardware vorhanden ist.

Sockets

Sockets sind abstrakt und beschreiben Verbindungen zwischen zwei Endpunkten. Die einzelnen enthaltenen Informationen sind je nach Typ des Sockets (z.B. ein Streamsocket für TCP, ein Datagrammsocket für UDP oder ein sogenannter UNIX-Domainsocket) verschieden.

Sockets werden beim `ls -l`-Kommando mit einem `s` versehen. Dabei handelt es sich jedoch immer um einen bestimmten Sockettyp, nämlich um einen UNIX-Domainsocket. Andere Sockets, wie z. B. TCP-Sockets, die wir im Netzwerkkapitel näher behandeln, sind nur rein logische Repräsentationen von Verbindungsendpunkten und liegen damit nicht im Dateisystem.

Pipes und Named Pipes (FIFOs)

Pipes und Named Pipes (sogenannte *FIFOs*) dienen zur Kommunikation zwischen Prozessen.[19] Wir werden uns in Kapitel 8 näher mit ihnen beschäftigen.

FIFOs werden beim Dateilisting via `ls`-Kommando mit einem `p` versehen.

```
$ mkfifo myfifo
$ ls -l myfifo
prw-r--r-- 1 swendzel users 0 Sep 15 18:04 myfifo
```

Listing 4.17 Erstellung und Darstellung einer FIFO

19 Dafür wird die Bezeichnung *Interprocess Communication*, IPC, verwendet.

Links

Es gibt zwei Sorten von Links: symbolische und harte. Symbolische Links (oft auch als *Softlinks* oder *Symlinks* bezeichnet) sind die eigentliche Form eines Links. Bei ihnen handelt es sich um eine spezielle Datei, die als Inhalt schlicht den Dateinamen enthält, auf den gezeigt wird.

[zB] Erstellt man einen Link mit dem Namen *link* im Verzeichnis */usr* auf eine Datei (beispielsweise die Datei */home/swendzel*), so verweist *link* auf */home/swendzel*. Wird also *link* eingegeben, wird in Wirklichkeit die Datei */home/swendzel* angesprochen, und alle Änderungen an einer der beiden Dateien gelten automatisch auch für die andere.

Symbolische Links

Links werden mit dem Kommando `ln` erstellt. Durch den Parameter `-s` erstellt man einen symbolischen Link.

[zB] Im folgenden Beispiel wird über das `touch`-Kommando eine Datei namens *myfile* und anschließend ein symbolischer Link `link` auf diese Datei erstellt.

```
$ touch myfile
$ ln -s myfile link
$ ls -l link
lrwxr-xr-x 1 swendzel users 6 Sep 15 18:23 link ->
myfile
```

Listing 4.18 Ein symbolischer Link

Hardlinks

Ein Hardlink unterscheidet sich jedoch von einem symbolischen Link. Er verweist nicht auf eine andere Datei, sondern stellt nur eine weitere Referenz für die eigentliche Datei dar. Das bedeutet, dass das Ziel des Links sich technisch gesehen in zwei Verzeichnissen gleichzeitig befindet. Außerdem hat die Datei einen erhöhten Linkcounter. Den braucht man, wenn man die Datei aus einem Verzeichnis löschen will. Die Datei muss ja auf der Festplatte bleiben – schließlich befindet sie sich auch noch in einem anderen Verzeichnis.

Die zweite Spalte bei einem `ls -l`-Aufruf gibt immer die Anzahl der vorhandenen Links und damit den Linkcounter an.

```
$ ln myfile hardlink
-rw-r--r-- 2 swendzel users 0 Sep 15 18:23 hardlink
-rw-r--r-- 2 swendzel users 0 Sep 15 18:23 myfile
```

Listing 4.19 Hardlinks

4.5.4 Einhängen von Dateisystemen

Sie haben das Buch noch nicht entnervt beiseite gelegt? Das freut uns! Kommen wir nun zu einem sehr wichtigen Thema, nämlich zum Einhängen von Dateisystemen. In der Fachsprache benutzt man hierfür das Wort »mount«. Sprechen Sie folglich vom »Mounten« einer CD, so weiß jeder Linux-Administrator genau, was Sie von ihm wollen.

Wie Sie bereits wissen, beinhaltet das virtuelle Dateisystem (VFS) Verzeichnisse. Diese können auch als Mountpoint (also Einhängepunkt) für andere Dateisysteme dienen. Oft wird beispielsweise das CD-Laufwerk in das Verzeichnis */cdrom* gemountet.

mount

Um ein Dateisystem einzuhängen, wird also das Kommando `mount` benutzt. Dabei werden das Dateisystem mit dem Parameter `-t`, das zu mountende Gerät und der Mountpoint angegeben. Das Gerät kann sowohl ein CD-ROM-Laufwerk als auch eine Festplattenpartition, eine Netzwerkressource (Network Filesystem) oder Ähnliches sein.

```
# mount -t ext2 /dev/hdb1 /public
```

Listing 4.20 Beispiel eines Mountings

Hier wurde die erste Partition der zweiten Festplatte[20], auf der sich ein `ext2`-Dateisystem befindet, in das Verzeichnis */public* gemountet.

Rufen Sie `mount` ohne Parameter auf, um alle momentan eingehängten Dateisysteme zu sehen:

```
# mount
/dev/hda5 on / type ext2 (rw)
/dev/hda1 on /dos type vfat (rw)
none on /dev/pts type devpts (rw, gid=5, mode=620)
none on /proc type proc (rw)
```

Listing 4.21 Was haben wir denn Feines eingehängt?

Mit dem Kommando `umount` wird ein Dateisystem wieder ausgehängt. Einsteigern bereitet dieses Kommando jedoch oft Kopfzerbrechen, da sich so manches Dateisystem nicht ohne Weiteres unmounten lässt. Dies liegt oft daran, dass noch ein Prozess in diesem Dateisystem aktiv ist – beispielsweise befindet man sich gerade selbst im Mountpoint. **[+]**

20 Genauer gesagt: der Primary Slave des IDE-Hostadapters

```
# umount /public
```

Listing 4.22 Unmounten einer Partition

eject

Ein weiteres wichtiges Kommando ist `eject`. Mit diesem werden Laufwerke (z.B. DVD-Laufwerke) geöffnet, um das Medium herauszunehmen. Doch Achtung: CD-Laufwerke lassen sich nicht öffnen, solange sie gemountet sind. Alle Dateisysteme müssen unmountet werden, bevor diese physikalisch entfernt werden dürfen, ansonsten kann Datenverlust auftreten!

```
# eject /dev/cdrom
```

Listing 4.23 Immer raus damit!

df und du

Die beiden Befehle `df` und `du` liefern Ihnen Informationen über den Speicherverbrauch einzelner Dateien, Verzeichnisse und ganzer Dateisysteme.

Mittels `du` erfährt man die Größe einer Datei oder eines Verzeichnisses inklusive aller Subverzeichnisse und Subdateien. Ohne Parameterangabe wird die Größe in Blockeinheiten ausgegeben. Mit dem `-h`-Parameter ist es jedoch möglich, sich eine automatisch gewählte (passende) Ausgabeeinheit anzeigen zu lassen.[21]

```
$ du dir
83076   dir
$ du -h dir
41M     dir
```

Listing 4.24 Das du-Kommando

Eine Übersicht über die Belegung der Dateisysteme gibt das Kommando `df`. Auch hierbei werden ohne entsprechende Angabe des `-h`-Parameters Blockeinheiten als Belegungseinheit[22] gewählt.

```
$ df -h
Filesystem     Size Used Avail Use% Mounted on
/dev/hda5      1.6G 1.2G 441M  73%   /
/dev/hda1      2.0G 789M 1.2G  38%   /dos
```

Listing 4.25 df zeigt die Dateisystem-Belegung

21 Das `-h` steht für *human readable*.

22 Es existieren noch weitere Parameter wie `-k` für eine Kilobyte-Angabe.

Die Datei /etc/fstab

Die Datei */etc/fstab* enthält Informationen zum Mounten einzelner Dateisysteme. Sie legt den Mountpoint, das entsprechende Dateisystem und einige Mountoptionen fest.

```
# cat /etc/fstab | head -2
/dev/hda1     /     ext2   defaults   1   1
/dev/hda2     swap  swap   defaults   0   0
```

Listing 4.26 Inhalt der /etc/fstab

Aufbau

Der Aufbau dieser Datei ist tabellarisch gehalten. Jeder Datensatz wird in einer eigenen Zeile platziert, jedes Attribut wird mittels Leerzeichen vom nächsten getrennt.

Die erste Spalte legt das Blockgerät (also die Gerätedatei des Speichermediums) fest, das gemountet werden soll. An dieser Stelle können auch Netzwerkdateisysteme in der Form `Host:Verzeichnis` angegeben werden.

In Spalte zwei ist der Mountpoint anzugeben. Handelt es sich bei einem Datensatz jedoch um das Swap-Dateisystem, so ist hier kein Mountpoint, sondern *swap* anzugeben.

Das dritte Feld legt das Dateisystem fest. Auf einer CD-ROM befindet sich nämlich ein ganz anderes Dateisystem als auf einer Windows-Partition oder einer Linux-Partition. Generell können hier folgende Dateisysteme angegeben werden:

- **'minix'**
  Das Minix-Dateisystem. Hierbei handelt es sich um ein bereits in die Jahre gekommenes Dateisystem mit sehr starken Beschränkungen, u.a. für die Länge der Dateinamen.
- **'ext'**
  Der Vorläufer des für Linux hauseigenen Dateisystems ext2.
- **'ext2'**
  Dieses Dateisystem erlaubt recht lange Dateinamen und benutzt Inodes zur Verwaltung der Dateien.
- **'ext3'**
  Die aktuelle Journaling-Version des ext2-Dateisystems. Diese extended-Dateisysteme sind speziell für Linux entwickelt worden und damit natürlich in erster Linie zu empfehlen. Sie sind abwärtskompatibel, man kann demnach eine ext3-Partition mit einem ext2-Treiber

mounten, und alles läuft glatt. Darüber hinaus entfällt bei ext3 ein langes Überprüfen der Partition, wenn beispielsweise durch einen Stromausfall das Dateisystem nicht ordentlich unmountet werden konnte. Das passiert normalerweise beim Shutdown des Systems automatisch.

- **'xfs'**
  SGIs XFS. Dieses schon alte Dateisystem benötigt einen Kernelpatch, bietet sich jedoch besonders für die Verwaltung sehr großer Datenmengen an und unterstützt Access Control Lists und (wie ext3) auch das Journaling.

- **'reiserfs'**
  Das ReiserFS ist ein relativ neues und sehr weit verbreitetes Journaling-Dateisystem, das binäre Bäume als Grundlage seiner Datenverwaltung benutzt. Als das ext3-System noch nicht fertig war, wurde ReiserFS aufgrund seiner Journaling-Fähigkeiten ext2 oft vorgezogen.

- **'swap'**
  Das Swap-Dateisystem – ein Pseudodateisystem – wird zur Auslagerung momentan nicht benötigter Hauptspeicherdaten benutzt.

- **'msdos'/'vfat'**
  Microsofts FAT16/32-Dateisysteme. Sollten Sie eine ältere Windows- oder DOS-Partition benutzen, so kann diese auch von Linux aus genutzt werden.

- **'ntfs'**
  Microsofts NTFS wird ebenfalls unterstützt.

- **'iso9660'**
  Dieses Dateisystem wird auf CD-ROMs verwendet.

- **'nfs'**
  Das Netzwerkdateisystem NFS[23] wird für die Speicherung von Dateien auf Fileservern genutzt. Ein so von einem anderen Rechner gemountetes Dateisystem ist für den Benutzer bis auf Performance-Aspekte identisch mit lokalen Verzeichnissen.

- **'procfs'**
  Das Prozessdateisystem. Es enthält unter anderem Informationen über die aktuellen Prozesse des Rechners sowie andere Einstellungen und Laufzeitdaten des Kernels. Dieses Dateisystem ist ein echtes Pseudodateisystem, da Sie die Dateien und Verzeichnisse zwar sehen, aber

---

23 Network Filesystem

alles erst während Ihres Zugriffs zur Laufzeit für Sie erstellt wird. Es wird also keinerlei Platz auf der Festplatte benötigt.

Die vierte Spalte wird zur Festlegung einiger Optionen benutzt. Mehrere Optionen werden dann durch ein Komma getrennt. Es gibt folgende Optionen:

- `auto/noauto`
  Mit diesen Optionen wird festgelegt, ob ein Dateisystem automatisch beim Booten gemountet werden soll. Wenn man ein Dateisystem nicht beim Booten mountet, reicht später ein einfaches `mount` mit dem Mountpoint oder dem Device als Parameter, um das Dateisystem einzubinden.
- `user=steffen,gid=1000`
  Mit einem solchen Parameter können die Zugriffsrechte für den Zugriff auf ein Dateisystem gesetzt werden.
- `ro/rw`
  Mit diesen Optionen kann festgelegt werden, ob ein Dateisystem nur lesbar (`ro`, »read-only«) oder mit Lese- und Schreibzugriff (`rw`, »read & write«) gemountet wird.
- `suid/nosuid`
  Über die `suid`-Option können Sie festlegen, ob Dateien mit SUID- bzw. SGID-Berechtigungen ausgeführt werden dürfen.
- `sync/async`
  Soll ein asynchroner oder ein synchroner I/O-Zugriff auf das Medium erfolgen?
- `atime/noatime`
  Regelt, ob die Zugriffszeiten auf Dateien (nicht) angepasst werden sollen.
- `dev/nodev`
  Erlaubt (keine) Nutzung von Character- und Block-Geräten von diesem Medium. Demnach sollte das Dateisystem, auf dem sich das Verzeichnis */dev* befindet, diese Option sinnvollerweise gesetzt haben.
- `exec/noexec`
  Diese Option erlaubt bzw. verhindert die Ausführung von Binärdateien.
- `user/nouser`
  Mit der `nouser`-Option hat nur `root` die Berechtigung, dieses Medium

zu mounten. Ist die user-Option gesetzt, ist dies dementsprechend also erlaubt.

- default

Default-Option

Diese Option setzt rw, suid, dev, exec, auto, nouser und async.

Es existieren noch einige weitere, teilweise dateisystemspezifische Optionen, die an dieser Stelle nicht erläutert werden sollen. Falls Sie sich für diese Optionen interessieren, so hilft Ihnen die mount-Manpage[24] weiter.

Spalte Nummer fünf beinhaltet entweder eine 1 oder eine 0. Ist eine 1 gesetzt, so wird das Dateisystem für die Backup-Erstellung mittels des dump-Kommandos markiert. Da dieses Kommando aber kaum noch genutzt wird, brauchen Sie sich über diesen Wert keine Gedanken zu machen. Wenn Sie es genau nehmen, sollten allerdings alle Wechselmedien mit einer 0 gekennzeichnet werden. Schließlich würde man ja – wenn überhaupt – nur die lokalen Platten, aber keine zufällig eingelegten CD-ROMs sichern wollen.

Die letzte Spalte (eine 2, 1 oder eine 0) ist für die Setzung des fsck-Flags vorgesehen. Ist es mit einer Zahl größer Null gesetzt, überprüft fsck beim Booten nach einem fehlerhaften umount[25] das Dateisystem auf Fehler hin. Die Zahlen selbst geben dabei die Reihenfolge beim Überprüfen an. Man sollte daher die Rootpartition (/) mit einer 1 und alle anderen Platten und Partitionen mit einer 2 versehen. Dort ist die Reihenfolge schließlich egal.

Mounten einer Windows-Partition

Sehr viele Windows-Anwender bevorzugen es, Linux parallel zu einer bestehenden Windows-Installation auf einem Rechner zu verwenden.

FAT32

Eine Windows-Partition mit FAT32-Dateisystem kann man sehr einfach einbinden. Dies geschieht, wie bereits bekannt sein sollte, mit dem Kommando mount. Mit dem -t-Parameter ist es dabei möglich, das Dateisystem anzugeben. Für den Fall, dass */dev/hdb1* die FAT32-Partition ist und im Mountpoint */mnt/dos* gemountet werden soll, würde folgender Aufruf die FAT-Partition mounten:

```
# mount -t vfat /dev/hdb1 /mnt/dos
```

Listing 4.27 Mounten einer FAT-Partition

24 Wir werden in Kapitel 7 genauer auf die Manpages eingehen.
25 Beispielsweise beim Absturz des Rechners

Verwendet man hingegen eine neuere Windows-Version wie XP oder Vista, ist die Wahrscheinlichkeit sehr hoch, dass man keine FAT32-Partition, sondern eine NTFS-Partition mounten möchte. **NTFS**

`mount` bekommt als Dateisystem-Parameter hierbei `ntfs` übergeben.

```
mount -t ntfs /dev/hda1 /mnt/windows
```

Listing 4.28 Mounten einer NTFS-Partition

Erzähle mir die Vergangenheit,
und ich werde die Zukunft erkennen.
– Konfuzius

5 Der Bootstrap-Vorgang

5.1 Der MBR

Bereits bei der Installation erwähnten wir LILO (`lilo`) und Grub, zwei sogenannte *Bootloader*, die sich im Master Boot Record (MBR) der Festplatte befinden. Der Master Boot Record ist dabei nur eine Bezeichnung für den ersten Sektor der Festplatte. Er enthält die Partitionstabelle der Festplatte sowie etwas Platz für ein Programm zum Starten eines Betriebssystems. Der Linux Loader startet den im Bootsektor der als »aktiv« markierten Partition abgelegten Code und lädt unter Linux damit den Kernel in den Hauptspeicher.

Da ein Sektor nur eine Größe von 512 Byte aufweist, müssen sich das Bootprogramm und die Partitionstabelle diesen Platz teilen. In die ersten 446 Bytes wird der Programmcode[1] ausgelagert, die nächsten 64 Byte dienen zur Unterbringung der Partitionstabelle. Die letzten zwei Bytes enthalten den Hexcode `0xAA55`, der zur Identifizierung des MBRs selbst dient.

5.1.1 Die Partitionstabelle

Partitionstabelle

Die Partitionstabelle besteht aus vier jeweils 16 Byte langen Einträgen. Daraus lässt sich schließen, dass pro Festplatte natürlich auch nur maximal vier Primärpartitionen erstellt werden können.

1 Um ein solch kleines Programm zu entwickeln, wird die »Programmiersprache« Assembler verwendet. Assembler ist keine Hochsprache wie C, erlaubt also kein abstraktes Programmieren. Da man sozusagen fast Maschinensprache programmiert, werden die resultierenden Programme natürlich sehr klein. Der Platz reicht allerdings oft trotzdem nicht aus, und so lädt dieser Code oft nur einen weiteren Code von der Bootpartition, der dann den Kernel lädt.

Im Wesentlichen enthält solch ein Partitionseintrag nicht allzu viele Daten. Zunächst wird die Anzahl der Partitionssektoren und die Anzahl der vor dieser Partition liegenden Sektoren angegeben. Des Weiteren werden der Anfangszylinder und -sektor sowie der Endzylinder und -sektor der Partition beschrieben. Damit sind der Anfang, das Ende sowie die Größe einer Partition festgelegt – und mehr Informationen braucht man an dieser Stelle schließlich auch nicht.

Partitionstyp

Für das Einrichten von Linux ist es überaus wichtig zu wissen, dass in einem Datensatz der Partitionstabelle auch der Typ der Partition festgelegt wird. Erinnern Sie sich an die Konfiguration der Festplatte via `fdisk` in Kapitel 3? Für jede Partition musste der Partitionstyp[2] durch eine zweistellige Hex-Zahl festgelegt werden, die zwischen 0 (0x0) und 255 (0xFF) liegt. Diese Nummer entspricht nun genau den Partitionstypen, wie sie in der Partitionstabelle festgehalten werden.

Hexcode	Partitionstyp
x00	Partition wird nicht verwendet
x01	FAT12-Dateisystem (alte MS-DOS Version)
x04	FAT16-Dateisystem (MS-DOS, max. 32 MB)
x05	erweiterte DOS-Partition
x06	FAT16-Dateisystem (MS-DOS, größer als 32 MB)
x0B	FAT32-Partition (Windows 9x)
x80	Minix-Dateisystem (alte Version)
x81	Minix-Dateisystem (neue Version)
x82	Swap-Partition
x83	ext2-Linux-Partition
x85	ext-Linux-Partition
x9F	BSDI-Dateisystem
xAF	FreeBSD-Partition
xA6	OpenBSD-Partition
xA7	NEXTSTEP-Partition
xA8	MacOS X-Partition
xA9	NetBSD-Partition
xEB	BeOS-Partition

Tabelle 5.1 Die wichtigsten Partitionstypen

2 Es handelt sich um eine Identifikation des Dateisystems, mit dem diese Partition formatiert ist.

5.1.2 Vom LILO bis zum init-Prozess

Nachdem LILO (dessen Binärdatei `lilo` heißt) den Kernel gebootet hat, prüft dieser die BIOS-Register, initialisiert die Hardwarekomponenten des Rechners und mountet die Root-Partition.

Betrachten wir den Bootvorgang des Kernels einmal etwas genauer. Sobald der Kernel seine Arbeit verrichtet, bekommen Sie einige Ausgaben über die Vorgänge auf dem Bildschirm zu sehen. Zunächst wird die Kernel-Version ausgegeben:

```
Linux version 2.4.5 (rootbigkitty) (gcc version   \
2.95.3
20010315 (release)) #6 Fri Jun 22 01:38:20 PDT 2001
```

Listing 5.1 Starten des Kernels

Diese Ausgabe stammt vom 2.4.5er Stable-Kernel der Slackware 8.0-Distribution.[3] Einige Zusatzinformationen wie der Ersteller des Kernels, die verwendete Compiler-Version und das Datum sowie die Uhrzeit der Kompilierung werden ebenfalls angezeigt.

Einige weitere wichtige Ausgaben liefern Informationen zur Angabe des gewählten Bootimages (in diesem Fall *Linux*), zur CPU-Initialisierung und zu der auf der Konsole verwendeten Schriftart.

```
...
Kernel command line: BOOT_IMAGE=Linux ro root=301
Initializing CPU#0
Detected 398.203 MHz processor.
Console: colour VGA+ 80x25
```

Listing 5.2 Wichtige Initialisierungsinformationen

Hierbei handelt es sich um eine etwa 400 MHz schnelle CPU und eine VGA-kompatible Grafikkarte, die den Textmodus mit 80 x 25 Zeichen[4] darstellt.

Einige Zeilen später werden erneut Informationen über den Prozessor ausgegeben, die über den Hersteller und Typ sowie über den Cache-Speicher Auskunft geben.

3 Diese Version ist nicht mehr aktuell, was aber nichts an der aktualität dieses Abschnitts ändert.

4 Das heißt, es werden 25 Zeilen auf dem Monitor dargestellt. Jede Zeile enthält wiederum 80 Zeichen.

```
...
CPU: L1 I cache: 16K, L1 D cache: 16K
CPU: L2 cache: 128k
...
CPU: Intel Celeron (Mendocino) stepping 0a
```

Listing 5.3 Sir, wir haben einen Prozessor!

Darauf folgt die Initialisierung des Bussystems, in diesem Fall ein PCI-Bus. Es schließt sich die Initialisierung weiterer Hardwarekomponenten, des virtuellen Dateisystems und der Festplatten an.

```
...
PCI: PCI BIOS revision 2.10 entry at 0xfd9da,
last bus=1
PCI: Using configuration type 1
PCI: Probing PCI hardware
...
VFS: Diskquotas version dquot_6.4.0 initialized
...
hda: FUJITSU MHF2043AT, ATA DISK drive
hdc: SR242S, ATAPI CD/DVD-ROM drive
ide0 at 0x1f0-0x1f7, 0x3f6 on irq 14
ide1 at 0x170-0x177, 0x376 on irq 15
hda: 8452080 sectors (4327 MB), CHS=559/240/63,
UDMA(33)
hdc: ATAPI 24X CD-ROM drive, 128kB Cache, DMA
Uniform CD-ROM driver Revision: 3.12
Floppy drive(s): fd0 is 1.44M
```

Listing 5.4 Bussystem und Speichermedien

Zu dem jeweiligen Gerät werden die Zugriffsadressen in hexadezimaler Form ausgegeben. Es ist sehr schön zu sehen, dass zuerst die Geräte und dann deren detaillierte Informationen ausgegeben werden. Neben einer 4327 MB großen Festplatte (*hda*), die den UDMA-Mode 33 unterstützt, wurde ein 24-fach ATAPI-CD-ROM-Laufwerk (*hdc*) mit 128 KB Cache-Speicher gefunden. Dieses wird über den Uniform CD-ROM-Treiber-(Version 3.12) angesprochen. Der erste IDE-Controller (*ide0*) wird über den IRQ 14, der zweite (*ide1*) über IRQ 15 angesprochen. Des Weiteren hat der Kernel ein 1.44-MB-Diskettenlaufwerk (*fd0*) gefunden.

Ist dieser Teil des Bootvorgangs abgeschlossen, erfolgt die Initialisierung der Netzwerksoftware und -hardware. Dieser Kernel beinhaltet (natürlich!) eine TCP/IP-Implementierung. Unterstützt werden unter anderem die Internet-Protokolle[5] ICMP (Internet Control Message Protocol), UDP (User Datagram Protocol), TCP (Transmission Control Protocol) und IGMP (Internet Group Management Protocol).

```
...
NET4: Linux TCP/IP 1.0 for NET4.0
IP Protocols: ICMP, UDP, TCP, IGMP
IP: routing cache hash table of 512 buckets, 4Kbytes
TCP: Hash tables configured (established 8192 bind
8192)
NET4: Unix domain sockets 1.0/SMP for Linux NET4.0
```

Listing 5.5 Auch TCP/IP ist im Kernel implementiert.

Es folgt der Mountvorgang der Root-Partition, die Initialisierung der eventuell vorhandenen Swap-Partition und der seriellen und parallelen Schnittstellen.

```
...
VFS: Mounted root (ext2 filesystem) readonly.
...
Adding Swap: 181432k swap-space (priority -1)
...
0x378: FIFO in 16 bytes
0x378: writeIntrThreshold is 15
0x378: readIntrThreshold is 15
0x378: PWord is 8 bits
...
parport0: PC-style at 0x378 (0x778) [PCSPP,COMPAT,
ECP]
parport0: irq 7 detected
...
lp0: using parport 0 (polling).
```

Listing 5.6 Dateisysteme und Schnittstellen

Hier ist zu sehen, dass es sich beim Root-Dateisystem um ein ext2-FS handelt. Die Größe des Swap-Speichers beträgt 181.432 Kilobyte. Anschließend wird der Parallelport an der Adresse 0x378[6] (irq 7) gefunden und initialisiert. Das Lineprinter-Gerät[7] wird auf diesen Parallelport gesetzt, um Drucker anzusteuern, die die parallele Schnittstelle verwenden.

5 Mehr zu diesem Thema erfahren Sie in Kapitel 11, »Einführung in Netzwerke«.
6 Eine Standardadresse für Parallelports auf x86pc-Systemen
7 Ein Pseudo-Gerät für Drucker

Im weiteren Verlauf des Bootvorgangs werden Netzwerkprotokolle wie SLIP (Serial Line Internet-Protocol) und PPP[8] (Point-to-Point Protocol) sowie Hardwarekomponenten wie der PCMCIA-Controller erkannt, auf die wir an dieser Stelle nicht näher eingehen möchten.

5.1.3 init

Anschließend startet der Kernel das Programm `init`. Oder, korrekt ausgedrückt, den Prozess `init`. Dieser Prozess erhält die Prozess-ID 1 und gilt als *Vater*-Prozess aller weiteren Prozesse. Sind Sie jetzt etwas durcheinander? Das ist kein Problem und sehr verständlich. Unter UNIX-Systemen existiert eine Hierarchie der Prozesse. Ein Prozess wird von einem Eltern-Prozess erzeugt, kann aber selbst auch weitere Prozesse erzeugen, die ihm untergeordnet sind. Um das Henne-Ei-Problem zu lösen, startet der Kernel beim Booten explizit den `init`-Prozess, der dann eben der Vaterprozess aller weiteren Prozesse wird. Falls Ihnen das zu spanisch vorkommt: Kapitel 6 beschäftigt sich intensiv mit dem Thema *Prozesse*.

Das unter */sbin/init* abgelegte Programm hat aber auch noch einige praktische Aufgaben. Zum Beispiel sorgt es indirekt dafür, dass sich Benutzer am System anmelden können. Darüber hinaus werden bestimmte Arbeitsebenen (die sogenannten *Runlevel*) nach einer vom Administrator festgelegten Konfiguration abgearbeitet. Welche Runlevel es gibt und wie `init` die Prozesse für den Benutzerlogin startet, erfahren Sie in den nächsten Abschnitten dieses Kapitels.

5.2 Runlevel-Skripte

Ein Runlevel ist ein Systemstatus, der sich durch bestimmte Funktionalitäten auszeichnet, die im Runlevel x entweder gegeben oder eben nicht gegeben sind. Hierbei kann es sich zum Beispiel um einen Dämonprozess, etwa einen Webserver, handeln, der im Runlevel 3 gestartet wird und im Runlevel 2 eben noch nicht läuft.

Dieses Runlevel-Konzept stammt von System 4 Release 5 (SVR4).[9] Die einzelnen Runlevel werden in Form von Skripten definiert. Alle Arbeiten, die zum Starten bzw. Verlassen eines Runlevels benötigt werden, sind dabei in Shellskripten untergebracht. Diese Shellskripte finden sich

8 Näheres hierzu in Kapitel 11, »Netzwerkkonfiguration«.

9 Siehe Kapitel 1, »Einleitung«.

in jeder Distribution unter leicht abgewandelten Namen. Auch ihr Speicherort variiert je nach Distribution.

Generell gilt: Wenn Sie das Prinzip einmal verstanden haben, kann das Wissen über die Runlevel einer Distribution problemlos auf andere übertragen werden. Hierzu ist nur ein Blick in die Datei */etc/inittab* nötig, da die Datei unter anderem zur Konfiguration der einzelnen Runlevel genutzt wird. Im Fall von Debian GNU Linux befinden sich diese Skripte im Verzeichnis */etc/init.d*. **inittab**

Es gibt folgende übliche Standard-Runlevel, die von den meisten Distributionen (manchmal in abgewandelter Form) eingesetzt werden:

Runlevel	Beschreibung
0	Dieser Runlevel hält das System an. Unter Slackware-Linux ist dies ein symbolischer Link auf das Skript des Runlevels 6.
1 oder S	Singleuser-Modus. In diesem Modus kann sich nur ein Benutzer am System anmelden. Dieser Modus ist zur Administration gedacht und wird oft verwendet, um Patches einzuspielen.
2 oder M	Multiuser-Modus. In diesem Modus ist es mehreren Benutzern möglich, sich gleichzeitig am System anzumelden und ihre Arbeit zu verrichten. Auch die meisten Netzwerkdienste laufen bereits in diesem Modus.
3	Dieser Runlevel bietet zusätzlich zu allen Diensten des Multiuserlevels noch die Möglichkeit, Remote-Netzwerkdateisystem-Ressourcen ins lokale Dateisystem einzubinden und zu mounten.
4	Dieser Runlevel wird oft gar nicht verwendet und kann für persönliche Konfigurationen eingerichtet werden.
5	In diesem Modus erfolgt die Anmeldung der Benutzer über ein grafisches Login (hierfür wird das Programm `xdm` verwendet). Nach erfolgreicher Anmeldung wird die grafische Oberfläche des jeweiligen Benutzers gestartet.
6	Reboot. Der Rechner wird in diesem Runlevel neu gestartet. Jedoch sollte man diesen Vorgang grundsätzlich nicht mit einem »halt« verwechseln, bei dem das System ausschließlich herunterfährt und dann ausgeschaltet werden kann. Mehr dazu folgt im weiteren Verlauf dieses Kapitels.

Tabelle 5.2 Runlevel

Auf einigen Systemen finden Sie für jeden Runlevel ein eigenes Verzeichnis, in dem sich Einzelskripte befinden. In diesem Fall ist für jeden Dienst ein Start- bzw. Beendigungsskript vorgesehen. **[+]**

5.2.1 Wechseln des Runlevels

Über das Kommando `/sbin/init` wird der Runlevel des Systems während der Laufzeit verändert und mit `/sbin/runlevel` – einer Alternative zum SVR4 `$ who -r` – abgefragt. Das Wechseln des Runlevels bezeichnet man als *runlevel switching*.

Im Folgenden wird zunächst der Runlevel abgefragt. Es erscheint die Ausgabe `'3 2'`. Dies bedeutet, dass sich das System momentan im Runlevel 2 befindet, sich davor jedoch im dritten Level befand. Der Runlevel, in den `init` wechseln soll, wird übrigens ganz einfach als Parameter übergeben:

```
# runlevel
3 2
# init 3
INIT: Switching to runlevel: 3
# runlevel
2 3
```

Listing 5.7 Runlevel erfragen und switchen

Sollten Sie anstatt der ersten Zahl einmal ein `N` in der Ausgabe von `runlevel` entdecken, bedeutet dies lediglich, dass noch kein Runlevel-Wechsel durchgeführt wurde. Das System wurde also in diesem Runlevel gestartet.

5.2.2 Die Datei /etc/inittab

Die einzelnen Runlevel werden, wie bereits erwähnt, in */etc/inittab* festgelegt. Wenn Sie an dieser Datei Veränderungen durchführen, sollten diese wirklich sinnvoll und notwendig sein. Machen Sie dabei einen Fehler, könnte es vorkommen, dass Linux nicht mehr korrekt bootet oder herunterfährt.

Der Aufbau der *inittab* ist relativ simpel gehalten. Pro Zeile wird ein Runlevel definiert. Eine Zeile ist dafür in vier durch Doppelpunkte separierte Felder unterteilt. Zeilen, die mit einer Raute (#) beginnen, werden als Kommentare gewertet.

```
ID-Nummer:Runlevel:Verhalten:Runlevelskript
```

Listing 5.8 Aufbau der /etc/inittab

Die erste Spalte ordnet dem Runlevel eine ID zu. Diese sollte aus einem bis vier Zeichen und bei Loginprozessen aus dem Bezeichner des Terminals bestehen.

Die zweite Spalte legt den Runlevel selbst fest.

Die dritte Spalte legt das Verhalten beim Switchen fest. Hierfür gibt es folgende Schlüsselwörter:

- **respawn**
  Startet den Prozess neu, falls er beendet wird.
- **wait**
  Der Prozess wird gestartet, und es wird auf seine Beendigung gewartet.
- **once**
  Der Prozess wird gestartet, auf seine Beendingung wird jedoch nicht gewartet.
- **boot**
  Der Prozess wird beim Boostrap ausgeführt. In diesem Fall kann das Runlevel-Feld leer bleiben.
- **bootwait**
  Entspricht `boot`, jedoch wird auf die Beendigung des Prozesses gewartet.
- **off**
  Der Prozess wird nicht ausgeführt.
- **initdefault**
  Hiermit wird der Runlevel festgelegt, der nach dem Booten ausgeführt werden soll.[10] Das Prozess-Feld kann hierbei leer bleiben. Existiert dieses Feld nicht, so fragt `init` beim Systemstart nach einem Runlevel.
- **sysinit**
  Dieses Schlüsselwort wird benutzt, um Prozesse noch vor `boot`- und `bootwait`-Prozessen, also direkt nach dem Systemstart auszuführen.
- **powerwait**
  Sollte Ihr Rechner an eine USV[11] angeschlossen sein, so wird im Falle eines Stromausfalles der hier angegebene Prozess ausgeführt.
- **powerfail**
  Dieses Schlüsselwort entspricht `powerwait` mit der Einschränkung, dass nicht auf die Terminierung eines Prozesses gewartet wird.

10 In der Regel ist dies der Level 3 oder 4. Alle untergeordneten Runlevel (z.B. Runlevel 2) werden trotzdem zuvor ausgeführt.

11 Unterbrechungsfreie Stromversorgung

- **powerokwait**
  Sobald die Stromversorgung wiederhergestellt ist, wird dieser Prozess ausgeführt.
- **powerfailnow**
  Wenn absolut kein Saft mehr in der USV steckt, wird dieser Prozess (in der Regel ein System-Shutdown) ausgeführt, um die Dateisysteme noch schnell zu synchronisieren.
- **ctrlaltdel**
  Den Windows-Benutzern ist die Tastenkombination `Strg` + `Alt` + `Entf` bereits als ein gutes Mittel zum Frustabbau bekannt. Auch unter Linux kann es verwendet werden. Die darauf folgende Situation wird im Prozess-Feld festgelegt. Dies ist sehr sinnvoll, da nur der Superuser eine Shutdown-Berechtigung hat und normale Benutzer den Rechner nicht herunterfahren können, wenn der Administrator mal nicht greifbar ist.

Das vierte Feld legt letztendlich den auszuführenden Prozess, etwa das `shutdown`-Kommando oder `getty`, fest.

Das folgende Beispiel zeigt einige Anwendungsfälle. In der ersten Zeile wird direkt nach dem Booten der Singleusermodus (S) über das Skript `rc.S` gestartet. Des Weiteren ist das Verhalten beim Fehlen und Wiederkehren der Stromversorgung zu sehen.

```
# cat /etc/inittab
si:S:sysinit:/etc/rc.d/rc.S
...
pf::powerfail:/sbin/shutdown -f +5 "THE POWER IS
FAILING"
pg:0123456:powerokwait:/sbin/shutdown -c "THE POWER
IS BACK"
...
```

Listing 5.9 Ein Beispiel für eine inittab-Datei

5.2.3 Die Rc-Skripte

In der */etc/inittab* werden Sie unter anderem folgende Zeilen finden:[12]

12 Die Verzeichnisse können je nach Distribution etwas variieren.

```
10:0:wait:/etc/init.d/rc 0
11:1:wait:/etc/init.d/rc 1
12:2:wait:/etc/init.d/rc 2
13:3:wait:/etc/init.d/rc 3
14:4:wait:/etc/init.d/rc 4
15:5:wait:/etc/init.d/rc 5
16:6:wait:/etc/init.d/rc 6
```

Listing 5.10 Ausschnitt aus der inittab

Hinter diesen unscheinbaren Zeilen verbirgt sich die Kontrolle darüber, welche Dienste beim Booten in den einzelnen Runleveln gestartet werden. Dazu wird das Skript */etc/init.d/rc* mit dem entsprechenden Runlevel als Argument aufgerufen.

Dieses Skript arbeitet nun beispielsweise unter Debian die Verzeichnisse */etc/rcX.d* ab, wobei das X durch den entsprechenden Runlevel ersetzt wird. In diesen Verzeichnissen wiederum befinden sich nun Links auf Skripte, die in */etc/init.d* liegen.

Aber warum Links? Die Erklärung ist eigentlich einfach. In den unterschiedlichen Runleveln können ja durchaus öfter dieselben Dienste laufen. Und da ist es schlicht zu kompliziert, wenn man als Administrator in den unterschiedlichen Verzeichnissen identische Skripte pflegen muss.

Die Skripte selbst übernehmen als Argumente beispielsweise `start`, `stop` oder `restart`. So können Sie auch per Hand einzelne Serverdienste starten und stoppen:

```
# /etc/init.d/apache start
Starting web server: apache
Processing config directory: /etc/apache/conf.d
```

Listing 5.11 Den Apache Webserver starten

5.3 getty und der Anmeldevorgang am System

Wie bereits angesprochen wurde, sind in der `inittab`-Datei auch die Einträge für den Start des `getty`-Programms hinterlegt. `init` erstellt für jedes dort festgelegte Terminal eine Kopie von sich selbst und führt in dieser Kopie das Programm `getty` aus.[13] Auf einigen Distributionen wie beispielsweise Slackware wird anstelle des Standard-`getty`-Programms die

13 Wie Sie wissen, werden Prozesse ja nicht mehr erstellt, sondern nur kopiert. Mehr dazu folgt im nächsten Kapitel.

Alternative `agetty` bzw. `mingetty` ausgeführt. Die grundlegende Funktionsweise ist jedoch gleich, nur der Code sieht eben anders aus.

5.3.1 (a)getty

Sobald `getty` gestartet wurde, öffnet es den entsprechenden tty-Port, also das entsprechende Terminal[14], und gibt eine Begrüßungsmeldung aus. Die verschiedenen Terminals können Sie dabei über die Tastenkürzel (Strg)+(Alt)+(F1) bis (F6) ansprechen.

`getty` wartet ab diesem Zeitpunkt auf die Eingabe eines Benutzernamens. Würde `getty` nicht gestartet werden, könnten Sie sich also nur schwerlich an Ihrem System anmelden.

```
Welcome to Linux 2.4.5 (tty2)

erde login:
```

Listing 5.12 Die Aufforderung zur Eingabe des Benutzernamens

Die Willkommensmeldung enthält die Kernel-Version und das Terminal, auf dem man sich momentan befindet. `bjyoe` ist der Hostname des Rechners.

5.3.2 login

Passworteingabe

Nachdem der Benutzername eingegeben wurde, startet `getty` das Programm `login`. Dieses Programm gibt die Aufforderung zur Passworteingabe auf dem Terminal aus. `login` verschlüsselt den eingegebenen Passwort-String und vergleicht ihn mit dem ebenfalls verschlüsselten Passwort-String des Benutzereintrags in der Passwortdatei */etc/shadow*.

Stimmen beide verschlüsselten Passwort-Strings überein, so wird das Passwort als korrekt betrachtet und die Loginprozedur vollzogen. Mit Benutzerpasswörtern und deren (Un)Sicherheit befassen wir uns in Kapitel 7 detaillierter.

Anschließend setzt `login` die User- und Gruppen-ID des Benutzers. Außerdem werden einige Umgebungsvariablen gesetzt. Mit Umgebungsvariablen beschäftigen wir uns zwar erst in Kapitel 8, jedoch seien an dieser Stelle bereits die des `login`-Programms erläutert.

---

14 Dessen Übertragungsrate und der Typ sind vom Administrator konfigurierbar.

Variable	Beschreibung
TERM	Gibt den verwendeten Terminaltyp (in der Regel 'Linux') an.
HOME	Gibt das Heimatverzeichnis des Benutzers (*/home/user*) an.
PATH	PATH legt die Suchpfade für Programmdateien fest.
SHELL	Die Login-Shell des Benutzers
MAIL	Gibt die Mailbox des Benutzers an.
LOGNAME	Diese Variable enthält den Loginnamen des Benutzers.

Tabelle 5.3 Umgebungsvariablen

5.3.3 Shellstart

Nachdem login seine Tätigkeiten verrichtet hat, werden die Willkommensmeldung und die Meldung des Tages ausgegeben. Anschließend startet login die für den Benutzer als Default-Shell festgelegte Login-Shell. Unter Linux-Systemen ist dies in der Regel die bash[15].

Die bash bringt dem Linux-Einsteiger einiges an Komfort und erleichtert durch Funktionen wie die Befehlshistory und das Kommandozeilen-Editing den Einstieg in Linux. Wir werden uns detailliert in Kapitel 8 mit dieser Shell befassen.

Der Benutzer kann nach dem Shell-Start die Arbeit am System beginnen und befindet sich dabei (sofern es festgelegt ist) in seinem Heimatverzeichnis oder andernfalls im Root-Verzeichnis.

```
erde login: swendzel
Password:
Linux 2.4.5
Last login: Thu Sep 25 20:55:03 +0200 2003 on tty2.
No mail.
swendzel@erde:~$ pwd
/home/swendzel
```

Listing 5.13 Start der Terminalsitzung

5.4 Beenden einer Terminalsitzung

Eine Terminalsitzung wird je nach Shell etwas anders beendet. Generell gilt: Das Kommando exit funktioniert immer. Auf einigen Shells ist die Tastenkombination Strg+D ausreichend, um die Shell zu verlassen. Die

15 Fast immer ist die sh (Bourne-Shell) ein Link auf die bash (Bourne Again Shell).

bash liefert bei dieser Kombination jedoch die Ausgabe »Use logout/exit to leave the shell.«. Da wären wir auch schon bei Möglichkeit Numero drei – dem Kommando logout. Dieses Kommando dient zum Verlassen der Login-Shell, jedoch nicht zum Verlassen einer normalen Shell-Session.

Das exit-Kommando wird zum Verlassen der Shell benutzt, eignet sich jedoch auch zum Verlassen einer Login-Shell. Das Kommando logout wird nur zum Verlassen der Login-Shell verwendet. Einige Shells (wie die Z-Shell) bieten die Tastenkombination Strg+D zum Verlassen der Shell an.

5.5 Herunterfahren und Neustarten

Es gibt verschiedene Möglichkeiten, den Rechner herunterzufahren. Auf vielen Distributionen ist die Windows-Tastenkombination Strg+Alt+Entf möglich, jedoch beschäftigen wir uns an dieser Stelle mit überall verfügbaren Kommandos.

Alle diese Kommandos verlangen nach der Berechtigung eines Administrators und funktionieren nach folgendem Prinzip: Ein Signal zum Beenden der Prozesse wird an alle Systemprozesse gesendet. Diese Prozesse haben daraufhin eine gewisse Zeit, alle nötigen Daten zu speichern und sich zu beenden. Ist die Wartezeit verstrichen, werden alle noch verbliebenen Prozesse »gekillt«. Erst dann wird das System tatsächlich heruntergefahren.

Außer mit den Kommandos, die wir Ihnen gleich vorstellen werden, ist es auch möglich, das System via init herunterzufahren und neu zu starten. Dies ist jedoch ebenfalls von der *inittab*-Konfiguration abhängig und gestaltet sich auf einigen Systemen unterschiedlich.

5.5.1 Die Auswahl

Mit den Kommandos halt und poweroff wird der Rechner lediglich heruntergefahren und nicht neu gestartet. Der Neustart erfolgt über das Kommando reboot. Wir empfehlen jedoch anstelle dieser Kommandos das shutdown-Programm.

5.5.2 shutdown

Um das System sicher und nach Ihren Wünschen herunterzufahren, sollten Sie das shutdown-Kommando verwenden. Mit ihm lässt sich das

System sowohl herunterfahren als auch neu starten. Zusätzlich können Warnmeldungen an die noch eingeloggten Benutzer versendet und kann der genaue Zeitpunkt des Shutdowns festgelegt werden.

Parameter	Beschreibung
-k	Das System wird nicht wirklich heruntergefahren, es wird nur eine Warnmeldung an die Terminals der Benutzer versendet.
-r	Das System wird nach dem Shutdown neu gestartet (reboot).
-h	Das System kann nach dem Shutdown ausgeschaltet werden (halt).
-f	Unterbindet den eventuellen Dateisystem-Check nach dem Neustart.
-F	Führt den Dateisystem-Check nach dem Neustart durch.

Tabelle 5.4 Die wichtigsten Parameter des shutdown-Kommandos

Der Zeitparameter für den Shutdown wird nach den anderen Argumenten übergeben. Es gibt verschiedene Möglichkeiten, die Zeit anzugeben. Normalerweise wird das Schlüsselwort `now` verwendet, um das System sofort herunterzufahren. Sie können jedoch auch Stunde und Minute in der Form `hh:mm` angeben.

Hier sehen Sie ein Beispiel für einen sofortigen Shutdown mit anschließendem Neustart und Dateisystem-Check:

```
# shutdown -rF now

Broadcast message from root (tty1) Fri Sep 26
19:40:43 +0200 2003...

The system is going down for reboot NOW !!

INIT: Switching to runlevel: 6
INIT: Sending processes the KILL signal
Running shutdown script /etc/rc.d/rc.6:
...
Rebooting the system.
```

Listing 5.14 So wird's gemacht.

Wenn Du im Recht bist,
kannst Du Dir es leisten,
die Ruhe zu bewahren,
und wenn Du im Unrecht bist,
kannst Du Dir nicht leisten,
sie zu verlieren.
– Mahatma Gandhi

6 Programme und Prozesse

6.1 Was ist ein Prozess?

Im vorangegangenen Kapitel haben wir uns im Wesentlichen mit dem Bootvorgang beschäftigt. Es ist jedoch interessanter, was passiert, wenn das System einmal läuft. Dazu werden wir uns im Folgenden mit Prozessen unter Linux befassen.

Wenn von Prozessen die Rede ist, meint man oft einfach gestartete Programme. Jedoch bestehen zwischen Programmen und Prozessen grundlegende Unterschiede, die jedem Linux-Benutzer klar sein sollten. Ein Programm ist prinzipiell einfach nur eine Datei, die in binärer Form vorliegt und einen maschinenlesbaren Code enthält. Dieser Code beschreibt Anweisungen zur Steuerung des Systems. Erst wenn man das Programm startet, wird es schließlich zum Prozess.

Dateiformate

Es gibt verschiedene Dateiformate, in denen so ein Programm vorliegen kann. Linux verwendet standardmäßig das ELF-Format, kann aber auch mit älteren *a.out*-Dateien umgehen. An dieser Stelle reicht es, wenn Sie wissen, dass es solche Formate für Binärdateien gibt. Vielleicht ist es noch interessant zu erwähnen, dass ELF-Dateien zur Identifizierung als allererste Zeichen die drei Buchstaben ELF gespeichert haben. Der Rest dürfte aus einem Gewirr von Sonderzeichen bestehen und unlesbar sein. Aber es handelt sich ja auch schließlich um ein Programm und nicht um einen Text.

6.1.1 Das Starten eines Programms

Möchte man eine Binärdatei ausführen, wird der Programmcode in den Userspace geladen.[1] Der für das Programm reservierte Speicher im Userspace besteht aus verschiedenen Bereichen. Im sogenannten *Code-Segment* sind die Prozessoranweisungen hinterlegt, im *Daten-Segment* werden die eigentlichen Informationen gespeichert, und im *Heap-Segment* wird dynamisch reservierter Speicher untergebracht.

Ein Prozess ist also ein sich in der Ausführung befindendes Programm. Linux ordnet dabei jedem Prozess eine eindeutige Identifikationsnummer zu, die sogenannte *Prozess-ID* (PID). Zu einem Prozess gehören aber nicht nur die PID und das Programm bzw. der Programmteil, den er repräsentiert. Vielmehr besitzt ein Prozess noch weitere Eigenschaften wie beispielsweise eine *Umgebung* mit Shell-Variablen, einen Rechtekontext sowie ein Arbeitsverzeichnis.

6.1.2 Eltern- und Kind-Prozesse

Die Überschrift suggeriert ein harmonisches Familienbild: Mama- und Papa-Prozess kümmern sich liebevoll um den kleinen Klaus-Herbert, der auch mal ein großer Prozess werden will. Leider müssen wir Sie aus dieser perfekten, fast schon christlich-konservativen Familienidylle wieder herausreißen: Es soll hier nur um eine Einführung in die hierarchische Prozessverwaltung von Linux gehen.

Forking Eine solche Prozessverwaltung bedeutet nichts anderes, als dass Prozesse nicht einfach so neu entstehen, sondern einen Vater haben, von dem sie erstellt wurden. Den Vorgang des Erzeugens nennt man *forking*, zu Deutsch etwa »verzweigen«, da in der Prozesshierarchie ein neuer Zweig entsteht. Dabei *erbt* der Kind-Prozess alle wichtigen Eigenschaften wie die Prozessumgebung[2] vom Vater. Der Urvater aller Prozesse ist dabei – wie Sie ja bereits aus dem letzten Kapitel wissen – der `init`-Prozess, der beim Booten explizit vom Kernel gestartet wird.

Beim Forking erstellt der Kernel einen neuen Eintrag in der Prozesstabelle (auf die wir gleich noch zu sprechen kommen) und wird dem Prozess später Rechenzeit zuteilen, damit das »Programm« beziehungsweise der Programmcode ausgeführt werden kann. Durch die vom Eltern-Prozess

1 Sie erinnern sich an Kapitel 4 und den Unterschied zwischen User- und Kernelspace?

2 Das ist auch der Grund, warum die Variablen der Prozessumgebung Shell-Variablen genannt werden. Viele Prozesse werden aus der Shell heraus gestartet, haben diese also als Vater. Und in der Shell kann man diese Variablen ändern.

teilweise ererbte Prozessumgebung bekommt der Prozess alle wichtigen Informationen über sich und das System, damit er einwandfrei seine Arbeit verrichten kann.

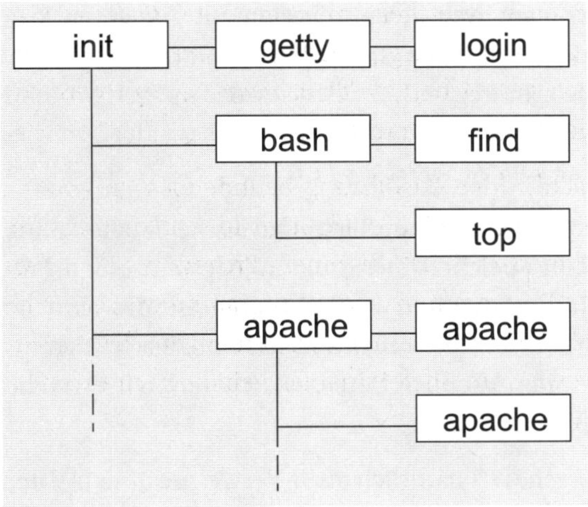

Abbildung 6.1 Beispiel Prozesshierarchie

6.2 Der Kernel und seine Prozesse

Beschäftigen wir uns aber einmal kurz mit einer eher technischen Seite der Prozesse, indem wir über Prozesse im Zusammenhang mit dem Kernel reden. Damit wollen wir Ihnen wichtige Grundlagen für das Verständnis des Systems vermitteln.

Aus dem Blickwinkel des Kernels durchläuft ein Prozess drei primäre Lebensstadien: Er wird erzeugt, verarbeitet und beendet. Beim Start wird unter anderem jedem Prozess Speicher zugeteilt. Dies erfolgt über das kernelinterne Memory-Management-System, das in Kapitel 4 kurz angesprochen wurde.

Da Linux ein Multitasking-Betriebssystem ist und alle Prozesse »gleichzeitig« ablaufen sollen, wird jedem Prozess eine kurze *Zeitscheibe* zugeteilt. In dieser Zeit kann der Prozess seine Arbeit verrichten. Alle Prozesse werden vom Kernel dabei in einer Art Warteschlange verwaltet.

Diese Warteschlange stellt anhand bestimmter ausgefeilter Algorithmen sicher, dass beispielsweise kein Prozess vergessen und trotzdem allen Prozessen entsprechend ihrer Priorität mehr oder weniger Rechenzeit zugeteilt wird.

6.2.1 Die Prozesstabelle

Das Herz der Kernel-Prozessverwaltung ist die Prozesstabelle. Diese Tabelle ist aber eigentlich keine richtige Tabelle, da eine solche zu statisch und damit einfach unhandlich wäre. Stattdessen werden alle für einen Prozess relevanten Informationen in einer speziellen *Struktur* gespeichert. In dieser Struktur ist dabei ein Verweis auf den jeweils vorherigen und nächsten Prozess in der Prozesstabelle gespeichert. Diese Art der Speicherung[3] nennt man auch eine *doppelt verkettete Liste*.

Die Prozesstabelle ist also eigentlich eine Liste und keine Tabelle. Aber wie dem auch sei, jedenfalls speichert die Struktur jedes einzelnen Prozesses noch zusätzliche Informationen, wie beispielsweise das aktuelle Stadium, die Prozesspriorität, sein Terminal und das Arbeitsverzeichnis, die empfangenen Signale und schließlich Dateideskriptoren, wie etwa die für Sockets und einige weitere Daten.

Zu diesen weiteren Daten gehören natürlich auch Verweise auf den Vater und beispielsweise das jüngste Kind. Mit diesen Informationen wird also gleichzeitig auch noch die Prozesshierarchie verwaltet.

6.2.2 Der Prozessstatus

Der Status eines Prozesses beschreibt seinen aktuellen Zustand. Dieser Wert wird natürlich auch von der Prozesstabelle vorgehalten.

- **laufend**
  In diesem Stadium befindet sich der Prozess in der Verarbeitung und nutzt demnach die ihm zugeteilte Rechenzeit.
- **schlafend**
  In diesem Stadium »schläft« der Prozess und wird erst nach Beendigung der Schlafphase bzw. beim Eintreffen eines Signals oder der Zugriffsverfügbarkeit eines Deskriptors wieder »wach«, d.h. aktiv weiterverarbeitet. Ein Beispiel wäre der stockende Empfang von Netzwerkdaten. Dabei würde der Kernel den Prozess, solange der Empfangspuffer keine Mindestmarke erreicht hat, *schlafen schicken*.
- **gestoppt**
  Die Ausführung des Prozesses wurde abgebrochen und muss entweder manuell vom Administrator oder vom Kernel fortgesetzt werden.

---

3 Für alle Leser mit Informatik-Vordiplom: Ja, eigentlich ist es ein abstrakter Datentyp.

Wir beschäftigen uns mit dem Stoppen und Fortsetzen eines Prozesses noch genauer.

- **Zombie**
  Unter UNIX müssen Eltern-Prozesse ihre Kind-Prozesse verwalten, das heißt nach einem Start auch auf die Beendigung warten. Ist die Beendigung eines Kind-Prozesses eingetreten, ohne dass der Eltern-Prozess auf dessen Beendigung wartet, so wird der Prozess nicht aus dem Speicher gelöscht. In diesem Stadium spricht man von *Zombie-Prozessen*. Sie existieren also, obwohl sie schon »tot« sind.

  Das Auftreten von Zombie-Prozessen bei einer Anwendung kann also als schlechter Programmierstil verstanden werden, da man sie durchaus vermeiden kann.

6.3 Prozess-Environment

Wir sind bereits sehr detalliert auf die Prozesstabelle eingangen. Wer an weiteren Details interessiert ist, der möge sich einfach die Datei *sched.h* aus dem `include`-Verzeichnis der Linux-Sourcen anschauen. Denn anstatt uns weiter mit Implementierungsdetails zu quälen, möchten wir uns jetzt lieber mit der Prozessthematik aus Sicht des Anwenders und Administrators befassen.

Die Merkmale eines Prozesses sind folgende:

- **PID**
  Die Prozessnummer (PID) wird jedem Prozess bei seiner Erstellung vom Kernel gegeben. Sie ist nicht nur für den Kernel wichtig, sondern auch für den Eltern-Prozess, um seine Kind-Prozesse zu verwalten. Die Prozessnummer ist absolut eindeutig und wird somit als wichtigste Identifikation des Prozesses gebraucht.
- **PPID**
  Die Prozessnummer des Eltern-Prozesses wiederum dient der Zuordnung eines Kind-Prozesses zu seinen »Vorfahren«. Manchmal ist diese Zuordnung für Programmierer wichtig, der Anwender kommt damit jedoch eher selten in Kontakt.
- **UID und GID**
  Die Nummer des Benutzers und seiner Gruppe ist besonders wichtig, um die Zugriffsrechte des Prozesses zu ermitteln. Wenn ein Benutzer aus einer Shell einen Editor startet, um eine Datei zu bearbeiten,

erbt der Editor die UID und GID des Benutzers von der Shell. Wenn der Editor nun die Datei öffnen will, können diese Informationen dazu herangezogen werden, um die Berechtigungen des Benutzers zu prüfen.

- **Arbeitsverzeichnis**
  Alle Dateinamen, die nicht mit einem Slash, also mit / anfangen, werden *relative Pfadnamen* genannt. Diese Pfadangaben beziehen sich dann auf das aktuelle Arbeitsverzeichnis, das der Prozess natürlich auch von seinem Vater erbt.

- **Deskriptoren**
  Damit es nicht zu Problemen mit dem Dateisystem kommt, überwacht der Kernel auch alle geöffneten Dateien. Jede Datei und damit auch jedes Device wird durch einen sogenannten *Dateideskriptor* im Programm repräsentiert. Diese Dateideskriptoren werden nun vom Kernel einem jeden Prozess zugeordnet, und so ist es beispielsweise möglich, exklusive Zugriffe auf bestimmte Dateien, sogenanntes *Locking*, zu gewährleisten. Auf diese Weise wird auch verhindert, dass es zu einem Datenverlust kommt, wenn zwei Prozesse gleichzeitig in eine Datei schreiben wollen.

- **Rechenzeit**
  Da ein Prozess nicht einfach die gesamte CPU-Leistung für die nächsten fünf Minuten oder zehn Jahre beanspruchen kann, wird ihm eine vom Kernel geregelte Zeit für den Zugriff auf die CPU gewährt. Diese Zugriffszeit wird je nach Prozess-Priorität und der Anfrage anderer Prozesse geregelt. So bleibt gewährleistet, dass jeder Prozess bearbeitet wird.

- **Umgebungsvariablen**
  Wie bereits erwähnt, hat jeder Prozess auch einige Umgebungsvariablen, über die komfortabel einige Einstellungen zur Umgebung global geregelt werden können. So kann man mit einer Shell-Variablen beispielsweise den Lieblingseditor festlegen, sodass jedes Programm dann auf diese Einstellung Rücksicht nehmen kann.

6.4 Sessions und Prozessgruppen

Jeder Prozess ist Mitglied einer Prozessgruppe. Wie der Name schon sagt, befinden sich ein oder mehrere Prozesse in solch einer Gruppe.

Eine Prozessgruppe ist wiederum einer Prozess-Session untergeordnet. Betrachten wir diese Gebilde nun einmal im Einzelnen.

Prozessgruppen werden – wie auch Prozesse – durch eine eindeutige Identifikationsnummer unterschieden, die sogenannte *Prozessgruppen*-ID (PGID). Prozessgruppen haben wiederum einen Prozessgruppenführer. Dieser ist wiederum einer Session zugeordnet. PGID

Eine sogenannte *Session* kann aus einer oder mehreren Prozessgruppen bestehen. Wie auch bei Prozessgruppen haben Sessions einen Sessionführer. Dies kann beispielsweise eine Shell oder auch ein Dämonprozess sein. Ein Sessionführer richtet die Verbindung zum Kontrollterminal ein und wird daher als Kontrollprozess bezeichnet.

Ein Beispiel

Zum besseren Verständnis hier ein Beispiel: Ein Benutzer meldet sich am System an, seine Shell startet. Die Shell wird Sessionführer und nimmt die Eingaben des Benutzers entgegen. **[zB]**

Würde der Benutzer nun beispielsweise die im nächsten Kapitel beschriebenen Eigenschaften der Shell nutzen und die Ausgabe eines Programms als Eingabe für ein anderes nutzen, so würden diese beiden Programme eine Prozessgruppe bilden:

```
$ ls | grep ".txt"
hallo.txt
$
```

Listing 6.1 Filter: Beispiel für eine einfache Prozessgruppe

In diesem typischen Fall würden die Programme `ls` und `grep` eine Prozessgruppe bilden. Dieses Beispiel würde die Ausgabe von `ls` nach dem Muster ».txt« filtern und alle Textdateien aus dem aktuellen Verzeichnis anzeigen.

```
$ ls *.txt
hallo.txt
$
```

Listing 6.2 Eine Prozessgruppe mit nur einem Mitglied

Hier würde ein Benutzer dasselbe Ergebnis erzielen, jedoch mit nur einem Mitglied in der Prozessgruppe. Das spart dem Kernel Aufwand. Da außerdem das Filtern bei der Verzeichnisausgabe recht oft nötig ist, wurde das Feature kurzerhand in `ls` implementiert.

6.5 Vorder- und Hintergrundprozesse

Normalerweise werden in der Shell eines Benutzers Programme gestartet, die bestimmte Eingaben des Benutzers erwarten, dann etwas berechnen und schließlich das bzw. die Ergebnisse ausrechnen und ausgeben. Dieses EVA-Prinzip[4] kann natürlich auch abgewandelt sein, sodass wie bei `ls` gleich die »Berechnung« der Verzeichniseinträge startet und darauf dann die Ausgabe folgt.[5]

Jedenfalls werden solche interaktiven, für den Benutzer steuerbaren Programme als *Vordergrundprozesse* bezeichnet. Jedoch gibt es eine weitere Möglichkeit für den Ablauf eines Programms innerhalb einer Session: den *Hintergrund*. Ein Hintergrundprozess läuft zwar, bekommt aber keine Eingaben seitens des Benutzers. Der Benutzer kann, während ein Hintergrundprozess läuft, die Shell weiter zur Arbeit nutzen und neue Prozesse starten ... zumindest gibt es in der Regel keine störenden Ausgaben des Hintergrundprozesses, doch selbst diese könnte man unterdrücken. Hierzu später mehr.

Stellen Sie sich einmal Folgendes vor: Sie benötigen eine Datei, starten also eine Suche. Das dazugehörige Kommando `find` durchsucht das Dateisystem – das eine große Anzahl an Dateien beinhaltet – über einen längeren Zeitraum nach dieser Datei. Sie selbst sind genervt und möchten eigentlich mit der Arbeit fortfahren. Genau hier setzt das Prinzip des Hintergrundprozesses an: Sie starten den Befehl im Hintergrund oder befördern diesen nachträglich dort hin – und können weiterarbeiten.

Um einen Prozess im Hintergrund zu starten, wird ein kaufmännisches »und« (&) an das Kommando angehängt.

```
$ Prozess &
[1] 14215
...
[1]  + done   /usr/local/bin/Prozess
```

Listing 6.3 Schreibweise zum Starten eines Prozesses im Hintergrund

Die Job-ID

Das Listing zeigt einen Prozess, der im Hintergrund gestartet wird. Nach dem Start wird die Nummer des Hintergrundprozesses – die sogenannte *Job-ID* – in eckigen Klammern (in diesem Fall Nummer eins), gefolgt von der Prozess-ID (hier 14215), ausgegeben.

4 Eingabe-Verarbeitung-Ausgabe
5 Wenn man es ganz korrekt nimmt, ist in diesem Fall die Shell für die Eingabe des EVA-Prinzips zuständig.

Nach einiger Zeit ist der Prozess mit der Abarbeitung seiner Aufgaben fertig. Dem Benutzer wird dies durch die »done«-Zeile mitgeteilt.

Bei der Arbeit mit Prozessen steht also oft die Frage im Vordergrund, ob ein Prozess bzw. ein Programm Ihre direkte Aufmerksamkeit erfordert oder ob es still im Hintergrund seine Arbeit verrichten kann.

Eine spezielle Art von Prozessen sind die sogenannten *Dämonprozesse*. Sie arbeiten im Hintergrund und werden vorwiegend für Aufgaben genutzt, für die es keiner direkten Kontrolle bedarf. Das sind oft Serverdienste, wie beispielsweise Webserver oder Mailserver.

Dummerweise werden Dämonprozesse oftmals mit den Hintergrundprozessen der Shell verwechselt. Wie oben jedoch erläutert wurde, sind Dämonprozesse eigene Sessionführer und unabhängig von einer Shell.

Solche Dämonprozesse werden normalerweise während des Bootens gestartet und erst beim Shutdown des Systems beendet, indem der Kernel ein TERMINATE- bzw. KILL-Signal an den Prozess sendet.

Wie bereits erwähnt wurde, haben Hintergrundprozesse ebenfalls eine Nummer zur Identifikation. Daraus lässt sich schließen, dass es möglich ist, mehrere Prozesse parallel im Hintergrund ablaufen zu lassen.

```
$ sleep 10 &
[1] 10203
$ sleep 10 &
[2] 10204
$ sleep 10 &
[3] 10205
$ sleep 1
[3] + Done                          sleep 10
[2] - Done                          sleep 10
[1]   Done                          sleep 10
```

Listing 6.4 Parallele Hintergrundprozesse

Wichtig ist zu wissen, dass ein Hintergrundprozess automatisch laufen muss. So ist es beispielsweise nicht möglich, Tastatureingaben an diesen Prozess zu senden.[6] Des Weiteren werden die Ausgaben des Hintergrundprozesses einfach zwischen die Ausgaben anderer Shell-Programme gemischt, was Ihnen einiges durcheinanderbringen könnte. Um dieses

6 Die einzige direkte Eingabemöglichkeit besteht durch Eingabeumlenkung. Diese wird in Kapitel 8 besprochen.

Problem zu lösen, sollten Sie die Ausgabeumlenkung benutzen, auf die wir noch zu sprechen kommen.

```
$ (sleep 1; echo "Hallo") &
[12] 9790
$ Hallo
```

Listing 6.5 Nach einer Sekunde »Hallo« sagen

6.5.1 Wechseln zwischen Vorder- und Hintergrund

In einigen Shells, wie der bash oder der ksh, ist es möglich, zwischen Vorder- und Hintergrundprozessen zu wechseln. Damit aus einem Vordergrundprozess ein Hintergrundprozess wird, muss dieser erst einmal angehalten (gestoppt) werden. Dies wird mittels der Tastenkombination Strg+Z realisiert. Dies können Sie folgendermaßen testen:

```
$ sleep 10
^Z[1] +  Stopped                    sleep 10
```

Listing 6.6 Stoppen eines Vordergrundprozesses

stty

Sollte die Tastenkombination Strg+Z bei Ihnen nicht funktionieren, so ist Ihr Terminal gegebenenfalls auf eine andere Tastenkombination eingestellt. Prüfen Sie die Terminalkonfiguration mit dem Kommando stty nach. Die Kombination für susp (suspend) ist zum Anhalten eines Prozesses vorgesehen. Die Zeichen vor den Großbuchstaben stehen hierbei für die Tastenkombination Strg+Buchstabe.

```
$ stty -a
...
eol2 = <undef>; start = ^Q; stop = ^S; susp = ^Z...
...
```

Listing 6.7 Was tun, wenn's nicht funktioniert?

bg und fg

Um diesen Vordergrundprozess nun in den Hintergrund zu befördern, muss das bg (background)-Kommando aufgerufen werden. Der Aufruf ist wirklich simpel und erfolgt mittels bg %<Job ID>:

```
$ sleep 10
^Z[1] +  Stopped                    sleep 10
$ bg %1
[1] sleep 10
[1] + Done                          sleep 10
```

Listing 6.8 Einen Prozess in den Hintergrund befördern

Hin und wieder kommt es jedoch vor, dass man einen Prozess wieder (zurück) in den Vordergrund bringen möchte. Dazu wird das fg-Kommando verwendet.

```
$ sleep 120
^Z[1] +  Stopped                    sleep 120
$ bg %1
[1] sleep 10
$ kill -STOP %1
[1] + Stopped (signal)               sleep 120
$ fg %1
sleep 120
$
```

Listing 6.9 Einen Prozess in den Vordergrund holen

[+] Wenn Sie die Prozessnummer eines Hintergrundprozesses mit einem Programm wie kill, fg oder bg verwenden, muss das Prozentzeichen (%) vor die ID gesetzt werden:

```
$ bg %1
$ fg %1
$ kill -STOP %1 && kill -CONT %1
```

Listing 6.10 Beispielaufrufe mit Modulo

Alternativ können Sie auch mit PID arbeiten, aber die ist meist eine größere Zahl, und die Gefahr, dass man sich vertippt, ist daher recht hoch. Außerdem sind Informatiker faul.

6.5.2 Jobs – behalten Sie sie im Auge

Oftmals hat man mehrere Prozesse oder gar Prozessgruppen parallel im Hintergrund laufen. Wird die Shell jedoch beendet, werden alle Hintergrundprozesse »mit in den Tod gerissen«. Um dies zu vermeiden, geben die meisten Shells, etwa die Z-Shell, bei dem ersten Versuch, die Shell zu beenden, eine Warnung aus, sofern noch Hintergrundprozesse ablaufen.

Im nächsten Beispiel starten wir in der laufenden Shell eine weitere Shell, um nach der Beendigung der neu gestarteten Shell die Ausgabe der letzten Shell zu sehen.

```
$ zsh
...
$ sleep 10000&
[1] 782
```

```
$ exit
zsh: you have running jobs.
$ exit
zsh: warning: 1 jobs SIGHUPed
```

Listing 6.11 Warnmeldungen der Shells beim Beenden

Nachdem wir uns nicht um den noch laufenden Hintergrundprozess (Job) gekümmert haben, wird dieser über ein sogenanntes »HUP« (Hang-UP) Signal beendet.

Jobs

Um sich eine Übersicht über die momentan laufenden Hintergrundprozesse (auch »Jobs« genannt) zu verschaffen, wird das Kommando `jobs` verwendet. Dieses Kommando listet alle Hintergrundprozesse der aktuellen Shell[7] auf.

```
$ jobs
[1]+  Running                 sleep 10000 &
$ jobs -p
214
$ jobs -l
[1]+   214 Running                 sleep 10000 &
```

Listing 6.12 Das Kommando `jobs`

Wird der Parameter `-p` verwendet, werden die Prozess-IDs der Hintergrundprozesse ausgegeben, und bei `-l` werden diese zur Default-Ausgabe hinzugefügt.

6.5.3 Hintergrundprozesse und Fehlermeldungen

Es kommt sehr häufig vor, dass Hintergrundprozesse störende Fehlermeldungen auf die Konsole schreiben. Dies kann durch eine nicht gefundene Datei, eine Zugriffsverletzung oder Ähnliches hervorgerufen werden. In diesem Fall sollte man sich mit der Ausgabeumlenkung der Fehlerausgabe helfen – natürlich bevor man den Prozess startet.

Standarddeskriptoren

Prozesse verfügen über verschiedene Deskriptoren. Die drei Standarddeskriptoren sind die Standard-Eingabe (0) zum Eingeben von Zeichen, die Standard-Ausgabe (1) zum Ausgeben der normalen Programmausga-

7 Also nicht alle Hintergrundprozesse eines Benutzers, denn Benutzer können gleichzeitig mehrere Shells verwenden.

be und eine Fehlerausgabe (2) zur Ausgabe der Fehlermeldungen. Diese Deskiptoren werden über ihre Nummern (0–2) angesprochen und können über Pipes und Ausgabeumlenkungen von der Konsole »verbannt« werden. Wir werden uns in Kapitel 8 noch detailliert mit der Thematik Prozesse, Ausgabeumlenkung und Pipes beschäftigen.

Schauen wir uns einmal folgendes Beispiel an: Der Benutzer startet ein Programm im Hintergrund, das versucht, die Datei */etc/blub* zu löschen. Dabei wird jedoch eine Fehlermeldung direkt auf die Konsole geschrieben, da diese Datei gar nicht vorhanden ist:

```
$ rm /etc/blub &
[1] 132
$ rm: cannot remove '/etc/blub': No such file
or directory
[1]+  Exit 1            rm /etc/blub
```

Listing 6.13 Fehlermeldungen bei Hintergrundprozessen

Stellen Sie sich ein Programm vor, das kontinuierlich einmal pro Sekunde eine ähnlich lästige Meldung ausgibt. Über die Umlenkung des zweiten Deskriptors (also der Fehlerausgabe) kann dies nun vermieden werden. Leiten wir die Fehlerausgabe einmal in eine Datei `Logdatei` um:

```
$ rm /etc/blub 2>Logdatei &
[1] 133
$
[1]+  Exit 1            rm /etc/blub
$ cat Logdatei
rm: cannot remove '/etc/blub': No such file or
directory
```

Listing 6.14 Fehlermeldungen umlenken

Auf diese Weise haben wir gleich zwei Fliegen mit einer Klappe geschlagen: Die lästigen Ausgaben sind weg, und wir haben den Fehler archiviert. Jetzt könnten wir sogar gestresste Supportmitarbeiter mit der exakten Fehlermeldung nerven!

6.5.4 Wann ist es denn endlich vorbei?

Keine Sorge, dies ist das letzte Subkapitel zum Thema Hintergrundprozesse. Die Überschrift gilt jedoch einer anderen Angelegenheit: dem Warten auf die Beendigung eines Hintergrundprozesses.

wait Hierfür wird ganz einfach das Kommando `wait` verwendet. Als Parameter wird der gewünschte Hintergrundprozess, besser gesagt dessen Nummer, angegeben. Wenn Sie den Merksatz weiter oben bereits bestaunt haben, wissen Sie, dass der Modulo-Operator an dieser Stelle gefragt ist.

```
$ sleep 10&
[1] 237
$ jobs
[1]+   Running                        sleep 10 &
$ wait %1
[1]+   Done                           sleep 10
$
```

Listing 6.15 wait

6.6 Das Kill-Kommando und Signale

Signale Zur Steuerung von Prozessen werden unter UNIX sogenannte *Signale* verwendet. Ein Signal kann man sich als Steueranweisung in Form einer Zahl vorstellen. Solch ein Signal wird entweder durch einen Prozess im Userspace[8] oder direkt vom Kernel an einen Prozess gesendet.

Signale werden oft auch als *Softinterrupts* bezeichnet.

Es gibt verschiedene Signale, so kann zum Beispiel ein Prozess zur Terminierung über das Signal 9 (SIGKILL) gezwungen werden.[9] Es gibt allerdings auch Signale, die vom Prozess abgefangen werden können. Ob ein Prozess auf ein solches Signal reagiert und was genau dieser dann für Aktionen durchführt, liegt ganz allein im Ermessen des Programmierers.

Dem Benutzer steht mit dem Kommando `kill` die Möglichkeit zur Verfügung, Signale zu versenden. Hierbei werden der Signaltyp und die Prozess-ID des Zielprozesses bzw. dessen Jobnummer angegeben.

```
$ kill 499
$ kill -9 500
$ kill -SIGKILL 501
```

Listing 6.16 Beispielaufruf des `kill`-Kommandos

8 Letztendlich sendet immer der Kernel und kein Prozess solch ein Signal. Ein Prozess wie »kill« fordert den Kernel lediglich auf, ein Signal zu senden.

9 Terminator!

> Wird `kill` ohne einen Signalparameter und lediglich mit einer Prozess-ID aufgerufen, so wird das Signal SIGTERM an den Prozess gesendet, das ihn zur Beendigung auffordert, aber nicht zwingend dessen Beendigung erwirkt.

6.6.1 Welche Signale gibt es?

Wie bereits erwähnt wurde, gibt es zwei Gruppen von Signalen: Eine Gruppe kann vom Prozess ignoriert werden, die andere nicht.

Es gibt zwei Signale, die den Prozess zwingen, sich dem Signal zu beugen (besser gesagt: die den Kernel veranlassen, den Prozess zu beenden oder zu stoppen):

- **Signal 9, »SIGKILL« oder »KILL«**
  Dieses Signal beendet einen Prozess zwingend durch den Kernel.
- **Signal 19, »SIGSTOP« oder »STOP«**
  Dieses Signal unterbricht die Verarbeitung eines Prozesses, bis er fortgesetzt wird.

Die anderen Signale (es gibt ca. 30 Signale) werden teilweise so gut wie niemals vom Anwender benötigt. Daher sollen an dieser Stelle nur die für den Anwender und Administrator wichtigsten und nützlichen Signale vorgestellt werden.

- **Signal 1, »SIGHUP« oder »HUP«**
  Der Prozess soll sich selbst beenden und neu starten. Dieses Signal wird oftmals benutzt, um Dämonprozesse neu zu starten, damit diese ihre Konfigurationsdaten neu einlesen.
- **Signal 15, »SIGTERM« oder »TERM«**
  Dieses Signal soll den Prozess dazu bewegen, sich freiwillig zu beenden. Wenn der Computer heruntergefahren wird, sendet der Kernel allen Prozessen solch ein Signal. Daraufhin haben die Prozesse einige Sekunden Zeit, sich zu beenden und beispielsweise Konfigurationsdaten zu speichern, bevor letztendlich das SIGKILL-Signal an alle Prozesse gesendet wird.
- **Signal 18, »SIGCONT« oder »CONT«**
  Durch dieses Signal wird die Fortsetzung eines angehaltenen Prozesses eingeleitet.

Einige Shells wie z. B. die `bash` enthalten ihre eigenen Implementierungen des `kill`-Kommandos. Diese Implementierungen bieten vereinzelt weitere Signaltypen. Die `bash` zum Beispiel unterstützt über 60 verschie- **[+]**

dene Signale. Hierbei sollte zwischen den shellinternen Kommandos und Programmen unterschieden werden. Kapitel 8 behandelt diese Begriffe detailliert.

Eine Liste der von Ihrem `kill` unterstützten Signale bekommen Sie durch einen Aufruf von `kill -l`. Das Linux-`kill`-Kommando kennt darüber hinaus den `-L`-Parameter für eine tabellarische Ausgabe.

6.6.2 Beispiel: Anhalten und Fortsetzen eines Prozesses

Zur Verdeutlichung folgt nun ein Anwendungsbeispiel. Ziel ist es, einen Prozess mit hohem Rechenaufwand zu starten. Dieser soll jedoch angehalten werden, um einige andere Prozesse ohne Verzögerung starten zu können. Nachdem die Nutzung der anderen Prozesse abgeschlossen ist, soll der Prozess fortgesetzt werden.

Unser »Rechenleistungskiller« wird in diesem Fall das `find`-Kommando sein, mit dem das gesamte Dateisystem nach Vorkommen des Dateinamens »group« durchsucht wird. In der Zwischenzeit soll allerdings das Programm x ausgeführt werden.

Im weiteren Verlauf dieses Kapitels lernen Sie übrigens eine weitere Methode zur Lösung dieses Problems kennen, indem wir die Priorität eines Prozesses verringern.

```
$ find / -name group >erg.txt 2>/dev/null &
[1] 628
$ kill -STOP 628
[1]+ Stopped find / -name group >erg.txt 2>/dev/null
$ date
Fri Oct  3 13:14:47 CEST 2003
$ date
Fri Oct  3 13:21:44 CEST 2003
$ jobs
[1]+ Stopped find / -name group >erg.txt 2>/dev/null
$ kill -CONT %1
$ wait %1
[1]+ Exit 1  find / -name group >erg.txt 2>/dev/null
$ cat erg.txt
/etc/X11/xkb/symbols/group
/etc/group
```

Listing 6.17 Anwendung des kill Kommandos mit STOP und CONT

Viele Wege ...

Wie Sie sehen, ist bei Hintergrundprozessen sowohl die Angabe der Prozess-ID als auch die der Hintergrund-Prozessnummer möglich. Statt des Aufrufs `kill -STOP 628` hätte genauso das Kommando `kill -STOP %1` »nach Rom« geführt. Natürlich könnte anstelle des `-STOP`-Parameters auch `-SIGSTOP` oder `-19` stehen.

killall

Das Kommando `killall` funktioniert ähnlich wie `kill`, beendet Prozesse jedoch über ihren Namen.

```
// Ein Benutzer startet auf einem Terminal 'find'...
$ find / -name lib

// ... währenddessen in der BOFH[10]-Zentrale...
# killall find

// Der Benutzer sieht nun folgende Meldung, und sein
// Programm wird gekillt:
Terminated
```

Listing 6.18 Ein Beispiel für killall

6.7 Prozessadministration

Im letzten Abschnitt dieses Kapitels beschäftigen wir uns mit der Administration von Prozessen. Ein sehr wichtiges administratives Programm (nämlich `kill`) kennen Sie bereits. Die folgenden Programme dienen primär dazu, sich einen Überblick über die laufenden Prozesse zu beschaffen.

6.7.1 Prozesspriorität

Nice-Wert

Bei der Berechnung der Prozesspriorität spielt vor allem der sogenannte *Nice*-Wert eines Prozesses eine wichtige Rolle. Je nachdem, wie hoch oder niedrig dieser Nice-Wert ist, desto niedriger bzw. höher ist die Wahrscheinlichkeit, dass ein Prozess mit mehr CPU-Zeit beglückt wird.

Nice-Werte können zwischen -20 und 19 vergeben werden, wobei -20 für die höchste zu vergebende Priorität steht.

10 Bastard Operator from Hell (BOFH), siehe [TravA].

Nur der Administrator darf die Nice-Werte eines Prozesses erhöhen. Den normalen Benutzern ist es nur erlaubt, die Prozesspriorität herabzusetzen, was beispielsweise bei längeren Dateisuchen Sinn macht.

Das Kommando »nice«

nice

Die Setzung dieser Werte erfolgt mit dem `nice`-Kommando, *nice* kommt aus dem Englischen und bedeutet so viel wie »nett«, und nett ist man ja, wenn man freiwillig auf Rechenzeit verzichtet. Dem Kommando wird die Priorität über den Parameter `-n` mitgeteilt, das eigentliche Kommando wird nachstehend mit allen Aufrufargumenten beschrieben:

```
$ nice -n 19 find / -name libcurses.a >Ergebnis
```

Listing 6.19 nice in Aktion

Bereits laufende Prozesse

renice

Die Priorität bereits laufender Prozesse wird mit dem Kommando `renice` verändert. Dabei kann über den Parameter `-p` die Priorität über die Prozess-ID, via `-u`-Parameter über den Benutzernamen oder via `-g` über die Gruppe geändert werden.

Im folgenden Listing wird die Nice-Priorität des Prozesses mit der PID 491 um den Wert 10 verringert. Das Gleiche gilt für alle Prozesse des Benutzers »nobody«.

```
$ renice +10 -p 491 -u nobody
```

Listing 6.20 renice für Benutzer und PIDs

Natürlich können sich Benutzer nicht gegenseitig die Rechenzeit stehlen, indem sie die Prioritäten erhöhen. Für fremde Benutzer kann dies nur der Administrator. Auch sollte man beachten, dass man durch Herauf- bzw. Herabsetzen von Prioritäten keine Rechenzeit gewinnt, sondern nur die Zeit für einzelne Prozesse anders verteilt.

6.7.2 pstree

Das Kommando `pstree` (process tree) gibt einen Prozessbaum aus. Dies ist eine sehr sinnvolle Funktion, um sich einen Überblick über das Verhalten einiger Programme und deren Kind-Prozesse zu verschaffen. Darüber hinaus eignet es sich hervorragend zum Verständnis der Linux-Prozesse und ihrer Hierarchie.

Was ist ein hierarchischer Prozessbaum? Die Hierarchie der Prozesse kennen Sie bereits. `pstree` visualisiert im Prinzip diese virtuelle Ordnung in einem ASCII-Baum – jeder Zweig des Baumes stammt von einem Vater-Prozess ab.

```
$ pstree
init-+-5*[agetty]
     |-atd
     |-bash--startx--xinit-+-X
     |                      `-wmaker-+-xterm--bash--vi
     |                               `-xterm--bash--pstree
     |-bdflush
     |-cardmgr
     |-crond
     |-gpm
     |-httpd---5*[httpd]
     |-inetd
     |-keventd
     |-klogd
     |-kreclaimd
     |-kswapd
     |-kupdated
     |-lpd
     |-mdrecoveryd
     |-rpc.portmap
     |-sshd
     `-syslogd
```

Listing 6.21 pstree ohne Argumente

Ein interessantes Feature, das Sie im nächsten Listing sehen, ist die Gruppierung der Kind-Prozesse zu ihrem Eltern-Prozess. Dies wird in der Form `Parent--Anzahl*[Child]` verdeutlicht, wobei *Child* der Name des Kind-Prozesses ist und *Anzahl* die Anzahl der parallel laufenden Childs angibt. Der Webserver (`httpd`) hat in der obigen Ausgabe beispielsweise fünf Kind-Prozesse, der `init`-Prozess hat fünfmal `agetty` gestartet.

Eine ausführlichere Ausgabe kann mit dem Parameter `-a` ereicht werden. Dies bewirkt, dass die beim Programmstart eines jeden Prozesses übergebenen Parameter mit angezeigt werden.

```
$ pstree -a
init)
  |-agetty) 38400 tty2 linux
  |-agetty) 38400 tty3 linux
  |-agetty) 38400 tty4 linux
```

```
  |-agetty) 38400 tty5 linux
  |-agetty) 38400 tty6 linux
  |-atd) -b 15 -l 1
...
```

Listing 6.22 pstree mit Detail

Sofern Sie ein Terminal mit Fettschriftunterstützung verwenden, kann der `-h` (*highlight-*)Parameter verwendet werden. Dieser zeigt den `pstree`-Prozess inklusive aller seiner Vater-Prozesse in Fettschrift an. Dies ist eine gute Möglichkeit, sich die Hierarchie der Prozesse nochmals zu verinnerlichen.

Weitere wichtige Parameter sind `-p` für eine Ausgabe der Prozess-IDs aller Prozesse und `-u` für die Angabe des jeweiligen Benutzers eines Prozesses.

```
$ pstree -apu
init,1)
  |-agetty,112) 38400 tty2 linux
  |-agetty,113) 38400 tty3 linux
  |-agetty,114) 38400 tty4 linux
  |-agetty,115) 38400 tty5 linux
  |-agetty,116) 38400 tty6 linux
  |-atd,92) -b 15 -l 1
  |-bash,111,swendzel)
  |   `-startx,131) /usr/X11R6/bin/startx
  |       `-xinit,140) /home/swendzel/.xinitrc --
  |           |-X,141,root) :0
  |           `-wmaker,144)
  |               |-xterm,161,root) -sb -bg black...
  |               |   `-bash,162,swendzel)
  |               |       `-vi,213) kap06.tex
  |               `-xterm,192,root) -sb -bg black...
  |                   `-bash,193,swendzel)
  |                       `-pstree,214) -apu
  |-(bdflush,5)
  |-cardmgr,53)
  |-crond,89) -l10
  |-gpm,109) -m /dev/mouse -t ps2
  |-httpd,107)
  |   |-httpd,117)
  |   |-httpd,118)
  |   |-httpd,119)
...
```

Listing 6.23 pstree-Parameterkombination

6.7.3 Prozessauflistung mit Details via ps

Kommen wir nun zu einem der wichtigsten Programme von Linux – dem ps-Kommando. ps gibt Ihnen eine Übersicht über Ihre eigenen oder auch alle laufenden Prozesse des Systems. Dabei werden diverse Prozessattribute auf Wunsch mit ausgegeben.

Die Besonderheit an der Linux-Version von ps ist, dass es sowohl die Features der SVR4- als auch der BSD-Version von ps unterstützt. Hinzu kommen einige GNU-Features. Oftmals führen daher mehrere Parameter zum selben Resultat.

Bei einem parameterlosen Aufruf des Programms erscheint eine Liste aller Prozesse, die in Ihrer aktuellen Shell laufen:

```
$ ps
  PID TTY          TIME CMD
  241 pts/2    00:00:00 bash
  243 pts/2    00:00:00 ps
```

Listing 6.24 ps

Wie Sie sehen, erfolgt die Ausgabe in Form einer Tabelle. Die Spalte »PID« enthält die Prozess-ID, die »TTY«-Spalte gibt das Terminal an, auf dem der Prozess läuft. »TIME« gibt die bereits für den Prozess aufgebrachte CPU-Zeit an. Die letzte Spalte, »CMD«, repräsentiert das eigentliche Kommando, also den Befehl, so wie er irgendwann einmal eingegeben wurde.

Befassen wir uns nun mit den Parametern. Der Parameter -A gibt alle momentan laufenden Prozesse aus. Der Parameter -e liefert das gleiche Ergebnis, -a zaubert lediglich eine Ausgabe aller Prozesse des Terminals hervor.

Sofern Sie sehr detaillierte Informationen zur Prozessliste benötigen, kann der Parameter -f verwendet werden. Mit -l wird das »long format« benutzt, d. h., User-IDs werden in Benutzernamen aufgelöst, und die Aufrufparameter der Prozesse werden gezeigt.

Sehr interessant sind im Übrigen einige BSD-Parameter wie u oder f. Der erste bewirkt die benutzerspezifische Ausgabe, gibt also Ihre eigenen Prozesse aus, der letzte gibt den Prozess-Status[11] in der Spalte »STAT« an

11 Der Status wird in Form eines Großbuchstabens repräsentiert. »S« steht beispielsweise für Sleep, »R« steht für Running. Das Thema Prozess-Status wurde bereits zu Beginn dieses Kapitels besprochen.

und erstellt außerdem – ähnlich wie `pstree`, jedoch nicht so hübsch – einen Prozessbaum.

Für Individualisten gibt es noch den `-o`-Parameter. Er liefert eine selbst konfigurierbare Ausgabe. Dabei kann die Ausgabe in der Form »SpalteA SpalteB SpalteC« festgelegt werden.

Schlüsselwort	Beschreibung
pcpu	CPU-Nutzung
group	Gruppenzugehörigkeit
ppid	Eltern-Prozess-ID
user	Eigentümer
args	Parameter beim Programmaufruf
comm	Name des Prozesses
nice	Nice-Priorität
pid	Prozess-ID
pgid	Prozessgruppen-ID
time	Verbrauchte Rechenzeit
tty	Benutztes Terminal
ruser	Relativer Benutzer (siehe Abschnitt 4.4, »Zugriffsrechte«)
rgroup	Relative Gruppe

Tabelle 6.1 Schlüsselwörter für Individualisten

Probieren wir es einmal aus. Unser Ziel ist es, alle Prozesse auszugeben, die momentan in der Prozessliste aufzufinden sind. Dabei sollen jedoch nur der Benutzername, die Prozess-ID, das Kommando selbst und das Terminal des Prozesses ausgegeben werden.

```
$ ps -eo "user pid comm tty"
USER       PID COMMAND          TT
root         1 init             ?
root         2 keventd          ?
root         3 kswapd           ?
root         4 kreclaimd        ?
root         5 bdflush          ?
root         6 kupdated         ?
root         8 mdrecoveryd      ?
root        53 cardmgr          ?
bin         69 rpc.portmap      ?
root        75 syslogd          ?
root        78 klogd            ?
root        80 inetd            ?
root        83 sshd             ?
```

```
root         87 lpd              ?
root         89 crond            ?
daemon       92 atd              ?
...
...
root        240 xterm            tty1
swendzel    241 bash             pts/2
swendzel    351 kdeinit          ?
swendzel    352 vi               pts/1
swendzel    355 ps               pts/2
```

Listing 6.25 Individueller ps-Aufruf

6.7.4 top

Ein weiteres, sehr beliebtes und einfach zu handhabendes Tool zur Überwachung der Prozesse ist `top`. Der Unterschied zum `ps`-Kommando liegt darin, dass `top` die Prozessliste periodisch auf dem Bildschirm ausgibt und diese Ausgabe nach einigen vorgegebenen Kriterien – beispielsweise nach der CPU-Nutzung oder dem Speicherverbrauch – sortieren kann.

Nachdem man `top` gestartet hat, zeigt sich ein Header mit anschließender Prozesstabelle. Der mehrzeilige Header enthält die Laufzeit des Systems (`uptime`) und die aktuelle Uhrzeit, die Anzahl der momentan angemeldeten Benutzer (`x users`) und die durchschnittliche Anzahl der Prozesse in den letzten 1, 5 und 15 Minuten, die auf ihre Abarbeitung durch die CPU warten (`load average`).

Zeile zwei des Headers gibt die Anzahl der Prozesse und deren Status an, d.h., wie viele dieser Prozesse gerade »schlafen«, von der CPU verarbeitet werden oder Zombieprozesse sind und gestoppt wurden.

Die dritte Zeile gibt Aufschluss über die Verteilung der Rechenzeit an den Userspace (`user`), den Kernelspace (`system`) und an `nice`-Zeit. Die Angabe `idle` gibt an, zu wie viel Prozent der Zeit der Prozessor nicht ausgelastet ist.

Speicherauslastung

Zeile vier und fünf geben den physikalischen Hauptspeicher und den Swap-Speicher an. Der Wert vor `av` gibt den maximal verfügbaren Speicher an, `used` den davon momentan benutzten Teil und `free` den unbenutzten Anteil.

Die Ausgabe in Form einer Prozesstabelle an sich ist ähnlich wie bei `ps` aufgebaut und besteht im Prinzip aus den gleichen Spalten.

[+] Rufen Sie `top` mit dem Parameter `-i` auf, um nur die derzeit laufenden Prozesse anzuzeigen.

Ordnung im Chaos

Die Sortierungsfunktion von `top` wird über die Steuertasten aufgerufen. Eine Liste derselben erhalten Sie, indem Sie (h) für »help« drücken. Eine Liste der wichtigsten Sortierungstasten finden Sie auch in Tabelle 6.2.

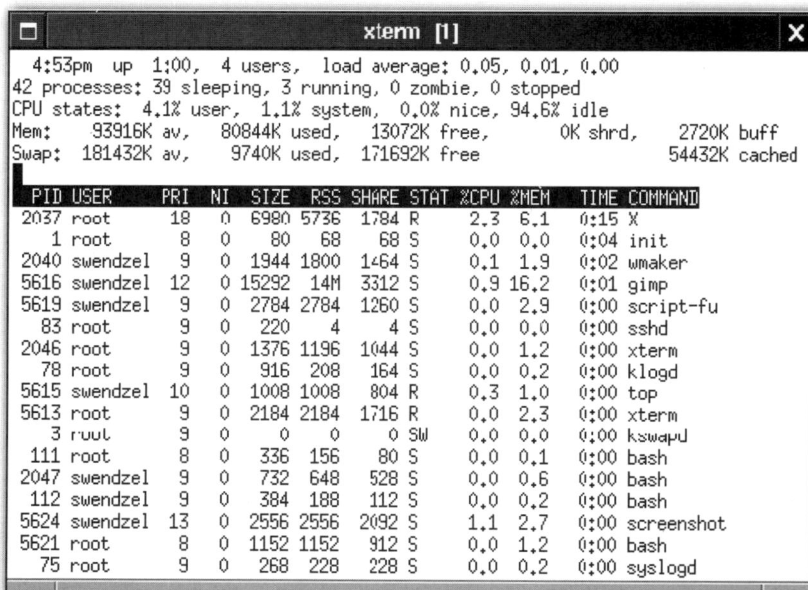

Abbildung 6.2 top

Taste	Funktionalität
N	Aufsteigende Sortierung nach Prozess-ID
A	Aufsteigende Sortierung nach dem Alter
P	Absteigende Sortierung nach CPU-Nutzung
M	Absteigende Sortierung nach Speichernutzung
T	Absteigende Sortierung nach bisheriger Beanspruchung von CPU-Zeit

Tabelle 6.2 Funktionstasten für die Sortierung der Prozessliste

6.7.5 Timing für Prozesse

Das Kommando `time` wird in Verbindung mit einem Programm aufgerufen. Nach Beendigung dieses Prozesses werden dessen gesamte Laufzeit und die verbrauchte CPU-Zeit im Kernelspace (sys) und Userspace (user) ausgegeben.

```
$ time find /usr/X11R6/ -name X
/usr/X11R6/bin/X

real    0m5.327s
user    0m0.030s
sys     0m0.060s
```

Listing 6.26 time

Alles, was gigantische Formen annimmt,
kann imponieren – auch die Dummheit.
– Erich Kästner

7 Grundlegende Administration

Dieses Kapitel macht Sie zwar nicht zu einem vollwertigen Linux-Admin, aber Sie werden lernen, sich sicher im System zu bewegen und die wichtigsten anfallenden Aufgaben zu erledigen.

Sie wissen jetzt genug über das System und dessen Interna, um so langsam mit der Arbeit unter Linux beginnen zu können. Vor dem Spaß steht aber wie immer harte Arbeit: Um ein Linux-System richtig nutzen zu können, muss man es notwendigerweise administrieren können. Und mit genau dieser Problematik befasst sich dieses Kapitel.

Wir werden zu diesem Zweck vor allem mit Shell-Befehlen arbeiten, damit Sie verstehen, was hinter den Frontends steckt. Sie werden zwar erst im nächsten Kapitel die Shell wirklich kennenlernen, aber für diese einfachen Arbeiten benötigen Sie die dort vermittelten Kenntnisse noch nicht.

7.1 Benutzerverwaltung

Ein guter Punkt, um mit der Arbeit zu beginnen, ist die Benutzerverwaltung. Bevor wir aber irgendwelche Lösungen und Arbeitsweisen beschreiben, wollen wir diese Problematik zuerst in Ihren bisherigen Wissenskontext einordnen.

7.1.1 Linux und Multiusersysteme

Das Linux ein Mehrbenutzersystem ist, haben wir sicher schon mehrmals erwähnt. Nun gibt es mehrere Mechanismen, um das reibungslose Funktionieren dieses Features zu gewährleisten. Viele Konzepte wurden dabei schon in anderen Kapiteln ausführlich behandelt, wir wollen aber trotzdem noch einmal alles kurz aufführen, um die Zusammenhänge verständlich zu machen.

Das Rechtesystem

Privatsphäre

Das Rechtesystem gewährleistet quasi die Privatsphäre aller User. Es kann geregelt werden, wer welche Daten sehen, verändern oder Programme nutzen darf. So werden die Benutzer nicht nur vor anderen, böswilligen Usern geschützt, sondern das System wird auch als Ganzes nur den hoffentlich fähigen Händen eines Administrators überlassen. So wird zum Beispiel die Installation von neuen Programmen durch Benutzer fast gänzlich verboten,[1] und so kann auch der Zugriff auf Hardwareressourcen wie die Soundkarten geregelt werden.

Homeverzeichnisse

Eigene Dateien

Nach dem Rechtesystem sollen nun auch die Homeverzeichnisse erwähnt werden – im Normalfall ist es das einzige Verzeichnis, in dem ein Benutzer Schreibrechte hat. Das jeweilige Homeverzeichnis ist dabei unter */home/benutzername* zu finden. Sein Platz kann vom Administrator über sogenannte *Quotas* beschränkt werden, dazu aber später mehr.

Multitasking

Multitasking bedeutet, wie wir schon wissen, dass mehrere Prozesse gleichzeitig laufen können. Demnach kann ein Benutzer nicht nur mehrere Programme gleichzeitig ablaufen lassen, sondern mehrere Benutzer können Programme gleichzeitig benutzen. Prioritäten können dabei regeln, welche Prozesse bevorzugt behandelt werden oder welche freiwillig Rechenzeit abgeben.[2]

Serverdienste

Egal, ob man Linux als produktiven Server oder einfach nur als Mehrbenutzer-Workstation einsetzt, Linux bietet viele im Hintergrund laufende Dienste, die auch für die Benutzerverwaltung hilfreich sein können. Näheres dazu erfahren Sie in Kapitel 11 und 12, wo Sie beispielsweise lernen werden, Mails automatisch abzuholen und an alle Benutzer des Systems zu verteilen.

Wie man also sehr schön sehen kann, ist Linux als gesamtes System schon für mehrere Benutzer ausgelegt – und zwar konsequent. Es gibt andere,

---

1 Um genau zu sein: Die systemweite Installation in die Verzeichnisse */usr/bin* usw. ist verboten. Benutzer können allerdings (wenn es nicht explizit vom Admin verboten ist) in ihre Homeverzeichnisse neue Programme lokal, also nur für sich, installieren.

2 Normale Benutzer können standardmäßig nur Rechenzeit abgeben und keine zusätzliche bekommen.

ungenannte Betriebssysteme, die mittlerweile zwar auch mehrere Benutzer unterstützen, die dieses Feature aber erst im Laufe der Zeit *verpasst* bekamen. Und dementsprechend aufgesetzt wirkt auch der Support.

7.1.2 Das Verwalten der Benutzerkonten

Bei den meisten Distributionen wird man bereits während der Installation dazu gebracht, sich einen Benutzernamen auszusuchen und entsprechende Passwörter festzulegen. Wenn Sie aber Ihren Computer nicht allein nutzen bzw. vielleicht sogar ein größeres Mehrbenutzersystem aufsetzen möchten, kommen Sie schnell in die Situation, dass Sie neue Benutzerkonten anlegen müssen.

adduser und useradd

Für dieses Vorgehen gibt es zwei Programme, die eigentlich eines sind. Neue Benutzer werden über das Programm `useradd` mit vielen Kommandozeilenoptionen angelegt. Das Programm `adduser` ist dabei nur ein hübsches Frontend für dieses Programm, das von vielen Distributionen schon passend vorkonfiguriert ist.

```
# adduser mploetner
Lege Benutzer mploetner an...
Lege neue Gruppe mploetner (1002) an.
Lege neuen Benutzer mploetner (1002) mit Gruppe       \
  mploetner an.
Erstelle Homeverzeichnis /home/mploetner.
Kopiere Dateien aus /etc/skel
Enter new UNIX password: <tippsel>
Retype new UNIX password: <tippsel>
passwd: password updated successfully
Ändere Benutzerinformationen für mploetner
Geben Sie einen neuen Wert an oder ENTER für den      \
  Standardwert
        Name []: Maria Plötner
        Raum []:
        Telefon geschäftlich []:
        Telefon privat []:
        Sonstiges []:
Sind die Informationen korrekt? [j/n] j
#
```

Listing 7.1 Das Anlegen eines Benutzers mit adduser

Was macht aber `adduser` genau? Es nimmt den neuen Benutzernamen als Argument von der Kommandozeile entgegen und sucht sich eine neue UID aus. Da `adduser` der schlauere der beiden Befehle zum Anlegen neuer User ist, sucht er sich eine Benutzer-ID passend zum aktuellen Systemstatus heraus. Viele Distributionen nutzen beispielsweise erst die IDs ab 500 oder 1000 für Benutzeraccounts und reservieren die unteren für Systemaccounts. Daher nimmt `adduser` einfach die erste *freie* ID ab dieser Grenze.

Danach wird der Benutzer erst einmal angelegt, also ein Eintrag für ihn in der */etc/passwd* gemacht. Diese Datei sieht ungefähr so aus:

```
root:x:0:0:root:/root:/bin/bash
...
jploetner:x:1000:1000:Johannes Plötner              \
  :/home/jploetner:/bin/bash
...
mploetner:x:1002:1002:Maria Plötner:/home/mploetner \
  :/bin/bash
```

Listing 7.2 Die /etc/passwd

Hier kann man viele wichtige Informationen über die Benutzer sehen, daher ist die Datei auch für alle lesbar. Aus diesem Grund sind hier auch keine verschlüsselten Passwörter zu sehen. Das *x* in der zweiten Spalte sagt nämlich aus, dass das Passwort für diesen Benutzer in der */etc/shadow* zu finden ist.[3] Der Benutzername steht dabei in der ersten Spalte, die Benutzer-ID gefolgt von der Gruppen-ID in der dritten bzw. vierten Spalte. Das nächste Feld ist frei belegbar, wird aber meist für den vollen Namen und weitere Informationen genutzt. Danach folgen das Homeverzeichnis und die Standard-Shell des Benutzers.[4]

Diese Einträge werden also von `adduser` sinnvoll vorgenommen. Zudem wird eine neue Gruppe allein für diesen Benutzer erstellt, und er wird, je nach Einstellung des Administrators, zusätzlich den schon existierenden Gruppen zugeteilt.

Als Nächstes erfolgt ein wichtiger Schritt: Das Homeverzeichnis für den neuen Benutzer wird erstellt. Dazu wird eine Art *Skelett*, die Vorlage eines

3 Das war früher anders. Da stand das verschlüsselte Passwort noch in der Datei */etc/passwd*, wurde schließlich aber aus Sicherheitsgründen in die Datei */etc/shadow* ausgelagert.

4 Ja, es gibt mehrere Shells, man kann aber auch statt eines Kommandozeileninterpreters jedes andere Programm hier eintragen. Allerdings kann sich der Benutzer dann unter Umständen nicht mehr richtig einloggen.

Homeverzeichnisses, an die entsprechende Stelle kopiert und mit den richtigen Berechtigungen und Eigentumsverhältnissen versehen. Diese Vorlage liegt unterhalb von */etc/skel/* und kann vom Administrator noch nach seinen Wünschen bearbeitet werden. So kann man beispielsweise erreichen, dass das System nach der Erstellung eines neuen Users für diesen schon fix und fertig konfiguriert ist.

Während `adduser` also seine Arbeit erledigt, fragt es fleißig alle Informationen ab, die es nicht selbst bestimmen kann. Dazu gehört natürlich das Passwort für den neuen Benutzer. Das Passwort kann man während der Eingabe nicht sehen, daher muss man es zur Kontrolle zweimal eingeben. Als Letztes schließlich wird das neue Passwort in die nur für `root` zugängliche */etc/shadow* geschrieben. Schließlich werden noch die Angaben für das Optionenfeld in der */etc/passwd* abgefragt. In unserem Beispiel wurde aber nur der volle Name des Benutzers angegeben.

deluser und userdel

Dieses Spiel funktioniert beim Löschen eines Benutzeraccounts ähnlich. Auch hier ist die `deluser`-Variante ein Frontend für den Befehl `userdel`.

```
# deluser [--remove-home] [--remove-all-files]      \
  [--backup] user
```

Listing 7.3 Die deluser-Syntax

Bei `deluser benutzer` gibt es nur eine Sache zu beachten: Standardmäßig wird zwar der Benutzer gelöscht, das Homeverzeichnis bleibt allerdings erhalten. Möchte man es auch löschen, muss man die Option `-remove-home` bzw. `-remove-all-files` benutzen, die entweder nur das Homeverzeichnis oder gleich alle Dateien des Benutzers löscht. Wählt man dazu noch die `-backup`-Option, so bekommt man die entsprechenden Dateien vorher noch als gepacktes Archiv ins aktuelle Verzeichnis abgelegt.

Und das Ganze mit Gruppen

Um den Reigen zu vollenden, gibt es die entsprechenden Befehle auch für Gruppen, die konsequenterweise `addgroup` bzw. `delgroup` heißen. Die Benutzung dieser Befehle erfolgt eigentlich analog zu ihren Geschwistern, bei Fragen und Problemem hilft hier die Manpage sehr gut weiter.

Es gibt natürlich auch einige Sachen, die man beachten muss: zum Beispiel, dass eine Gruppe nach dem Erstellen *leer* ist, also kein Benutzer in dieser Gruppe ist. Darüber hinaus kann eine Gruppe nicht gelöscht werden, solange sie noch einen Benutzer als primäre Gruppe hat, diese also für ihn in der */etc/passwd* vermerkt ist.

7.1.3 Benutzer und Gruppen

Jetzt möchten wir die frisch erstellten Gruppen und Benutzer natürlich noch zusammenbringen. Wenn sie sich im letzten Abschnitt gefragt haben, warum in der */etc/passwd* nur eine einzige Gruppe festgelegt wird, dann dürfen Sie sich selbst auf die Schulter klopfen, weil Sie so gut mitgedacht haben.

Die /etc/group

Benutzer können selbstverständlich Mitglied in mehreren Gruppen sein – und um den Umfang der */etc/passwd* nicht zu sprengen, wurden diese Einstellungen einfach in die */etc/group* ausgelagert.

```
root:x:0:
...
users:x:100:jploetner,mploetner
...
usb:x:106:jploetner,mploetner
jploetner:x:1000:jploetner
...
mploetner:x:1002:mploetner
```

Listing 7.4 Auszug aus der /etc/group

Wie man sieht, ist die Datei ähnlich wie die */etc/passwd* aufgebaut. An erster Stelle steht wieder der Gruppenname, gefolgt von einem *x*. Dieses x steht wieder dafür, dass das Gruppenpasswort verschlüsselt in die */etc/gshadow* ausgelagert wurde, die wiederum nur `root` lesen kann. Als nächstes Feld folgt die GID und schließlich die durch Kommas separierten Mitglieder der Gruppe.

Im obigen Beispiel gibt es also die Gruppe `users` mit der GID `100` und den Mitgliedern `jploetner` und `mploetner`. Die Gruppe `jploetner` hat dagegen nur ein Mitglied, nämlich den gleichnamigen User.

Was außerdem auch noch auffällt, wenn man sich */etc/passwd* und */etc/group* anschaut, ist, dass gleichnamige Gruppen und Benutzer dieselbe GID bzw. UID haben. Das ist allerdings reiner Zufall, da beim Erstellen der Benutzer ja auch deren spezielle Gruppen erstellt worden sind und in der Zwischenzeit keine weiteren Gruppen per Hand hinzugefügt wurden.

Benutzer zu weiteren Gruppen hinzufügen

Wenn Sie bereits existierende Benutzer zu bestehenden Gruppen hinzufügen möchten, nutzen Sie einfach auch das `adduser`-Kommando:

```
# adduser jploetner cdrom
Adding user jploetner to group cdrom...
Done.
#
```

Listing 7.5 Benutzer zu Gruppen hinzufügen

Ein Beispiel

Werden wir also mal praktisch. Nehmen wir an, Sie hätten Ihre gesamte Musiksammlung digitalisiert,[5] und die möchten Sie allen Benutzern des Systems zur Verfügung stellen. **[zB]**

Also sollten Sie eine Gruppe `users` haben, die aller Wahrscheinlichkeit nach schon auf Ihrem System existiert. Eventuell müssen Sie da nur noch alle Benutzer eintragen, falls `adduser` das nicht schon für Sie übernommen hat. Als Nächstes fehlt Ihnen noch ein schönes Verzeichnis mit den entsprechenden Rechten. Weil uns nichts Besseres einfällt, erstellen wir einfach eines unterhalb von */home* und nennen es ganz unkreativ auch noch *musik*:

```
# cd /home
# mkdir musik
# chown root:users musik
# chmod 2770 musik
```

Listing 7.6 Unser Musikverzeichnis

An dieser Stelle haben wir dann gleich auch die entsprechenden Rechte gesetzt. Das Verzeichnis gehört `root` bzw. der Gruppe *users*, also haben alle Benutzer über die Gruppenrechte schon mal Zugriff. Jetzt setzen wir mit dem `chmod`-Aufruf aber nicht nur die normalen Zugriffsrechte für die Gruppen, sondern wir setzen auch noch das SetGID-Bit. In diesem Kontext veranlassen wir damit, dass alle Dateien, die in diesem Verzeichnis erstellt bzw. in es kopiert werden, automatisch der Gruppe `users` gehören – folglich hat jeder auch auf neue Dateien Zugriff, und Ihre Mitbenutzer können die Sammlung ohne Probleme erweitern.

5 Wir möchten natürlich nicht annehmen, dass Sie sich die Musiksammlung gleich ganz digital aus dem Internet besorgt haben ... ;-)

7.2 Installation neuer Software

Wenn man seine Benutzer so halbwegs im Griff hat, möchte man sich als Nächstes natürlich um sein System kümmern. Dazu gehört die ständige Aktualisierung der Software oder das Installieren neuer Programme. Da viele Distributionen zur Vereinfachung solcher Probleme ausgefeilte Paketsysteme mitbringen, wollen wir an dieser Stelle die wichtigsten näher erläutern.

Zuerst aber einmal generell zu Paketsystem und -managern. Sie verfügen im Allgemeinen mehr oder weniger über die folgenden Eigenschaften:

- **Abhängigkeiten**
  Wenn ein gewünschtes Paket noch Abhängigkeiten wie beispielsweise Softwarebibliotheken oder andere Grundsoftware hat,[6] wird diese Abhängigkeit angezeigt bzw. teilweise auch gleich aufgelöst, indem die fehlende Software einfach mit installiert wird.
- **Saubere Deinstallation**
  Jedes Paket sollte sich bei der Installation merken, *wo* es *welche* Dateien *wie* installiert. Dann kann bei der Deinstallation der Systemzustand, wie er vor der Installation war, wiederhergestellt werden.
- **Konfiguration**
  Manche Paketsysteme erlauben auch das Ausführen bestimmter Skripte während der Installation bzw. Deinstallation eines Paketes, sodass auf diese Weise die Software sogar noch konfiguriert werden kann.
- **Sauberes Update**
  Genauso wie die Installation und Deinstallation soll auch ein Update reibungslos funktionieren. Wenn das Paketsystem gut ist, kann es sogar mit wechselnden Abhängigkeiten bei neuen Versionen der Pakete gut umgehen. Leider ist gerade das nicht immer unproblematisch.

An dieser Stelle möchten wir jetzt die wichtigsten Paketsysteme näher erläutern, ohne jedoch auf die genaue Benutzung der Software einzugehen. Sie sollen allerdings eine Idee davon bekommen, was man mit den einzelnen Distributionen bzw. Paketsystemen so anstellen kann – und wo vielleicht ihre Vor- oder Nachteile liegen.

6 So braucht ein Office-Programm natürlich eine grafische Oberfläche oder ein CD-Spieler braucht Soundsoftware.

7.2.1 Das Debian-Paketsystem

Das Debian-Paketsystem wurde auch von anderen Distributionen wie Knoppix (das eigentlich auch nur ein aufgebohrtes Debian ist) übernommen. Es ist bekannt dafür, auch nach vielen Updates einer Installation noch sauber zu funktionieren. Zum Verwalten der Pakete und zur Administration wird dabei vor allem das APT-System eingesetzt, von dem es auch schon Klone für andere Paketsysteme gibt.

Das Prinzip von APT ist dabei einfach: Man trägt an einer zentralen Stelle im Dateisystem, der */etc/apt/sources.list*, alle Orte ein, an denen aktuelle Pakete gefunden werden können. Das können beispielsweise Server im Internet mit jeweils den aktuellsten Versionen oder kann auch ein Satz CD-ROMs sein, von denen man das System installiert hat.

Die Pakete an sich

Die Pakete des Debian-Paketsystems erkennt man ganz einfach an ihrer Endung *.deb*. Die Pakete selbst sind ja eigentlich Dateien und haben meist etwas kryptisch wirkende Namen, die aber sehr viele nützliche Informationen beinhalten:

```
$ ls *.deb
nethack-common_3.4.1-1.2_i386.deb
$
```

Listing 7.7 Typische Debian-Paketnamen

Der Paketname ist dabei folgendermaßen aufgebaut: Zuerst kommt der Name der Software bis zum ersten Unterstrich, in diesem Fall also `nethack-common`. Dann folgt die Version der Software selbst (`3.4.1`), gefolgt von der Debian-internen Releasenummer des Paketes (`1.2`). Die Releasenummer wird immer dann benötigt, wenn neue Pakete erstellt werden, in denen sich der Inhalt allerdings formell nicht ändert, also die Software an sich in der Version gleich bleibt. Nach dem letzten Unterstrich folgt schließlich die Architektur, in unserem Fall also ein ganz normaler Intel-ähnlicher Desktop-Prozessor.[7]

Ein Paket an sich ist dabei nur eine Art speziell gepacktes Archiv, folglich wieder mal keine Zauberei. Es gibt in diesem Archiv bestimmte Dateien und Verzeichnisse, die beispielsweise beschreiben, welche Abhängigkeiten so ein Paket hat. Ein Paketmanager – unter Debian das Programm

7 Software wird immer für spezielle Prozessoren kompiliert. Wenn dort also i686 stehen würde, so wäre das Paket speziell für Pentium II (und besser) ausgelegt und darauf optimiert.

dpkg – packt dann nur das Archiv aus und verarbeitet diese Daten dann entsprechend.

Installation

Da das dpkg-Programm zumindest für Anfänger recht kompliziert zu bedienen ist, wurde ein einfacheres System zur Paketverwaltung entwickelt – das APT-System.[8] APT steht für *Advanced Package Tool* und soll im nächsten Release der Debian-Distribution ein voll funktionsfähiges Frontend für dpkg und das veraltete dselect sein. Dabei ist APT allerdings »nur« ein Frontend für dpkg, also kein wirklich neues Paketsystem. Aber nun auf in den Kampf!

[zB] Jedes Mal, wenn man beispielsweise ein neues Programm installieren möchte – nehmen wir an, es handelt sich um die Qt-Version des beliebten Adventures nethack –, reicht ein Kommandozeilenaufruf des Programms apt-get mit der install-Option. Nun werden alle benötigten Pakete aus dem Netz geladen, entpackt, konfiguriert und komplett installiert:

```
# apt-get install nethack-qt
Paketlisten werden gelesen... Fertig
Abhängigkeitsbaum wird aufgebaut... Fertig
Die folgenden zusätzlichen Pakete werden installiert:
  nethack-common
Empfohlene Pakete:
  nethack-console nethack-x11
Die folgenden NEUEN Pakete werden installiert:
  nethack-common nethack-qt
0 aktualisiert, 2 neu installiert, 0 zu entfernen     \
  und 209 nicht aktualisiert.
Es müssen 1344kB der Archive geholt werden.
Nach dem Auspacken werden 3416kB Plattenplatz         \
  zusätzlich benutzt.
Möchten Sie fortfahren? [J/n]
Hole:1 http://ftp2.de.debian.org                      \
  testing/main nethack-common 3.4.1-1.2 [436kB]
Hole:2 http://ftp2.de.debian.org                      \
  testing/main nethack-qt 3.4.1-1.2 [908kB]
Es wurden 1344kB in 15s geholt (88,0kB/s)
Wähle vormals abgewähltes Paket nethack-common.
(Lese Datenbank ... 113021 Dateien und                \
```

8 Eigentlich gibt es auch viele grafische Programme zur Paketverwaltung, die mitunter nochmal auf APT aufsetzen. Allerdings hat APT als nächste Generation der Paketverwaltung doch eine besondere Bedeutung, der wir hier auch gerecht werden wollen.

```
  Verzeichnisse sind derzeit installiert.)
Entpacke nethack-common                                    \
  (aus .../nethack-common_3.4.1-1.2_i386.deb) ...
Wähle vormals abgewähltes Paket nethack-qt.
Entpacke nethack-qt                                        \
  (aus .../nethack-qt_3.4.1-1.2_i386.deb) ...
Richte nethack-common ein (3.4.1-1.2) ...

Richte nethack-qt ein (3.4.1-1.2) ...

#
```

Listing 7.8 Softwareinstallation mit apt-get

Wie Sie merken, gibt man hier nicht den vollständigen Paketnamen an, sondern lediglich den Namen der Software. Alle Pakete werden ja hier von einem Server verwaltet und immer in der aktuellen Version vorgehalten. Zudem wird Ihre Prozessor-Architektur (beispielsweise ob Intel oder PowerPC) automatisch bestimmt.

Sie müssen weder irgendwelche Dateien im Internet suchen noch irgendwie anderweitig aktiv werden. Die Dateien werden automatisch an die richtigen Stellen im Dateisystem installiert – unter Umständen eine Umgewöhnung, wenn Sie von Windows kommen. Sie müssen einzig und allein wissen, wie das Paket heißt, das Sie installieren möchten.

Hat man ein Paket trotzdem per Hand heruntergeladen, beispielsweise weil es noch nicht Teil der offiziellen Debian-Distribution ist, so muss man `dpkg` mit der Option `-i` für »install« sowie den vollen Paketnamen aufrufen, um das Paket zu installieren:

```
# dpkg -i tkphone_1.0.2-1_i386.deb
#
```

Listing 7.9 Programme mit dpkg installieren

Pakete finden

Nun kommt es aber oft vor, dass man nur eine ungefähre Ahnung von dem hat, was man installieren will, und deshalb keinen konkreten Paketnamen kennt. Für diesen Fall gibt es mit `apt-cache` ein nettes Tool, um alle Pakete der Debian-Distribution sowie deren Beschreibungen zu durchsuchen:

```
# apt-cache search adventure
...
nethack-qt - Text-based/Qt overhead view D&D-style
             adventure game
...
```

Listing 7.10 Pakete suchen mit apt-cache

`apt-cache` operiert dabei auf einem lokalen Abbild aller vorhandenen Pakete – es wird also nicht im Internet gesucht! Aus diesem Grund sollten Sie immer, wenn Sie mit Servern aus dem Internet arbeiten und lange kein Update mehr gemacht haben, einmal kurz `apt-get update` aufrufen und durchlaufen lassen, um den Cache zu aktualisieren. Wenn nämlich einmal Cache und Server nicht mehr übereinstimmen, beispielsweise weil auf dem Server schon neuere Versionen der Pakete vorhanden sind, kann es beim Installieren zu Problemen kommen. `apt-get` meldet dann, dass einzelne Pakete nicht mehr gefunden werden können.

Wenn Sie allerdings nichts Spezielles suchen, sondern einfach nur mal stöbern möchten, bieten sich Programme wie `aptitude` an. Mit ihnen kann man komfortabel die Liste aller verfügbaren Pakete durchsehen und gegebenenfalls gleich neue Pakete installieren.

Deinstallation

Möchte man ein Paket wieder loswerden, muss man sich entscheiden, ob man eventuell vorhandene Konfigurationsdateien behalten möchte oder nicht. Wenn man das nicht will und wirklich das gesamte Paket deinstalliert werden soll, muss man `apt-get` so aufrufen:

```
# apt-get remove --purge nethack-qt nethack-common
Paketlisten werden gelesen... Fertig
Abhängigkeitsbaum wird aufgebaut... Fertig
Die folgenden Pakete werden ENTFERNT:
  nethack-common* nethack-qt*
0 aktualisiert, 0 neu installiert, 2 zu entfernen    \
  und 209 nicht aktualisiert.
Es müssen 0B der Archive geholt werden.
Nach dem Auspacken werden 3416kB Plattenplatz         \
  freigegeben sein.
Möchten Sie fortfahren? [J/n]
(Lese Datenbank ... 113060 Dateien und                \
  Verzeichnisse sind derzeit installiert.)
Entferne nethack-qt ...
Lösche Konfigurationsdateien von nethack-qt ...
Entferne nethack-common ...
```

```
Lösche Konfigurationsdateien von nethack-common ...
Purging high-scores and save-files for Nethack...    \
  done.
#
```

Listing 7.11 Pakete deinstallieren mit apt-get

Möchte man Konfigurationsdateien et cetera behalten, entfällt einfach die Option `--purge`. Es ist hier egal, ob die Pakete selbst mit `apt-get` oder per Hand mit `dpkg` installiert wurden – das Paketsystem ist schließlich konsistent.

Updates

Natürlich möchte man sein System auf dem Laufenden halten, und das am liebsten automatisch. Selbstverständlich hilft einem da auch ein einfacher Aufruf von `apt-get` weiter: `apt-get upgrade` oder auch `apt-get dist-upgrade`, je nachdem, ob man nur neuere Versionen installieren möchte oder auch auf deren eventuell geänderte Abhängigkeiten eingehen will.

aptitude

Wie bereits erwähnt wurde, gibt es auch eine Alternative mit einer hübschen Oberfläche für die Kommandozeile: `aptitude`. Dieser Client bietet prinzipiell dieselben Funktionen wie die `apt-get`-Tools. Bedient wird das Tool dabei außer mit den obligatorischen Cursortasten zur Navigation und (Enter) für eine Detailansicht zum gerade ausgewählten Paket über folgende, recht intuitive Tastenkürzel:

Tastenkürzel	Aktion
u	Führt ein Update durch (siehe auch `apt-get update`).
U	Markiert alle upgradefähigen Pakete für ein Upgrade.
+	Markiert ein nicht installiertes Paket zur Installation.
-	Markiert ein installiertes Paket für die Deinstallation.
_	Markiert ein Paket zur vollständigen Deinstallation (»*purge*«).
/	Öffnet einen Dialog zum Suchen von Paketen.
n	Springt zum nächsten Suchergebnis.
g	Führt alle geplanten Aktionen aus (»*go*«).
q	Je nach Kontext wird entweder das Tool beendet oder von der Detailansicht der Pakete wieder zur Paketliste zurückgekehrt.

Tabelle 7.1 Mögliche Aktionen

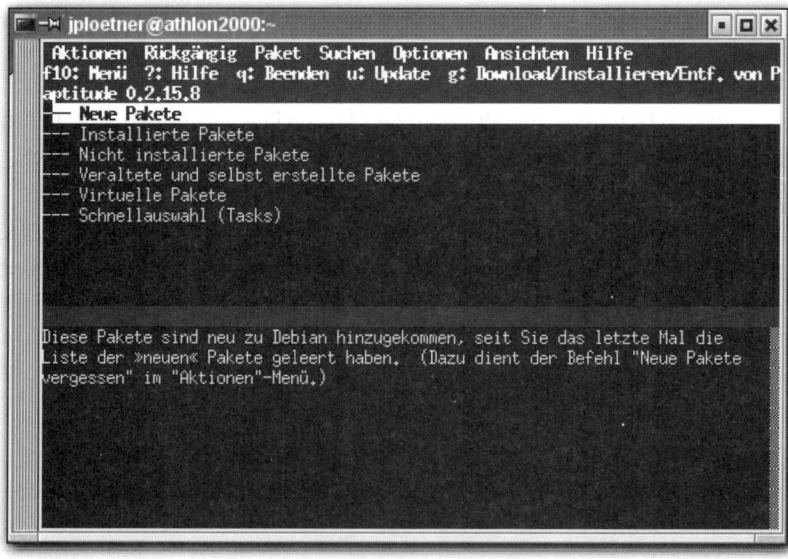

Abbildung 7.1 aptitude

Wie versprochen haben wir Sie nicht mit Details zur Administration eines Debian-Systems gelangweilt, aber hoffentlich doch einige interessante Ausblicke gegeben. Wenn Sie sich näher für diese Programme oder für Debian interessieren, gibt es im Internet sehr viel frei verfügbare Literatur. Dort wird auch alles noch einmal sehr ausführlich und mit Beispielen erklärt. Fragen Sie einfach die Suchmaschine Ihrer Wahl, oder starten Sie am besten gleich auf einer der vielen Seiten zur Open-Source-Software.

7.2.2 Das RedHat-Paketsystem

Das RedHat-Paketsystem ist neben dem von Debian eines der ältesten. Es wurde im Laufe der Zeit unter anderem von Mandrake und SUSE übernommen, und letztendlich hat es sogar die RedHat-Distribution für Desktop-Systeme überlebt.

Mittlerweile gibt es zwar auch für RPMs, also die Paketdateien, schon ein APT-ähnliches System, am weitesten verbreitet sind jedoch immer noch distributionsspezifische Programme. Mit solchen wollen wir uns hier jedoch nicht näher auseinandersetzen, da ihre Bedienung sich zwar regelmäßig ändert, aber dabei trotzdem recht intuitiv bleibt.

Die Pakete an sich

Die Pakete des RedHat-Paketsystems haben die Endung `.rpm` und ähnlich komplizierte Namen wie die des Debian-Paketsystems. Im Prinzip sind aber auch RPM-Dateien wie ihre Debian-Äquivalente nur gepackte Archive, und das Programm, das sie verarbeitet, heißt schlicht `rpm` – RedHat Package Manager. Das `rpm`-Programm lässt sich dabei am besten mit `dpkg` von Debian vergleichen. Es erwartet auch ähnliche Optionen, die wir im Folgenden kurz durchgehen wollen, damit Sie einen Eindruck von diesem Programm gewinnen.

Installation und Deinstallation
Heruntergeladene Pakete installiert man ganz einfach mit der `-i`-Option, und genau wie bei `dpkg` muss als Argument der volle Dateiname angegeben werden:

```
# rpm -i tkphone-1.0.2-2.i386.rpm
```

Listing 7.12 Pakete installieren mit rpm

Pakete löscht man äquivalent mit der Option `-e` (erase) und dem Paketnamen.

7.2.3 Das Slackware-Paketsystem

Das Slackware-Paketsystem basiert auf `gzip`-komprimierten tar-Archiven. Die Dateien und Verzeichnisse eines Packages sind in diesen Dateien enthalten.

Basiswerkzeuge

Es gibt verschiedene Methoden zur Installation und Deinstallation der Packages. Generell lässt sich dies über die textbasierten Tools `installpkg` und `removepkg` bewerkstelligen. Mit `upgradepkg` werden hingegen neue Versionen von Packages eingespielt.

pkgtool

Die komfortabelste Möglichkeit ist aber wohl das Programm `pkgtool`. Dieses kann Packages aus einem Verzeichnis installieren und deinstallieren. Es bietet eine grafische Oberfläche auf Konsolen-Ebene.

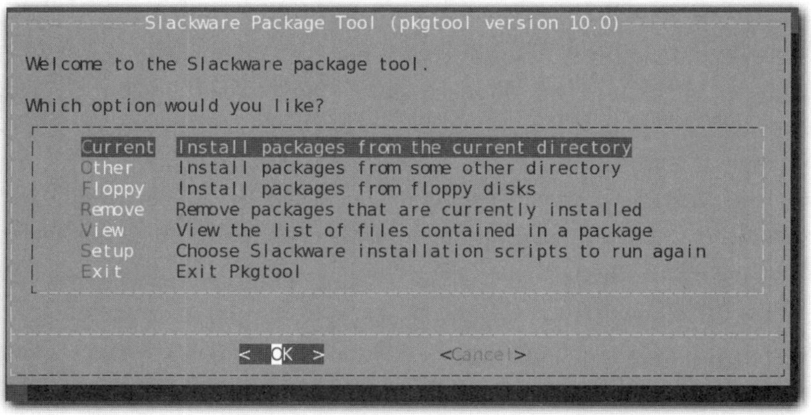

Abbildung 7.2 pkgtool

Möchten Sie beispielsweise das Package `gnuplot` von der Slackware CD-ROM installieren, mounten Sie diese und starten im Verzeichnis *slackware/xap1* der CD `pkgtool`. Wählen Sie anschließend den Menüpunkt **Current** aus, um die Packages dieses Verzeichnisses zu installieren. Beim entsprechenden Package sollte **yes** ausgewählt werden.

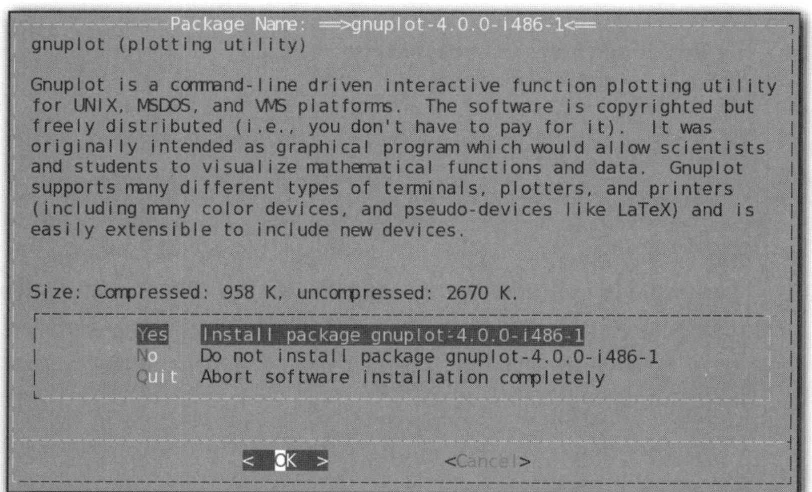

Abbildung 7.3 Package-Installation mit pkgtool

installpkg

Die Kommandovariante zur Package-Installation nennt sich `installpkg`. Die Handhabung dieses Programms ist ebenfalls sehr simpel. Als Parameter genügt die *tgz*-Datei des Packages. Der Parameter `-warn` zeigt Ihnen an, welche Veränderungen vorgenommen würden, sofern ein Package installiert werden würde.

```
# installpkg gnuplot-4.0.0.-i486-1.tgz
Installing package gnuplot-4.0.0-i486-1...
PACKAGE DESCRIPTION:
gnuplot: gnuplot (plotting utility)
gnuplot:
gnuplot: Gnuplot is a command-line driven interactive
function plotting utility
gnuplot: for UNIX, MSDOS, and VMS platforms.  The
software is copyrighted but
gnuplot: freely distributed (i.e., you don't have to
pay for it).  It was
gnuplot: originally intended as graphical program
which would allow scientists
gnuplot: and students to visualize mathematical
functions and data.  Gnuplot
gnuplot: supports many different types of terminals,
plotters, and printers
gnuplot: (including many color devices, and pseudo-
devices like LaTeX) and is
gnuplot: easily extensible to include new devices.
gnuplot:
```

Listing 7.13 installpkg installiert gnuplot.

Deinstallation eines Packages

Zur Deinstallation eines Packages kann `pkgtool` hervorragend verwendet werden. Wählen Sie einfach den Menüpunkt **Remove · Remove packages that are currently installed** aus. Anschließend erscheint eine Liste mit installierten Packages, aus denen Sie nur das gewünschte zur Deinstallation auszuwählen brauchen.

Pakete löschen

Eine Kommandomöglichkeit zur Deinstallation ist `removepkg`. Dieses Tool benötigt nur den Namen des Packages, und schon werden die Dateien des Packages deinstalliert. Auch hier ist der `-warn`-Parameter von `installpkg` vorhanden.

```
# removepkg gnuplot-4.0.0-i486-1

Removing package /var/log/packages/gnuplot-4.0.0-i48
6-1...
Removing files:
  --> Deleting /usr/bin/gnuplot
  --> Deleting /usr/doc/gnuplot-4.0.0/BUGS
```

```
  --> Deleting /usr/doc/gnuplot-4.0.0/CodeStyle
  --> Deleting /usr/doc/gnuplot-4.0.0/Copyright
  --> Deleting /usr/doc/gnuplot-4.0.0/FAQ
  --> Deleting /usr/doc/gnuplot-4.0.0/INSTALL
  --> Deleting /usr/doc/gnuplot-4.0.0/NEWS
  --> Deleting /usr/doc/gnuplot-4.0.0/PATCHLEVEL
  --> Deleting /usr/doc/gnuplot-4.0.0/PGPKEYS
  --> Deleting /usr/doc/gnuplot-4.0.0/PORTING
...
```

Listing 7.14 removepkg deinstalliert gnuplot.

Updaten der Slackware-Packages

Das Kommando `upgradepkg` hat die gleiche Syntax wie die anderen beiden Verwandten `removepkg` und `installpkg`. Das angegebene Package wird entfernt und dessen neue Version installiert.

Im Folgenden soll die alte `gaim`-Version 0.78 durch eine neuere namens 1.0.2 ersetzt werden, die ein Sicherheitsloch schließt.

```
# upgradepkg gaim-1.0.2-i486-1.tgz

+=====================================================
| Upgrading gaim-0.78-i486-2 package using ./gaim-1.0
.2-i486-1.tgz
+=====================================================


Pre-installing package gaim-1.0.2-i486-1...

Removing package /var/log/packages/gaim-0.78-i486-2-
upgraded-2005-02-04,14:32:46...
--> Deleting /usr/doc/gaim-0.78/ABOUT-NLS
--> Deleting /usr/doc/gaim-0.78/AUTHORS
--> Deleting /usr/doc/gaim-0.78/COPYING
--> Deleting /usr/doc/gaim-0.78/CREDITS
--> Deleting /usr/doc/gaim-0.78/ChangeLog
--> Deleting /usr/doc/gaim-0.78/FAQ
--> Deleting /usr/doc/gaim-0.78/HACKING
--> Deleting /usr/doc/gaim-0.78/NEWS
--> Deleting /usr/doc/gaim-0.78/README
--> Deleting /usr/include/gaim-remote/remote-socket.h
--> Deleting /usr/include/gaim-remote/remote.h
--> Deleting empty directory /usr/include/gaim-remote
--> Deleting empty directory /usr/doc/gaim-0.78/
```

```
Installing package gaim-1.0.2-i486-1...
PACKAGE DESCRIPTION:
gaim: gaim
gaim:
gaim: Gaim allows you to talk to anyone using a...
...
...
Executing install script for gaim-1.0.2-i486-1...

Package gaim-0.78-i486-2 upgraded with new package
./gaim-1.0.2-i486-1.tgz.
```

Listing 7.15 upgradepkg gaim

7.2.4 Paketsysteme ohne Grenzen

Nun ist die Grenze zwischen den einzelnen Paketsystemen nicht mehr so scharf, wie sie früher einmal war. Mit dem `alien`-Programm lassen sich alle wichtigen Paketformate ineinander umwandeln. Man kann so beispielsweise ein *deb*- in ein *rpm*-Paket umwandeln:

```
# alien --to-rpm tkphone_1.0.2-1_i386.deb
tkphone-1.0.2-2.i386.rpm generated
# ls tkphone*
tkphone_1.0.2-1_i386.deb  tkphone-1.0.2-2.i386.rpm
#
```

Listing 7.16 Paketumwandlung mit alien

Nun könnte man das RPM nach Lust und Laune auf dem eigenen System installieren. Da die Paketformate allerdings sehr unterschiedlich und vor allem die Distributionen trotz aller Ähnlichkeiten recht unterschiedlich aufgebaut sind, wird dringend davon abgeraten, wichtige Systemsoftware durch `alien`-Pakete zu ersetzen – man würde wohl ziemlich sicher das System zerstören.

Mittlerweile gibt es auch absonderliche Formen der Interaktion – zum Beispiel das `rpm`-Programm des RedHat-Paketsystems als Debian-Paket. Damit kann man dann theoretisch zwei Paketsysteme auf einem Rechner laufen lassen, was aber nur bedingt sinnvoll ist:

```
$ apt-cache search rpm | grep "^rpm "
rpm - Red Hat package manager
$
```

Listing 7.17 Kurios: RedHat-Paketmanager unter Debian

7.2.5 Softwareinstallation ohne Pakete

Manchmal kommt es vor, dass man im Internet ein nettes Programm findet, für das aber noch niemand Pakete erstellt hat. Dann bleibt einem oft nichts anderes übrig, als das Programm »von Hand« zu installieren. Da Linux ja selbst ein Produkt der Open-Source-Gemeinde ist, sind auch sehr viele Programme *frei*. Das bedeutet, dass Sie alle Quelltexte der entsprechenden Programme bekommen können, und oft werden Ihnen auch nur diese vorgesetzt. Für Einsteiger ist das natürlich oft ein großes Hindernis, da es auch eine gewisse psychologische Hürde gibt, mit Sourcen zu arbeiten. Diese verschwindet jedoch relativ schnell, sobald Sie einigermaßen wissen, was Sie tun. Dieses Wissen wollen wir Ihnen im Folgenden vermitteln.

Das Standardvorgehen

Zuallererst brauchen Sie entsprechende Software, um solche Quellcodes zu übersetzen. In den Installationsroutinen verschiedener Distributionen kann man dazu meist Punkte wie »Development« oder Ähnliches auswählen. Als Nächstes muss man die oft gepackt gelieferten Sourcen einfach mal irgendwohin entpacken:

```
$ tar -xzf quellen.tgz
$
```

Listing 7.18 Entpacken eines Archivs

Im Normalfall hat man jetzt ein neues Verzeichnis, in das man einfach mit dem `cd`-Kommando wechseln kann. Dann kann man sich in aller Ruhe eventuell vorhandene READMEs in den INSTALL-Dateien durchlesen. Im allgemeinen Fall wird sich die Kompilierung jedoch auf die folgende simple Befehlsfolge reduzieren:

```
$ cd quellen-x.y
$ ./configure
$ make
$ su
Password:
# make install
# exit
$
```

Listing 7.19 Kompilieren von Quellcode

Dabei konfigurieren wir zuerst das Paket mittels `./configure`, übersetzen es dann mit `make` und müssen als `root` die fertigen Programme anschließend noch an die richtige Stelle des Dateisystems kopieren. Das erledigt im Normalfall ein `make install` für uns.

Standardmäßig werden selbst erstellte Programme nicht in die »normalen« Verzeichnisse wie */usr/bin* usw. kopiert, sondern in eine Extrahierarchie unter */usr/local*. Die fertigen Binaries würden sich dann beispielsweise unter */usr/local/bin*, die Manpages in */usr/local/man* befinden. Das hat den Vorteil, dass das Deinstallieren der Programme von Hand recht einfach geht. Zudem trennt man so Distributionsspezifisches sauber von selbst Hinzugefügtem.

Leider ist jede Software anders, und je nachdem, wie der oder die Autoren das Paket designt haben, kann der Installationsvorgang auch einmal anders aussehen. Allerdings sind das Vorgehen sowie alle Voraussetzungen meistens im Detail beschrieben, sodass das Kompilieren auch dann keine so große Hürde mehr darstellt.

Das Vorgehen bei Problemen

Allerdings klappt natürlich nicht immer alles so reibungslos. Im Folgenden wollen wir kurz die wichtigsten Fehler und deren Ursachen behandeln und abklären.

configure schlägt fehl

Mit `configure` konfigurieren wir ja das Paket. Das heißt, es wird zum Beispiel geprüft, welche Bibliotheken (kurz: Libs) in welchen Versionen vorhanden sind und ob bestimmte Voraussetzungen einfach erfüllt sind. Eigentlich macht also `configure` nichts anderes, als die Abhängigkeiten, wie sie bei Paketen von den Distributoren per Hand eingestellt werden, vor dem Kompilieren zu überprüfen.

In allererster Linie sollte man also bei einem Fehler von `configure` nicht in Panik geraten und sofort aufgeben, sondern sich lieber in aller Ruhe die Fehlermeldung durchlesen. In aller Regel erkennt selbst ein Laie, der sich mit Programmierung gar nicht auskennt, welche Bibliothek fehlt.

Oft reicht es dann aus, wenn man diese Bibliothek einfach nachinstalliert, also sich nochmal die Installations-CDs ranholt bzw. einfach mal `apt-get install lib_die_fehlt` probiert. Unter Debian gibt es auch das Programm `auto-apt`, das zwar erst nachinstalliert werden muss, dann aber solche fehlenden Libs automatisch nachladen soll. Dazu muss man schlicht den Aufruf von `configure` als Argument übergeben.

Der zweithäufigste Fehler, den `configure` liefert, ist das Fehlen sogenannter *Include-Dteien*. Diese Dateien sind eine Art Inhaltsverzeichnis für Softwarebibliotheken. Dass `configure` sie nicht findet, hat oft zwei Gründe:

- **Falsches Verzeichnis**
  Include-Dateien werden natürlich standardmäßig in bestimmten Verzeichnissen vermutet. Manchmal können sich also durch Versionsnummern oder den Fakt, dass es sich bei Ihrem System um eine andere Distribution als bei den Programmierern handelt und die Verzeichnisse etwas anders strukturiert sind, die Include-Dateien woanders befinden. Setzen Sie doch einfach einen Link, oder kopieren Sie alles entsprechend an die richtige Stelle. Vielleicht muss auch nur eine Shell-Variable gesetzt werden? Manchmal hilft bei solchen Problemen, die im Übrigen eher selten auftreten, auch die README oder eine FAQ weiter.
- **Falsche Bibliotheksversion**
  Manche Distributionen wie beispielsweise Debian unterscheiden in ihren Paketen teilweise zwischen Bibliotheken für normale Systeme und Bibliotheken zum Programmieren – das hat den Vorteil, dass eine normale Installation so erheblich kleiner wird, da Include-Dateien wirklich nur zum Übersetzen gebraucht werden. Allerdings kann man manchmal schon verzweifeln, da man die entsprechende Bibliothek ja wirklich installiert hat, aber trotzdem nichts funktioniert. In so einem Fall versuchen Sie einfach mal ein `apt-get install lib-dev` für die Developmentversion.

  Manchmal benötigt ein Programm vielleicht eine ältere Bibliothek, die nicht mehr auf dem System installiert ist. In so einem Fall ist allerdings Fingerspitzengefühl gefragt, damit man nichts Wichtiges kaputt macht. Wie so oft gilt: Wenn man weiß, was man tut, kann man getrost fortfahren, ansonsten sollte man besser aufhören – und zwar sofort.

Wenn make abbricht

Tritt beim Kompilieren ein Fehler auf, dann ist entweder eine Bibliothek nicht vorhanden oder es liegt ein Programmierfehler vor – Letzteres ist allerdings sehr selten, und normalerweise kann man dann auch nichts machen. In so einem Fall hilft dann einfach nur das Warten auf eine neue Version oder eine Mail an die Entwickler.

make install funktioniert nicht

Wenn `make install` einen Fehler liefert, liegt das meist an fehlenden Rechten und seltener an unfähigen Programmierern. Falls Sie wirklich `root` sind, können Sie ja versuchen, aus den Fehlermeldungen schlau zu werden – eine allgemeine Lösung kann man hier leider nicht bieten. Allerdings gilt wie so oft: Wer keine Angst vor Fehlern hat und sich wirklich Mühe gibt, sie zu verstehen, kann das Problem mit hoher Wahrscheinlichkeit ganz einfach lösen.[9]

7.3 Backups erstellen

Dieses Kapitel beschäftigt sich mit der grundlegenden Administration. Und egal, ob Sie zu Hause nur einen kleinen PC haben oder der Administrator eines mittleren Firmennetzwerks sind, Sie werden an der Backup-Problematik nicht vorbeikommen. Aber wie immer erst mal der Reihe nach.

7.3.1 Die Sinnfrage

Nein, an dieser Stelle wollen wir nicht klären, »woher wir kommen, wohin wir gehen« und »warum wir hier sind«. Viel eher lauten die Fragen hier: »Wohin damit?« und »Was soll das?«. In der Tat sehen viele Leute nicht die Notwendigkeit von Backups ein und bereuen das später oft ganz bitterlich.

Was ist ein Backup?

Ein Backup ist eine Art *Sicherheitskopie* wichtiger Daten. So eine Kopie wird entweder vom ganzen System oder nur von wirklichen Nutzdaten wie Datenbanken oder Ähnlichem erstellt – in allererster Linie, um einem Datenverlust vorzubeugen. Da es ziemlich selten vorkommen sollte, dass man wichtige Daten mal so eben aus Versehen löscht, ist der Hauptgrund für Datenverlust oft ein defekter Datenträger. Das müssen nicht unbedingt nur Festplatten sein, auch CD-ROMs können durch starke Sonneneinstrahlung oder durch zu starkes Zerkratzen unlesbar werden.

Es macht also wenig Sinn, Daten auf demselben Datenträger zu sichern, wie es leider von sehr vielen Laien oft praktiziert wird. Mit anderen Worten: Es nützt wirklich nichts, wenn Sie Ihre wichtigen Daten einfach nur in ein zweites Verzeichnis kopieren. Geht Ihre Festplatte kaputt, nützt Ihnen das nämlich herzlich wenig.

9 Wir wiederholen uns, aber die psychologische Hemmschwelle ist nicht zu unterschätzen.

Zur richtigen Zeit am richtigen Ort ...

... sollte man ein Backup machen. Wann das ist und worauf es gespeichert wird, ist dabei allerdings sehr von den Gegebenheiten abhängig, denen Sie sich zu unterwerfen haben. Da aber viele Computer heutzutage schon serienmäßig mit einem Brenner ausgestattet und wiederbeschreibbare CD-ROMs[10] günstig sind, ist eine solche Kombination für den Privatanwender meist die Konfiguration der Wahl.

Man sollte des Weiteren beachten, dass eine ordinäre Sicherheitskopie erst zum wirklichen Backup wird, wenn sie regelmäßig von einem vordefinierten Datenbestand gezogen wird. Wenn Sie also alle Jubeljahre mal ein paar Dateien sichern, weil die eventuell noch wichtig sein könnten, macht das noch lange kein Backup.

Der verrückte, bücherschreibende Informatikstudent hingegen, auf dessen Zweit- oder Drittbrenner jede Nacht vollautomatisch eine CD-RW mit seinen wichtigsten Daten gebrannt wird, macht schon eher ein Backup. Aber wie immer gilt: Jeder muss seinen Weg finden, und jeder Weg ist anders. Vielleicht macht Ihnen ein Datenverlust ja auch gar nichts aus, weil Sie Ihren PC nur zum Surfen nutzen und beispielsweise E-Mails über ein Webinterface lesen. In solchen Fällen müssen Sie natürlich genau überlegen, ob Sie überhaupt ein Backup brauchen oder ob Sie die Zeit, die Sie dafür zu investieren hätten, nicht sinnvoller nutzen könnten.

7.3.2 Backup eines ganzen Datenträgers

Wie wir schon erwähnt haben, ist eine Art des Backups ein vollständiges Systembackup. Mit dieser Methode erstellt man einfach nur ein Image, also eine bitweise Kopie der Festplatte bzw. anderer Datenträger, die im Notfall einfach wieder *drübergebügelt* wird – alle in der Zwischenzeit neu hinzugekommenen Daten sind natürlich wie bei jedem Backup verloren.[11] Allerdings hat man im Falle eines Totalausfalls wirklich keine Arbeit außer der, den Kopiervorgang zu initialisieren. Man muss kein neues System installieren und nichts konfigurieren – der Zustand zum Zeitpunkt des Backups wird komplett wiederhergestellt.

Demnach hat ein solches Backup natürlich den Vorteil, dass man am wenigsten Arbeit damit hat. Allerdings ist so ein Backup häufig wirklich *sehr* groß, sodass es für den Privatanwender oft nicht praktikabel ist, seine

---

10 Ja, wir wollen etwas für die Umwelt tun und nicht Datenschrott am laufenden Band herstellen, wenn wir veraltete Backups mal entsorgen müssen.

11 Dieser Fakt impliziert natürlich, dass man regelmäßig Backups machen sollte, um im Notfall nicht wieder ins letzte Jahrtausend zurückgeworfen zu werden.

gesamte Festplatte auf diese Art zu sichern. Man bräuchte, würde man so ein Image nicht packen, genauso viel Platz, wie die alte Festplatte groß ist – sprich diesselbe Platte noch einmal. Und das ist schlicht zu teuer, außerdem gibt es bessere Alternativen.

Aber sehen wir uns einmal ein einfaches Beispiel an. Wir benutzen dazu das Programm `dd`, das solche bitweisen Kopien herstellen kann. Man gibt dazu einfach ein Device bzw. eine Datei als Eingabe und als Ausgabe an. `dd` liest dann blockweise von der Eingabe und schreibt die Daten auf die Ausgabe. **[zB]**

In unserem Beispiel wollen wir eine alte Festplatte verkaufen und sie vorher gründlich löschen. Weil heutzutage selbst jeder Laie weiß, dass das Löschen von Dateien diese nicht wirklich von der Festplatte entfernt, möchten wir die ganze Platte wirklich leeren. Wir lesen dazu von */dev/zero*, einem Device, das beim Lesen immer nur Nullen zurückgibt. Wir beschreiben unsere Festplatte also mit Nullen, sodass eventuell böswillige Käufer nicht in unsere Privatsphäre eindringen können, indem sie versuchen, Daten wiederherzustellen.

```
# dd if=/dev/zero of=/dev/hdb
```

Listing 7.20 Festplatte löschen mit dd

Sie fragen sich jetzt bestimmt, was dieses komische Beispiel mit einem Backup zu tun hat. Nun, das ist kreativer Umgang mit Technik – um unser Ziel zu erreichen, leiten wir einfach das Zero-Device auf die zweite Festplatte */dev/hdb*. Die wichtigsten Optionen für `dd` sind dabei `if=DEVICE` und `of=DEVICE`, die die Quelle bzw. das Ziel unserer Kopiererei festlegen.

In unserem zweiten Beispiel wollen wir etwas Wissen aus Kapitel 5 wiederholen und den Master Boot Record (MBR) sichern: **[zB]**

```
# dd if=/dev/hda of=MBR.txt count=1 ibs=512
1+0 records in
1+0 records out
# ls -l MBR.txt
-rw-r--r--  1 root root   512 Oct  8 18:03 MBR.txt
#
```

Listing 7.21 Backup des MBR

Hier haben wir die Blockgröße bei der Inputdatei mit der Option `ibs` auf 512 Byte, also einen Sektor, gesetzt. Anschließend kopieren wir genau einen Block (count=1) – und der erste Sektor der Festplatte ist schließlich der MBR mit Bootloader und Partitionstabelle.

Die resultierende Datei ist natürlich genau 512 Byte groß – so viel haben wir ja auch kopiert. Wir haben jetzt zwar immer noch keinen gesamten Datenträger kopiert, aber sicherlich ist das auch nicht nötig. Sie kennen jetzt die wichtigsten Optionen von dd und haben eine ungefähre Vorstellung, was man damit anstellen kann. Mit etwas Logik und Forscherdrang könnten Sie versuchen, auf ganz ähnliche Weise ein Image einer CD-ROM zu erstellen oder eine kleine Partition zu sichern.

7.3.3 Backup ausgewählter Daten

Möchte man nur ausgewählte Daten sichern, so befinden sich diese oft in einem bestimmten Verzeichnis oder einer besonderen Datei. In einem solchen Fall bietet es sich an, die entsprechenden Daten zu komprimieren, um Platz zu sparen.

Wo Sie beispielsweise unter Windows die Daten einfach »zippen« würden, ist unter Linux ein etwas anderes Vorgehen angebracht. Es wird nämlich zwischen einem Archiv und einer gepackten Datei unterschieden: Ein Archiv enthält mehrere Dateien und Verzeichnisse, während eine gepackte Datei einfach nur eine einzige komprimierte Datei darstellt.

Archive mit tar

Damit Rechte und andere Dateiattribute erhalten bleiben, werden mehrere Dateien also vor dem Packen jeweils in ein Archiv gesteckt. Das hat den Vorteil, dass bei Änderungen an den Dateiattributen nicht jedes einzelne Komprimierungsprogramm neu geschrieben werden muss.

Das Archivierungsprogramm der Wahl ist unter Linux so gut wie immer tar, der **T**ape **AR**chiver. Wie man dem Namen entnehmen kann, stammt das Programm aus einer Zeit, als Backups noch auf große Magnetbänder geschrieben wurden.

```
$ tar -c Verzeichnis > Verzeichnis.tar
$ ls *.tar
Verzeichnis.tar
```

Listing 7.22 Ein Archiv mit tar erstellen

`tar` schreibt die binären Daten standardmäßig einfach auf die Standardausgabe, also in unserem Fall auf den Bildschirm.[12] Weil wir sie aber nicht da, sondern lieber in einer Datei haben wollen, müssen wir die Ausgabe mit dem >-Operator in eine Datei *umlenken*.

Möchten wir das Ganze auch noch packen, dann müssen wir zur Option `-c` für »create« auch noch ein `-z` packen, um das Resultat noch zu *gzippen*. Das erspart uns also den Aufruf eines Extraprogramms, und so ist es also nicht ganz richtig, dass wir am Anfang sagten, dass Archivierer und Packer so streng voneinander getrennt sind. Das Resultat ist allerdings: Es handelt sich um ein gepacktes `tar`-Archiv.

```
$ tar -cz Verzeichnis > Verzeichnis.tar.gz
$ ls *.gz
Verzeichnis.tar.gz
```

Listing 7.23 Ein komprimiertes Archiv mit tar erstellen

Jetzt haben wir alle Dateien im »Verzeichnis« wirklich gepackt. Da Linux nicht auf das DOS-Format von 8.3-Dateinamen[13] beschränkt ist, drücken wir die Beziehung, dass wir das »Verzeichnis« erst gepackt und dann komprimiert haben, durch die Endung `.tar.gz` aus, die oft auch als `.tgz` abgekürzt wird.

Möchten wir so ein Archiv wieder entpacken, nutzen wir statt `-c` für »Create« einfach die Option `-x` für »eXtract«. Handelt es sich um ein `gzip` `tar`-Archiv, packen wir, wie beim Erstellen, einfach noch das `-z` dazu.

```
$ tar -xz Verzeichnis.tar.gz
```

Listing 7.24 Ein Archiv mit tar entpacken

Was man mit `tar` noch so alles anstellen kann, erfahren Sie wie immer auf der Manpage, die Sie mit `$ man tar` lesen. Dort finden Sie unter anderem Informationen darüber, wie bestehende Archive modifiziert werden können oder wie man sich deren Inhalt ausgeben lassen kann.

Komprimieren mit gzip, bzip2 und compress

Wie wir bereits erwähnt haben, gibt es unterschiedliche Werkzeuge, die alle unterschiedliche Komprimierungsverfahren einsetzen und daher

12 Den Sinn des Ganzen werden Sie wahrscheinlich erst nach der Lektüre des nächsten Kapitels verstehen.

13 Unter DOS waren Dateinamen auf 8 Buchstaben vor und 3 Buchstaben nach dem Punkt beschränkt.

mehr oder weniger effektiv sind. Je mehr eine Datei komprimiert wird, umso länger muss in der Regel diese Komprimierung berechnet werden.

[zB] Im Folgenden stellen wir einfach die entsprechenden Komprimierungsprogramme gegenüber. Dazu haben wir unser Buchverzeichnis gepackt, das im Original zum aktuellen Zeitpunkt stolze 13 MB groß ist.

```
$ ls -lh Buch*
-rw-r--r-- 1 jploetne users  2.2M  Oct9  Buch.tar.bz2
-rw-r--r-- 1 jploetne users  3.7M  Oct9  Buch.tar.gz
-rw-r--r-- 1 jploetne users  3.8M  Oct9  Buch.zip
-rw-r--r-- 1 jploetne users   13M  Oct9  Buch.tar

...
```

Listing 7.25 Vergleich der Komprimierungsprogramme

Wie Sie sehen können, sind die Ergebnisse doch sehr unterschiedlich. Das GNU-`gzip`-Programm ist in Verbindung mit `tar` äquivalent zum `PKZip` aus der DOS/Windows-Welt und liefert das größte Ergebnis. Mit Abstand die kleinste Datei hat `bzip2` erzeugt, allerdings hat das Programm dafür auch am längsten gebraucht. Das ist ein Grund dafür, weshalb man in der UNIX-Welt oft auf den Kompromiss `gzip` zurückgreift.

Man sieht auch sehr schön, dass `tar` die Daten standardmäßig nicht packt – das `.tar`-Archiv ist nämlich genauso groß wie das Verzeichnis selbst. Nun möchten wir die Programme einzeln kurz vorstellen und ihre Bedienung erläutern.

compress
Dieses Programm hat mittlerweile nur noch historische Bedeutung und wird in der Praxis kaum noch eingesetzt. Die Programme zum Packen bzw. Entpacken heißen `compress` und `uncompress`, die entprechenden Dateien werden dabei einfach auf der Kommandozeile übergeben. Weil `compress` kaum noch genutzt wird, ist auf vielen Systemen oft nur `uncompress` vorhanden. So haben Sie zwar die Möglichkeit, noch vorhandene alte Archive zu entpacken, jedoch nicht die Möglichkeit, neue zu erstellen.

bzip2
Das effektivste unter den Komprimierungsprogrammen wird durch die Kommandos `bzip2` und `bunzip2` gesteuert, an die sich der Dateiname der zu komprimierenden Datei anschließt. Optional kann man beim Packen beispielsweise noch das Verhältnis von Geschwindigkeit und Effektivität

durch die Parameter `-1` bis `-9` steuern, wobei `-1` die schnellste und `-9` die effektivste Art zu packen bezeichnet.

Hat man eine gepackte Textdatei[14], so kann man diese auch lesen, ohne sie gleich entpacken zu müssen. Für diesen Fall gibt es nämlich das praktische Programm `bzcat`, das den Inhalt der Datei dann einfach ausgibt:

```
$ bzcat Readme.bz2
Das ist
   ein Test
.
$
```

Listing 7.26 Gepackte Dateien lesen: bzcat

gzip

Die einfache Steuerung durch zwei Programme zum Packen und Entpacken gibt es natürlich auch – `gzip` und `gunzip`. Allerdings gibt es für das beliebte und populärste Packprogramm weitaus mehr Tools als nur ein `zcat` wie bei `bzip2`. Es sind nämlich unter anderem `diff`, `less` und `grep` jeweils durch ein vorangestelltes `z` auch für so gepackte Dateien verfügbar. Was diese Programme im Einzelnen tun und wie sie zu bedienen sind, erfahren Sie im Shell-Kapitel.[15]

7.4 Logdateien und dmesg

Nachdem wir unsere Benutzer und die Software verwalten sowie wichtige Daten sichern können, wollen wir jetzt das System erstmal so am Laufen halten. Linux erleichtert diese Arbeit dadurch, dass für alle wichtigen Ereignisse *Logdateien* erstellt werden.

Eine Logdatei ist eine Datei, in der wichtige Vorgänge im System verzeichnet werden. Viele Softwarepakete haben eigene Logdateien. Sie werden in diesem Abschnitt die wichtigsten unter ihnen kennenlernen. Diese Dateien sind im Allgemeinen unter */var/log* oder dessen Unterverzeichnissen gespeichert.

14 Was bei großen Textdateien durchaus sinnvoll ist ...
15 Wir möchten dem nicht zu sehr vorgreifen, auch wenn wir an der einen oder anderen Stelle schon ein paar Tricks verraten.

7.4.1 /var/log/messages

Die wichtigste Logdatei eines Systems enthält so ziemlich alles, was der Kernel oder einige Systemprozesse mitzuteilen haben. So schreibt der Kernel eigene Meldungen in diese Datei, aber auch Anwendungen ohne eigene Logdateien haben die Möglichkeit, Nachrichten in diese Datei zu schreiben. Sehen wir uns einfach mal einen Auszug an:

```
...
Oct 12 11:44:44 localhost kernel: eth0: no IPv6      \
  routers present
...
Oct 12 14:24:27 localhost -- MARK --
Oct 12 14:44:27 localhost -- MARK --
Oct 12 14:59:00 localhost /USR/SBIN/CRON[2011]:      \
  CMD ( rm -f /var/spool/cron/lastrun/cron.hourly)
Oct 12 15:24:27 localhost -- MARK --
Okt 12 15:29:09 localhost su: FAILED SU (to root)
  jploetner on /dev/pts/4
Okt 12 15:29:16 localhost su: (to root) jploetner    \
  on /dev/pts/4
Okt 12 15:29:16 localhost su: pam_unix2: session     \
  started for user root, service su
Okt 12 15:31:42 localhost su: pam_unix2: session     \
  finished for user root, service su
```

Listing 7.27 Auszug aus /var/log/messages

Hier wird auch schon der generelle Aufbau deutlich, den Logdateien oft haben: Das Datum und die genaue Uhrzeit werden vor der eigentlichen Nachricht angegeben. Im Fall der */var/log/messages* folgt nach der Zeit der Name des Rechners, der die Meldung verursachte, dann der Name des aufrufenden Programms, gefolgt von der eigentlichen Meldung.

[zB] In unserem Fall beinhaltet die Datei ausschließlich Meldungen eines einzigen Computers, der im Logfile als `localhost`[16] identifiziert wird. In unserem Beispiel haben wir Meldungen von den Programmen `cron`, `su` und dem Kernel sowie Einträge des Logingsystems selbst, die wir aber getrost ignorieren können.

An der Ausgabe können wir zum Beispiel erkennen, dass der Benutzer `jploetner` einmal vergeblich versucht hat, sich per `su`-Kommando die

16 Der Name `localhost` bezeichnet immer den aktuellen, also eigenen Rechner. In einem Netzwerk können aber unterschiedliche Namen vergeben werden. Mehr dazu folgt im Netzwerk-Kapitel.

root-Identität zu verschaffen, um als Systemadministrator Aufgaben zu übernehmen. Ein paar Sekunden später hat er es aber dann doch geschafft und ist für ein paar Minuten in einer Session als root aktiv.

Aus den Meldungen des Kernels wurde eine beliebige herausgegriffen, in diesem Fall eine Meldung vom Bootvorgang, die beim Initialisieren der Netzwerkschnittstellen aufgetreten ist. Es werden also schwerwiegende Fehler, Warnungen sowie schlichte Informationen in dieser Logdatei angezeigt.

Eine typische Information ist der Eintrag des cron-Programms. Es handelt sich dabei um einen Dienst, um regelmäßig Programme beispielsweise zu Administrationszwecken auszuführen. Eine solche Logdatei ist ein komfortabler Weg, um an Rückmeldungen über die gestarteten Programme zu kommen – in diesem Fall wird einfach nur eine Statusdatei mit dem Kommando rm gelöscht, um die Festplatte nicht mit unnützen Daten zu verstopfen.

7.4.2 /var/log/wtmp

Die wtmp-Datei enthält Informationen über die letzten Loginversuche bzw. die letzten Logins für jeden einzelnen Nutzer. Leider ist die Datei in keinem lesbaren Textformat gespeichert. Daher nutzt man lieber das Programm lastlog, um Informationen aus dieser Datei auszulesen und anzuzeigen:

```
$ lastlog
Username  Port  From        Latest
root      tty2              Don Sep 18 16:35:01 +0200 2003
bin                         **Never logged in**
...
jploetner :0    console     Son Okt 12 11:46:30 +0200 2003
swendzel  pts/5 jupiter.wg Son Okt 12 20:05:22 +0200 2003
...
```

Listing 7.28 Die letzten Logins mit lastlog

Beim einfachen Aufruf von lastlog werden alle Benutzer mit den entsprechenden Daten ausgegeben. Zu diesen Daten gehört natürlich auf der einen Seite der Zeitpunkt, auf der anderen Seite beispielsweise aber auch der Ort, von wo sich der entsprechende Benutzer eingeloggt hat. Das kann eine lokale Konsole wie beispielsweise tty2 oder auch ein fremder Rechner (jupiter.wg) sein, der eine virtuelle Konsole (pts/5) zum Einloggen nutzt.

7.4.3 /var/log/Xorg.log

Die Logdatei der grafischen Oberfläche ist ein typisches Beispiel für eine Logdatei einer Anwendung, die ja vom System getrennt ist. An dieser Stelle möchten wir nur erwähnen, dass es diese Datei gibt, da man nach unerklärlichen Abstürzen des XServers vielleicht hier einen Hinweis für die Ursache findet.[17]

Der grafischen Oberfläche werden wir uns in Kapitel 10 noch explizit zuwenden.

7.4.4 syslogd

Der `syslogd` hat nur bedingt etwas mit Logdateien zu tun – er ist ein sogenannter *Dämonprozess* und verwaltet die Logdateien. Wenn dieser Dienst läuft, haben auch andere Rechner im Netzwerk die Möglichkeit, auf diesem Rechner ihre Logdateien anzulegen.

Aus diesem Grund ist in der */var/log/messages* auch ein Feld für den Rechnernamen reserviert – so kann man die einzelnen Systeme auseinanderhalten. Sinnvoll ist ein Einsatz eines Loggingservers oft nur in größeren Netzwerken, wo beispielsweise Hacker daran gehindert werden sollen, auf gehackten Systemen durch das Löschen von Logdateien ihre Spuren zu verwischen.

7.4.5 logrotate

Logdateien werden mit der Zeit immer größer, und übergroße Logdateien können potenziell ein System außer Gefecht setzen, indem sie irgendwann die ganze Festplatte füllen.[18]

Um dieser Probleme Herr zu werden, gibt es das Programm `logrotate`. Wird eine Logdatei zu groß oder ist ein bestimmter Zeitabschnitt vorüber, so wird die Logdatei gepackt bzw. gelöscht und eine neue, leere Logdatei erstellt.

`logrotate` ist kein Dämonprozess, und das hat auch seine Gründe. Es ist nicht notwendig, dass `logrotate` die gesamte Zeit im Hintergrund läuft

17 In alten Versionen der X11-Oberfläche wurde das Softwareprojekt noch nicht von der X-Organisation, sondern von XFree verwaltet. Sollten Sie solch eine Version verwenden, heißt die Logdatei bei Ihnen /var/log/XFree.log.

18 In der Tat werden unter anderem solche Angriffe von »Skript-Kiddies« ausgeführt, um Systeme lahmzulegen. Man nennt einen derartigen Angriff einen *DOS* (Denial of Service), da eine Schwachstelle im Gesamtkonzept genutzt wird, um einen Rechner lahmzulegen.

und Speicher sowie Rechenzeit frisst – logrotate läuft als cron-Job, wird also vom cron-Dämon in einem regelmäßigen Intervall gestartet.

Viele Distributionen haben logrotate schon als cron-Job sinnvoll vorkonfiguriert, und wenn Sie in Ihrem Logverzeichnis */var/log* ein paar durchnummerierte und gepackte Dateien finden, ist *logrotate* schon am Werk.

```
...
$ls /var/log/messages*
/var/log/messages
/var/log/messages-20030510.gz
/var/log/messages-20030629.gz
$
```

Listing 7.29 logrotate am Werk

7.4.6 tail und head

Wenn Sie nun einmal einen Blick in */var/log* geworfen haben, werden Sie feststellen, dass dort viel mehr Dateien liegen, als nur die paar, die wir Ihnen hier vorgestellt haben. Zudem sind Logdateien trotz logrotate mitunter sehr groß, und ein Anschauen mit cat <Datei> macht da nicht wirklich Spaß.

Als Lösung bieten sich wie immer ein paar mysteriöse Shell-Programme an: head und tail. Beide Programme haben eine ähnliche Syntax und zeigen jeweils Teile einer Datei, doch mit dem Unterschied, dass head die ersten und tail entsprechend die letzten Zeilen einer Datei anzeigt.

```
$ head Makefile

all : .
        latex buch
        makeindex -s gp97.ist buch
        latex buch
        makeindex -s gp97.ist buch
        latex buch
        @echo "-------------done-------------"
        dvips -P gp -j0 -o buch.ps buch
        @echo "----------realy done----------"
$ tail Makefile
        gv buch.ps

backup : buch.ps buch.tex
        cp -r * ../BACKUP_LINUX_BUCH/LINUX_BUCH/
```

```
        sync

realbackup : buch.ps buch.tex
        ./backup
        sync

$
```

Listing 7.30 head und tail

[zB] In diesem Beispiel haben wir uns einfach das Makefile für unser Buch angeschaut. Ein Makefile ist eine Art Skript, das normalerweise eher für die Programmierung genutzt wird. Wir haben jedoch ein Skript geschrieben, das unser Buch automatisch *übersetzt*, sichert oder in einem extra Betrachter anzeigt. Aber eigentlich ist das nebensächlich, denn es geht schlicht um den Fakt, dass `head` wie versprochen den Anfang und `tail` das Ende der Datei ausgibt. Per Default sind das jeweils 10 Zeilen, es kann aber mit der Option `-n` eine andere Zeilenzahl angegeben werden.

Da in Logdateien die neuesten Einträge sinnvollerweise immer unten stehen, ist sicherlich `tail` für Sie das Programm der Wahl. Mit der Option `-f` können Sie auch aktuelle Änderungen mitverfolgen. Das Programm bleibt aktiv, und wenn neue Einträge in die Datei geschrieben werden, werden diese auch gleichzeitig auf dem Bildschirm ausgegeben.

7.5 Kernel-Konfiguration

Kommen wir nun zu einem sehr wichtigen Aufgabenbereich der System-Administration – der Erstellung eines neuen, an die Anforderungen und die Hardware des Systems angepassten Kernels.

Es gibt viele Leute, die meinen, man brauche heutzutage doch nun wirklich keinen Kernel mehr selbst zu kompilieren. Nun, zum Teil mag dies durchaus stimmen, jedoch sollte jeder Administrator in der Lage sein, sich trotzdem einen angepassten Kernel aufzusetzen. Auch wenn es heutzutage bei einem 3-GHz-Rechner nicht mehr darauf ankommt, ob der Kernel 50 kB größer ist oder nicht, gibt eine solche Aufgabe Ihnen definitiv einen wichtigen, wenn auch nur groben Einblick in die Komponenten eines Kernels.

7.5.1 Die Kernelsourcen

Wenn man einen Kernel selbst kompilieren möchte, benötigt man zuerst die entsprechenden Quellen. Wenn Ihre Distribution schon mit Kernelcode ausgeliefert wurde, finden Sie denselben in */usr/src*. Dort gibt es einen Link *linux* auf das entsprechende Verzeichnis mit der aktuellen Version, beispielsweise *linux-2.6.10*.

Sollte das Verzeichnis leer sein oder wollen Sie gleich eine neue Version installieren, dann besorgen Sie sich Ihren Wunschkandidaten von `ftp.kernel.org` aus dem Verzeichnis *pub/linux/kernel* und entpacken das Archiv entsprechend.

7.5.2 Los geht's!

Bevor das System nun überhaupt genau weiß, welche Code-Teile es in den neuen Kernel einbinden soll, muss zunächst erst einmal eine Konfiguration für den zukünftigen Kernel geschaffen werden. Um solch eine Konfiguration erstellen zu können, stehen Ihnen drei Möglichkeiten zur Verfügung, die am Ende jedoch alle das Gleiche bewirken.

- **make config**
  Dieses Verfahren fragt direkt über ein Shellskript die Werte zur Kernel-Konfiguration ab. Dies ist ein sehr schneller Weg, um den Kernel zu erstellen – und da alles abgefragt wird, vergessen Sie auch keine Einstellung.

- **make oldconfig**
  Falls Sie eine vorhandene Konfigurationsdatei nutzen wollen, dann können Sie diese als *./.config* im Verzeichnis der Kernelsourcen ablegen und mit `oldconfig` die Einstellungen der Datei benutzen. Neue Konfigurationsoptionen werden von Ihnen abgefragt.

- **make menuconfig**
  `menuconfig` bietet eine grafische Benutzeroberfläche auf Konsolenebene, um den Kernel sehr einfach zu konfigurieren. Das ist perfekt für Benutzer ohne laufendes X-Window-System, denen außerdem die `make config`-Variante nicht zusagt.

  Um diese Möglichkeit der Kernel-Konfiguration nutzen zu können, benötigen Sie die `ncurses`-Bibliothek in der Developmentversion.

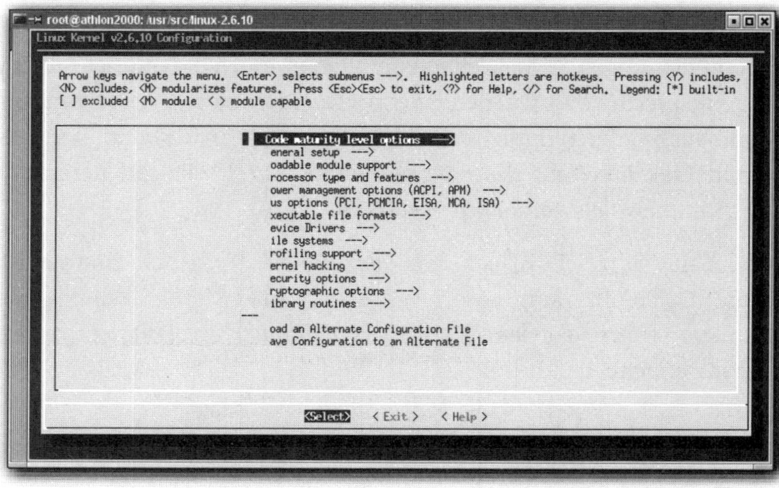

Abbildung 7.4 menuconfig

- **make xconfig**
  Sofern auf dem Zielsystem die grafische Benutzeroberfläche X11 läuft und die Qt-Librarys in der Developmentversion[19] installiert sind, kann auch die `xconfig`-Variante (zu sehen in Abbildung 7.5) verwendet werden. So können Sie den Kernel via Mausklick konfigurieren und bekommen zu jedem Punkt, sofern verfügbar, gleich einen Hilfetext angezeigt.

Nach dem Erstellen der Konfiguration finden Sie im aktuellen Verzeichnis eine Datei *.config*. Da Dateien, die mit einem Punkt beginnen, normalerweise *versteckt* sind, sieht man sie nur mit einem `ls -a`-Aufruf.

Standardkonfiguration

Bei vielen Distributionen ist die Konfiguration zu ihren speziellen Kerneln im */boot*-Verzeichnis abgelegt. Um also die Standardkonfiguration als Basis zu haben, können Sie einfach diese Konfigurationsdatei nach */usr/src/linux/.config* kopieren und eines der obigen Programme starten.

19 Die Bibliotheken, die man zum Übersetzen von Programmen braucht, sind aufgrund zusätzlicher Informationen meist größer als die Bibliotheken, die dann letztendlich bei der Ausführung des Programms zur Executable geladen werden. Daher müssen je nach Distribution unter Umständen noch eigene Pakete, die zum Beispiel `libqt-devel` oder `qt-devel` heißen könnten, installiert werden.

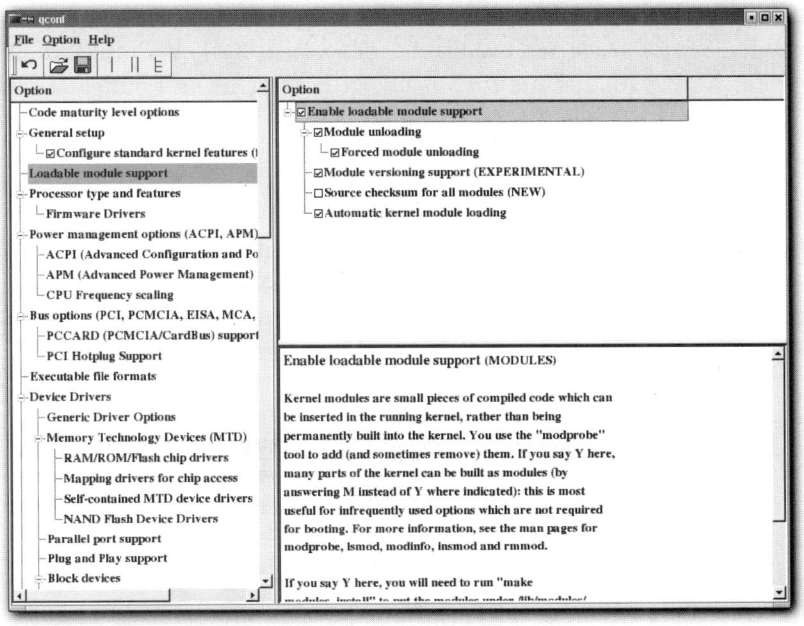

Abbildung 7.5 xconfig

7.5.3 Start der Konfiguration

Die Konfigurationsprogramme müssen zunächst einmal übersetzt werden. Dazu muss der Benutzer `root` ins Verzeichnis */usr/src/linux* wechseln und dort den entsprechenden `make`-Aufruf starten.

```
# cd /usr/src/linux
# make menuconfig
```

Listing 7.31 Start der Konsolen-GUI-Konfiguration

Auf den nächsten Seiten werden wir kurz auf einige ausgewählte Optionen eingehen, um Ihnen einen Überblick über die Vorgehensweise bei der Kernel-Konfiguration zu verschaffen. Allerdings können wir nicht einmal ansatzweise alle Optionen erläutern, weshalb Sie an geeigneter Stelle auch auf die einzelnen Hilfetexte vertrauen müssen. Zudem ist ja ein Großteil der Kernelsourcen nur Treibercode und damit auch stark in der Konfiguration vertreten. Und welche Geräte sie besitzen, das sollten Sie wissen.

[+] Generell gilt dabei: Alles, was unbekannt ist, sollte im Kernel belassen werden, bevor nach der Installation des neuen Kernels Probleme auftreten. Auch variieren die im Folgenden besprochenen Konfigurationseinstellungen bei den Kernelversionen, da jede Version natürlich neue Features mitbringt.

[+] Zur Kernelkonfiguration und -kompilierung werden Entwicklerprogramme wie der GNU-C-Compiler `gcc`, `make` und Co. verwendet. Diese Tools sollten (unabhängig davon, ob eine Kernelrekompilierung geplant ist oder nicht) auf jedem Linux-Rechner installiert sein (siehe Kapitel 3, »Linux-Installation«.).

Schritt eins – experimentelle Treiber

Nach dem Start der Konfiguration wird Ihnen die Frage gestellt, ob experimenteller, in der Entwicklung befindlicher Code benötigt wird. In der Regel können Sie hier mit »n« (für »no«) antworten. Aktivieren Sie diese Option nur, wenn ein neuer Treiber benötigt wird, der nicht als Kernelmodul geladen werden kann.

Schritt zwei – Kernelmodule

Kernelmodule sind dynamisch ladbare Teile des Kernels. Diese können bei Bedarf geladen werden (z.B. wenn ein Treiber vom Hersteller benötigt wird).

Schritt drei – Grundkonfiguration

Besonders unter Linux kompiliert man oft Applikationen direkt aus dem Quellcode (unter anderem auch den Kernel). Aktivieren Sie eine CPU-Architektur, die unterstützt werden soll (auf Intel-Plattformen funktioniert notfalls immer »386«, wenn Sie nicht genau wissen, welche CPU der Rechner beherbergt).[20] Ist der richtige CPU ausgewählt, bringt dies durchaus Vorteile in der Performance des Systems, und darüber hinaus können Features neuerer Prozessoren genutzt werden.

Viel Hauptspeicher

Die Frage nach dem »High Memory Support« sollte in der Regel mit »off« beantwortet werden. 32-Bit-x86-Systeme können maximal 4 Gigabyte Hauptspeicher adressieren. Linux kann softwaretechnisch jedoch bis zu 64 Gigabyte verwalten. Diese Option lohnt sich nur bei sehr leistungsfähigen Servern und Workstations.

---

20 Kapitel 4 beschrieb eine Möglichkeit zur Bestimmung der CPU mithilfe von dmesg.

Beim symmetrischen Multiprozessorsupport (SMP) handelt es sich um eine Unterstützung für mehrere CPUs. Sollte der Rechner ein ganz normaler, handelsüblicher Rechner mit einer CPU sein, sollte diese Option deaktiviert werden. SMP

Der Netzwerk-Support (Networking Support) sollte in allen Fällen aktiviert werden.

Gleiches gilt für den PCI-Support und den *ACI access mode (any)*. Auf den meisten Systemen (wenn Sie nicht gerade einen verstaubten Steinzeit Server oder Ähnliches einsetzen) sollte der EISA-Support deaktiviert werden.

Sofern Sie einen Laptop mit PCMCIA-Bus einsetzen, macht die Option »PCMCIA/CardBus« Sinn, andernfalls sollte man sich diesen Support sparen. PCMCIA

Die »System V IPC« ist ein Mittel zur Kommunikation zwischen einzelnen Prozessen (siehe Kapitel 4). Eine enorme Anzahl von Anwendungen kommt nicht ohne IPC aus, daher sollte man diese immer aktivieren. IPC

Linux verwendet im Normalfall ELF-Binärdateien, den Support für das *a.out*-Format sollte man jedoch trotzdem unterstützen – man weiß ja nie, welche Binarys noch installiert werden sollen.

Das »Power Management« ist für Rechner gedacht, die an eine USV[21] oder an eine Laptop-Batterie angeschlossen sind, um eine entsprechende Aktion vor dem Stromausfall (z.B. einen Shutdown) durchzuführen. Stromversorgung

Die Unterstützung für den Parallelport (beispielsweise für den Anschluss eines Druckers oder eines Kommunikationskabels) sollte ebenso wie der Plug-and-Play-Support aktiviert werden. Die Unterstützung für Parallelport-Festplatten kann man sich in der Regel sparen, Floppydisk-Laufwerke jedoch sollten eigentlich immer unterstützt werden.

Schritt vier – Netzwerkkonfiguration

Unendlich wichtig ist das »loopback device« oder besser gesagt die hostinterne Netzwerkschnittstelle. Viele Anwendungen laufen auf der Basis des Client-Server-Prinzips und benötigen ein Loopback-Interface.

Die Optionen »Packet-Socket«, »packet filtering« und »UNIX domain sockets« sollten ebenfalls in den neuen, feinen Kernel aufgenommen werden. Ohne »TCP/IP networking« geht heutzutage oft gar nichts mehr.

21 Unterbrechungsfreie Stromversorgung

Multicasting ist oftmals auch unvermeidlich, jedoch nicht zwingend notwendig.

Es werden an dieser Stelle noch einige sehr spezielle Abfragen – z.B. nach der Type-Of-Service-(TOS-)Unterstützung, Quality-of-Service (QoS) – gemacht, die wir unmöglich alle erklären können. Wir verweisen an dieser Stelle auf die Bücher [HuA] (Seite 1–50 sowie 110–116) und [WaEv98A] (Seite 300–305). Im Zweifelsfall aktivieren Sie einfach ein Feature, von dem Sie nicht wissen, ob es von Ihnen benötigt wird.

Die Unterstützung für IPX und Appletalk hat in 99% der heutigen Netzwerke ausgedient, die Gegenwart gehört der TCP/IP-Protokollfamilie.

SCSI

Sollten keine SCSI-Geräte im Rechner integriert sein, kann jeglicher Support für SCSI-Controller entfernt werden. Bevor Sie allerdings nur zur Unterstützung (bzw. zur Entfernung) des SCSI-Supports einen neuen Kernel aufsetzen, sei angemerkt, dass oft schon bei der Installation zwischen einem EIDE-Only und einem SCSI-Kernel gewählt werden kann.[22]

Netzwerkgeräte

Linux unterstützt eine sehr große Anzahl von Netzwerkgeräten. Es ist recht sinnvoll, wenn auch etwas aufwändig, die Unterstützung für alle nicht verwendeten Geräte zu entfernen.

Das Point-to-Point-Protokoll (PPP) sollte einkompiliert werden, sofern Sie später eine Verbindung zum Internet-Service-Provider aufbauen möchten. Dies geht zwar notfalls auch über SLIP, wäre allerdings nicht mehr zeitgemäß.

Wireless-LAN und Gigabit-Netzwerk haben mittlerweile immer mehr Anwender und Firmen. Entfernen Sie die Unterstützung lieber nicht, falls später noch der Erwerb solcher Systeme vorgesehen seien sollte.

Soundkarten und der ganze Rest

Es gibt noch eine Menge weiterer Treiber für diverse Geräte wie Soundkarten, Bluetooth, ISDN-Geräte, (Gameport) Joysticks, serielle Schnittstellen (diese sollten immer aktiviert sein), Radiokarten, Dateisysteme (ISO 9660, DOS FAT, proc, virtual memory filesystem, NTFS, pts und ROM-filesystem sollten neben xfs, reiserfs, 2/3ext auf jeden Fall unterstützt werden; siehe dazu Kapitel 4), diverse Tastaturlayouts (unter anderem

22 Etwa bei Slackware-Linux.

auch das für deutsche Tastaturen) vergessen Sie nicht, diese zu aktivieren), USB-Controller und -Geräte sowie einige andere Spielereien, die je nach Bedarf (de)aktiviert werden sollten.

Wenn man sich nicht sicher ist, ob man ein Feature braucht, bietet es sich an, es als Modul zu kompilieren. Es wird dann nur geladen, wenn es wirklich gebraucht wird, was beispielsweise bei Dateisystemtreibern sinnvoll seien kann.

Aber Vorsicht

Wenn Sie den Dateisystemtreiber für Ihre Rootpartition als Modul kompilieren, geht nach einem Neustart gar nichts mehr! Das Modul liegt ja dann als Datei auf der Platte, aber auf die kann nur zugegriffen werden, wenn der Treiber bzw. das Modul schon geladen ist – also das typische Henne-Ei-Problem.

7.5.4 Kernelerstellung

Nun, da die Kernelkonfiguration vollendet ist, muss der Kernel noch übersetzt (also »kompiliert«) werden. Hierzu wird wieder das Tool `make` verwendet. Es arbeitet alle von den Entwicklern vorgegebenen Compiler-Anweisungen ab und erstellt damit letztendlich den Kernel, ohne dass sich der Anwender damit herumschlagen muss.

Kernelmodule?

Die Übersetzung des Kernels hat sich seit der Version 2.4 deutlich verbessert. So kann man jetzt durch einen einzigen Aufruf von `make` nach dem Konfigurieren in einem Schritt die Abhängigkeiten zwischen den Modulen erkennen, die Module übersetzen und schließlich den Kernel selbst übersetzen. Möchte man den Kernel auf dem aktuellen System und nicht auf einem anderen PC installieren, so muss man nach dem `make` noch ein `make modules_install` ausführen. Der Befehl kopiert die Module an den für sie bestimmten Platz im System.

Ganz wichtig: Hat man im selben Verzeichnis schon mal einen Kernel übersetzt, muss vor alledem noch ein `make mrproper` erfolgen. Es liegen sonst noch Reste alter Kompilate im Verzeichnisbaum – und die können Probleme machen, da sie beispielsweise mit den neuen Modulen ins System kompiliert werden, obwohl sie gar nicht zu diesem Kernel gehören.

```
// 1. Abhängigkeiten feststellen:
# make depend
// 2. Module übersetzen:
```

```
# make modules
// 3. Module installieren:
# make modules_install
// 4. Kernel übersetzen
# make bzImage
// 5. Kernel installieren (Beispiel für i386-Architektur
//    und Kernelversion 2.4.5)
# cd .arch/i386/boot
# ./install.sh 2.4.5 vmlinuz System.map
```

Listing 7.32 Kernelkompilierung beim alten Kernel 2.4

Wenn Sie beide Listings vergleichen, werden Sie die Unterschiede der Kernelübersetzung bei Version 2.4 und bei Version 2.6 erkennen:

```
// Alles auf einmal machen (ist dasselbe wie "make all")
# make
// Den Kernel und die Module installieren
# make install modules_install
```

Listing 7.33 Kernelkompilierung bei Kernel 2.6

Je nach Hardware, Kernelversion und Konfigurationsumfang dauert die Kernelkompilierung einige Zeit. Moderne Rechner übersetzen gut angepasste Kernel in wenigen Minuten, sehr alte Rechner (etwa 386er) benötigen durchaus ihre 24 Stunden.

7.5.5 LILO

lilo.conf

Es ist eine gute Idee, den alten Kernel als bootbar im LILO zu konfigurieren. Sollte der neue Kernel nicht funktionieren, können Sie daher immer noch den alten Kernel booten. Fügen Sie hierzu folgende Zeilen an das Ende Ihrer */etc/lilo.conf*-Datei:

```
# Passen sie evtl. die Dateinamen sowie die
# Festplattenpartition an Ihr System an.

image = /vmlinuz.old      # Das alte Kernelimage
root = /dev/hda1          # Die Bootfestplatte
label = alter_kernel      # Name der Bootoption
```

Listing 7.34 lilo.conf

Sollte der neue Kernel also nicht funktionieren, löschen Sie diese Zeilen wieder aus der *lilo.conf*-Datei, und kopieren Sie den alten Kernel über den neuen. Anschließend läuft wieder alles einwandfrei.

Um nun den neuen LILO zu installieren, sollte das Kommando `lilo` ausgeführt werden. Läuft alles korrekt, könnte die Ausgabe etwa so aussehen:

```
# lilo
Added linux *
Added alter_kernel
#
```

Listing 7.35 LILO in Aktion

Die Vorauswahl im Bootmenü ist immer mit einem Stern markiert.

7.5.6 Grub

Wenn Sie Grub anstelle von LILO nutzen, so reicht ein einfacher Aufruf von `update-grub`, um den neuen Kernel bootfähig zu machen:

```
# update-grub
Searching for GRUB installation directory ... found:
  /boot/grub .
Testing for an existing GRUB menu.list file... found:
  /boot/grub/menu.lst .
Searching for splash image... none found, skipping...
Found kernel: /boot/vmlinuz-2.6.8-2-k7
Found kernel: /boot/vmlinuz-2.4.27-1-k7
Updating /boot/grub/menu.lst ... done

athlon2000:/usr/src/linux-2.6.10#
```

Listing 7.36 update-grub

7.5.7 Ladbare Kernelmodule (LKMs)

Ladbare Kernelmodule enthalten, wie bereits erwähnt wurde, dynamischen Kernelcode der während der Laufzeit in den Kernel geladen oder vielmehr in den Kernelspace geladen wird. Kernelmodule stellen in der Regel Treibercode zur Verfügung und sind besonders für Anfänger sehr hilfreich, die um eine Kernelkompilierung herumkommen möchten.

LKM-Kommandos

Module werden mit dem Kommando `insmod <modul.o>` in den Kernel geladen. Eine Liste der momentan geladenen Module wird über `lsmod` ausgegeben. Falls Sie mit den Daten, die Ihnen `lsmod` über den Modulnamen gibt, nichts anfangen können, können Sie auf das Kommando modinfo <modul> zurückgreifen, das Ihnen etwas detailliertere Informationen zum Modul liefert.

```
# lsmod
Module                  Size  Used by
ds                      6704   1
i82365                 22416   1
pcmcia_core            41792   0 [ds i82365]
# modinfo ds
filename:     /lib/modules/2.4.5/pcmcia/ds.o.gz

description: "PCMCIA Driver Services 3.1.26"
author:       "David Hinds <dahindsusers.source...
```

Listing 7.37 Welche Kernelmodule sind geladen?

Doku lesen! Entfernt wird ein Kernelmodul via rmmod <modul>, die Handhabung eines jeweiligen Moduls ist jedoch der Dokumentation des Herstellers zu entnehmen – einige Module müssen nämlich zunächst kompiliert werden oder bedürfen einer speziellen Konfiguration.

/etc/modules und /etc/modules.conf

Nun bleiben natürlich noch ein paar Fragen offen, beispielsweise wann und wie man Module schon zur Bootzeit laden kann. Dies wird auf den verschiedenen Distributionen leider recht unterschiedlich gelöst, nutzen Sie daher im Zweifelsfall lieber die distributionseigenen Tools.

Wenn Sie jedoch per Hand etwas editieren möchten oder müssen, schauen Sie einfach mal im */etc*-Verzeichnis nach Dateien, deren Name den String »module« beinhaltet:

```
$ ls -l /etc | grep module
-rw-r--r-- 1 root root  319 Dec 5 11:05 modules
-rw-r--r-- 1 root root 4717 Jan 8 11:25 modules.conf
```

Listing 7.38 Durchforsten des /etc-Verzeichnisses

Auf meinem Debian-System gab es also die */etc/modules* und die *modules.conf* [23]. Bei näherem Betrachten der Kommentare am Anfang der Dateien erschloss sich auch gleich deren Zweck:

23 Die *modules.conf* finden Sie auch oft als *conf.modules*.

```
$ cat /etc/modules
# /etc/modules: kernel modules to load at boot time.
#
# This file should contain the names of kernel
# modules that are to be loaded at boot time, one
# per line. Comments begin with a "#", and
# everything on the line after them are ignored.

usb-uhci
input
usbkbd
keybdev
soundcore
via82cxxx_audio
8139too
nvidia
apm
```

Listing 7.39 Die /etc/modules

Hier kann man leicht sehen, dass einfach nur die beim Booten zu ladenden Modulnamen angegeben werden müssen.

Natürlich haben Module auch untereinander Abhängigkeiten, die manchmal aufgrund von Namenskonflikten nicht aufgelöst werden können, oder Sie möchten nach bzw. vor dem Laden bestimmter Module Skripte oder andere Aktionen ausführen. In diesem Fall hilft Ihnen die *modules.conf* weiter:

```
# Das tuner Modul laden, welches der bttv-Treiber
# nicht automatisch lädt
post-install bttv insmod tuner
post-remove bttv rmmod tuner
...
alias binfmt-0064 binfmt_aout
alias char-major-10-135 rtc
...
```

Listing 7.40 Die /etc/modules.conf

modconf

Der Weg, den Debian bei der Konfiguration der Module geht, ist etwas anders. Dort sollte man die Dateien */etc/modules* und */etc/modules.conf* nicht direkt editieren, sondern stattdessen das Tool `modconf` benutzen. Dort wählt man die Module aus entsprechenden Kategorien aus und erkennt dort auch deren Status. Die Bedienung selbst ist dabei intuitiv: Sie erfolgt durch die **Cursortasten** sowie `Enter`.

Das Tool macht letztendlich natürlich auch nichts anderes, als die eben genannten Dateien zu editieren. Aber durch die Oberfläche findet man passende Module schneller, und zudem werden Tippfehler vermieden.

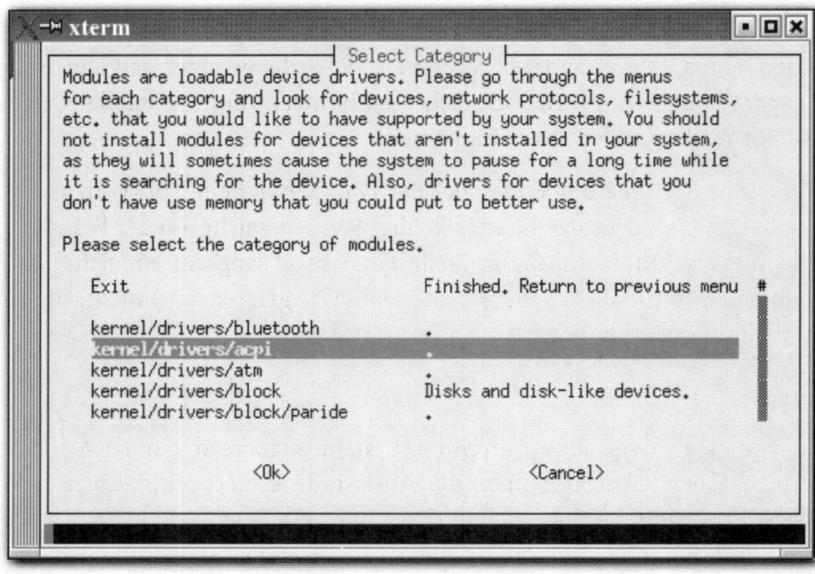

Abbildung 7.6 modconf

Module und Sicherheit

Auf Servern wird die Möglichkeit, Kernelmodule zu laden, oft nicht angeboten, da viele Hacker ihre Hintertüren in Form von Kernelmodulen platzieren und so oftmals unentdeckt bleiben.

So eine Möglichkeit ist gar nicht so weit hergeholt. Module sind ja nichts anderes als Kernelcodes, und findige Programmierer können den Kernel damit manipulieren. Beispielsweise könnten Syscalls abgefangen und durch eigene ersetzt werden. Unter anderem könnte sich ein Modul so verstecken, dass es bei einem `lsmod` nicht angezeigt wird. Aber das nur als Ausblick in eine andere Welt, die der IT-Security.

7.6 Weitere nützliche Programme

Nun gehören in ein Kapitel zur grundlegenden Administration noch eine Reihe kleiner, aber doch wichtiger Programme, die wir nun im Einzelnen vorstellen wollen.

7.6.1 Speicherverwaltung

Sie werden es von anderen Systemen vielleicht weniger gewohnt sein, Kontrolle über Ihren Hauptspeicher zu besitzen, um eventuelle Spitzen in der Auslastung abfangen zu können.

Die Kontrolle über den Hauptspeicher fängt schon beim Sticky-Bit an und zieht sich bis zur Laufzeitkontrolle über Swap-Bereiche auf der Festplatte. Sie merken schon: An dieser Stelle fängt es so langsam an, sich auszuzahlen, wenn man das Buch bisher intensiv gelesen und nicht einfach Abschnitte überblättert hat ...

free

Bevor man etwas aktiv unternimmt, steht zuallererst einmal die Kontrolle. Einen Überblick über die Auslastung bietet beispielsweise das `free`-Programm:

```
$ free
          total    used   free shared buffers cached
Mem:     256412  250636   5776      0   43204  90168
-/+buffers/cache:117264 139148
Swap:    546200    6152 540048
```

Listing 7.41 Speicherauslastung mit free

Sofern Sie sich nicht näher für das Memory Management von Linux interessieren, sind für Sie im Allgemeinen nur die Spalten `used` bzw. `free` von Interesse.

Standardmäßig werden die Größen bei `free` in KByte angegeben. Über den Daumen gepeilt, kann man die Angaben also durch tausend teilen bzw. gleich den `-m`-Parameter verwenden, um die entsprechenden Angaben in Megabyte zu erhalten. Hier im Beispiel sind also von 256 MB RAM 250 belegt und noch knapp 6 MB frei. Der Swap-Speicher ist für diese Auslastung also eindeutig überdimensioniert: Von über 540 MB Platz sind gerade einmal 6 MB belegt.

swapon/swapoff

In so einem Fall könnte man die Swap-Partition auch einfach deaktivieren. Sie werden sich jetzt sicher fragen, was mit den 6 MB passiert, die vorher ausgelagert waren. Um es einfach zu sagen: Sie werden wieder in den Hauptspeicher kopiert und dafür werden der Puffer und der Festplattencache, den Linux aus Performancegründen anlegt, etwas verkleinert.

```
# swapoff /dev/hda4
# free
             total     used    free shared buffers cached
Mem:        256412   252848    3564      0   40648  93704
-/+buffers/cache:118496 137916
Swap:            0        0       0
# swapon /dev/hda4
# free
             total     used    free shared buffers cached
Mem:        256412   252744    3668      0   40292  93564
-/+buffers/cache:118888 137524
Swap:       546200        0 546200
```

Listing 7.42 Swap-Partition ausschalten

Nach dem Deaktivieren der Swap-Partition zeigt `free` auch keinen verfügbaren Swap-Speicher mehr an. Nachdem die Swap-Partition jedoch wieder mit `swapon` aktiviert wurde, ist erneut Auslagerungsspeicher vorhanden. Bis dieser dann so langsam wieder genutzt wird, wird allerdings noch einige Zeit vergehen.

7.6.2 Festplatten verwalten

Als Nächstes wollen wir nun nicht den Haupt-, sondern den Plattenspeicher betrachten. Auch bei Festplatten gibt es viel zu administrieren. Aufgrund ihrer Verbreitung möchten wir uns an dieser Stelle nur auf IDE-Platten beschränken.

hdparm

Mit dem Programm `hdparm` können Sie Festplatten »tunen«. Wurde Ihre Distribution nicht entsprechend vorkonfiguriert, können Sie mit diesem Programm beispielsweise die DMA-Unterstützung aktivieren, was Ihre Platte noch einmal um einiges schneller macht. Aber bevor Sie mit Parametern und Optionen spielen, sollten Sie sich einen Überblick über die aktuelle Konfiguration verschaffen.

```
# hdparm /dev/hda

/dev/hda:
 multcount    = 16 (on)
 I/O support  =  1 (32-bit)
 unmaskirq    =  1 (on)
 using_dma    =  1 (on)
 keepsettings =  0 (off)
 nowerr       =  0 (off)
 readonly     =  0 (off)
 readahead    =  8 (on)
 geometry     = 9729/255/63, sectors = 156301488,
  start = 0
```

Listing 7.43 Festplatten tunen mit hdparm

An dieser Stelle möchten wir Ihnen nicht die Operationen zum Ändern dieser Werte verraten. Sie können zwar eigentlich nichts kaputt machen, aber aus pädagogischen Gründen legen wir Ihnen trotzdem ein Studium der Manpage ans Herz.

du vs. df

Das Tunen der Festplatte ist eine Sache, ihre Auslastung allerdings eine andere. Einen Überblick über die Auslastung der Partitionen bzw. die Größe einzelner Verzeichnisse geben die Programme `df` und `du`.

```
$ df -h
Dateisystem      Größe Benut  Verf Ben% montiert auf
/dev/hda2          20G  9.9G   10G  50% /
/dev/hda3          34G   28G  6.7G  81% /home
shmfs             125M     0  125M   0% /dev/shm
$ du -h Buch
712k    Buch/images
15M     Buch
```

Listing 7.44 df und du

Wie Sie sehen, zeigt `df` die Statistik für alle Platten und Partitionen, `du` dagegen die Größe bestimmter Dateien bzw. Verzeichnisse an. In beiden Fällen wurde die Option `-h` benutzt, die die Ausgaben von KBytes in die entsprechend passende Größenordnung ändert. Das macht das Ganze lesbarer. `-h` steht daher auch für *human readable*.

(c)fdisk vs. parted

Aus Kapitel 3 kennen Sie bereits die `fdisk`-Programme zum Partitionieren von Festplatten. Was Sie noch nicht kennen, ist `parted`, ein *Part*itions*ed*itor, der auch das Vergrößern und Verkleinern von Partitionen erlaubt.

Da `parted` zugegebenermaßen nicht sehr komfortabel zu bedienen ist, legen wir Ihnen ein grafisches Frontend wie beispielsweise `qtparted` ans Herz. Es ist wichtig, zu wissen, dass beim Partitionieren einer Festplatte dieselbe nicht benutzt werden sollte. Das ist also für Sie eine gute Gelegenheit, vielleicht einmal die komplett von CD laufende Distribution Knoppix sowie die Kommandos `swapoff` und `umount` auszuprobieren.[24]

7.6.3 Benutzer überwachen

In diesem Kapitel haben wir uns bereits mit der Benutzerverwaltung beschäftigt. In diesem Abschnitt wollen wir jedoch noch einige Tools vorstellen, die für die tägliche Arbeit in einer Mehrbenutzerumgebung geeignet sind.

Quotas

Zu Anfang möchten wir auf die bereits angekündigten Quotas eingehen. Quotas sind dazu da, den Speicherplatz zu begrenzen, den ein Benutzer zur Verfügung hat. Das ist auf Mehrbenutzersystemen oft effektiver, als auf die Kooperation der Nutzer zu hoffen.

Es sei hier erwähnt, dass Quotas in erster Linie nur von den Dateisystemen der `ext`-Familie in dieser Form unterstützt werden. Möchte ein Prozess eine Datei anlegen oder anderweitig mehr Speicherplatz beanspruchen, prüft der Kernel zuerst, ob der mit dem Prozess assoziierte Nutzer überhaupt das entsprechende Recht dazu hat.

Um den Benutzern den Umgang mit dieser Kontrolle zu erleichtern, können sogenannte harte und weiche Grenzen definiert werden. Ein Überschreiten der weichen Grenzen kann man auf eine gewisse Dauer beschränken sowie mit einer Warnmeldung verdeutlichen. Im Gegensatz dazu ist es unmöglich, harte Grenzen zu überschreiten. Auf diese Weise kann man klare Grenzen setzen und trotzdem zeitweilige Ansprüche befriedigen.

---

24 Wenn Knoppix beim Start eine Swap-Partition auf der Festplatte findet, wird diese natürlich auch genutzt und muss vor dem Partitionieren deaktiviert werden.

Um diese Speicherplatzbeschränkungen nutzen zu können, muss zuallererst einmal der Quotasupport in den Kernel kompiliert worden sein. Ist das der Fall, kann in der */etc/fstab* für verschiedene Partitionen der Quotasupport aktiviert werden. Dies geschieht im Optionenfeld durch Angabe der Schlüsselwörter `usrquota` bzw. `grpquota`, je nachdem, ob man eine Beschränkung für Benutzer oder für Gruppen aktivieren möchte. Natürlich ist auch eine Kombination dieser Parameter möglich.

```
/dev/hda3 /home ext3 defaults,usrquota,grpquota 1 2
```

Listing 7.45 Aktivieren von Quotas in der fstab

Hier im Beispiel wurden für die */home*-Partition beide Begrenzungsmöglichkeiten aktiviert. Als Nächstes muss man sicherstellen, dass in der Wurzel der entsprechenden Partitionen die Datei *quota.user* oder auch *quota.group* existiert. Da diese Dateien beim Erstellen auch leer sein können, reicht ein Anlegen der Dateien mit `touch`.

```
# cd /home
# touch quota.user
```

Listing 7.46 Anlegen einer quota.user-Datei

Mit den Kommandos `quotaon` bzw. `quotaoff` kann man nun die Quotas aktivieren. Sinnvollerweise sollten die Befehle, soweit sie noch nicht von der Distribution vorkonfiguriert sind, in ein Skript in */etc/init.d* eingebaut werden. Am besten eignet sich dafür die */etc/init.d/boot* bzw. */etc/init.d/boot.local*, in die beispielsweise folgende Zeilen eingefügt werden könnten:

```
if [ -x /usr/sbin/quotaon ]
  echo "Aktivieren der Speicherplatzbeschränkung"
  /usr/sbin/quotaon -avug
fi
```

Listing 7.47 Quotas im Initscript

Dieses kurze Codefragment testet, ob die Datei */usr/sbin/quotaon* vorhanden und ausführbar ist. Im Erfolgsfall wird das Programm dann mit einer kurzen Meldung einfach gestartet.

Des Weiteren ist es empfehlenswert, vor dem Aktivieren die Quotas überprüfen zu lassen. Dazu führt man vor dem Befehl `quotaon` das Kommando `quotacheck` aus. Analog dazu können Quotas natürlich mit `quotaoff` wieder deaktiviert werden.

Nun möchten wir natürlich noch die Quotas ändern können. Es ist zwar unter UNIX-Systemen unüblich, Konfigurationsdateien im Binärformat zu speichern, die `quota.user` bzw. `quota.group` ist aus Performancegründen allerdings so optimiert. Aus diesem Grund kann man sie auch nicht per Hand editieren, sondern benötigt das Programm `edquota`. Mit `edquota -u jploetner` kann man dann beispielsweise die Quotas für den Benutzer `jploetner` ändern.

Das Programm `edquota` nutzt dafür das in der Shell-Variablen `EDITOR` gespeicherte Programm. Es wird sich dann die Möglichkeit eröffnen, für die Werte `soft = 0, hard = 0` entsprechende Grenzen einzutragen. Aber Vorsicht: Sie geben die Größen in Blocks bzw. Inodes an! Daher müssen Sie eventuell erst zurückrechnen, wie viel Platz das letztendlich wäre. Standardgrößen sind 1024, 2048 oder 4096 Bytes pro Block. Über die Inodes lässt sich dann die Anzahl der Dateien bzw. Verzeichnisse regeln.

Natürlich waren diese Ausführungen nicht wirklich vollständig, aber diese Problematik ist recht komplex und würde den Rahmen des Buches sprengen. Wenn Sie Fragen haben, suchen Sie doch einfach im Netz oder schauen Sie auf die Manpages.

who vs. w

Die Programme `who` und `w` dienen beide dazu, die im Moment eingeloggten Benutzer anzuzeigen. In der Standardeinstellung ohne Parameter erledigen beide Programme also dieselbe Aufgabe:

```
$ w
 10:16am  up 21 min,  5 users,  load average: 0.12, 0.14, 0.17
USER     TTY      FROM          LOGIN@   IDLE   JCPU   PCPU  WHAT
jploetne :0       console    9:56am    ?     0.00s   ?     -
jploetne pts/0    -             9:56am 19:28  0.00s   ?     -
jploetne pts/2    -             9:57am  4.00s  0.11s  0.10s  /usr/bin/mc -P
jploetne pts/1    -             9:57am 19:14  0.04s  0.04s  /bin/bash
jploetne pts/3    -             9:57am  1.00s  0.02s  0.00s  w
$ who
jploetner :0       Oct 16 09:56 (console)
jploetner pts/0    Oct 16 09:56
jploetner pts/2    Oct 16 09:57
jploetner pts/1    Oct 16 09:57
jploetner pts/3    Oct 16 09:57
```

Listing 7.48 who und w

Dass es beide Programme gibt und sie nicht zu einem zusammengefasst wurden, ist eine Folge der doch etwas verworrenen UNIX-Geschichte. Außerdem sind beide Programme auch unterschiedlich aussagekräftig. So kann man bei `w` sogar noch sehen, welche Programme der Benutzer auf den einzelnen Konsolen jeweils gestartet hat.

talk vs. write

Möchte man zu einem anderen gerade eingeloggten Benutzer Kontakt aufnehmen, gib es zwei klassische Wege: `talk` und `write`. Beide Programme funktionieren auch zwischen entfernten Rechnern.

Doch betrachten wir ein Programm nach dem anderen. `talk` ist eine Art Chat zwischen zwei Personen und benötigt einen Dämon- bzw. Serverprozess, den `talkd`, um ordentlich zu funktionieren. Aufgerufen wird es mit `talk Benutzername`, worauf der Angesprochene auf seinem Terminal die Nachricht erhält, dass ihn jemand sprechen möchte. Startet er dann auch `talk`, ist die Konversation zustande gekommen.

Dagegen ist Write keine Art Chat, sondern eher eine Möglichkeit, einem anderen Benutzer eine Nachricht auf sein Terminal zu schreiben. Damit man nicht ständig von irgendwelchen Leuten genervt wird, hat man auch die Möglichkeit, solche Nachrichten mit dem `mesg`-Kommando abzustellen. Man übergibt diesem Befehl entweder `y`, wenn man Nachrichten erhalten, oder `n`, wenn man sie nicht erhalten möchte.

```
$ mesg
is n
$ mesg y
$ write jploetner
write: jploetner is logged in more than once;
       writing to pts/0
Hallo
[Strg-D]
$
```

Listing 7.49 write in Aktion

Hat ein Benutzer den Empfang von Nachrichten aktiviert, dann kann man ihm über `write Benutzername` eine Nachricht zukommen lassen. Das `write`-Programm wartet auf Eingaben, die nach jeder vollständigen Zeile an den Empfänger übertragen werden.

Um die Übertragung zu beenden, muss man ein EOF-Zeichen (»End of File«) eingeben, was man beispielsweise durch Drücken der Tastenkombination [Strg]+[D] erreicht.

```
Message from jploetner@athlon2000 on pts/1 at 9:04..
Hallo
EOF
```

Listing 7.50 Das Erhalten einer Nachricht

7.6.4 Der Systemstatus

uptime

Mit dem `uptime`-Befehl fragen Sie ab, wie lange das System bereits ohne Unterbrechung läuft.

```
$ uptime
1:05pm up 1:24, 4 users, load average: 0.10,0.17,0.13
```

Listing 7.51 Der uptime-Befehl

Aus der Ausgabe kann man viel ablesen, so beispielsweise die aktuelle Uhrzeit (1:05 Uhr nachmittags), dass das System seit einer Stunde hochgefahren ist, dass aktuell vier Benutzer eingeloggt sind und wie die Systemauslastung in den letzten 1, 5 und 15 Minuten aussah.

uname

Das Programm `uname` gibt Ihnen Informationen zum System aus. Dabei können verschiedene Parameter verwendet werden, um zum Beispiel das verwendete Betriebssystem, dessen Version und Release, den Hostname oder die Prozessorarchitektur auszugeben. Einzelne Parameter sind der Manpage zu entnehmen.

```
$ uname
Linux
$ uname -a
Linux athlon2000 2.6.8-2-k7 #1 Tue Dec 28 04:26:29
EST 2004 i686 GNU/Linux
```

Listing 7.52 Der uname-Befehl

7.6.5 Offene Dateideskriptoren mit lsof

Stellen Sie sich einmal folgende Situation vor: Sie möchten ein Dateisystem unmounten, aber leider wird noch irgendwo eine Datei benutzt – `umount` schlägt also fehl. Schließlich verbringen Sie dann Ihre kostbare Zeit damit, diese Datei zu suchen.

Natürlich muss das nicht sein. Schauen Sie sich doch einfach mit dem `lsof`-Kommando alle offenen Deskriptoren des Kernels an – und damit alle geöffneten Dateien und Verzeichnisse aller Prozesse.

```
...
gv  2291 jploetner    4r REG  3,3  15254978    8160              \
  /home/jploetner/Documents/Buch/Linux/buch.ps
gs  2292 jploetner  cwd  DIR  3,3      1784    8191              \
  /home/jploetner/Documents/Buch/Linux
gs  2292 jploetner  rtd  DIR  3,1      4096       2 /
gs  2292 jploetner  txt  REG  3,1   2414232 1757093 /usr/bin/gs-gnu
gs  2292 jploetner  mem  REG  3,1     90144  180580 /lib/ld-2.3.2.so
gs  2292 jploetner  mem  REG  3,1      7796 1953644              \
  /usr/X11R6/lib/X11/locale/common/xlcDef.so.2
...
```

Listing 7.53 lsof

Hier im Beispiel sehen wir unter anderem, dass der Prozess `gv` (PID `2291`) auf die Datei */home/jploetner/Documents/Buch/Linux/buch.ps* lesend (`4r`) zugreift. Des Weiteren sehen wir den ausführenden Benutzer (`jploetner`) und andere Angaben. Ein eigener Eintrag ist natürlich dem entsprechenden Verzeichnis der Datei gewidmet, schließlich wird es ja auch »genutzt«.

Um auf unser Problem zurückzukommen: Sollten Sie also offene Dateien suchen, grepen[25] Sie doch einfach die Ausgabe von `lsof` nach dem Mountpoint:

```
$ lsof | grep /mnt/cdrom
bash 541  jploetner  cwd  DIR  3,1  4096  2380335
     /mnt/cdrom
```

Listing 7.54 Finden offener Dateien auf /mnt/cdrom

Hier sind wir also noch mit einer Shell im entsprechenden Verzeichnis und können daher nicht unmounten. Ein `cd /` auf der entprechenden Konsole schafft aber sofort Abhilfe. Das Problem wäre damit gelöst.

7.7 Grundlegende Systemdienste

In diesem Kapitel haben Sie bereits den `syslogd` als Serverdienst kennengelernt, der grundlegende Aufgaben zur Systemverwaltung übernimmt. Einige weitere wichtige Dienste werden wir Ihnen jetzt vorstellen.

25 Mehr zu `grep` erfahren Sie in Kapitel 8, »Die Shell«.

7.7.1 cron

In diesem Kapitel haben wir im Zusammenhang mit `logrotate` auch schon von `cron` gesprochen. `cron` ist ein Dienst, um regelmäßig Programme laufen zu lassen. Aber erklären wir das mit einem Beispiel:

```
$ ls /etc/cron.*
/etc/cron.d:
.  ..

/etc/cron.daily:
.       clean_catman      logrotate
..      do_mandb          tetex

/etc/cron.hourly:
.  ..

/etc/cron.monthly:
.  ..

/etc/cron.weekly:
.  ..
```

Listing 7.55 Die Konfiguration von cron

Sie sehen im */etc* viele Verzeichnisse, die mit `cron` zu tun haben. Diese sind schon alle bis auf */etc/cron.d* entsprechend ihrer Funktion bezeichnet: Je nach Verzeichnis kann man Skripte stündlich, täglich, wöchentlich oder monatlich ausführen lassen.

Die Dateien in den Verzeichnissen sind dabei nur einfache Shellskripte, wie das nächste Listing zeigt:

```
$ cat /etc/cron.daily/logrotate
#!/bin/sh

/usr/sbin/logrotate /etc/logrotate.conf
```

Listing 7.56 logrotate und cron

In diesem Skript wird einfach nur der `logrotate`-Befehl mit den benötigten Parametern aufgerufen. Aber keine Angst – wie Sie komplexere Skripte schreiben, lernen Sie im nächsten Kapitel. Auch erlaubt das `crontab`-Kommando viel präzisere Möglichkeiten, um den regelmäßigen Ablauf von Programmen zu steuern. Dieses Kommando im Zusammenhang mit der entsprechenden Konfigurationsdatei */etc/crontab* ist zu kompliziert und würde den Rahmen des Buches sprengen. Bei Bedarf helfen hier wie immer die Manpage sowie zahlreiche Online-Dokumentationen weiter.

Fürs Erste reichen diese Verzeichnisse auch völlig aus, um einfache Abläufe zu regeln. Nehmen Sie sich einfach ein Beispiel, und probieren Sie es aus!

7.7.2 at

Im Gegensatz zu `cron`, der Jobs regelmäßig ausführt, führt `at` Jobs nur einmal zu einem bestimmten Zeitpunkt aus.

```
$ date
Sam Okt 25 19:04:05 CEST 2003
$ at 19:06
warning: commands will be executed using /bin/sh
at> echo "Hallo" > /dev/pts/2
at> <EOT>
job 1 at 2003-10-25 19:06
$ Hallo
date
Sam Okt 25 19:06:05 CEST 2003
```

Listing 7.57 at im Einsatz

Das Beispiel zeigt recht eindrucksvoll, wie einfach `at` zu bedienen ist. Am besten ruft man nämlich `at` mit der gewünschten Ausführungszeit als Argument auf. Danach startet eine Art Shell, in der man die Kommandos eingeben kann. Die Eingabe wird durch ein EOF-Zeichen quittiert, das man in der `bash` durch Drücken der Tastenkombination Strg+D erzeugt.

Damit es besonders anschaulich wird, haben wir uns in diesem Beispiel einfach etwas auf die aktuelle Konsole schreiben lassen. Und siehe da, zwei Minuten später tauchte plötzlich ein ominöses »Hallo« auf, ohne dass wir etwas eingegeben hätten – `at` hat also seine Arbeit erledigt.

7.8 Manpages

Manpages (kurz für *manual pages*) beinhalten eigentlich alle Informationen zu allen Programmen und Library-Funktionen des Basissystems. Manpages sind zwar sehr kurz gehalten, dafür aber äußerst übersichtlich und ersparen oftmals viel Zeit, wenn es darum geht, herauszufinden, wie man ein Programm Y dazu bewegen kann, X zu tun.

Anschauen können Sie sich diese Manual Pages mit dem Programm `man`. Das Kommando bzw. die Funktion, zu dem bzw. der Sie eine Hilfe benötigen, wird dabei einfach als Parameter übergeben: `man ls`.

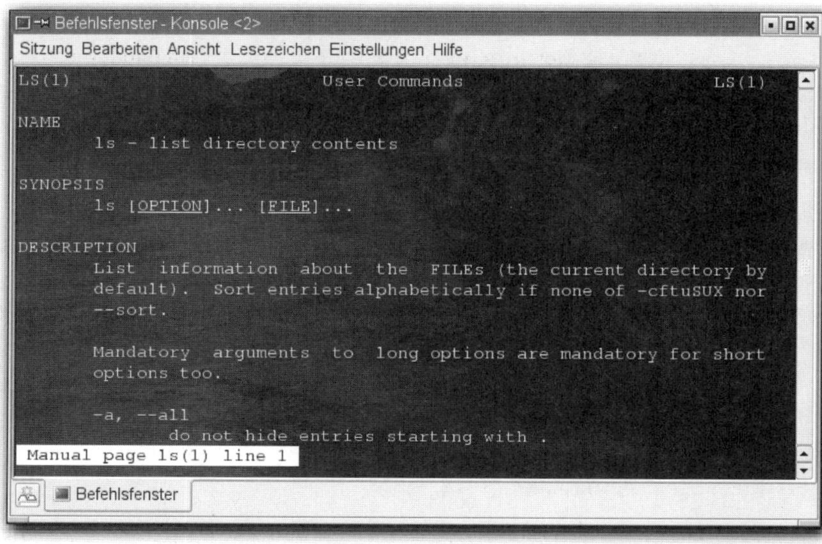

Abbildung 7.7 Eine Manpage

Manpages können über den Parameter `-k` (keyword) gesucht werden. Die Ausgabe der Suchergebnisse erfolgt spaltenweise. Die erste Spalte gibt das Kommando bzw. die Funktion oder das Programm aus, Spalte drei enthält dessen Beschreibung und die mittlere Spalte die Manpage-Sektion.

```
$ man -k uptime
uptime(1)- Tell how long the system has been running.
```

Listing 7.58 Manpages suchen

Sektionen

Manpage-Sektionen wurden erstellt, um eine einfachere Suche nach den Manpages zu gestalten und gleichnamige Themen mit unterschiedlichen Bedeutungen voneinander zu trennen. Das Kommando `printf` etwa ist zwar einerseits für die Shell (Sektion 1), andererseits aber auch für die C-Library (3) zu finden.

Sektion	Beschreibung
1	Diese Sektion enthält die Benutzer-Kommandos.
2	In Sektion 2 sind Syscalls untergebracht. Das sind Beschreibungen von Funktionen, um mittels der Sprache C auf den Kernel zuzugreifen.
3	Diese Sektion beschreibt die Subroutinen. Das sind Funktionen, die keine Syscalls sind, wie `printf()`.
4	Diese Sektion enthält Beschreibungen zu den einzelnen Gerätedateien und Treibern.
5	Die fünfte Sektion beinhaltet die Beschreibungen zu den Dateiformaten.
6	Diese Sektion beschreibt die einzelnen auf dem Rechner verfügbaren Spiele.
7	Alles, was keiner anderen Sektion zugeordnet werden konnte, findet in Sektion 7 ein Zuhause.
8	In dieser Sektion dreht sich alles um das Thema Systemadministration – sie beinhaltet Beschreibungen der entsprechenden Programme.
9	Für Kernelhacker immer wieder interessant: die Kernelmanual-Sektion.

Tabelle 7.2 Manpage-Sektionen

Soll nun eine Manpage aus der Sektion 5 aufgerufen werden, muss die Nummer entweder vor den Suchbegriff oder explizit über den `-s`-Parameter angegeben werden: `man 1 ls`.

Suchpfad

Damit alle installierten Manpages gefunden werden, muss die Shell wissen, wo sich die Manpages überhaupt befinden. Für diese Aufgabe wird die `MANPATH`-Variable gesetzt. Sie enthält alle Verzeichnisse, in denen nach Manpages gesucht werden soll.

Im Normalfall befinden sich die Manpages im Verzeichnis */usr/man* oder im Verzeichnis */usr/local/man*.

7.9 Dateien finden mit find

Die Suche nach Dateien ist eine grundlegende Aufgabe für jeden Systemadministrator und Benutzer. Unter Linux steht Ihnen für diese Aufgabe das Programm `find` – zumindest die GNU-Version von `find` – zur Verfügung. `find` verfügt, wie Sie gleich sehen werden, über weitaus mehr Funktionalitäten, als man vielleicht vermuten würde.

find ist rekursiv

`find` durchsucht den ihm übergebenen Pfad rekursiv, d. h., es durchsucht auch die Unterverzeichnisse des Pfades. Ohne weitere Parameter werden alle Dateien gesucht und ausgegeben. Möchte man – wie es wohl fast immer der Fall sein wird – lieber bestimmte Kriterien für die Suche festlegen, müssen diese zusätzlich übergeben werden. Soll dann wiederum noch eine Aktion mit den gefundenen Dateien, wie etwa das Löschen der Dateien, durchgeführt werden, so kann diese ebenfalls noch angegeben werden.

Aktion

```
// Aufbau: find [Pfad] [Kriterium] [Aktion]

// Die Datei 'buch.ps' im Heimatverzeichnis
// und dessen Unterverzeichnissen suchen.

$ find /home/user/ -name buch.ps
/home/user/cd/LINUX_BUCH/buch.ps
```

Listing 7.59 find-Aufruf

7.9.1 Festlegung eines Auswahlkriteriums

Es stehen eine Reihe von Parametern zur Verfügung, die `find` beim Aufruf übergeben werden können, um bestimmte Kriterien für die Auswahl der Dateisuche festzulegen. Unter anderem kann nach dem Namen, der Erstellungszeit, der Größe, den Zugriffsrechten oder der Erstellungs- und Modifikationszeit einer Datei gesucht werden:

Parameter	Kriterium
-amin [n]	Sucht nach Dateien, auf die in den letzten *n* Minuten ein Zugriff erfolgte.
-atime [n]	Sucht nach Dateien, auf die in den letzten *n* Tagen ein Zugriff erfolgte.
-cmin /-ctime [n]	Sucht nach Dateien, die in den letzten *n* Minuten/Tage neu erstellt wurden.
-empty	Sucht nach leeren, regulären Dateien und Verzeichnissen.
-fstype [Typ]	Sucht im Dateisystem *Typ*.
-gid [n]	Sucht nach Dateien, deren Gruppen-ID *n* ist.
-group [Name]	Sucht nach Dateien, deren Gruppenzugehörigkeit der Gruppe *Name* zugeordnet ist.
-inum [inode]	Sucht nach Dateien mit der Inode-Nummer *inode*.
-links [n]	Sucht nach Dateien, auf die *n* Hardlinks verweisen.
-mmin/mtime [n]	Sucht nach Dateien, deren Inhalt innerhalb der letzten *n* Minuten/Tagen modifiziert wurde.
-name [Name]	Sucht nach Dateien mit dem Namen *Name*.

Tabelle 7.3 Suchkriterien

Parameter	Kriterium
-nouser/group	Sucht nach Dateien, deren Benutzer/Gruppen-ID keinem Eintrag in der Passwortdatei zugeordnet werden kann.
-perm [Recht]	Sucht nach Dateien mit dem Zugriffsrecht *Recht*.
-size [n]	Sucht nach Dateien mit der Größe *n*, wobei die Einheit festgelegt werden kann. Dabei kann nach der Blockgröße (b), Bytegröße (c), Kilobytegröße (k) und der Wortgröße (w) (ein Wort ist dabei 2 Byte groß) gesucht werden: 2k entspricht also der Angabe von 2 Kilobyte.
-type [Typ]	Sucht nach Dateien des Typs *Typ*. Als Typ können Sie b (Blockdatei), c (Character-Datei), d (Verzeichnis), p (FIFO), f (reguläre Datei), l (Softlink) und s (Socket) angeben.
-uid [UID]	Sucht nach Dateien, die dem Benutzer mit der ID *UID* gehören. Übrigens kann mittels `-user [Name]` auch direkt über den Benutzernamen gesucht werden.

Tabelle 7.4 Suchkriterien (Forts.)

Suchen wir einmal nach einer Datei, die mit dem Zugriffsrecht 644 (Oktal) versehen ist, dem Benutzer *nobody* gehört und deren Name mit *.tex* endet. Wie Sie sehen, stellt es für `find` kein Problem dar, mehrere Kriterien gleichzeitig zu beachten. Der Stern-Operator ist ein sogenannter *Regulärer Ausdruck*. Um diesen Operator kümmern wir uns jedoch erst im nächsten Kapitel.

```
$ find . -perm 644 -user nobody -name '*.tex'
./anhang.tex
./buch.tex
./glossar.tex
./kap01.tex
./kap02.tex
./kap03.tex
...
```

Listing 7.60 Beispielsuche

Merkmale für Suchkriterien können auch mit dem Additions- bzw. Subtraktionszeichen spezifiziert werden. `-size +2048k` sucht beispielsweise nach Dateien, die mindestens 2 Megabyte groß sind:

```
$ find /usr/local/bin -ctime -3 -perm +2755          \
  -links +2 -name '[euolimn]*'
```

Listing 7.61 Wenn es mal nicht so genau sein muss ...

Logische Operationen

Die Suchkriterien können auch logischen Operationen unterzogen werden. So kann eine *logische Verneinung* (!-Operator) beispielsweise dazu führen, dass alle Dateien gesucht werden, die *nicht* dem Suchkriterium entsprechen. Darüber hinaus können ein logisches *Und* sowie ein logisches *Uder* in den Kriterien vorkommen, womit alle (logisches *Und*) beziehungsweise nur eine (logisches *oder*) Suchbedingungen erfüllt sein müssen, damit eine Datei dem Suchkriterium entspricht.

```
$ find . ! -name '*.tex'
.
./images
...
```

Listing 7.62 Alle Dateien suchen, die nicht auf .tex enden

Sollen mehrere Bedingungen erfüllt sein (logisches *Und*), werden diese einfach nebeneinander geschrieben oder durch `-a` (wahlweise auch `-and`) getrennt. Das obige logische *Nicht* kann auch mittels `-not` angegeben werden, und ein logisches *Oder* formulieren Sie mit `-o` und `-or`.

Gruppierungen Einzelne Kriteriengruppen werden durch Klammern separiert.

7.9.2 Festlegung einer Aktion

`find` bietet die Möglichkeit, mit den gefundenen Dateien bestimmte Aktionen durchzuführen, die hinter den Suchkriterien festgelegt werden.

Parameter	Aktion
-exec [cmd]	Führt das Kommando *cmd* mit den gefundenen Dateien aus. Einige Hinweise, die hierbei beachtet werden sollten, finden Sie unterhalb dieser Tabelle.
-print	Gibt jeden gefundenen Dateinamen in einer separaten Zeile aus. Diese Einstellung ist der Standard. `-print0` hingegen gibt den Dateinamen mit anschließendem '\0'-Zeichen aus.
-ls	Listet die gefundenen Dateien mit dem Kommando `ls -lisa` auf.
-fls/fprint [Datei]	Diese Kommandos erzeugen eine äquivalente Ausgabe wie `-ls` bzw. `-print`. Der Unterschied ist der, dass die Ausgabe in die Datei *Datei* geschrieben wird.

Tabelle 7.5 Mögliche Aktionen

Das Kommando `-exec` wird mit einigen zusätzlichen Parametern aufgerufen: Der aktuelle Dateiname wird mit geschweiften Klammern signalisiert, und die Kommandos müssen mit Semikolons abgeschlossen werden.

```
$ find . -name '*' -exec \
  echo "Ist {} nicht ein toller Dateiname???";
Ist . nicht ein toller Dateiname???
Ist ./images nicht ein toller Dateiname???
Ist ./images/.xvpics nicht ein toller Dateiname???
...
```

Listing 7.63 exec

7.9.3 Fehlermeldungen vermeiden

Haben Sie bereits versucht, eine Datei im gesamten Dateisystem mittels einer Suche ausfindig zu machen, die vom Wurzelverzeichnis ausging? Sofern Sie nicht über Superuser-Rechte verfügen, bekommen Sie auf jeden Fall einige Fehlermeldungen auf dem Bildschirm ausgegeben. Unter diesen kann eventuell das eigentliche Suchergebnis untergehen. Im nächsten Kapitel lernen Sie, wie der Fehlerausgabekanal der Shell umgelenkt werden kann. An dieser Stelle soll jedoch schon ein wenig vorgegriffen werden:

```
// Fehler ins "Nichts" (/dev/null) schicken:

$ find / -name file.txt -print 2>/dev/null

// Fehler in einer separaten Datei protokollieren,
// jedoch nicht auf dem Terminal ausgeben:

$ find / -name file.txt -print 2>errorlog
```

Listing 7.64 Fehlerumlenkung für find

7.10 Der Midnight Commander

Ähnlich wie es unter MS-DOS der Fall war, gibt es auch unter Linux Software für die grafische Dateiverwaltung auf der Konsolenebene. Der Unterschied: Unter Linux ist diese Software natürlich frei und heißt »Midnight Commander«. Der Midnight Commander wird über `mc` gestartet und bietet je nach Terminal ein buntes oder ein schwarz-weißes Bild.

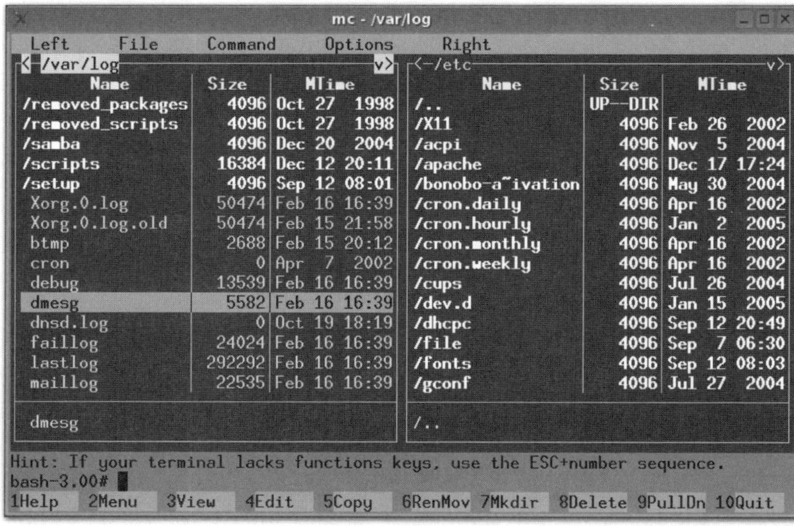

Abbildung 7.8 Der Midnight Commander

[+] Erscheint der Midnight Commander unter X11 nur in Schwarz-Weiß, setzen Sie die TERM-Variable auf den Wert »xterm-color«.

7.10.1 Die Bedienung

Generell bewegt man sich mit den Cursortasten zwischen den Dateien hin und her. Für Bildsprünge im Dateibaum können die Bild-Auf und Bild-Ab Tasten verwendet werden.

Kommandos können direkt unten im Prompt des Bildschirms eingegeben werden. Diese werden dann mit der Enter-Taste ausgeführt. Ist jedoch kein Kommando eingegeben, fungiert die Enter-Taste zum Start von markierten, ausführbaren Dateien (grün markiert).

Zwischen den zwei Bildschirmhälften können Sie mit der Tab-Taste wechseln.

Das Menü des Commanders wird mit der F9-Taste aufgerufen. Der interne Datei-Viewer wird mit F3, der Editor mit F4 aufgerufen. Zudem können Dateien kopiert (F5), verschoben und umbenannt (F6), Verzeichnisse erstellt (F7) und diverse andere Dateisystem-Operationen durchgeführt werden.

7.10.2 Verschiedene Ansichten

Was eine der beiden *Seiten* anzeigen soll, können Sie frei auswählen. Dazu muss im *Left*- bzw. *Right*-Menü eine Art der Anzeige ausgewählt werden.

- **Listing mode** – legt fest, welche Attribute der Dateien im Dateilisting angezeigt werden sollen.
  - »Full file list« zeigt den Namen, die Größe und die Modifizierungszeit der Datei an.
  - »Brief file list« zeigt zwei Dateispalten an, in denen ausschließlich die Dateinamen zu sehen sind.
  - »Long file list« zeigt die gleiche Ausgabe wie `ls -l`, verwendet dazu aber den kompletten Darstellungsbereich des `mc`.
- **info** – gibt genauere Informationen über die auf der gegenüberliegenden Seite markierte Datei an.

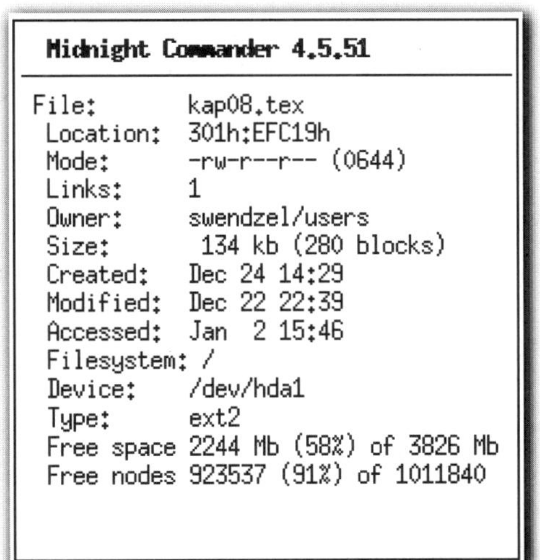

Abbildung 7.9 Info-View

- **Quick View** – zeigt, ähnlich wie `head`, den Kopfbereich des Dateiinhaltes an.
- **Tree** – zeigt einen Verzeichnisbaum inklusive Unterverzeichnissen an. Verzeichnisse werden durch `Enter` geöffnet, und ihre Dateien werden auf der gegenüberliegenden Seite angezeigt.

Eine Hilfe zum Midnight Commander erhalten Sie, wenn Sie F1 drücken.

Leider steht einem zur Arbeit mit dem Dateisystem nicht immer der Midnight Commander zur Verfügung, oder aber er stößt an seine Grenzen. In diesem Buch lernen Sie natürlich alles, was der Midnight Commander kann, auch via Shell zu bewerkstelligen.

Always forgive your enemies – nothing annoys them so much.
– Oscar Wilde

8 Die Shell

Herzlichen Glückwunsch! Sie sind nun am wohl wichtigsten Kapitel des Buches angelangt. Die Shell ist das A und O unter Linux und wird Ihnen wohl auch in den nächsten Jahren der Linux-Nutzung Gesellschaft leisten.

In diesem Kapitel stecken größtmögliche Bemühungen, um möglichst viele Feinheiten der Shell-Grundlagen zu erklären. Trotz des Umfangs dieses Kapitels mussten wir uns jedoch oftmals auf das Wichtigste beschränken.

8.1 Grundlegendes

Wir sind nun an dem Punkt angelangt, an dem wir eine große Menge des Stoffes einspeisen, den wir teilweise vorweggenommen haben. Dies und die Tatsache, dass die Shell das wohl wichtigste Arbeitsmittel eines UNIX-Anwenders ist (stellen Sie sich einmal MS-DOS ohne Batch-Dateien und Eingabeaufforderung vor), spiegeln die zentrale Rolle dieses Kapitels wider.

Zunächst werden wir uns mit den Grundlagen der Shell, einigen wichtigen und populären Shell-Programmen und Shell-Variablen beschäftigen. Anschließend widmen wir uns der Shellskriptprogrammierung, erstellen Beispielskripte, die Ihnen zugleich den Linux-Alltag erleichtern werden, und befassen uns mit den zwei beliebten Tools `awk` und `sed`.

8.1.1 Was ist eine Shell?

Eine Shell ist quasi das Programm, in das Sie Ihre Befehle und Kommandos zum Aufruf von Programmen eingeben. Möchten Sie beispielsweise das Programm X starten, so erteilen Sie der Shell den Befehl dazu. Die Shell interpretiert das Kommando (daher werden Shells auch oft als Kommandointerpreter bezeichnet) und leitet es bei Bedarf an den Kernel weiter (z.B., um ein Programm auszuführen).

Login-Shell Wie wir bereits in vorherigen Kapiteln erläutert haben, wird nach dem erfolgreichen Login die Login-Shell eines Benutzers gestartet. Von dieser Shell aus werden alle Programme der Arbeitssession gestartet, aber auch Sub-Shells als Kind-Prozesse erzeugt.

Beim Verlassen der Login-Shell logt man sich aus dem System aus. Zur Weiterarbeit ist eine erneute Anmeldung über das `login`-Programm notwendig.

8.1.2 Welche Shells gibt es?

sh Ohne an dieser Stelle zu weit ins Detail zu gehen, sollte erst einmal ein Wort zu den populärsten Shells fallen. Lassen Sie uns mit der sogenannten Bourne-Shell beginnen. Diese wurde Ende der 70er geschrieben. Aufgrund zu geringer Fähigkeiten dieser Shell wurde später die C-Shell csh entwickelt. Hierbei wurde die Syntax an die Programmiersprache C angelehnt und die Arbeit mit der Shell etwas komfortabler gestaltet.

ksh Später wurde die Korn-Shell entwickelt. Sie baut auf den Funktionalitäten sowie der Syntax der Bourne-Shell auf. Die Features der C-Shell wurden übernommen, und mit ihr stand eine recht beliebte, wenn zunächst auch kostenpflichtige[1] Shell zur Verfügung.

bash Später wurden die freie »Bourne-Again-Shell« (`bash`) sowie die TC-Shell tcsh (`tcsh`) entwickelt, die von vielen heutigen UNIX-Nutzern verwendet werden. Die `tcsh` baut, wie der Name schon sagt, auf der `csh` auf, während die `bash` wiederum auf der `sh` und `ksh` basiert.

zsh Später wurden noch weitere Shells wie die Scheme-Shell (`scsh`) entwickelt, die auf der funktionalen Sprache »Scheme« basiert (und sich über ihre Syntax steuern lässt) und daher besonders für Entwickler dieses LISP-Dialekts interessant ist. Eine äußerst beliebte Shell mit der Syntax der Bourne-Shell ist die Z-Shell (`zsh`). Diese Shell ist modular aufgebaut und verfügt über einige Raffinessen (siehe [Steph99A]).

In diesem Buch werden wir uns mit der Bourne-Shell sowie der `bash` befassen, da diese verbreiteter als die C-Shell-Reihe sind und die meisten Shellskripte (unter anderem auch die Runlevelskripte für den Startvorgang der Linux-Distributionen) deren Syntax und Features verwenden.

1 Auf heutigen Linux-Systemen ist nicht die originale kostenpflichtige Korn-Shell, sondern die freie Version `pdksh` (public domain korn shell) installiert.

8.1.3 Die Shell als Programm

Zunächst ist die Shell ein Programm wie jedes andere. Über den Aufruf des Programms wird sie also schlicht und einfach gestartet. Normalerweise übernimmt das Programm `getty` diesen Startvorgang. Jedoch kommt es sehr oft vor, dass ein Benutzer eine Shell in der Shell starten möchte. Beim Verlassen einer auf diese Weise gestarteten Shell befindet man sich anschließend wieder in der vorherigen Shell. Beendet man jedoch wie in Kapitel 5 beschrieben die *login-Shell*, loggt man sich aus dem System aus.

```
user$ ksh       // Start der Korn-Shell
$ csh           // Start der C-Shell
% exit          // zurück zur Korn-Shell
$ exit          // zurück zur Login-Shell
user$ exit      // beenden der Shell-Session
logout

myhost login:  // getty wartet auf erneute Anmeldung
```

Listing 8.1 Shell-Start

8.1.4 Die Login-Shell wechseln

Mit dem Programm `chsh` ist es möglich, die Login-Shell eines Benutzers und dessen Identitätsangaben wie etwa den Vor- und Zunamen zu verändern.

```
# chsh <Benutzername>
// Editor wird gestartet, Änderungen müssen
// eingetragen werden
...
```

Listing 8.2 chsh

Doch bedenken Sie beim Ändern der Login-Shell Folgendes: Es werden nur jene Shells akzeptiert, die auch im System registriert sind. Die Registrierung erfolgt wiederum in der Datei */etc/shells*. Um beispielsweise die in */usr/local/bin* abgelegte `zsh` dieser Datei hinzuzufügen, genügt es, eine entsprechende Zeile anzuhängen:

```
/bin/sh
/bin/csh
/bin/ksh
/bin/bash
/bin/tcsh
```

```
/usr/local/bin/zsh    # zsh wird nun auch aktzeptiert
```

Listing 8.3 /etc/shells

8.1.5 Der Prompt

Eine Shell verfügt über einen Standardprompt und einige Nebenprompts. Doch was ist eigentlich solch ein Prompt? Im Prinzip ist er die Aufforderung zur Eingabe eines Kommandos. Je nach Shell – und besonders nach der persönlichen Konfiguration – sehen diese Prompts anders aus. Bisher benutzten wir im Buch meist den Prompt `user$`, jedoch wäre auch durchaus eine andere Kombination denkbar.

Die `bash` bietet an dieser Stelle eine Menge Möglichkeiten zur Gestaltung des Prompts. Nach dem Start der `bash` sieht man in der Regel Folgendes: `bash-2.05b#`.

Der Prompt wird über eine Variable[2] mit dem Namen »PS1« gestaltet. Setzt man diese Variable auf einen Wert »X«, so ändert sich der Prompt in »X«. Im Normalfall exportiert man diese Variable, jedoch reicht uns an dieser Stelle zunächst einmal das ganz normale, nicht dauerhafte Verändern des Prompts aus.

Im folgenden Beispiel geben wir über das `echo`-Programm den Inhalt der PS1-Variable aus und setzen ihn anschließend neu. Das Ergebnis zeigt, dass der neue Prompt übernommen wurde. Mit dem `unset`-Kommando kann der Prompt gelöscht werden. Am Ende wird wieder unser Standardprompt gesetzt.

```
user$ echo $PS1
user$
user$ PS1="prompt > "
prompt > PS1="Steffen% "
Steffen% unset PS1
PS1="user$ "
user$
```

Listing 8.4 Setzen des Prompts

Dieser Prompt bietet uns jedoch noch keine netten Features wie die Anzeige des Arbeitsverzeichnisses. Für Aufgaben dieser Art werden sogenannte *Escape-Sequenzen* in den Prompt eingebettet.

2 Eine Variable speichert einen veränderlichen Wert, in diesem Fall das Aussehen Ihres Prompts. Sie trägt den Namen PS1 und ist über diesen ansprechbar.

Sequenz	Wirkung
\a	Ausgabe eines Tones im PC-Lautsprecher
\d	Zeigt das Datum an.
\e	Escape-Zeichen
\h	Der Hostname (z.B. 'rechner')
\H	FQDN-Hostname (z.B. 'rechner.netzwerk.edu')
\j	Anzahl der Hintergrundprozesse
\l	Name des Terminals
\n	Neue Zeile (Prompts können tatsächlich über mehrere Zeilen verteilt werden.)
\r	Carriage-Return
\s	Der Name der Shell
\t	Zeit im 24-Stunden-Format
\T	Zeit im 12-Stunden-Format
\@	Zeit im AM/PM-Format
\u	Der Name des Benutzers
\v	Die Version der `bash`
\V	Wie \v, jedoch mit Patch-Level
\w	Gibt das Arbeitsverzeichnis an.
\W	Gibt nur das aktuelle Arbeitsverzeichnis ohne höhere Ebenen der Verzeichnishierarchie an.
\#	Anzahl der bereits aufgerufenen Kommandos während der Shell-Session des Terminals
\$	Ist man als normaler Benutzer eingeloggt, erscheint ein Dollar-Zeichen, *root* bekommt eine Raute (#) zu sehen.
\\	Ein Backslash

Tabelle 8.1 Escape-Sequenzen

Es gibt noch mehr ...

Es existieren noch weitere Escape-Sequenzen, die beispielsweise zur Festsetzung der farblichen Hervorhebung dienen. Sie werden im Rahmen dieses Buches jedoch nicht behandelt, denn sie funktionieren nicht auf allen Terminals.

Einige Distributionen und eine große Anzahl der Benutzer verwenden die »Benutzer@Host Verzeichnis$«-Variante, die ein an dieser Stelle sehr gut passendes Beispiel zur Nutzung der Escape-Sequenzen darstellt.

```
user$ PS1="\u@\h \w\$"
swendzel@xyai /usr$ ls
...
```

Listing 8.5 Setzung des `bash`-Prompts mit Escape-Sequenzen

8.1.6 Shell-intern vs. Programm

In der Shell werden, wie Sie bereits wissen, Programme – wie beispielsweise ein Programm zum Versenden von E-Mails – gestartet. Hierbei gibt es zwei unterschiedliche Gruppen von Programmen. Die eine Gruppe besteht aus den tatsächlich auf der Festplatte abgelegten Programmen. Die andere nennt sich *Shell-intern* und wurde sozusagen in die Shell »reinprogrammiert«.

type

Nun können wir Ihnen leider nicht die allgemeine Frage danach beantworten, welche Kommandos intern bzw. extern sind. Dies liegt ganz einfach daran, dass jede Shell verschiedene Kommandos implementiert hat. Die `bash` verfügt zum Beispiel über ein internes `kill`-Kommando, die Bourne-Shell nicht. Möchten Sie Einzelheiten erfahren, nutzen Sie einfach mal das Programm `type`:

```
$ type kill
kill is a shell builtin
$ type ls
ls is /bin/ls
```

Listing 8.6 Builtin oder Programm?

which

`which` bietet gegenüber `type` (je nach Implementierung von `type`) noch einen zusätzlichen Vorteil: Es kann Ihnen durch den `-a`-Parameter zusätzliche Informationen zum übergebenen Parameter geben. Ist `kill` beispielsweise als Builtin *und* als Programm auf der Festplatte vorhanden, gibt Ihnen `which` beide Informationen aus.

```
$ which -a kill
kill: shell built-in command
/bin/kill
```

Listing 8.7 Pfadausgabe

Alias? In der Shell kann ein sogenannter *Alias* angelegt werden. Das ist ein Befehl, der einen anderen ersetzt – dazu später mehr. `type`, `which` und `whence` (je nach verwendeter Shell) geben Ihnen auch darüber Auskunft, ob ein Kommando ein solcher Alias ist.

```
$ type ls
ls is an alias for /bin/ls -aF
$ which -a ls
ls: aliased to /bin/ls -aF
/bin/ls
$ whence -av ls
ls is an alias for /bin/ls -aF
ls is /bin/ls
```

Listing 8.8 Alias-Überprüfung

Wenn Sie in der `bash` also einfach nur `kill` eingeben, wird die Shell-interne Variante benutzt. Bei `/bin/kill` wird hingegen das Programm aus dem entsprechenden Verzeichnis genommen. Für Sie ergeben sich aber außer einer leicht erweiterten Funktionalität und einem latenten Geschwindigkeitsvorteil bei der Bash-Version keine Unterschiede.

8.1.7 Kommandos aneinanderreihen

Verschiedene Kommandos in der Shell können aneinandergereiht werden. Der Grund für eine Aneinanderreihung ist die Platzersparnis auf dem Bildschirm und natürlich auch die zeitweise Abarbeitung der Kommandos.

Stellen Sie sich einmal Folgendes vor: Zehn Kommandos sollen nacheinander ausgeführt werden, wobei jedes einzelne dieser Kommandos voraussichtlich einige Minuten Ausführungszeit beanspruchen wird. Nun könnten Sie die ganze Zeit vor dem Rechner sitzen bleiben und die Kommandos einzeln eingeben. Doch wäre es nicht besser, wenn Sie sich nicht darum kümmern müssten und die Zeit zum Kaffeekochen nutzen könnten?

Der Trennungsoperator

Szenario Nummer eins: Die Kommandos sollen der Reihe nach ablaufen, egal was mit den vorherigen Kommandos geschieht. Für diesen Fall verwendet man den Trennungsoperator – das Semikolon (;). **Trennungsoperator**

Das folgende Beispiel soll die Wirkung und Anwendung des Trennungsoperators simulieren. Dabei wird unter anderem ein Verzeichnis ausgegeben, das nicht existiert: **[zB]**

```
user$ ls VerZeiChniS; uname; find / -name Datei
/bin/ls: VerZeiChniS: No such file or directory
Linux
/usr/local/share/Datei
/home/user/Datei
```

Listing 8.9 Der Trennungsoperator – ein Beispiel

Wie Sie sehen, werden unabhängig vom `ls`-Kommando alle anderen Kommandos ausgeführt.

Weiter nur bei Erfolg

&& Szenario Nummer zwei: Die Kommandos sollen der Reihe nach ausgeführt werden, vorausgesetzt, das jeweils vorangegangene war erfolgreich. Für den Fall, dass ein Programm nicht korrekt abläuft, wird das nächste Programm also nicht gestartet und die Abarbeitung gestoppt. Um dies zu realisieren, wird anstelle des Trennungsoperators ein doppeltes kaufmännisches Und-Zeichen (&) geschrieben.

```
user$ ls VerZeiChniS && uname &&  find / -name Datei
/bin/ls: VerZeiChniS: No such file or directory
```

Listing 8.10 Erfolgsbedingte Kommandoreihe

Rückgabewert Es stellt sich nun die Frage, woher die Shell weiß, ob ein Kommando korrekt ausgeführt wurde. Die Antwort ist recht simpel: Programme liefern einen sogenannten *Rückgabewert* an die Shell zurück. In der Programmiersprache C würde dies beispielsweise durch ein `return 0;` in der `main`-Funktion erreicht werden.[3]

Weiter nur bei Fehlschlag

|| Natürlich gibt es zum `&&` auch eine Alternative, die genau das Gegenteil bewirkt: Der hintere Befehl wird nur ausgeführt, falls der erste fehlschlägt:

```
user$ ls VerZeiChnis || echo "HILFE!"
/bin/ls: VerZeiChniS: No such file or directory
HILFE!
```

Listing 8.11 Abfangen des Misserfolgs

3 Auch Funktionen innerhalb eines Shellskripts können solch eine Funktionalität bieten.

8.1.8 Mehrzeilige Kommandos

Oft erstrecken sich Kommandoeingaben über mehrere Zeilen. Ist dies der Fall, kann der Backslash-Operator (\) verwendet werden, um die aktuelle Eingabezeile in der nächsten fortzusetzen:

```
user$ find /usr/local/share/WindowMaker/ \
  -name Image.jpg
/usr/local/share/WindowMaker/Backgrounds/Image.jpg
```

Listing 8.12 Kommandos über mehrere Zeilen

In diesem Buch haben wir diesen Operator auch schon mehrmals benutzt, falls die Zeilen im Listing sonst zu lang geworden wären.

8.2 Arbeiten mit Verzeichnissen

Im Folgenden werden wir auf das Arbeiten mit Verzeichnissen eingehen. Erinnern Sie sich also noch einmal an die Konzepte des VFS (Virtual File System) und daran, was Sie in diesem Zusammenhang vielleicht beachten müssen.

8.2.1 Pfade

Zuerst müssen wir natürlich diesen Begriff klären: Ein Pfad gibt einen Weg durch den hierarchischen Verzeichnisbaum hin zu einem bestimmten Ziel an.

Ein vollständiges Verzeichnis wie */home/user* beschreibt also auch einen Pfad, der angibt, wie man zu eben diesem Verzeichnis gelangt.

Pfadnamen

Unter UNIX kann man Pfade dabei auf zwei unterschiedliche Arten angeben: Es gibt die sogenannten *relativen* und die *absoluten* Pfade. Normalerweise gibt man einen Pfad vom Wurzelverzeichnis ausgehend an, so wie etwa diesen hier: */usr/local/bin*. Solch einen kompletten, vom Wurzelverzeichnis ausgehenden Pfadnamen bezeichnet man als *absolut*.

Arbeitsverzeichnis

Allerdings wissen wir auch, dass jeder Prozess sein *Arbeitsverzeichnis*[4] kennt. Ausgehend von diesem Arbeitsverzeichnis kann eine relative Pfadangabe erfolgen. Befindet man sich beispielsweise im Verzeichnis */usr*,

4 Oft wird auch der englische Begriff *working directory* verwendet.

könnte man über die Angabe des Verzeichnisses *bin* das Verzeichnis */usr/bin* ansprechen.

Alle Pfadangaben, die mit einem Slash (/) anfangen, werden als absolute, von der Wurzel des Dateisystems ausgehende Pfade behandelt. Alle anderen Pfade werden als relative, vom aktuellen Arbeitsverzeichnis ausgehende Pfade, behandelt.

8.2.2 Das aktuelle Verzeichnis

Bevor wir wild in den Verzeichnissen hin und her wechseln, wollen wir erst einmal unseren aktuellen Standort erfahren. Dazu nutzen wir am besten den `pwd`-Befehl:

```
$ pwd
/home/jploetner
```

Listing 8.13 pwd – print working directory

8.2.3 Verzeichniswechsel

Zum Verzeichniswechsel wird das Kommando `cd`[5] verwendet. Auch DOS-Benutzern sollte die grundlegende Funktionalität[6] dieses Befehls bekannt sein. Man gibt nämlich das Zielverzeichnis als einziges Argument über einen absoluten oder relativen Pfadnamen an `cd` weiter.

Unter UNIX gibt es neben den bereits erwähnten absoluten und relativen Pfaden noch spezielle Bezeichner für Verzeichnisse. Diese sind natürlich jeweils wieder im absoluten bzw. relativen Kontext zu sehen:

- .
  Der Punkt (.) bezeichnet das aktuelle Arbeitsverzeichnis.
- ..
  Zwei Punkte geben das nächsthöhere Verzeichnis an. Würden Sie sich also im Verzeichnis */usr/local/bin* befinden, würde ein `cd ..` den Wechsel in */usr/local* zur Folge haben.

5 `cd` steht für »change directory«.

6 Was hier allerdings nicht funktioniert, ist `cd..`. Der Grund dafür ist einfach: Linux verlangt vom Benutzer eine saubere Eingabe der Kommandos. Der Kommandoname sollte also nicht mit dem ersten Parameter kombiniert werden, da sich sonst ein neuer (natürlich nicht auffindbarer) Kommandoname `cd..` ergibt.

- **~-**
  Dies zeigt auf das Verzeichnis, in dem Sie sich vor dem letzten cd-Aufruf befanden.
- **~**
  Der Tilde-Operator (~) bezeichnet das Heimatverzeichnis des Benutzers. Ein Spezialfall ist »~Name«, wobei *Name* der Account eines lokalen Benutzers sein muss.
- **$HOME**
  Die globale Variable $HOME wird beim Login eines Benutzers gesetzt und zeigt auf dessen Heimatverzeichnis.
- **kein Parameter**
  Ein parameterloser cd-Aufruf wechselt in das Heimatverzeichnis des Benutzers.

Eine Kombination des Pfadnamens mithilfe dieser Abkürzungen ist natürlich auch problemlos möglich:

```
$ pwd
/usr/local
$ cd ~/Verzeichnis/../buch/
$ pwd
/home/swendzel/buch
```

Listing 8.14 Beispiel für einen Verzeichniswechsel

8.2.4 Und das Ganze mit Pfaden ...

Natürlich kann man diese ganzen »speziellen« Angaben für Verzeichnisse jeweils mit weiteren, komplettierenden Pfaden kombinieren. So wirkt ein »..« natürlich immer relativ, ein *$HOME* hingegegen natürlich absolut.

Schauen wir uns zum besseren Verständnis ein kleines Beispiel an.

```
// Wir befinden uns in...
$ pwd
/usr/local

// Ins Arbeitsverzeichnis wechseln (kein Effekt):
$ cd . ; pwd
/usr/local

// nächsthöheres Verzeichnis:
$ cd .. ; pwd
/usr
```

```
// absolute Pfadangabe:
$ cd /usr/local/bin; pwd
/usr/local/bin

// ...und eine simple relative Pfadangabe
$ pwd
/usr/local
$ cd share/slrn ; pwd
/usr/local/share/slrn

//...komplizierter:
$ pwd
/usr/local/bin
$ cd ../../X11R6/lib/modules; pwd
/usr/X11R6/lib/modules

//...und völlig sinnlos:
$ cd /usr/X11R6/../local/bin; pwd
/usr/local/bin
```

Listing 8.15 Verzeichniswechsel auf UNIX-Art

Am besten suchen Sie sich an dieser Stelle noch einmal die Beschreibung der Verzeichnishierarchie aus Kapitel 4 heraus und erkunden Ihr Dateisystem!

8.3 Die elementaren Programme

Im Folgenden besprechen wir sowohl die grundlegenden internen Shell-Kommandos als auch die wichtigen Programme zur täglichen Arbeit mit der Shell. Fast alle dieser Kommandos »spielen« mit stinknormalem Text herum. Denken Sie jetzt jedoch bitte nicht, dass diese Kommandos nicht zeitgemäß wären: Linux ohne Shell(-Programme) wäre wie Windows ohne grafische Oberfläche, MacOS ohne Maus oder Solaris mit NT-Administratoren.

8.3.1 echo und Kommandosubstitution

Beginnen wir mit dem echo-Kommando. Der Sinn und Zweck von echo ist es, Text auf dem Bildschirm auszugeben. Der auszugebende Text wird dabei einfach als Parameter angegeben.

```
user$ echo "Das echo-Kommando ist nicht immer \
shell-intern."
Das echo-Kommando ist nicht immer shell-intern.
```

Listing 8.16 Das echo-Kommando

In Skripten wird echo oft zum Ausgeben der Werte von Variablen benutzt oder um die Ausgaben eines Programms in Text einzubetten. Da wir Variablen erst im späteren Verlauf dieses Kapitels behandeln, sie an dieser Stelle jedoch kurz gebrauchen werden, sei Folgendes gesagt: Eine Variable speichert einen Wert.

Doch nun zurück zur Ausgabe von Variablen. Es gibt drei verschiedene Möglichkeiten zur Ausgabe von Text mittels echo.

Kommando-substitution

Die erste benutzt ganz normale Anführungszeichen. Bei dieser Variante kann der Wert einer Variablen ausgegeben werden. Die zweite Variante benutzt Backshifts und bewirkt die Ausführung eines Befehls und damit die Integration der Ausgabe dieses Befehls in den eigentlichen Text. Die Ausführung eines Befehls auf diese Weise wird als *Kommandosubstitution* bezeichnet. Variante Numero drei wird in Hochkommas gepackt und erlaubt keine Wertausgaben oder Kommandosubstitutionen. Variablen-Aufrufe und Kommandos werden also direkt ausgegeben. Das folgende Beispiel soll diese Schreibweisen zum besseren Verständnis demonstrieren, später werden wir lernen, dass Variablen über die Syntax »$VARIABLEN_NAME« angesprochen werden.

```
// normale Anführungszeichen geben neben dem eigentl.
// Text auch den Wert von Variablen preis:
user$ echo "Der Wert von NUMMER ist $NUMMER"
Der Wert von NUMMER ist 13
// Backticks nutzt man zur Kommandosubstitution:
user$ echo "Heute ist `date` !"
Heute ist Sat Oct 18 17:41:09 CEST 2003 !

// Mit Hochkommas wird Ihnen gar nichts gegönnt
user$ echo 'Heute ist `date` und der Wert von X ist $X'
Heute ist `date` und der Wert von X ist $X
```

Listing 8.17 Entwirrung der Schreibweisen

8.3.2 sleep

Das sleep-Kommando wartet einen gewissen Zeitraum, bevor es sich beendet. Dies macht hin und wieder Sinn in der Shell-Programmierung oder in Startskripten. Der Aufruf sleep 10 »schläft« für zehn Sekunden.

```
user$ tail -30 /home/$USER/.profile
# Beispiel für den Start der grafischen Oberfläche:
# Wenn der Benutzer innerhalb von zehn Sekunden
# Strg+C drückt, wird nicht gestartet.

...
echo "Grundinitialisierung fertig"
echo
echo "==============================="
echo "Starte X11 in zehn Sekunden..."
echo "==============================="
sleep 10
startx
```

Listing 8.18 Anwendungsbeispiel für sleep

8.3.3 Erstellen eines Alias

Unter UNIX ist es möglich, einen sogenannten *Alias* zu erstellen. Ein solcher Alias wird verwendet, um eine Kurzform für ein in der Regel etwas längeres Kommando zu schaffen. Beispielsweise könnte ein Alias namens ll erstellt werden, der stellvertretend für ls -laF steht.

Um diese Funktionalität der Linux-Shells zu verwenden, greift man auf das Kommando alias zurück. Im Normalfall listet es nur die aktuell eingerichteten Kommando-Aliase auf, doch es kann auch zur Erstellung eines neuen benutzt werden.

```
user$ alias
alias ll="ls -laF"
alias ls="/bin/ls -aF"
user$ ls ~/projects/netlib
./      eigrp.h  imap.h         pop3.h    test*
../     hello.h  ip4.h          rip.h     test.c
arp.h   http.h   ip6.h          signal.h  testcode/
bgp.h   icmp.h   net_error.h    smtp.h    udpd*
dhcp.h  icmp6.h  net_wrapper.h  snmp.h    udpd.c
dns.h   icmprd.h netlib.h       tcpscn.h  udpscn.h
egp.h   igrp.h   ospf.h         telnet.h  x11.h
```

Listing 8.19 Das alias-Kommando

Ein neuer Alias wird mit `alias name="Kommando"` erstellt, wobei das Kommando nur in Anführungszeichen geschrieben werden muss, wenn es nicht druckbare Zeichen enthält oder Escape-Sequenzen angewandt werden müssen. Ein Alias wird via `unalias <Alias>` entfernt. **unalias**

```
$ alias p=pwd
$ p
/home/swendzel/projects/netlib
$ alias backup="tar -czf backup_`date +%d.%m.%y`.tgz \
/home/swendzel/buch"
$ backup
tar: Removing leading `/' from absolute path names
  in the archive
$ unalias backup
$ backup
bash: backup: command not found
```

Listing 8.20 Einen eigenen Alias einrichten und löschen

8.3.4 cat

`cat` ist eines der wichtigsten Programme jedes Linux-Rechners und gibt die ihm angegebenen Dateien auf dem Monitor aus. Die Primärverwendung von `cat` ist die Umlenkung der Ausgabe der Datei in eine Datei oder die Weitergabe des Dateiinhalts an ein anderes Programm. Wir werden darauf in naher Zukunft noch genauer zu sprechen kommen.

```
user$ cat /etc/passwd
root:x:0:0::/root:/bin/bash
bin:x:1:1:bin:/bin:
daemon:x:2:2:daemon:/sbin:
...
...
nobody:x:99:99:nobody:/:
swendzel:x:1000:100:Steffen W.,,,:/home/swendzel:
/bin/bash

// Es ist möglich, mehrere Dateien ausgeben zu lassen
user$ echo "Inhalt von DateiA"> DateiA
user$ echo "Inhalt von DateiB"> DateiB
user$ cat DateiA DateiB
Inhalt von DateiA
Inhalt von DateiB
```

Listing 8.21 Das cat-Programm

8.4 Programme für das Dateisystem

Wir erwähnten in vorherigen Kapiteln die Kommandos `ls` (zum Auflisten von Dateien), `ln` (zum Erstellen von Links), `chmod` und `chgrp` (für das Setzen von Zugriffsrechten) sowie Kommandos zur Administration von Access-Control-Listen. Doch wie erstellt man eigentlich ein Verzeichnis, löscht dieses wieder, kopiert oder verschiebt Dateien?

8.4.1 mkdir – Erstellen eines Verzeichnisses

Ein Verzeichnis wird ganz einfach mithilfe des Programms `mkdir` erstellt. Der Verzeichnisname wird dabei einfach als Parameter übergeben, doch achten Sie bitte auf die in Kapitel 4 angesprochenen Schreibweisen für Dateinamen – erinnern Sie sich daran, dass bei Dateinamen zwischen Groß- und Kleinbuchstaben unterschieden wird, »Verzeichnis« demnach nicht das Gleiche wie »VERZEICHNIS« ist?

```
user$ ls -aF
./    DateiA  backup_kap6.tex  kap08.tex
../   DateiB  cmds_to_add      kap6.tex
user$ mkdir Verzeichnis
./    DateiA  Verzeichnis/     cmds_to_add  kap6.tex
../   DateiB  backup_kap6.tex  kap08.tex
```

Listing 8.22 mkdir

8.4.2 rmdir – Löschen von Verzeichnissen

Das Löschen eines Verzeichnisses ist genauso simpel wie dessen Erstellung, nur dass hierfür nicht das Kommando `mkdir` (make directory), sondern `rmdir` (remove directory) verwendet wird. Die Syntax entspricht der von `mkdir`. Der Nachteil dieses Programms ist jedoch der, dass keine rekursive Löschung eines Verzeichnisses möglich ist. Das heißt, nur Verzeichnisse, denen keine Dateien zugeordnet[7] sind, können gelöscht werden.

```
user$ ls -laF VerzeichnisA VerzeichnisB
VerzeichnisA:
total 8
drwxr-xr-x  2 swendzel users  4096 Oct 18 18:11 ./
drwxr-xr-x  5 swendzel users  4096 Oct 18 18:11 ../
```

7 Das Wort »zugeordnet« wurde bewusst gewählt, um nicht zu vergessen, dass Verzeichnisse die Dateien nicht wirklich enthalten, sondern nur Verweise auf deren Inode-Einträge beherbergen.

```
VerzeichnisB:
total 12
drwxr-xr-x  2 swendzel users  4096 Oct 18 18:11 ./
drwxr-xr-x  5 swendzel users  4096 Oct 18 18:11 ../
-rw-r--r--  1 swendzel users     5 Oct 18 18:11 file
user$ rmdir VerzeichnisA
user$ rmdir VerzeichnisB
rmdir: 'VerzeichnisB': Directory not empty
```

Listing 8.23 rmdir in Aktion

rmdir -p

Beherbergt ein Verzeichnis jedoch nur eine einzige Hierarchie von Subverzeichnissen ohne Subdateien, so kann mit dem -p-Parameter ein Löschvorgang des Verzeichnisses inklusive der Subverzeichnisse bewirkt werden. Würde also das Verzeichnis B ein Subverzeichnis SA und dieses wiederum ein Subverzeichnis SB »beinhalten«, so wäre das Ergebnis der folgenden beiden Aufrufe äquivalent:

```
user$ rmdir -p VerzeichnisB/SA/SB
user$ rmdir VerzeichnisB/SA/SB; \
rmdir VerzeichnisB/SA; rmdir VerzeichnisB
```

Listing 8.24 Verzeichnis und Subverzeichnis löschen

8.4.3 cp – Kopieren von Dateien

cp -r

Das Programm cp (copy) legt eine Kopie von einer bereits im Dateisystem vorhandenen Datei an. Dabei kann es sich natürlich auch um ein Verzeichnis handeln. Die Syntax ist einfach und in der Form

```
cp [Option] DateiA [DateiB] Ziel
```

gehalten, wobei mehrere Dateien in das Ziel kopiert werden können. Ein rekursives Kopieren von Verzeichnissen ist über den -r-Parameter möglich.

```
user$ cp prog kopie_prog
user$ mkdir Verzeichnis
user$ cp prog kopie_prog Verzeichnis/
user$ cp -r Verzeichnis kopie_Verzeichnis
```

Listing 8.25 Dateien und Verzeichnisse kopieren

8.4.4 mv – Verschieben einer Datei

Mit dem mv-Kommando werden Dateien »verschoben«, wobei das nicht ganz korrekt formuliert ist. Eigentlich wird die Datei nur einer anderen Verzeichnisdatei zugeordnet: Der physikalische Dateninhalt der Datei bleibt im Normalfall dort, wo er ist[8] – einzige Ausnahme: der Verschiebungsvorgang über verschiedene Dateisysteme.

mv funktioniert rekursiv, d. h., Verzeichnisse samt deren Inhalt können ohne weitere Parameter komplett verschoben werden. Parameter Nummer eins gibt die Quelle, Parameter Nummer zwei das Ziel an.

Aber es gibt noch eine Nutzungsmöglichkeit für mv: Sie können damit einen neuen Namen für eine bestehende Datei vergeben.

```
user$ mv kopie_Verzeichnis /home/user/neu
user$ mv Datei Neuer_Name_der_Datei
```

Listing 8.26 Das mv-Kommando

8.4.5 rm – Löschen von Dateien

Das den Windows-Benutzern als del (delete) bekannte Kommando zum Löschen von Dateien heißt unter Linux rm (remove) und kann eine ganze Menge toller Sachen. Grundsätzlich wird rm mit dem zu löschenden Dateinamen aufgerufen: rm [Optionen] Dateiname.

rm kann zunächst einmal neben dem Löschen regulärer Dateien auch das Löschen von Verzeichnissen bewerkstelligen. Hierzu wird der Parameter -d übergeben.

rm -r

Des Weiteren besteht die Möglichkeit zur Abfrage jedes Löschvorgangs über den -i-Parameter. Ein rekursives Löschen ist über den bereits recht bekannten -r-Parameter möglich.

```
user$ rm -ri Verzeichnis
rm: descend into directory 'Verzeichnis'? y
rm: remove 'Verzeichnis/filea'? y
rm: remove 'Verzeichnis/fileb'? y
rm: remove 'Verzeichnis/filec'? y
rm: remove 'Verzeichnis'? y
```

Listing 8.27 Löschen mit Nachfrage

8 Dies ist nicht nur der Unterschied zwischen cp und mv, sondern auch der Grund dafür, dass ein mv-Aufruf viel schneller erledigt ist als ein Kopiervorgang.

> Einige Befehle wie auch `rm` bieten einen Parameter zur Terminierung der Optionsliste: `-`. Dadurch können Sie Dateien mit einem Namen wie »*-k*« löschen: `rm - -k`.

8.4.6 touch – Zugriffszeiten von Dateien setzen

Mit dem `touch`-Kommando können die Zugriffszeiten, sogenannte *Timestamps*, von Dateien angepasst werden. Genauer gesagt werden der letzte Zugriff auf die Datei sowie die letzte Änderung am Dateiinhalt auf einen neuen Zeitpunkt gesetzt.

Der Zeitpunkt des Zugriffs wird dabei in der Form »MMDDhhmm« übergeben. Der letzte Zugriff wird über den Parameter `-a` (last access), die Modifizierung via `-m` (last modification) gesetzt.

```
user$ ls -l file
-rw-r--r-- 1 swendzel users 10 Oct 21 21:42 file
user$ touch 10102246 file
user$ ls -l file
-rw-r--r-- 1 swendzel users 10 Oct 21 21:46 file
```

Listing 8.28 Setzen des »letzten Zugriffs« auf eine Datei

Ein nettes Feature von `touch` ist, dass ein noch nicht existierender neuer Dateiname mit leerem Inhalt erzeugt werden kann, indem man `touch <Dateiname>` aufruft. Dies ist in der Systemadministration ein nettes Mittel, um »mal eben« eine Logdatei zu erstellen.

8.4.7 cut – Dateiinhalte abschneiden

Dateien (und auch die Standardeingabe) können über das Programm `cut` auf die eigenen Bedürfnisse zusammengeschnitten werden. Besonders bei der Erstellung von Shellskripten spielen solche Funktionalitäten eine wichtige Rolle, da oftmals Datenströme angepasst werden müssen, um bestimmte Ausgaben zu erreichen. Wir werden später das Programm `awk` kennenlernen, mit dem wir speziell solche Umformungen mit einer Syntax gestalten können. Sie ist der Programmiersprache C recht ähnlich.

Doch nun zurück zu `cut`. `cut` kann die Eingabedaten auf zwei Weisen »abschneiden«: mithilfe von Spalten (`-c`) und Feldern (`-f`). Dabei werden die Nummern der jeweiligen Einheit über Kommata getrennt bzw. mit einem »–« verbunden.

[zB] Nun mag dies etwas verwirrend erscheinen, doch wozu gibt es Beispiele? Im Folgenden soll die Datei */etc/hosts*, die aus drei Spalten besteht, die jeweils durch ein Leerzeichen voneinander getrennt sind,[9] an unsere Bedürfnisse angepasst werden. Die erste Spalte gibt die IP-Adresse eines Computers, die zweite dessen vollen Domain-Namen und die dritte dessen bloßen Hostname an. Wir interessieren uns nun ausschließlich für die IP und den Hostname.

Da die einzelnen Felder durch ein Leerzeichen getrennt sind, geben wir dies über den `-d`-Parameter als »Trennungszeichen« für die Spalten an. Da es sich beim Leerzeichen um ein nicht druckbares Zeichen handelt, »escapen« wir es, indem wir »\ « (beachten Sie das Leerzeichen) schreiben.

```
user$ cut -d\  -f 1,3 /etc/hosts
127.0.0.1 localhost
192.168.0.1 merkur
192.168.0.2 venus
192.168.0.3 erde
192.168.0.4 mars
192.168.0.5 jupiter
```

Listing 8.29 Beispielanwendung für `cut`

8.4.8 paste – Dateien zusammenfügen

Nein, `paste` ist nicht – wie einige Leute glauben – das Gegenstück zum `cut`-Programm. `cut` schneidet die Teile, die Sie benötigen, aus einem Text heraus. `paste` fügt jedoch keine Teile ein, sondern fügt ganze Dateien zusammen.

Die Zusammenfügung erfolgt zeilenweise über ein Trennungszeichen, das Sie angeben können. Schauen wir uns einmal die Ausgabe des obigen Aufrufs von `cut` an. Dort geben wir die IP-Adressen und die Hostnamen der Rechner im Netzwerk aus. In der folgenden fiktiven Situation gehen wir davon aus, dass die IP-Adressen in der Datei *IPAdressen* und die Hostnamen in der Datei *Hostnames* untergebracht sind. Wir möchten nun eine zeilenweise Zuordnung erstellen, wobei die einzelnen Spalten durch einen Doppelpunkt voneinander getrennt sein sollen.

```
user$ paste -d : IPAdressen Hostnames
127.0.0.1:localhost
192.168.0.1:merkur
192.168.0.2:venus
```

9 Dies muss nicht zwangsläufig so sein.

```
192.168.0.3:erde
192.168.0.4:mars
192.168.0.5:jupiter
```

Listing 8.30 Beispiel für das Zusammenfügen zweier Dateien

8.4.9 tac – Dateiinhalt umdrehen

Es könnte vorkommen, dass eine Datei in einer Form vorliegt, die umgedreht werden muss, beispielsweise als eine Tabelle, die Benutzerdaten von User-ID 1.000 bis 10.000 enthält, jedoch mit 10.000 statt mit 1.000 beginnt. In diesem Fall hilft `tac` sehr einfach weiter.

```
user$ tac /etc/hosts
192.168.0.5 jupiter.sun jupiter
192.168.0.4 mars.sun mars
192.168.0.3 erde.sun erde
192.168.0.2 venus.sun venus
192.168.0.1 merkur.sun merkur
127.0.0.1 localhost.sun localhost
```

Listing 8.31 `tac` dreht unsere hosts-Datei um.

8.4.10 nl – Zeilennummern für Dateien

Oft kommt es vor, dass der Quellcode eines Programms oder auch eines Shellskripts im Usenet gepostet oder erklärt werden soll. An dieser Stelle (aber auch bei jeglicher Form von Tabelle und Plaintext-Datenbank) sind Zeilennummerierungen ein sehr hilfreiches Mittel, um dem Empfänger oder dem verarbeitenden Programm die Arbeit mit der Datei zu erleichtern.

An genau dieser Stelle setzt `nl` an und fügt der angegebenen Datei die Zeilennummern hinzu. Die Datei selbst wird dabei jedoch nicht manipuliert: Die Ausgabe erfolgt auf der Standardausgabe.

8.4.11 wc – Zählen von Zeichen, Zeilen und Wörtern

Mit diesem Programm können Sie ganz einfach die Wörter (`-w`) eines Textes (sofern dieser im ASCII-Format vorliegt), die Zeilen (`-l`) des neuesten Quellcodes oder dessen Zeichen (`-c`) zählen.

```
user$ wc -l kap??.tex
     714 kap01.tex
     439 kap02.tex
     831 kap03.tex
    1268 kap04.tex
     716 kap05.tex
    1111 kap06.tex
    2636 kap07.tex
    3632 kap08.tex
     662 kap09.tex
    1241 kap10.tex
    1964 kap11.tex
    1813 kap12.tex
     501 kap13.tex
     385 kap14.tex
     648 kap15.tex
   18561 total
```

Listing 8.32 Zeilen der Buchdateien zählen

8.4.12 od – Dateien zur Zahlenbasis x ausgeben

Möchten Sie einmal eine Binärdatei verstehen? Nun, dazu genügt manchmal schon ein einfacher Hex-Editor oder das Dump-Kommando od. Mithilfe dieses netten Programms können Dateien in ASCII, dezimaler, oktaler und hexadezimaler Darstellungsweise ausgegeben werden.

Die oktale Schreibweise wird über den Parameter -b, die ASCII-Ausgabe mit -c erzielt. Dabei wird jeweils ein Byte pro Spalte dargestellt.

Bei der Ausgabe in Hex-Form (-x) und dezimaler Form (-d) werden jeweils zwei Byte der Datei ausgegeben.

```
user$ od -x /vmlinuz
0000000 c0b8 8e07 b8d8 9000 c08e 00b9 2901 29f6
0000020 fcff a5f3 19ea 0000 bf90 3ff4 d88e d08e
0000040 fc89 e18e 78bb 1e00 c564 b137 5706 a5f3
0000060 1f5f 45c6 2404 8964 643f 478c 3002 30e4
0000100 cdd2 3113 b1d2 bb02 0200 02b4 f1a0 cd01
0000120 7313 500c 53e8 8901 e8e5 0158 eb58 bede
0000140 01d6 98ac d4a3 8101 dafe 7301 9114 d231
0000160 db30 3e8a 01f1 c7fe e7d0 01b8 cd02 7213
0000200 b8e1 9000 c08e 03b4 ff30 10cd 09b9 bb00
0000220 0007 dabd b801 1301 10cd 00b8 8e10 e8c0
...
```

Listing 8.33 Hex-Dump des Kernels mit od

8.4.13 Mehr oder weniger, das ist hier die Frage!

more und less

Nun möchten wir Ihnen zwei ganz besonders wichtige Programme in der UNIX-Welt vorstellen: `more` und `less`. Beide Kommandos können Dateien auf dem Bildschirm seitenweise ausgeben. Dabei können einzelne Seiten mit den Bild-Auf- und Bild-Ab-Tasten gescrollt werden. Die Leertaste bewirkt das Weiterblättern einer Seite, die Cursor-Tasten werden zum Scrollen von einzelnen Zeilen bzw. von Textblöcken (nach links bzw. rechts) verwendet.

Im Gegensatz zu `more` kann `less`, auch wenn der Text aus einer sogenannten *Pipe*[10] stammt, den Buffer zurückscrollen. Die Handhabung der beiden Kommandos ist in der grundlegenden Benutzung identisch.

```
user$ more $BUCH/kap08.tex
\gpKapitel{Die Shell}

\begin{gpAnleser}
Herzlichen Glückwunsch. Sie sind nun am wohl
wichtigsten Kapitel des Buches
angelangt. Die Shell ist das A--und--O unter Linux
und wird Ihnen wohl auch
...
user$ cat $BUCH/kap08.tex | less
\gpKapitel{Die Shell}

\begin{gpAnleser}
Herzlichen Glückwunsch! Sie sind nun am wohl
wichtigsten Kapitel des Buches angelangt. Die
Shell ist das A--und--O unter Linux und wird
...
```

Listing 8.34 Funktionsweise von `more` und `less`

8.4.14 head und tail

Zwei wichtige Programme sind `head` und `tail`. Ersteres zeigt den Kopf einer Datei, besser gesagt, die ersten Zeilen, Letzteres das Ende einer Datei auf dem Bildschirm an.

Die Anzahl der auszugebenden Zeilen wird via `-n` angegeben, wobei `n` kein Parametertyp selbst, sondern die Anzahl ist.

10 Pipes werden weiter unten behandelt.

```
# Die letzten fünf Einträge der messages-Datei
# liefern uns aktuelle Meldungen:
user$ tail -5 /var/log/messages
Oct 25 16:28:50 laptop kernel: device lo left
promiscuous mode
Oct 25 16:29:25 laptop kernel: device lo entered
promiscuous mode
Oct 25 16:50:16 laptop -- MARK --
Oct 25 17:10:18 laptop -- MARK --
Oct 25 17:25:32 laptop kernel: device lo left
promiscuous mode

# Die ersten zwei Einträge liefern uns alte Daten
# vom September:
user$ head -2 /var/log/messages
Sep 19 15:41:31 laptop syslogd 1.4.1: restart.

Sep 19 15:41:32 laptop kernel: klogd 1.4.1, log
source = /proc/kmsg started.
```

Listing 8.35 Die letzten und ersten Logeinträge

[+] `tail` kann der `-f`-Parameter übergeben werden. Dieser listet zunächst die letzten Zeilen der angegebenen Datei auf, wartet aber auf neue. Würde also `tail -f /var/log/messages` aufgerufen und nach fünf Minuten eine neue Logmeldung eingetragen werden, so würde diese automatisch ausgegeben werden.[11]

8.4.15 sort und uniq

Als Shell-Anwender gerät man recht oft – auch wenn man es aus der Windows-Welt kommend nicht so ganz glauben mag – in die Situation, bestimmte Zeilen von Dateien zu sortieren und redundante Datensätze zu entfernen.

Betrachten wir folgende Beispieldatei, die zwei Spalten beinhaltet. Die erste gibt eine Nummer an, die dem Protokoll (Spalte 2) zugeordnet ist. Einige Dateneinträge sind redundant. Im Folgenden wollen wir diese Datensätze ordnen lassen.

11 Das `tail`-Programm wartet jeweils eine Sekunde, bis die nächste Prüfung auf neue Zeilen in der Zieldatei gestartet wird. Für schnelle Aktualisierungen der Ausgabe ist es also weniger geeignet.

```
001 ICMP
002 IGMP
089 OSPF
003 GGP
006 TCP
022 IDP
022 IDP
000 IP
012 PUP
017 UDP
255 RAW
```

Listing 8.36 Die Beispieldatei

`sort` hilft uns nun, diese Daten nach einer numerischen Reihenfolge korrekt zu sortieren. (Ohne anführende Nullen gibt es allerdings Probleme!) Nun fehlt nur noch, dass die redundanten Datensätze entfernt werden, besser gesagt, dass jeder von diesen Datensätzen nur einmal vorkommt. Dies wird mittels `uniq` bewerkstelligt.

Sofern man nicht mit Pipes arbeitet, werden die Aufrufe folgendermaßen abgewickelt: `sort|uniq Dateiname`

```
user$ sort Beispieldatei | uniq
000 IP
001 ICMP
002 IGMP
003 GGP
006 TCP
012 PUP
017 UDP
022 IDP
089 OSPF
255 RAW
```

Listing 8.37 Die intelligente Lösung

8.4.16 Dateien aufspalten

Ein nettes Tool, um große Dateien in kleinere Hälften aufzuteilen, ist `split`. Die Aufteilung erfolgt entweder durch Zeilen (`-l`) oder aber durch Bytes (`-b`).

Gehen wir einmal davon aus, dass eine Backup-Datei auf eine Diskette kopiert werden soll. Eine Diskette bietet 1440 KB Speicherplatz, wir benötigen von der Backup-Datei also 1440 KB große Teile, um eine effiziente Speichernutzung auf den Backup-Medien zu erzielen.

Die Datei selbst hat eine Größe *x*. `split` erstellt nun so lange 1440 KB große Dateien, bis die komplette Backup-Datei aufgeteilt ist.

Wenn die Datei nicht die Größe eines Vielfachen von 1440 KB hat, wird die letzte Datei natürlich nur die verbleibenden Restdaten und damit das Ende der Backup-Datei enthalten, und aus diesem Grund auch nicht den kompletten Speicherplatz belegen.

Bei der Aufteilung in Byte können folgende Suffixe verwendet werden: `b` für Blockeinheiten zu je 512 Byte, `k` für Kilobyte sowie `m` für Megabyte.

```
user$ split -b 1440k backup.tgz
user$ ls xa?
xaa xab xac xad xae xaf xag
```

Listing 8.38 Aufteilen der Backup-Datei in 1440 KB große Teile

Die Dateien `xaa`, `xab`, `xac` ... sind die neu erstellten Teildateien. Doch wie fügt man sie »nu' wieder 'zam«? Nun, es gibt viele Möglichkeiten, dies zu tun, die einfachste dürfte jedoch ein Aufruf von `cat` in Verbindung mit einer Ausgabeumlenkung sein.

```
$ cat x?? > backup.tgz
```

Listing 8.39 Zusammenfügen der Dateien

8.4.17 Zeichenvertauschung

Wir haben immer ein Dilemma mit heruntergeladenen Dateien, die wir kategorisieren wollen. Die eigentlichen Dateien des Typs befinden sich in Kleinbuchstaben auf der Platte, die heruntergeladenen haben jedoch oftmals Großbuchstaben im Namen.

Nun, dies ist eines von den Szenarien, in denen `tr` Abhilfe schaffen kann. `tr` konvertiert ein Zeichen *x* in *y*, z.B. einen Großbuchstaben in einen Kleinbuchstaben, ein Leerzeichen in einen Unterstrich oder auch eine runde Klammerung in eine eckige.

Dabei werden die zu konvertierenden Zeichen in der Form »[alt] [neu]« übergeben, zu löschende Zeichen werden durch den Parameter `-d` bzw. `-delete`, zu komplementierende über `-c` bzw. `-complement` gekennzeichnet.

```
user$ cat Datei
Da-tei-in-halt
user$ cat Datei | tr -d \-
Dateiinhalt
user$ cat Datei | tr a \?
D?-tei-in-h?lt
```

Listing 8.40 Das Kommando `tr`

8.5 Startskripte

Da wir uns in diesem Buch primär an das Beispiel der `bash` halten möchten, wird an dieser Stelle auch das Startskriptsystem dieser Shell beschrieben.

In den Startskripten werden globale und benutzerspezifische Initialisierungen vorgenommen. So werden Funktionen definiert, der ein oder andere Alias eingerichtet oder Variablen wie der Programmsuchpfad $PATH gesetzt.

Ist die `bash` als Login-Shell eingerichtet, so werden zunächst die Dateien */etc/profile* und – sofern vorhanden – die *.bash_profile* im Heimatverzeichnis des Benutzers ausgeführt. Anschließend werden die ebenfalls im Heimatverzeichnis liegenden Dateien *.bash_login* und *.profile* ausgeführt.

Die Datei */etc/profile* enthält globale Einstellungen. Dies ist praktisch, da bei jedem Login eines Benutzers eine vom Administrator vorgegebene Einstellung übernommen werden kann. So könnte zum Beispiel ein bestimmtes Kommando oder ein für alle Benutzer verwendbarer Alias eingerichtet werden.

Selbst ist der User

Die anderen Dateien können vom Benutzer selbst eingerichtet und dazu verwendet werden, persönliche Einstellungen vorzunehmen.

[+]

Nachdem man sich aus der `bash` ausloggt hat, wird die Datei *.bash_logout* ausgeführt. In diese Datei kann man nützliche Funktionen, etwa zum Löschen temporärer Daten, einbauen.

.bashrc

Wird eine interaktive Nicht-Login-Shell gestartet, liest die `bash` die Datei `.bashrc` im Heimatverzeichnis des Benutzers ein und führt sie aus.

Hier ist eine minimale *.bashrc*:

```
# Setzen von einigen Variablen
export NULL=/dev/null
export MAINLOG=/var/log/messages
export TERM=xterm-color
export LC_ALL=de_DE

export NNTPSERVER='news.btx.dtag.de'
export EDITOR="vi"

export IRCNICK="cdp_xe"
...

# Alias-Definitionen
alias ls="/bin/ls -aF"
alias ll="ls -alhoF"
alias cl="cd ..;ls"
alias cll="cd ..;ll"
...

# Willkommenstext fuer jede neue Shell
echo
echo "Welcome on `hostname`, $USER!"
echo
printf "%79s\n" "`uname -a`"
printf "%79s\n" "`uptime`"
...

# Der Willkommensspruch
/usr/games/fortune
```

Listing 8.41 Beispiel für eine .bashrc-Datei

8.6 Ein- und Ausgabeumlenkung

Ein sehr bedeutendes und simpel gehaltenes Feature der UNIX-Shells ist die Ein- und Ausgabeumlenkung. Doch was hat es damit eigentlich auf sich?

Unter Linux verwenden Konsolenprogramme die Ausgabe von Text auf dem Terminal, um einem Anwender Informationen zu übermitteln. Diese Form der Ausgabe wird über die oben bereits angesprochene Standardausgabe (STDIN) geschickt. Man kann diese Standardausgabe jedoch auch umleiten, beispielsweise in ein anderes Programm (dies geht mithilfe von Pipes, die weiter unten besprochen werden) oder in eine Datei. Diese

Umleitung der Ausgabe wird, wie Sie wohl bereits erahnen, als *Ausgabeumlenkung* bezeichnet und mit dem Größer-als-Operator (>) realisiert.

Der Operator wird hinter das auszuführende Programm geschrieben, und anschließend wird der Name der Datei angegeben, in die die Ausgabe umgelenkt werden soll.

```
user$ ls -l
total 3800
-rw-r--r-- 1 swendzel wheel  379 Nov 1 1:34 Makefile
-rw-r--r-- 1 swendzel wheel 1051 Nov 2 0:56 anhang.aux
-rw-r--r-- 1 swendzel wheel 1979 Nov 1 0:53 anhang.tex
-rwx------ 1 swendzel wheel  283 Nov 1 1:13 backup
...
user$ ls > output
user$ head -4 output
total 3808
drwxr-xr-x  3 swendzel wheel 1536 Nov 30 7:48 ./
drwxr-xr-x 21 swendzel wheel  512 Nov 22 3:00 ../
-rw-r--r--  1 swendzel wheel  379 Nov 15 1:34 Makefile
```

Listing 8.42 Ausgabeumlenkung in eine Datei

Eingabeumlenkung

Das gleiche Prinzip verfolgt auch die Eingabeumlenkung, jedoch mit dem Unterschied, dass hier natürlich das gegenteilige Verfahren genutzt wird: Der Inhalt einer Datei wird als Eingabe für ein Programm verwendet. Das heißt, die Eingabe wird nicht mehr manuell getätigt, sondern kann in einer Datei dauerhaft gespeichert und immer wieder als Steuerung für ein Programm verwendet werden.

Ein gutes Beispiel für solch eine Anwendung ist das `mail`-Programm. Der Inhalt einer Datei kann so durch Eingabeumlenkung ganz schnell und einfach an den Mann gebracht werden.

```
user$ mail -s Testmail swendzel@eygo.sun < output
```

Listing 8.43 Eingabeumlenkung

8.6.1 Fehlerausgabe und Verknüpfung von Ausgaben

Nummerierung

Neben der Schreibweise `> Ausgabe` ist auch die Schreibweise `Nummer > Ausgabe` möglich, wobei Nummer die Nummer des Ausgabekanals angibt. Der Eingabekanal hat die Nummer 0, die Standardausgabe die Nummer 1 und die Standard-Fehlerausgabe die Nummer 2. Nur durch Angabe der Nummer kann demzufolge auch die Standard-Fehlerausgabe umgelenkt werden, da die Nummer der Shell mitteilt, was genau umgeleitet werden soll.

```
user$ ls /root 1>/dev/null 2> Fehler
user$ cat Fehler
ls: root: Permission denied
```

Listing 8.44 Fehler- und Standardausgabe umlenken

Verknüpfung der Kanäle

Die Umlenkung der Ausgabe kann auch verknüpft werden. Dies wird realisiert, indem man einem anderen Kanal das Ziel eines vorher umgeleiteten Kanals zuweist. Die zugehörige Schreibweise zeigt das folgende Listing:

```
user$ ls /* > /dev/null 2>&1
user$
```

Listing 8.45 Sowohl Standard- als auch Fehlerausgabe ins Nirvana schicken

> Die Ausgabeumlenkung kann übrigens zur gleichen Zeit wie die Eingabeumlenkung realisiert werden: `programm < a.txt > b.txt`

8.6.2 Anhängen von Ausgaben

Zu den obigen Möglichkeiten kommt noch hinzu, dass eine Ausgabe an eine bereits vorhandene Datei oder eine Eingabe an bereits vorhandene Eingaben angehängt werden kann. Dazu verwendet man den Umleitungsoperator einfach doppelt.

```
user$ echo "Das ist Zeile 1" > Output
user$ echo "Das ist noch eine Zeile" >> Output
user$ cat Output
Das ist Zeile 1
Das ist noch eine Zeile
```

Listing 8.46 Umleitung hinzufügen

8.6.3 Gruppierung der Umlenkung

Es ist möglich, eine Umlenkung mehrerer Programme zu gruppieren. Das heißt, alle in dieser Gruppe enthaltenen Kommandos sind von der Umlenkung der Gruppe betroffen. Eine Gruppierung wird auf zwei Arten vorgenommen: mit normalen und mit geschweiften Klammern. Verwendet man normale Klammern, dann wird für die Befehlsgruppe zusätzlich eine Sub-Shell gestartet, die enthaltenen Anweisungen nehmen also weniger Einfluss auf die aktuelle Shell.

```
user$ { ls -l; uptime } > Output
user$ tail -2 Output
zzz
 6:46PM up 3:46, 4 users,load averages:0.24,0.19,0.18
user$ ( rm `find / -name '*.core'` ) 2> /dev/null &
```

Listing 8.47 Gruppierung

8.7 Pipes

Pipes (|) sind mehr oder weniger mit dem Feature der Ausgabeumlenkung verwandt. Der Unterschied besteht darin, dass Pipes die Ausgabe eines Kommandos nicht in eine Datei, sondern in ein weiteres Kommando leiten. Dieses zweite (und gegebenenfalls auch dritte, vierte, ...) Kommando wird die Ausgabe des ersten Programms daher als Eingabe sehen. Setzen wir das oben bereits aufgeführte Mail-Beispiel doch einmal via Pipe um:

```
# Der alte Aufruf:
user$ mail -s Testmail swendzel@eygo.sun < output

# Hier mit Pipes:
user$ cat output | mail -s Testmail swendzel@eygo.sun

# Pipes kann man eigentlich für fast alles
# verwenden...
user$ wc -l kap??.tex | sort | \
awk '{
    print "Datei " $2 " hat momentan " $1 " Zeilen";
     }'
...
```

Listing 8.48 Mailen via Pipe

8.7.1 Um- und weiterleiten mit tee

Doch was ist, wenn man die Ausgabe einer Pipe nicht nur weiterleiten, sondern gleichzeitig umlenken möchte? Dafür gibt es das Programm tee. Man übergibt tee den Namen der Datei, in die die Ausgabe umgeleitet werden soll.[12] Zugleich wird die Ausgabe jedoch auf dem Bildschirm (also stdout) ausgegeben und kann entweder in eine weitere Datei oder eine Pipe geleitet werden.

```
user$ wc -l kap??.tex | sort | tee output.tex | \
./make_status
```

Listing 8.49 Anwendung von tee

8.7.2 Named Pipes (FIFOs)

Named Pipes (sogenannte *FIFOs*) erweitern die Fähigkeiten einer Pipe. Eine FIFO kann als Datei auf dem Dateisystem erzeugt werden (was mit dem Befehl mkfifo bewerkstelligt wird) und Daten eines Prozesses einlesen. Das Schöne daran ist, dass mehrere Prozesse diese FIFO verwenden können.

FIFOs arbeiten nach dem First-In-First-Out-Prinzip (daher der Name). Das bedeutet: Die Daten, die zuerst in einer FIFO abgelegt werden, werden auch zuerst wieder vom lesenden Prozess gelesen.

In der Regel benötigt man dieses Feature zwar nicht, aber wenn beispielsweise ein IRC-Client auf Shell-Ebene entwickelt wird, der Telnet als Sender und Empfänger der Daten verwenden soll, wäre es eventuell eine prima Lösung.

```
user$ mkfifo fifo

# Unter der Annahme, ein Dämonprozess zur
# Verarbeitung der FIFO-Eingabedaten existiert und
# läuft, schreiben wir nun einen String in diese:
$ echo Gleich sind Shellskripte an der Reihe. > fifo

# Unsinnigerweise könnte der Empfängerprozess den
# Inhalt der FIFO einfach nur ausgeben. Für einen
# Beispiel-Empfänger ist dieses Beispiel jedoch
# optimal...
$ cat fifo
Gleich sind Shellskripte an der Reihe.
```

Listing 8.50 Erstellung und Verwendung einer FIFO

---

12 Die Ausgabeumlenkung funktioniert nur mit der Standard-, nicht mit der Fehlerausgabe.

8.8 Grundlagen der Shellskript-Programmierung

Sofern Sie nach dem obigen Stoff eine kleine Lernpause benötigen, gönnen Sie sich diese. Das nun folgende Thema ist etwas schwieriger und sollte daher mit voller Aufmerksamkeit studiert werden. Die Programmierung von Shellskripten ist in der UNIX-Welt ein definitiv wichtiges Mittel zur Administration von Systemen.

Zunächst werden wir uns mit den grundlegenden Dingen der Shellskripte beschäftigen. Anschließend werden Schleifen, Arrays und bedingte Anweisungen erläutert. Am Ende des Kapitels sollten Sie ohne größere Probleme ein Backup-Skript für Ihren Server erstellen können.[13]

8.8.1 Was genau ist ein Shellskript?

Ein Shellskript ist zunächst einmal eine Datei. In dieser Datei ist mindestens ein Shell-Kommando enthalten. Die in der Datei enthaltenen Kommandos werden der Reihe nach von der Shell ausgeführt.

Damit solch ein Shellskript überhaupt ausführbar wird, sollte man es mit den entsprechenden Rechten versehen. Als Programmierer benötigt man Lese-, Schreib- und Ausführungszugriff auf ein Skript. Die anderen Benutzer des Systems sollten nicht unbedingt Zugriff auf solche Skripte haben.

```
user$ chown user:users Skript.sh
user$ chmod 0700 Skript.sh
```

Listing 8.51 Shellskript-Permissions setzen

Ein Shellskript wird ausgeführt, indem man es wie ein normales Programm aufruft. Dabei ist zu beachten, dass sich das Skript in einem *bin*-Verzeichnis wie etwa */usr/local/bin* befinden und dieses Verzeichnis in der PATH-Variablen enthalten sein muss. Natürlich kann ein Skript auch im Arbeitsverzeichnis ausgeführt werden. Dazu muss dieses allerdings explizit angegeben werden:

```
user$ ./Skript.sh
--- Ausgaben des Skripts ---
```

Listing 8.52 Ausführen eines Skripts

13 Ferner sollte nach einiger Zeit des hierauf aufbauenden Selbststudiums durchaus die Überwachung von Netzwerkrechnern oder die Auswertung des SMTP-Traffics eines Mailservers über ein Shellskript – eventuell auch mit einem CGI-Webinterface – möglich sein.

8.8.2 Wie legt man los?

Als Erstes benötigt man einen Editor[14] (siehe Kapitel 9). In ihn werden die Anweisungen des Skripts eingegeben und abgespeichert. Anschließend setzt man noch die obigen Zugriffsrechte, und fertig ist das erste Shellskript.

Ein Shellskript beginnt ordnungsgemäß mit der folgenden Zeile:

```
#!<Pfad zum Interpreter>

// Also zum Beispiel:
#!/bin/sh
```

Listing 8.53 Interpreterangabe

Dies hat den einfachen Grund, dass der Kernel sich die ersten zwei Zeichen einer auszuführenden Datei anschaut. Handelt es sich dabei um die Zeichen »#!«, so bedeutet dies, dass für die Ausführung der Datei ein sogenannter *Interpreter* benötigt wird. Ein Interpreter ist ein Programm, das in der Lage ist, diese Anweisungen zu verstehen und zu verarbeiten. Im Falle der Shellskript-Programmierung mit der Bourne-Shell wäre das beispielsweise die Bourne-Shell selbst. Der Pfad dieser Shell ist */bin/sh*. Ein weiteres Beispiel wäre ein Perlskript. Der entsprechende Interpreter wäre in diesem Fall /usr/bin/perl.

8.8.3 Das erste Shellskript

Es ist nun an der Zeit, die Theorie in die Paxis zu portieren. Unser erstes Shellskript wird nur eine einfache Meldung, nämlich »Hello World!«, auf dem Bildschirm ausgeben.

```
user$ cat hello.sh
#!/bin/sh

echo "Hello World!"
user$ chmod +x hello.sh # Ausführrecht
user$ ./hello.sh
Hello World!
```

Listing 8.54 hello.sh

14 Zum Beispiel den vi-Editor, joe oder Emacs

8.8.4 Kommentare

Wie jede gute Programmiersprache bietet auch die Shell eine Möglichkeit, Kommentare im Quelltext zu platzieren. Besonders in großen Skripten ist es manchmal sehr praktisch, einige Hinweise an sich selbst zu richten, falls man später wieder durch den Code durchblicken möchte.

In der Shellskript-Programmierung werden Kommentare mit einer Raute (#) eingeleitet. Alles, was hinter solch einer Raute steht, wird bis zum Ende der Zeile als Kommentar gewertet, daher kann auch direkt hinter eine Anweisung ein Kommentar eingefügt werden:

```
#!/bin/sh

echo "Hello World!" # Meldung ausgeben
echo                # Eine freie Zeile und Ende
```

Listing 8.55 hello2.sh

8.8.5 Variablen

Variablen sind elementare Bauteile der Programmierung. In einer Variablen – besser gesagt, deren Speicherplatz – wird ein Wert (etwa ein String oder das Geburtsdatum der Katze) abgelegt. Indem man nun auf diese Variable zugreift, kann der Wert abgefragt oder verändert werden. Der Zugriff und die Identifikation einer Variablen wird über den an sie vergebenen Namen erreicht.

Eine Variable wird in den meisten Fällen als eine Art Platzhalter für dynamische Kommandoaufrufe verwendet. Dabei wird einem Kommando jeweils ein Wert x übergeben, der von einer beliebigen Situation abhängig gemacht wurde. Ein Beispiel dafür wäre die Übergabe von Parametern an das `echo`-Kommando oder die Abfrage der Konfigurationsdaten einer Schnittstelle X mit `ifconfig`.

Über den Zuweisungsoperator (=) wird ein Wert X der Variablen `var` zugewiesen. Der spätere Zugriff auf eine Variable erfolgt mit dem Dollarzeichen ($).

> Wird ein Variablenname vergeben, spricht man von der *Deklarierung* einer Variablen. In der Regel wird einer Variablen jedoch zusätzlich bei der Deklaration ein Wert zugewiesen. Diese Zuweisung eines Wertes bezeichnet man als *Initialisierung*.

Im folgenden Listing wird die Variable VARA mit dem Wert »Katze« initialisiert und ihr Wert mit dem `echo`-Kommando ausgegeben.

```
VARA="Katze" # Wert zuweisen

echo VARA     # Falsch! Gibt nicht den Wert von
              # VARA, sondern den String "VARA" aus

echo $VARA  # Wert korrekt ausgegeben
```

Listing 8.56 Verwendung einer Variablen

Variablen bekommen in der Shell-Programmierung normalerweise Namen, die nur aus Großbuchstaben bestehen. Absolut notwendig ist dies jedoch nicht.

Gültigkeit einer Variable

Eine Variable ist zunächst nur in ihrer Shell (bzw. im Shellskript) gültig. Allerdings ist es möglich, Variablen an Kind-Prozesse der Shell zu vererben. Dies ist wichtig, damit Programme über Variablen konfiguriert werden können.

Der IRC-Client `BitchX` etwa wird auf diese Weise konfiguriert. Seine Variablen werden beim Login oder dem Shellstart initialisiert und dann *exportiert*, damit seitens des Clients ein Zugriff auf sie möglich wird.

Um eine Variable den Kindprozessen zugänglich zu machen, muss diese mit dem `export`-Befehl *exportiert* werden:

```
$ export IRCHOST="eygo.sun"
```

Listing 8.57 Exportieren einer Variable

8.8.6 Rechnen mit Variablen

Nein, auf trockene Mathematik wird hier verzichtet. Es geht an dieser Stelle nur um die grundlegenden Rechenoperationen in der Shell anhand von Variablen. In Sprachen wie awk, Perl oder C können Variablen einfach in der Form `var = 4858 + 4854828 * PI` oder `var += 484` verrechnet werden und mit `var++/-` in- beziehungsweise dekrementiert werden.

Leider bietet die Shell diese Möglichkeit nicht auf einem so direkten Wege. Die Shell sieht die Variableninhalte als Strings, daher benötigt man externe Programme, um Variablen zu verrechnen.

Wir verwenden an dieser Stelle das expr-Programm. Es kann diverse Ausdrücke verrechnen und lässt sich simpel bedienen.

Addition und Subtraktion

Will man lediglich addieren (oder eine Subtraktion durchführen), geht dies folgendermaßen: Die Rechnung wird als Parameter dem Programm expr übergeben, und dieses gibt das Resultat aus:

```
user$ expr 384 + 484 + 12
880
user$ expr 1000 - 500 + 499
999
```

Listing 8.58 Einfach expr

Weitere Möglichkeiten

expr bietet noch einige weitere Möglichkeiten zur Berechnung von Werten. An dieser Stelle wollen wir uns jedoch im einfachsten Bereich bewegen. Neben der Multiplikation und Division steht auch noch die Modulo-Operation zur Verfügung, die den Rest einer Division ausgibt.

```
user$ expr 17 \* 1948 \/ 14
2365
user$ expr 10 \% 7
3
user$ expr 10 \* \( 17 \* 1948 \/ 14 \)
23650
```

Listing 8.59 Einfach expr

> Einige Rechenoperatoren sollten mit einer Escape-Sequenz (etwa *) versehen werden, damit expr sie nicht missinterpretiert.

Wertzuweisung an Variablen

Die Werte, die vom expr-Kommando ausgegeben werden, können via Kommandosubstitution der Variable zugewiesen werden:

```
export VALUE=`expr 10 \* 10`
```

Listing 8.60 Kommandosubstitution mit Variablen

Rechnen ohne expr in der bash

Wenn Sie nicht bei jeder Rechnung das `expr`-Programm verwenden möchten, besteht in der `bash`, `zsh`, `ksh` und `sh` (jedoch nicht in den Shells der `csh`-Familie) die Möglichkeit, direkt auf der Kommandozeile zu rechnen.

```
user$ echo $(((3939*3-1)/2))
5908
```

Listing 8.61 Shell-Mathematik

8.8.7 Benutzereingaben für Variablen

Mit dem Kommando `read` ist es möglich, die Eingaben eines Benutzers in einer Variablen zu speichern. Dies kann äußert hilfreich sein, wenn es beispielsweise darum geht, ein Installationsskript zu schreiben, das die Einstellungen des Benutzers abfragt (etwa das Zielverzeichnis zur Installation von PHP-Dateien).

```
#!/bin/bash

echo "Wohin installieren?"
read ZIEL
echo "Installiere in $ZIEL..."
cp -r * $ZIEL
```

Listing 8.62 Das read-Kommando

8.8.8 Arrays

Arrays können Sie als eine Ansammlung von mehreren Werten in einer Variablen verstehen, die über einen *Index* ansprechbar sind. Die einzelnen Werte sind in den *Elementen* eines Arrays gespeichert. Arrays werden folgendermaßen initialisiert:

```
Name=(Element1 Element2 ... ElementN)
```

Der Zugriff erfolgt mit der Syntax `$Name[Element]`:

```
user$ array=(Katze Hund Maus)
user$ echo ${array[2]}
```

Listing 8.63 Arrays initialisieren

> Die Elemente beginnen mit der Zahl 0, d. h., das 0. Element ist das erste zugewiesene.

Neue Elemente hinzufügen

Neue Array-Elemente werden einfach mit der Syntax `array[Element]=Wert` zugewiesen.

```
user$ array[3]=Polarfuchs
user$ echo ${array[*]}
Katze Hund Maus Polarfuchs
```

Listing 8.64 Einem Array neue Elemente hinzufügen.

Array-Länge

Die Länge eines Arrays erfährt man via `echo ${#Name[*]`, wobei der Stern-Operator für alle Elemente steht. Möchte man also alle Elemente des Arrays ausgeben, so kann man dies mit `echo ${array[*]}` bewerkstelligen.

8.8.9 Kommandosubstitution und Schreibweisen

Variablen können interessanterweise in verschiedene Schreibweisen eingebettet werden. Betrachten wir einmal die Verwendung einer Variablen im `echo`-Kommando. Zunächst geben wir eine Variable eingebettet in Text aus, wobei wir Anführungszeichen (*double quotes*) verwenden:

```
user$ CMD="uptime"
user$ echo "Mein Lieblingskommando ist $CMD."
Mein Lieblingskommando ist uptime.
```

Listing 8.65 Anführungszeichen

Hochkommas

Bei der Verwendung von Anführungszeichen wird der Wert der Variablen demnach ausgegeben. Doch wie geht man vor, wenn man den Variablennamen selbst ausgeben möchte? Ganz einfach: Man verwendet Hochkommas (*quotes*). Werte, die in Hochkommas stehen, werden nämlich von der Shell nicht weiter interpretiert.

```
user$ echo 'Mein Lieblingskommando ist $CMD.'
Mein Lieblingskommando ist $CMD.
```

Listing 8.66 Hochkommas

Backquotes

Eine weitere, besonders wichtige Schreibweise ist die bereits erwähnte Kommandosubstitution. Dabei werden Backquotes verwendet, und das in ihnen eingeschlossene Kommando wird ausgeführt. Die vom Kommando produzierte Ausgabe wird anstelle des Wertes bzw. des Variablennamens ausgegeben:

```
user$ echo "Mein Lieblingskommando ist `$CMD`"
Mein Lieblingskommando ist  6:44PM up 3:20, 4 users,
load averages: 0.26, 0.14, 0.11
user$ echo '`pwd`'
`pwd`
user$ echo `pwd`
/home/swendzel/projekte/LINUX_BUCH
```

Listing 8.67 Kommandosubstitution

8.8.10 Argumentübergabe

Konsolenapplikationen werden beim Aufruf oftmals mit bestimmten Werten – besser gesagt, Argumenten, etwa einem Dateinamen – versorgt, um Ihnen mitzuteilen, was zu tun ist bzw. womit das, was zu tun ist, getan werden soll. Dem Programm `cat` wird zum Beispiel der Name der Datei übergeben, deren Inhalt es auslesen und auf der Standardausgabe ausgeben soll.

Shellskripte bieten die gleiche Möglichkeit zur Verarbeitung von Argumenten. Wird ein Shellskript gestartet, so kann man auf die einzelnen übergebenen Argumente mithilfe der dafür vorgesehenen Variablen zugreifen. Die Variablen sind durchnummeriert, `$0` gibt das erste Argument, also den Namen des Skripts an, `$1` gibt das erste dem Skript übergebene Argument an, `$2` gibt das zweite Argument an.

Leider ist dies etwas verwirrend. Um Ihnen das Verständnis für diese wichtige Funktionalität besser zu vermitteln, haben wir ein kleines Shellskript geschrieben, das seine eigenen Argumente ausgibt.

```
user$ cat argvscript.sh
#!/bin/sh

echo $0 $1 $2 $3
```

Listing 8.68 Argumentübergabe

Doch blicken wir, bevor wir dieses Skript verbessern, etwas tiefer in diese Thematik. Es gibt nämlich noch einige weitere Informationen, die Ihnen bei der Argumentübergabe zur Verfügung stehen.

Argumentanzahl

Das obige Skript gibt nur die ersten drei dem Skript übergebenen Argumente aus. Das Problem dabei ist, dass man eventuell gar keins oder zwei oder vielleicht auch vier Argumente übergibt und das Skript nicht dynamisch darauf reagieren kann. Es gibt eine Variable mit der Bezeichnung `$#`. `$#` beinhaltet die Anzahl der übergebenen Parameter. Des Weiteren steht `$*` bzw. `$@` zur Verfügung. Beide Variablen geben alle übergebenen Argumente aus.

[+] Generell kann über die Schreibweise `$N` nur auf die Parameter 0–9 zugegriffen werden. Die `bash`-Shell, die wir in diesem Buch von nun an verwenden werden, bietet die Möglichkeit, mittels der Schreibweise `${N}` auf das N-te übergebene Argument zuzugreifen.

Eine neue Version des obigen Skripts gibt uns mittels einer Schleife[15] alle übergebenen Argumente dynamisch aus.

```
user$ cat argvscript2.sh
#!/bin/bash

for ARGUMENTNAME in $@
do
     echo $ARGUMENTNAME
done
user$ ./argvscript2.sh 3949 Merkur Venus Erde Mars
3949
Merkur
Venus
Erde
Mars
```

Listing 8.69 argvscript.sh etwas dynamischer

8.8.11 Funktionen

In der Programmierung dienen Funktionen primär dem Zweck, mehrere Anweisungen in einen Block zu gliedern. Ein Programm, das beispielsweise zwei Berechnungen, eine Summierung und eine Division durchführt, könnte eine Funktion, in der der Code zur Summierung, und eine Funktion, in der der Code zur Division untergebracht ist, beinhalten.

Die meisten Programmiersprachen verfügen über eine Funktion zur Ausgabe von Text auf dem Bildschirm, die mit `print`, `puts`, `printf` oder ähnlichen Namen betitelt wurden. Diese Funktionen beinhalten jeweils

15 Schleifen werden erst später in diesem Buch behandelt. Generell dienen Schleifen zur mehrmaligen Abarbeitung von Befehlen. In diesem Beispiel bedeutet dies, dass für jedes Argument in der Variable $@ einmal die Anweisungen der for-Schleife durchlaufen werden.

den entsprechenden Code, stellen im Programmquelltext jedoch nur eine einzelne Zeile pro Aufruf dar. Und damit sind wir bei einem weiteren Vorteil der Funktionen: Sie können mehrmals aufgerufen werden, ohne den Funktionscode erneut zu implementieren.

Eine Funktion wird mit dem Schlüsselwort `function` eingeleitet und hat folgende Syntax:

```
function Funktionsname
{
    # Codebereich
}

auch folgende Syntax ist möglich:

Funktionsname()
{
    # Codebereich
}
```

Listing 8.70 Funktionssyntax

Eine Funktion wäre damit definiert und implementiert. Doch der Code würde, wenn er so in einer Datei abgelegt werden würde, nicht ausgeführt. Dazu muss eine solche Funktion aufgerufen werden. Betrachten wir einmal folgendes Skript:

```
#!/bin/bash

function PrintUsers
{
   who | awk '{ print $1 }' | uniq
}

echo "Momentan am System angemeldet:"
PrintUsers

sleep 180
echo "Und 3 Min. später:"
PrintUsers
```

Listing 8.71 Func.sh

Das Skript gibt die Benutzer des Systems aus, die momentan eingeloggt sind. Der Funktionscode wird zu dem Zeitpunkt ausgeführt, an dem `PrintUsers` aufgerufen wird.

Funktionen können in ihrem Codebereich auch andere Funktionen aufrufen. Man spricht in diesem Fall von Funktionsschachtelung. [+]

Parameterübergabe und Funktionsvariablen

Wie einem Shellskript selbst, so können intern auch den Funktionen ein oder mehrere Parameter übergeben werden, wobei die Abfrage dieser genauso wie im Hauptbereich des Skripts erfolgt (siehe 8.8.10, »Argumentübergabe«).

Was bei Programmiersprachen wie C selbstverständlich ist, nämlich dass in einem Funktionsbereich (besser gesagt, in einem Gültigkeitsbereich) deklarierte Variablen nur *lokal* gültig sind, muss der Shell erst gesagt werden. Eine *lokale* Variable bedeutet, dass die Variable nicht für den Rest des Shellskripts zugänglich, sondern nur innerhalb der Funktion gültig ist. Nachdem die Funktion beendet wird, wird auch der Speicher der Variablen wieder gelöscht.

Um dies zu erreichen, wird das Kommando `local` verwendet:

```
local var1 var2 varN.
```

Globale Variablen

Möchten Sie allerdings die Variable auch an Subshells vererben, die Variable also zu einer *globalen* machen, kann dies mit dem `export`-Kommando erfolgen. Die Syntax entspricht der von `local`:

```
user$ cat func2.sh
#!/bin/bash

function PrintSysInfo
{
     export OS=`uname`
     local CPU=`uname -p`
     HOST=`uname -n`

     (echo "OS lokal: " $OS)  # Geht, da global.
     echo "CPU lokal: " $CPU
     echo "HOST lokal: " $HOST
}

PrintSysInfo

echo "OS Hauptprogramm: " $OS
echo "CPU Hauptprogramm: " $CPU   # Falsch, da local!
echo "Host Hauptprogramm: " $HOST

user$ ./func2.sh
```

```
OS lokal:  Linux
CPU lokal:  unknown
HOST lokal:  hikoki
OS Hauptprogramm:  Linux
CPU Hauptprogramm:
Host Hauptprogramm:  hikok
```

Listing 8.72 Lokale und globale Variablen

8.8.12 Bedingungen

Bedingte Anweisungen sind ein elementarer Grundstein der Programmierung. Mittels dieser Bedingungen können Werte abgefragt und es kann dementsprechend darauf reagiert werden.

Ein einfaches Beispiel dafür wäre folgendes: Ein Benutzer soll in einem Programm angeben, ob er einen Ausdruck seines Dokuments haben möchte. Das Programm muss nun die Eingaben des Benutzers prüfen und diese zum Beispiel in einer Variablen speichern. Enthält die Variable den Wert »Ja«, erfolgt der Ausdruck, andernfalls wird ganz einfach davon abgesehen.

if, else, fi Zur Formulierung von bedingten Anweisungen verwendet man in der Regel die `if`-Anweisung (es gibt weitere Möglichkeiten, die wir weiter unten behandeln möchten). Sie hat folgende Syntax:

```
if [ BedingungA ] && [ BedingungB ]
then
       Anweisungen
elif [ BedingungA ]
then
       Anweisungen
else
       Anweisungen
fi                    # nicht mit 'if' verwechseln!
```

Listing 8.73 Die if-Anweisung

Die `if`-Anweisung in Zeile 1 legt die Grundbedingung fest. Ist diese erfüllt, werden die Anweisungen ausgeführt, die hinter dem `then`-Schlüsselwort stehen. Ist die Bedingung jedoch nicht erfüllt, wird geprüft, ob die – sofern vorhanden – nächste `elif`-Bedingung erfüllt ist, und deren Anweisungen werden ausgeführt. Ist auch diese nicht erfüllt, wird zur nächsten `elif`-Anweisung gesprungen, bis es keine mehr gibt. Existiert noch eine else-Anweisung, wird diese nur ausgeführt, falls alle anderen Bedingungen nicht zutrafen.

Bedingungen können auch verknüpft werden: Ein && beispielsweise bedeutet, dass sowohl Bedingung 1 als auch Bedingung 2 erfüllt sein müssen, damit die Anweisungen ausgeführt werden. Des Weiteren gibt es noch die Negierung (!) – die Bedingung ist also erfüllt, wenn ihr Inhalt nicht erfüllt wurde. Zudem verfügbar ist das »Oder« (||), bei dem nur eine der verknüpften Bedingungen erfüllt sein muss.

Es gibt eine ganze Menge an Möglichkeiten, Bedingungen zu formulieren, die um einiges über String-Vergleiche hinausgehen. So kann man prüfen, ob eine Datei existiert oder eine bestimmte Datei ein Verzeichnis ist. Da dieser Abschnitt lediglich zur Einführung in die Shellskript-Programmierung dient, werden wir Sie nicht auch noch damit quälen.

Das folgende Skript prüft, ob ein und, wenn ja, welcher Wert als erster Parameter übergeben wurde, und führt eine bedingte Anweisung aus. Der Parameter -z in einer Bedingung prüft, ob das angegebene Element leer ist. Beachten Sie bitte, dass Variablen, deren Inhalt in Form eines Strings verglichen werden soll, in Anführungszeichen geschrieben werden müssen.

```
#!/bin/sh

if [ -z $1 ]
then
	echo "Erforderlicher Parameter fehlt!"
elif [ "$1" = "backup" ]
then
	echo "Erstelle Backup."
	...
elif [ "$1" = "restore" ]
then
	echo "Spiele Sicherungsdaten wieder ein."
	...
else
	echo "Unbekannter Parameter."
fi
```

Listing 8.74 Bedingte Anweisungen

Vergleichen von Zahlen

Oftmals hat man es mit Zahlen zu tun. Diese werden allerdings auf spezielle Arten verglichen. Die folgende Tabelle listet die Vergleichsmöglichkeiten auf.

Vergleich	Beschreibung
$a -eq $b	Die verglichenen Werte sind gleich (equal).
$a -ne $b	Die Werte sind ungleich (not equal).
$a -lt $b	$a ist kleiner als $b.
$a -le $b	$a ist kleiner-gleich $b.
$a -gt $b	$a ist größer als $b.
$a -ge $b	$a ist größer-gleich als $b.

Tabelle 8.2 Bedingungen für Zahlen

Würden wir das obige Beispiel anhand von Zahlenvergleichen realisieren, wäre zum Beispiel folgende Bedingung denkbar:

```
elif [ $1 -eq 1 ]
then
      echo "Erstelle Backup."
      ...
...
```

Listing 8.75 Ein typischer Zahlenvergleich

Returncodes

Via Returncodes ist es möglich, den Erfolg eines ausgeführten Programms zu überprüfen. Führt ein Shellskript beispielsweise ein Backup vom Verzeichnis */export/home/nobody* durch und existiert das Verzeichnis nicht, sollte das Programm einen entsprechenden Fehlercode zurückgeben. In der Regel steht eine »0« für eine erfolgreiche Programmausführung, eine »1« für eine fehlerhafte.

Fehlercodes werden immer in der Shell-Variable `$?` hinterlegt.

```
user$ ls Datei
Datei
user$ echo $?
0
user$ ls DateiABCD
ls: DateiABCD: No such file or directory
user$ echo $?
```

```
1
user$ ls /root 2>/dev/null 1>output
user$ if [ $? -eq 1 ]; then
then> echo "Programmausführung fehlerhaft, breche
dquote> Skript ab."
then> fi
Programmausführung fehlerhaft, breche Skript ab.
```

Listing 8.76 Prüfen des Rückgabewertes

8.8.13 Bedingte Anweisungen – Teil 2

Beschäftigen wir uns noch mit einer weiteren Möglichkeit, bedingte Anweisungen zu programmieren, nämlich mit der `case`-Anweisung. Der Nachteil dieser Anweisung ist, dass sie nur eine Variable verarbeitet. Darin liegt aber auch wiederum ihr Vorteil gegenüber der Anweisung `if`. Möchten Sie nämlich dort eine Variable auf N Werte überprüfen, so müssen jeweils `elsif`-Bedingungen formuliert werden. `case` bietet dafür eine kürzere und bessere Schreibweise.

Die Syntax von `case` ist folgendermaßen aufgebaut:

```
case "$VARIABLE" in
  WertA)
      Anweisungen für A
      ;;
  WertB)
      Anweisungen für B
      ;;
  *)
      Anweisungen
      ;;
esac
```

Listing 8.77 case-Syntax

Die Werte `WertA` und `WertB` werden für die Variable `$VARIABLE` überprüft. Beinhaltet `$VARIABLE` einen dieser Werte, werden die entsprechenden Anweisungen ausgeführt. Die beiden Semikolons beenden den Anweisungsbereich.

Der letzte Werte-Test (*) ist sozusagen das `else` der `if`-Anweisung, der immer dann greift, wenn obige Werte nicht mit dem Variablenwert übereinstimmten.

Die case-Anweisung wird in der Regel für die Erstellung von Runlevel-Skripten (besonders unter Solaris) verwendet. Man übergibt dem Skript dabei ein Argument $1, das Werte wie start oder stop enthält, um einen Dienst im Runlevel N (oder manuell) zu starten bzw. zu beenden.

Skripte, die Kommandos im Hintergrund ausführen, können Sie auf diese Art und Weise wundervoll stoppen und starten. Das folgende Skript wendet dieses Verfahren an, um den syslog-Dämon zu starten bzw. anzuhalten.

```
#!/bin/bash

case "$1" in
   start)
        echo "starte syslogd"
        /usr/sbin/syslogd
        ;;
   hup)
        echo "rekonfiguriere syslogd"
        kill -HUP `ps auxw | grep syslogd | \
                  awk '{print $2}'`
        ;;
   stop)
        echo "stoppe syslogd"
        kill `ps auxw | grep syslogd | \
                  awk '{print $2}'`
        ;;
   *)
        echo "Kommando unbekannt!"
        ;;
```

Listing 8.78 Start/Stopp-Skript

8.8.14 Die while-Schleife

Sie verfügen nun über das zum Verständnis von Schleifen notwendige Grundwissen. Einer Schleife wird eine Bedingung übergeben. Ist diese erfüllt, werden ihre Anweisungen so lange ausgeführt, bis diese Bedingung nicht mehr erfüllt ist.

Eine Bedingung ist sowohl in einer Schleife als auch in einer normalen case-Verzweigung oder if-Anweisung immer wahr, wenn sie den Wert »1« ergibt. Probieren Sie einmal folgende Anweisung aus:

```
user$ if [ 1 ]
then
     echo true
fi
```

Listing 8.79 Eine immer wahre if-Anweisung

Die Syntax dieser Schleife ist im folgenden Listing abgebildet. Die Anweisungen werden mit dem `do`-Schlüsselwort eingeleitet und mit `done` beendet.

```
while [ Bedingung ]
do
     Anweisung A
     Anweisung B
     ...
done
```

Listing 8.80 Syntax der while-Schleife

Doch in der Praxis lernt man bekanntlich am besten. Im Folgenden wird eine *Endlosschleife* erstellt, die alle 30 Minuten die verfügbare Kapazität der Datenträger überprüft. Sinkt die verbliebene freie Kapazität auf unter 5% (das `df`-Kommando gibt in diesem Fall einen Wert von über 95% für die genutzte Kapazität an), wird eine Meldung ausgegeben. Das Prozentzeichen wird mit dem `sed`-Programm herausgefiltet. `awk` und `sed` lernen Sie zu einem etwas späteren Zeitpunkt in diesem Kapitel kennen. **[zB]**

```
#!/bin/bash

while [ 1 ]
do
      df -h | grep -v '[Uu]se' | sed s/\%// | \
      awk '{
            if($5>95)
                  print $1 " is nearly full. ("$5"%)"
      }'
      sleep 1800
done
```

Listing 8.81 Endlosschleife

8.8.15 Die for-Schleife

Die `for`-Schleife bietet gegenüber der `while`-Schleife einen Vorteil: Sie kann eine Liste von Dateien durcharbeiten. Das heißt, die Schleife wird für jede angegebene Datei einmal durchlaufen. Dabei wird einer Variablen für jeden Schleifendurchlauf der Wert eines Dateinamens zugewiesen, mit dem Sie innerhalb des Anweisungsblocks arbeiten können.

```
for VAR in Dateien
do
     AnweisungA
     AnweisungB
     ...
done
```

Listing 8.82 Syntax der for-Schleife

[zB] Stellen Sie sich einmal vor, dass alle Benutzerverzeichnisse archiviert werden sollen. Die Benutzerverzeichnisse der Benutzer, die mit dem Buchstaben »A« beginnen, sind im Verzeichnis */home/a* abgelegt, diejenigen, die mit »B« beginnen, sind in */home/b/* untergebracht usw. Als Archivmedium stehen ZIP-Laufwerke mit einer Kapazität von 250 MB zur Verfügung, und die Benutzer-Quotas beschränken sich pro Buchstabenverzeichnis auf genau diese Kapazität.

Mit der `for`-Schleife kann nun ein simples Skript entwickelt werden, das jeweils ein Verzeichnis auf ein ZIP-Medium sichert und den Admin danach auffordert, die nächste ZIP-Disk einzulegen.

```
#!/bin/bash

ZIPDEVICE=/dev/sd0d
TARGET=/mnt/zip

for DIR in /home/*; do
    if [ -d $DIR ] # Ist es ein Verzeichnis?; then
        mount -t vfat $ZIPDEVICE $TARGET
        if [ $? -eq 0 ]
        then
            cp -r $DIR $TARGET
            umount $TARGET
            echo "Bitte nächstes Medium einlegen."
        else
            echo "Mountvorgang schlug fehl!"
            exit
        fi
    fi
done
```

Listing 8.83 ZIP-Backup

Im Optimalfall sollte noch die verfügbare Kapazität auf dem Medium überprüft und mit dem `tar`-Kommando eine Komprimierung erzielt werden. Doch hätten wir dies gezeigt, wäre wohl das eigentliche Ziel, nämlich die Demonstration der `for`-Schleife, untergegangen.

8.8.16 Menüs bilden mit select

In der Regel wird eine Benutzereingabe mit mehreren Möglichkeiten folgendermaßen getätigt: Auf dem Bildschirm werden die Möglichkeiten ausgegeben, und der Benutzer gibt die gewünschte Auswahl ein. Dabei gibt er beispielsweise einen String »backup« ein, um das Dateisystem zu archivieren. Doch was passiert, wenn er »Backup«, »Bäckup« oder »Bkup« eingibt? Das Skript wird eine Fehlermeldung liefern und sich beenden bzw. eine unvorhergesehene Aktion durchführen und eventuell Schaden am System anrichten.

Mithilfe der `select`-Anweisung können Menüs besser aufgebaut werden. Den Auswahlmöglichkeiten sind dabei Zahlen zugeordnet, die der Benutzer auswählen kann. Dabei kann seitens des Anwenders wesentlich weniger schieflaufen. Zudem wird bei unbekannter Eingabe einfach eine erneute Eingabeaufforderung ausgegeben, sodass kein zufälliger oder falscher Code ausgeführt wird.

Syntax bereits bekannt

Die Syntax ist der `for`-Schleife ähnlich. In der Eingabevariablen wird der Wert der gewählten Auswahl hinterlegt.

```
select AUSWAHL in MöglichkeitA MöglichkeitB ...
do
     Anweisung(en)
done
```

Listing 8.84 select-Syntax

[zB]

Zum allgemeinen Verständnis gibt es natürlich wie immer ein Beispiel, das Ihnen die eigentliche Funktionsweise etwas offener darlegen sollte, als es die bloße Syntax könnte. Das folgende Skript bietet die Auswahl einer Logdatei im Verzeichnis */var/log* an. Die ausgewählte Datei wird mit dem `tail`-Programm überwacht. Das Skript wird durch die Tastenkombination `STRG+C` bzw. via `exit`-Funktion beendet.

```
#!/bin/bash

cd /var/log

select AUSWAHL in authlog daemon messages maillog \
```

```
                    ftpd named.log exit
do
    if [ "$AUSWAHL" == "exit" ]; then
        exit
    fi
    tail -f  $AUSWAHL
done
```

Listing 8.85 Logwatcher mit select und tail

Bei der Eingabeaufforderung für die Menüauswahl wird der Prompt `PS3` angezeigt. Dieser ist, wie bereits weiter oben beschrieben wurde, eine Variable. Wird diese Variable mit einem anderen Wert versehen, können Sie Ihre eigene Aufforderungsmeldung definieren: `export PS3='input>'`.

8.8.17 Das Auge isst mit: der Schreibstil

Im Laufe der Zeit werden Ihre Shellskripte etwas größer und komplexer ausfallen. Aus viel Code schlau zu werden, ist nicht schwer, aus unübersichtlichem Code schlau zu werden umso mehr. Daher empfiehlt es sich, wie in jeder Programmiersprache auch in den Shellskripten bestimmte Formen einzuhalten. Dies wird Ihnen selbst und natürlich all denen, an die Sie Ihren Code weitergeben möchten, das Lesen erleichtern.

Dazu gehört, dass nicht alle Kommandos aneinandergereiht, sondern in Zeilen separiert werden. Doch was noch viel wichtiger ist: Die Anweisungsblöcke bedingter Anweisungen und Schleifen sollten jeweils übereinander stehen.

Betrachten Sie einmal folgendes Beispiel:

```
   for NAME in ~/Haustiere/*
do mail -s "$NAME" < text;
if [ "$NAME" == "Felix" ]
do
       echo "Felix gefunden."; done
       done
```

Listing 8.86 Unübersichtlicher Code

Die Erfahrung lehrt, dass ein Großteil der Anwender tatsächlich solche Skriptcodes schreibt. Eine bessere Lösung wäre doch, die Kommandos zu separieren und die Schleifen hierarchisch anzuordnen:

```
for NAME in ~/Haustiere/*
do
      # Dieser Bereich ist der for-Schleife
      # untergeordnet.
      mail -s "$NAME" < text;
      if [ "$NAME" == "Felix" ]
      do
           # Der if-Anweisung untergeordnet.
           echo "Felix gefunden."
      done
done
```

Listing 8.87 Übersichtlicher Code

[+] Sofern Sie nicht gerade ein Buch schreiben und die Textabschnitte die Erklärungen des Codes enthalten, sind Kommentare eine gern gesehene Erweiterung.

8.9 Reguläre Ausdrücke: awk und sed

Bisher wissen Sie schon eine ganze Menge. Kommen wir nun zum letzten großen Sndvhnizz im Shell-Bereich: den regulären Ausdrücken (*regular expressions*) und damit zu den Programmen `awk` und `sed`.

Wir werden vorwiegend grundlegende Formen der regulären Ausdrücke behandeln und weniger oft benutzte auslassen, um im Rahmen des Buches zu bleiben und Sie nicht unnötig zu »quälen«.

Zum Ende dieses Abschnitts werden wir uns noch mit dem Tool `grep` beschäftigen. Doch nun zurück zur Einleitung.

Wozu das Ganze?

Reguläre Ausdrücke bieten die Möglichkeit, Kommandozeilenaufrufe und Programme in sehr kurzer Weise zu gestalten, wenn es um die Verarbeitung von Text-Streams geht. Dies wiederum geht leider auf Kosten der Lesbarkeit, doch lassen sie sich mit etwas Übung bis zu einem gewissen Grad problemlos entziffern.

Um sich ein etwas genaueres Bild dieser Thematik zu machen, sei hier ein Beispiel gegeben.

[zB] Wir befinden uns in einem Verzeichnis X, dessen Inhalt aus drei Dateien besteht: *Baum*, *baum* und *Haus*.

Da reguläre Ausdrücke auch bei Programmen wie `ls` angewandt werden können, werden wir sie nun mithilfe dieser obigen Dateien auflisten.

Zuerst sollen alle Dateien aufgelistet werden, die mit einem beliebigen Zeichen beginnen und auf »aum« enden. Hierzu verwenden wir den regulären Ausdruck ?:

```
user$ ls ?aum
Baum baum
```

Listing 8.88 Der Zeichen-Operator

Als Nächstes sollen alle Dateien, die mit einem kleinen oder großen »gEit B« beginnen, aufgelistet werden, anschließend alle Dateien, die mit einem »m« enden:

```
user$ ls [bB]aum
Baum baum
user$ ls *m
Baum baum
user$ ls *a*
Baum baum Haus
```

Listing 8.89 Einer für alles

Sie werden diese Operatoren im Verlaufe des Abschnitts noch näher kennenlernen, hier zunächst erst einmal (der Übersicht halber) eine Tabelle.

Zeichen	Beschreibung
.	Beliebiges Zeichen
*	Beliebige Anzahl von beliebigen Zeichen (d. h., auch kein Zeichen entspricht diesem Metazeichen)
+	Beliebige Anzahl des Zeichens (mind. einmal)
?	Einzelnes oder kein Vorkommen eines Zeichens
[..]	Alle in der Klammerung eingeschlossenen Zeichen können an dieser Stelle vorkommen. Beispielsweise »[0-9]«.
[^..]	Eine Negierung. Kommt ein Zeichen nicht vor, ist die Bedingung erfüllt.
^	Zeilenanfang
$	Zeilenende
x	Das Zeichen kommt x-mal vor.
x,	Das Zeichen kommt x-mal oder mehrmals vor.
x,y	Das Zeichen kommt x- bis y-mal vor.

Tabelle 8.3 Reguläre Ausdrücke

8.9.1 awk – Grundlagen und reguläre Ausdrücke

awk ist eine Skriptsprache zur Verarbeitung von ASCII-Text. Sie wurde nach ihren Entwicklern Aho, Kernighan und Weinberger benannt und im Laufe der Jahre zu einem populären Werkzeug der Anwender und Administratoren.

Der Grund dafür ist unter anderem der, dass awk sehr einfach zu erlernen ist, da es nur recht wenige Befehle gibt. Darüber hinaus ist die Syntax an die Sprache C angelehnt und daher schon vielen Nutzern vertraut.

awk kann über Skripte oder direkt über die Kommandozeile benutzt werden, wobei jeweils das Programm awk bzw. gawk für diese Zwecke verwendet wird. awk ist das eigentliche, auf jedem UNIX-System vorhandene Grundprogramm, besser gesagt, der Interpreter. gawk ist die GNU-Version und auf jedem Linux-System verfügbar.

awk starten

awk (wie auch die Implementierungen nawk und gawk) wird ganz einfach über die Kommandozeile gestartet. Die Befehle zur Verarbeitung des Textes werden entweder in Hochkommas (Shift+#) oder in einer Datei abgelegt und als zweiter Parameter bzw. dritter Parameter bei Optionen übergeben. Danach folgt optional eine Datei, in der die zu verarbeitenden Daten enthalten sind, die mittels Pipe übergeben werden können.

```
user$ awk '{print $1}' DateiA DateiB ... DateiN
user$ cat Datei | awk '{print $1}'
user$ awk -f skript.awk Datei
user$ cat Datei | awk -f skript.awk
```

Listing 8.90 So starten Sie awk.

8.9.2 Arbeitsweise von awk

Das Programm besteht aus den folgenden Teilen: dem BEGIN-Teil, dem Hauptteil und dem END-Teil. Nach dem Aufruf wird zunächst einmal der eventuell vorhandene BEGIN-Teil des Programmcodes abgearbeitet, der zur Initialisierung verwendet wird.

Anschließend wird jede einzelne Zeile des zu verarbeitenden Textes separat verarbeitet, was im Hauptteil geschieht. Der Hauptteil enthält demnach den Code für alle Anweisungen, die mit den Zeilen durchgeführt werden sollen, und wird für jede Zeile komplett neu ausgeführt. Bei großen Dateien ist es daher recht sinnvoll, auf zu rechenaufwändige Anweisungen zu verzichten und einen effizienten Code zu schreiben.

Nachdem die Eingabedatei komplett verarbeitet wurde, wird (sofern implementiert) der Code im `END`-Teil des Skripts ausgeführt.

Hier sehen Sie ein Beispiel für den Aufbau eines awk-Skripts:

```
BEGIN {
    print "Monatsabrechnung"
}
{
    print $1 "+" $2 "=" $1+$2
}
END {
   print "Geschafft."
}
```

Listing 8.91 Aufbau eines Skripts mit awk

In `awk` werden einzelne Kommandos durch ein Semikolon getrennt: `print $1; variable=1`.

8.9.3 Reguläre Ausdrücke anwenden

Eine nützliche Fähigkeit von `awk` besteht darin, als Filter für Muster zu dienen. Damit weist es ähnliche Funktionalitäten wir `grep` auf, das Sie später noch kennenlernen werden. Und was verwendet man dazu? Richtig! Reguläre Ausdrücke.

```
user$ cat file
Steffen, Friedrichshafen
Tobias, Ettenbeuren
Johannes, Karlsruhe
user$ awk '/u/' testfile
Tobias, Ettenbeuren
```

Listing 8.92 Aufruf von awk mit einem Muster

Einfache Strings

Einfache Strings können durch die Angabe des Strings selbst gefiltert werden. Diese werden in Hochkommas und zwei Slashes geschrieben:

```
user$ awk '/on/' Zweigstellen
Bonn
London
user$ awk '/S/' Zweigstellen
Salzburg
Stockholm
```

Listing 8.93 Filtern auf Zeichensalat

Der Punkt-Operator

Der Punkt-Operator steht, wie Sie bereits wissen, für ein beliebiges Zeichen an einem einzigen Platz. Man kann ihn mitten in Strings einbauen, um zum Beispiel sowohl große als auch kleine Buchstaben zu erwischen. Eine ebenfalls praktische Anwendung wäre die Namensfindung – es könnte vorkommen, dass der Name einer Person entweder mit »c« oder »k« geschrieben wird.

```
user$ awk '/K.ln/' Zweigstellen
Köln
```

Listing 8.94 Der Punkt-Operator

Der Additionsoperator

Es ist keine Addition im eigentlichen Sinne; es ist lediglich der langweilige Operator, dessen Bedingung nur erfüllt ist, sofern mindestens einmal das vor ihm geschriebene Zeichen auftritt.

```
user$ awk '/n+/' Zweigstellen
Bonn
München
London
Bern
Köln
```

Listing 8.95 Mindestens einmal muss das n vorkommen.

Die Zeichenvorgabe

Es ist möglich, eine bestimmte Zeichenvorgabe zu setzen. Eines dieser von Ihnen vorgegebenen Zeichen muss dann an der entsprechenden Stelle im String vorkommen. Die ausgewählten Zeichen werden dabei in eckige Klammern eingebettet: `[abc]`. Außerdem können einige Abkürzungen wie `a-z` oder `0-9` verwendet werden. Einzelne Zeichengruppen werden mittels Komma getrennt.

```
user$ awk '/M?nch[a-z,0-9][nNzkvps]/' Zweigstellen
München
```

Listing 8.96 Diese Zeichen dürfen alle vorkommen.

Negierte Zeichenvorgabe

Das Gegenteil zur obigen Zeichenvorgabe ist die negierte Zeichenvorgabe. Die dabei angegebene Menge von Zeichen darf an der entsprechenden Stelle nicht vorkommen, damit die Bedingung erfüllt ist.

```
user$ awk '/M?nch[^e][^bn]/' Zweigstellen
user$ awk '/M?nch[^X][^bY]/' Zweigstellen
München
```

Listing 8.97 Negierte Zeichenvorgabe

Diese Negierung kann nur auf Mengen und nicht direkt auf Einzelzeichen, d. h. ohne eckige Klammerung, angewandt werden. Später werden wir sehen, dass man auf diese Art und Weise den Anfang einer Zeile beschreibt.

Zeilenanfang und -ende

Oftmals sortiert man Datensätze nach dem Anfang bzw. dem Ende einer Zeile – ein gutes Beispiel hierfür wäre die Aussortierung der Logdatei-Einträge des Tages x. Die regulären Ausdrücke stellen uns hierfür zwei Zeichen zur Verfügung: `^` und `$`, wobei der Zeilenanfang durch Ersteres angegeben wird und als sogenanntes *XOR* (*exclusive or*) bezeichnet wird, das in der Digitaltechnik Verwendung findet. Das Dollarzeichen sollte jedem bekannt sein und wird in `awk` (ungeachtet der Bedeutung in regulären Ausdrücken) für die Kennzeichnung eines Variablenzugriffs verwendet.[16]

```
user$ awk '/^B/' Zweigstellen
Bonn
Bern
user$ awk '/n$/' Zweigstellen
Bonn
München
London
Bern
Köln
```

Listing 8.98 Filtern nach Zeilenanfang und -ende

16 Dies muss nicht zwangsläufig so sein, macht aber einen guten Programmierstil aus.

8.9.4 awk – etwas detaillierter

Nein, wir möchten an dieser Stelle keine 200 Seiten `awk`-Theorie vermitteln, sondern uns auf wenige Seiten beschränken, um Ihnen in recht kurzer Form die Grundzüge dieser Sprache zu erklären, was wir in den vorangegangenen Abschnitten bereits ansatzweise getan haben.

`awk` bietet die Möglichkeit, auf einige wichtige Variablen zuzugreifen, die für die korrekte Ausführung des Programmcodes wichtig erscheinen. Sehen wir uns diese Variablen doch einmal an ...

- **$1, $2, . . . , $N**
  Diese Variablen geben die Werte der Spalten des Eingabestreams an. `$1` ist dabei die erste Spalte, `$2` die zweite usw.
- **$0**
  In dieser Variablen ist die komplette Zeile, die sich in der aktuellen Verarbeitung befindet, abgelegt. Damit könnten Sie sich auch ein eigenes `cat`-Programm basteln: `print $0`.
- **ARGC und ARGV**
  Wie bei jedem Betriebssystem, das über ein CLI (Command Line Interface) verfügt, gibt es Programme (und Skripte), denen Parameter (etwa das zu erstellende Verzeichnis) übergeben werden. In `ARGV`, einem sogenannten *Array* (wir werden uns noch genauer mit Arrays auseinandersetzen), werden diese Argumente gespeichert. `ARGC` gibt lediglich deren Anzahl an.
- **CONVFMT**
  Diese Variable gibt das Konvertierungsformat für Zahlen in Strings an und ist für uns in dieser Einführung nicht weiter von Bedeutung. Die Variable `OFMT` gibt übrigens das Ausgabeformat von Zahlen an.
- **ENVIRON**
  Dieses Array speichert die Umgebungsvariablen, in denen der Aufruf des `awk`-Codes erfolgt, samt ihren Werten.
- **ERRNO**
  Tritt ein Fehler auf, speichert diese Variable dessen Wert. Fragt man diesen Wert nun über eine entsprechende Funktion ab, so wird eine – zumindest für den Entwickler – verständliche Fehlermeldung ausgegeben.
- **FIELDWIDTHS**
  Normalerweise gibt man in `awk` das Zeichen, das die einzelnen Spalten der zu verarbeitenden Daten voneinander trennt, direkt an. Möch-

te man lieber fixe Spaltengrößen verwenden, so kann man diese in `FIELDWIDTHS` angeben.

- **FILENAME**
  Normalerweise gibt man den Namen der Eingabedatei (also der Datei, in der die zu verarbeitenden Daten enthalten sind) direkt an oder `cat`tet sie über eine Pipe an `awk`. Tut man dies jedoch nicht, wird standardmäßig die Standardeingabe der Shell als Datenquelle verwendet. Ist `FILENAME` gesetzt, wird jedoch der ihr zugewiesene Dateiname als Datenquelle verwendet.

- **FNR**
  Die Zeilen der Eingabedatei sind durchnummeriert, und `FNR` enthält die aktuell verarbeitete Zeilennummer. Dies ist beispielsweise dann hilfreich, wenn es nötig ist, die ersten *N* Zeilen einer Quelldatei zu verarbeiten, oder wenn man eine Durchnummerierung seiner Datensätze erreichen möchte.

- **FS**
  `FS` steht für *field separator* und gibt das Zeichen an, das zur Trennung der Spalten in der Quelldatei verwendet wird. `FS` wird direkt beim Aufruf von `awk` übergeben.

[zB] In der Datei */etc/passwd* werden die Spalten mittels Doppelpunkten getrennt. Um diese Datei spaltenweise auszulesen, setzen wir den *field separator* auf das Doppelpunkt-Zeichen, was mit dem Parameter `-F` erledigt wird:

```
user$ awk -F: '{print "Benutzer/UID: "$1"/"$3}' \
/etc/passwd
Benutzer/UID: root/0
Benutzer/UID: bin/1
Benutzer/UID: daemon/2
Benutzer/UID: adm/3
Benutzer/UID: lp/4
Benutzer/UID: sync/5
...
```

Listing 8.99 field separator

Die `print`-Funktion wird, wie zu sehen ist, für die Ausgabe von Text und Variablen-Werten verwendet, doch dazu später mehr.

- **NF**
  Diese Variable gibt die Anzahl der Felder in der Quelldatei an; `NF` steht für *number of fields*.

- **NR**
  Die Anzahl der Datensätze in der Quelldatei wird in `NR` abgelegt. (Diese Ausdrucksweise ist eigentlich grundlegend falsch, da Variablen eigentlich keine Werte »enthalten«. Die stehen nur für einen Speicherbereich, in dem die Werte abgelegt werden, bzw. verweisen im Falle eines Daten-Pointers auf diesen Bereich.) `NR` steht für *number of records.*[17]

- **OFS**
  Dies ist das Gegenstück zu `FS`, der »Output-Fieldseparator«, also das Trennungszeichen der ausgegebenen Daten.

- **ORS**
  Dies ist das Separierungszeichen für einzelne Datensätze bei der Ausgabe. `ORS` steht für *output record separator.*

- **RS**
  Natürlich gibt es auch zur obigen Output-Version ein Gegenstück: den Separator für Datensätze in der Eingabe.

- **RT**
  Der *record terminator* legt das Zeichen fest, das das Ende der Datensätze angibt.

Zusätzliche Parameter beim Aufruf

Zu diesem Zeitpunkt kennen Sie nur die grundlegende Form eines Aufrufs von `awk` und den Parameter zur Trennung der einzelnen Spalten (*field separator*). Allerdings sind noch einige weitere wichtige Parameter vorhanden.

Mit `-f <Datei>` gibt man den Namen eines Skripts an, das den Programmcode enthält.

Vor dem Start können Sie übrigens auch Variablen erzeugen und diese mit neuen Werten beglücken, was mit `awk -v Variable=Wert` geschieht.

`-copyright` gibt die Kurzform der Lizenz aus, mit der `gawk` ausgeliefert wurde.[18] Der Kompatibilitätsmodus zum »Ur-`awk`« wird mit `-compat` und `-traditional` aktiviert und eine Anwendungshilfe mit `-usage` und `-help` ausgegeben.

---

17 In der Manpage ist die Rede von »records«, womit natürlich die Datensätze selbst gemeint sind.

18 Wer zusätzlich die verwendete `awk`-Version sehen möchte, sollte `-version` verwenden.

8.9.5 awk und Variablen

Auch in awk gibt es Variablen. Und das Schöne daran ist, dass ihre Handhabung einfach ist. Werte werden direkt über den Zuweisungsoperator (das Gleichheitszeichen) an die Variable übergeben. Inkrement- und Dekrement-Operatoren der Sprache C sind auch hier nutzbar, sodass der Wert via variable++ um 1 erhöht und mit variable-- um denselben Wert gesenkt werden kann.

Schreiben wir einmal ein kleines Testprogramm, das die Zeilen der Eingabedatei, ähnlich wie das wc-Programm, zählt. Dazu nehmen wir eine Variable Linecount, die die Zeilen zählt, setzen diese am Anfang (also im BEGIN-Bereich) auf den Wert 0 und zählen sie bei jedem Durchlauf des Hauptprogramms eine Zeile weiter:

```
BEGIN {
  # Im Initialisierungsteil weisen wir
  # der Variable "Linecount" den Wert
  # 0 zu, sie wird die Zeilen zählen.
     Linecount=0;
}
{ # Da die Hauptschleife bei jeder Zeile
  # durchlaufen wird, erhöhen wir ihren
  # Wert einfach jedes Mal...
     Linecount++;
}
END {
  # ...und geben am Ende den Wert aus:
     print "Wert: " Linecount;
}
```

Listing 8.100 Der Zeilenzähler in awk

Ein Vergleich mit unserem Skript und dem wc-Kommando zeigt uns, dass alles funktioniert: Die Ergebnisse sind äquivalent.

```
user$ awk -f script.awk file
Wert: 367
user$ wc -l file
    367 file
```

Listing 8.101 Der Test

> Kommentare werden in awk mit einer Raute (#) eingeleitet und gelten jeweils für die aktuelle Zeile ab dem Punkt, an dem sie gesetzt wurden.

Rechenoperationen

... gibt es natürlich auch in awk, und zwar bedeutend komfortabler, als in der bloßen Shellskript-Programmierung. Es gibt verschiedene Standardoperatoren, wie den Additions- (+) und den Subtraktionsoperator (-) und die Operatoren für Multiplikation (*) und Division (/). Aber auch Kombinationen mit dem Zuweisungsoperator sind möglich. So kann – wie in der Programmiersprache C – aus `Variable = Variable + 2;` ein kurzes `Variable += 2;` oder aus `Variable = Variable / 5;` ein `Variable /= 5;` gemacht werden.

```
BEGIN {
   Var = 1000;
   Var = 999; print Var;
   Var = Var * 2; print Var;
   Var += 10; print Var;
   Var *= 2; print Var;
}
```

Listing 8.102 Rechenbeispiel für awk

```
user$ awk -f script.awk
999
1998
2008
4016
^D
```

Listing 8.103 Anwendung des Rechenbeispiels

Neben diesen Rechenoperationen können auch noch einige weitere wie z.B. die Potenzierung durchgeführt werden: `var = 3 ^ 3` weist `var` den Wert drei hoch drei, also 27 zu. Modulo-Operationen sind über den gleichnamigen Operator (%) ebenfalls möglich: `var = 5 % 4`.

Die Inkrementierung und Dekrementierung von Variablen kennen Sie bereits; was wir Ihnen jedoch noch verschwiegen haben, ist der Unterschied zwischen Pre- und Post-Inkrementierung beziehungsweise -Dekrementierung.

Eine Pre-Verarbeitung hat die Syntax `++/-variable`, eine Post-Verarbeitung `variable++/-`. Der Unterschied zwischen diesen beiden Varianten ist, dass bei der Pre-Version eine Verarbeitung in einer Anweisung noch vor der eigentlichen Anweisung durchgeführt wird. Bei der Post-Variante geschieht dies erst, nachdem solch eine Anweisung beendet wurde. Aber am besten lernt man ja bekanntlich an Beispielen.

```
user$ cat test.awk
BEGIN {
      test = 1;

      print test++;
      print test;
      print ++test;
}
user$ awk -f test.awk
1
2
3
```

Listing 8.104 Post- und Pre-In- und -Dekrementierung

8.9.6 Bedingte Anweisungen

Es stehen natürlich auch in `awk` einige Möglichkeiten zur Verfügung, bedingte Anweisungen mittels relationaler Ausdrücke zu formulieren. Im Rahmen dieser kleinen `awk`-Einführung sollen die `if`-Anweisung und die `for`-Schleife behandelt werden.

if

Mittels dieser Anweisungen werden die Werte von Variablen getestet. Dafür werden sogenannte *Bedingungen* erstellt, die entweder erfüllt werden oder eben nicht. Wird eine Bedingung also (nicht) erfüllt, wird entweder die nachstehende Anweisung oder eine ganze Gruppe von Anweisungen ausgeführt, wobei in diesem Fall ein Bereich für die Anweisungen innerhalb von geschweiften Klammern geschaffen werden muss.

Bedingung	Beschreibung
a < b	a muss kleiner als b sein.
a > b	a muss größer als b sein.
a <= b	a muss kleiner oder gleich b sein.
a => b	a muss größer oder gleich b sein.
a == b	a muss den gleichen Wert wie b haben.

Tabelle 8.4 Grundlegende und logische Bedingungen

Bedingung	Beschreibung
a != b	a muss ungleich b sein.
a in b	b muss ein Array und a ein Element dieses Arrays sein.
a && b	Sowohl a als auch b müssen erfüllt sein.
a & b	Diese Bedingung ist nur dann erfüllt (also >=1), wenn die binären Werte von a und b verknüpft mit einem logischen Und mindestens 1 ergeben.
a || b	Ein logisches Oder. Beachten Sie, dass es in `awk` kein einfaches Oder-Zeichen (|) für diese Zwecke gibt. Es würde als Pipe-Zeichen behandelt werden.
! a	Diese Bedingung ist erfüllt, wenn a nicht erfüllt ist.
x ? a : b	Wenn die Bedingung »x« erfüllt ist, wird a als Bedingungswert bezeichnet, andernfalls b.

Tabelle 8.5 Grundlegende und logische Bedingungen (Forts.)

Zum besseren Verständnis folgt nun ein Beispiel: Der Wert der Variablen `var` wird mit der `if`-Anweisung auf verschiedene Bedingungen hin geprüft. Ist die erste Bedingung nicht erfüllt, dann wird mit `else if` eine weitere Verzweigung dieser Anweisung eröffnet. Durch das `else` wird also nur eine Prüfung vorgenommen, wenn die vorherige Bedingung nicht erfüllt ist.

Wenn auch die zweite Bedingung nicht erfüllt ist, `var` also den Wert 100 hat, tritt die letzte `else`-Anweisung in Kraft. Eine `else`-Anweisung ohne zusätzliches `if` wird immer dann ausgeführt, wenn alle vorherigen Bedingungen unerfüllt sind.

```
BEGIN {
	var=100;

	if(var > 100)
		print "var ist > 100"
	else if(var < 100)
		print "var ist < 100"
	else {
		print "var ist 100"
		print "Hier haben wir eine Gruppierung"
		print "von Anweisungen."
	}

	if(var <= 1000)
		print "var ist kleiner-gleich 1000"

	if(2 || 3){
```

```
        print "Bedingung erfüllt."
    }
}
```

Listing 8.105 So geht's.

for und while

Kommen wir nun zu zwei Schleifentypen, die uns in ähnlicher Form bereits von der Shell-Programmierung her bekannt sind und daher nicht nochmals in ihrer Funktionalität, dafür aber in ihrer Syntax erklärt werden.

In der `for`-Schleife gibt es in der Regel drei Parameter (eine Ausnahme stellt die `in`-Bedingung für Arrays dar). Das erste Argument legt den Wert einer Variablen fest, wird also zur Initialisierung verwendet. Der mittlere Teil enthält die Bedingung in der gleichen Form wie die `if`-Anweisung. Der letzte Parameter gibt die Anweisung an, die bei jedem Schleifendurchlauf ausgeführt werden soll. Die einzelnen »Teile« werden dabei durch ein Semikolon voneinander getrennt.

```
Syntax:      for( Init; Bedingung; Anweisung ) {
                 Anweisung1;
                 Anweisung2;
                 ...;
                 AnweisungN;
             }

Beispiel:    for(var=1; var<=5; var++)
                 print var;
```

Listing 8.106 Die for-Schleife

Die `while`-Schleife läuft wie in der Shell so lange durch, bis die Bedingung nicht mehr erfüllt wird. Diese Bedingung ist das Einzige, was im Schleifenkopf angegeben werden muss. Die Anweisungen werden in `awk` jedoch nicht in `do` und `done`, sondern, wie wir es hier gewohnt sind, in geschweifte Klammern eingepackt.

```
Syntax:      while( Bedingung ) {
                 Anweisung1;
                 Anweisung2;
                 ...
                 AnweisungN;
             }
```

```
Beispiel:      var=1;
               while(var<=5)
                     print var++;
```

Listing 8.107 Die while-Schleife

8.9.7 Funktionen in awk

Kommen wir nun zum Thema Funktionen. Einerseits sollen Sie an dieser Stelle jene Funktionen kennenlernen, die im Standard-`awk` bereits vorhanden sind: sogenannte Builtin-Funktionen. Andererseits lernen Sie, Ihre eigenen Funktionen zu erstellen.

Wie auch bei der Shell-Programmierung können Funktionen in `awk` Parameter übergeben werden, die bei der Deklaration der Funktion – ähnlich wie in C – definiert werden. Zur Funktionsbestimmung wird das Schlüsselwort `function` verwendet. Anschließend folgen der Funktionsname und die in Klammern eingeschlossenen Parameter.

```
Syntax:        function Name( Parameterliste )
               {
                 Anweisung1;
                 Anweisung2;
                 ...
                 [return <Wert>] # Optional
               }

Beispiel:      function Sum(suma, sumb)
               {
                 sum = suma + sumb;
                 return sum;
               }

               BEGIN { print "Berechne Werte..." }

               {    Summe+=Sum($1, $2); }

               END { print "Endwert: " Summe; }

Anwendung:     user$ awk -f testb.awk sum
               Berechne Werte...
               Endwert: 6798
```

Listing 8.108 Funktionen in awk

> `awk` unterstützt die sogenannten *Rückgabewerte* von Funktionen. Dabei werden die zurückgegebenen Funktionswerte in der Funktion selbst berechnet und an eine Variable oder an eine andere Funktion weitergegeben. Für diese Zwecke wird das Schlüsselwort `return` verwendet.
>
> Die obige Funktion könnte mit ihrem Rückgabewert beispielsweise folgende Verwendung finden: `print Sum(4, 7);`. Dabei würde die Builtin-Funktion `print` den Rückgabewert als eigenen Parameter ansehen und ausgeben.
>
> `awk` gibt übrigens auch einen Rückgabewert (wie es sich für gute Programme gehört) an die Shell zurück. Bei einem Rückgabewert von `0` war die Ausführung erfolgreich, andernfalls ist der Wert größer `0`.

8.9.8 Builtin-Funktionen

Builtin-Funktionen stehen nicht nur in der Shell, sondern auch in `awk` zur Verfügung und stellen eine der wichtigsten Komponenten dieser Sprache dar. Zum Umfang gehören sowohl mathematische Funktionen als auch solche zur String-Verarbeitung. Im Rahmen dieser Einführung werden wir uns auf die wichtigsten Funktionen konzentrieren.

getline(...)
Die `getline`-Funktion liest eine Eingabe des Benutzers ein und speichert diese optional in einer gewünschten Variablen, andernfalls in `$0`.

print, sprintf und printf
Die Funktion `print` haben Sie bereits kennengelernt. Die `awk`-Version funktioniert im Prinzip so wie die der Shell-Version. `printf` ist ebenfalls mit der Shell-Variante relativ gleichzusetzen.

`sprintf(f, e)` macht aus dem regulären Ausdruck `e` mittels der Formatangabe `f` einen String und gibt diesen zurück.

system(Kommando)
Diese Funktion ist in einer großen Anzahl von Programmiersprachen vorhanden und bietet die Möglichkeit, Shell-Befehle direkt vom Programm aus auszuführen, was aber nicht als guter Programmierstil gilt. Das Kommando wird hierbei als String übergeben und sollte folglich in Anführungszeichen gesetzt werden.

fflush(Datei)
Diese Funktion leert die Puffer aller im Skript verfügbaren bzw. angegebenen Deskriptoren.

cos(x), sin(x)
Diese beiden Funktionen geben den Kosinus bzw. Sinus von x zurück.

exp(x)
`exp()` ist die Exponentialfunktion von `awk`.

int(String)
Diese Funktion arbeitet ähnlich wie `atoi()` in C und gibt die Zahl aus dem String `String` zurück:

```
print int("70b");
```

log(x)
Hierbei handelt es sich um die Logarithmus-Funktion von `awk`.

rand() und srand(x)
Ja, `awk` ist fast so wie C, man kann zwar nicht so viel machen, aber es ist ein Grund mehr, diese Sprache aufgrund der Syntax zu lieben. Auch die Funktionen zur Generierung von Zufallszahlen haben die gleichen Namen. `srand` setzt dabei den Initialisierungswert für `rand()` mit x – wird kein Argument übergeben, wird die aktuelle Uhrzeit dafür verwendet. `rand()` selbst gibt einen Wert im Bereich von $0 < x < 1$ zurück.

sqrt(x)
`sqrt()` gibt die Wurzel aus x zurück.

gsub(r, s [, t])
Der String `t` wird nach dem regulären Ausdruck `r` durchsucht. Jeder gefundene Ausdruck wird mit `s` überschrieben:

```
gsub("Saturn", "Merkur", $1);
print $1);
```

Listing 8.109 gsub

index(s, t)
`index()` gibt die Position des Strings `t` im String `s` zurück.

length([s])
Diese Funktion gibt die Länge von einem String `s` (in Zeichen) zurück. Für den Fall, dass kein Argument gesetzt wurde, wird die Länge von `$0` zurückgegeben.

match(s, r)
Gibt die Position des regulären Ausdrucks `r` im String `s` zurück.

split(s, a [, r])
Mithilfe des regulären Ausdrucks `r` wird der String `s` auf Array `a` aufgeteilt. Jeweils ein passender Ausdruck wird als Element im Array abgelegt. Die Anzahl der Elemente wird zurückgegeben.

sub(r, s [, t])
Der String `t` wird nach dem regulären Ausdruck `r` durchsucht. Der erste gefundene Ausdruck wird mit `s` überschrieben (also fast wie `gsub()`).

substr(s, i [, n])
Diese Funktion gibt einen Substring von `s` zurück. Dieser String fängt ab dem `i`-ten Zeichen an und endet entweder am String-Ende oder – sofern `n` gegeben ist – am `n`-ten Zeichen.

tolower(s) und toupper(s)
`tolower()` gibt den String `s` in einer Form zurück, bei dem alle Großbuchstaben des Parameters durch die entsprechenden kleinen (aus »S« wird »s« usw.) ersetzt werden. `toupper` ist für die gegenteilige Operation zuständig.

Zeitfunktionen

`awk` findet besonders im Bereich des Logdatei-Parsings Verwendung. Dort ist es oftmals nötig, bestimmte Uhrzeiten und Daten herauszufiltern bzw. zu setzen. `gawk` bietet hierfür einige Erweiterungen an.

`systime()` gibt die Anzahl der seit dem 1. Januar 1970 verstrichenen Sekunden zurück. Diesen Rückgabewert bezeichnet man als einen *Timestamp*.

Die Funktion `strftime([Format [, Timestamp]])` wandelt diese Zahl in ein von Menschen leicht interpretierbares Format um. Das Format kann dabei an die Bedürfnisse des Entwicklers angepasst werden und setzt sich aus verschiedenen Angaben der Form `%X` zusammen.

Da auch die `strftime`-Funktion einen Wert zurückgibt, kann dieser direkt mit `print` ausgegeben werden. Als Timestamp-Parameter verwenden wir wiederum den Rückgabewert der `systime`-Funktion:

```
user$ awk 'BEGIN {
print "Heute ist der " strftime("%d.%m.%Y", systime()); }'
Heute ist der 19.11.2003
```

Listing 8.110 Beispielanwendung für Zeitformatierung

Format	Bewirkt
%y	Das Jahr im zweistelligen Format (08)
%Y	Das Jahr im vierstelligen Format (2008)

Tabelle 8.6 Möglichkeiten der Zeitformate

Format	Bewirkt
%m	Der Monat (01–12)
%h	Der Monat in dreistelliger Schreibweise (Jan, ..., Nov, Dez)
%d	Der Tag des Monats (01–31)
%H	Die Stunde im 24-Stunden-Format (00–24)
%I	Die Stunde im 12-Stunden-Format (00–12)
%p	Die Minute (00–59)
%D	Das komplette Datum im Format »Monat/Tag/Jahr«

Tabelle 8.7 Möglichkeiten der Zeitformate (Forts.)

8.9.9 Arrays und String-Operationen

Auch Arrays finden in `awk` ein Zuhause. Dabei wird, wie bei Variablen, ein beliebiger Name vergeben, der das Array bezeichnet. Die Elemente werden in eckigen Klammern eingebettet: `array[7] = "Linux";`.

Assoziativität

`awk` verfügt über sogenannte *assoziative* Arrays. Das bedeutet: Die Elemente können über String-Werte angesprochen werden, wie es auch in Perl möglich ist.

Des Weiteren kann der weiter oben angesprochene `in`-Operator dazu verwendet werden, die Arrays zu durchsuchen:

```
user$ awk 'BEGIN {
        array[0] = "InhaltA";
        array[1] = "InhaltB";

        print "-----"
        for(val in array)
                print "Element "val ": "array[val];
} END {
        array["Hund"] = "Wuff";
        array["Katze"] = "Miau";
        array["Schaf"] = "Maeh";

        print "-----"
        for(val in array)
                print val ": "array[val];

}'
-----
Element 0: InhaltA
Element 1: InhaltB
-----
```

```
Element Schaf: Maeh
Element Hund: Wuff
Element Katze: Miau
```

Listing 8.111 Arrays in awk

Elemente löschen Einzelne Array-Elemente können über das Schlüsselwort `delete` gelöscht werden: `delete array[element];`. Probieren Sie den obigen Code doch einfach mal aus, und fügen Sie zur Übung ein `delete array["Katze"];` vor der `for`-Schleife ein.

8.9.10 Was noch fehlt

Dies war eine kurze Einführung in `awk`. Wir haben Ihnen einige durchaus grundlegende Eigenschaften dieser Sprache vorenthalten. Nun, andere Leute schreiben über diese Sprache ganze Bücher – doch genau dies möchten wir an dieser Stelle nicht tun. Dafür legen wir Ihnen [Herold03A] als weiterführende Lektüre sowie [Robbins02A] als Nachschlagewerk ans Herz. Sehen Sie sich auch die exzellente Manpage (`awk(1)`) an.

8.9.11 sed

`sed` (*stream editor*) ist ein sehr mächtiges und auf allen UNIX-Systemen populäres Tool. Man verwendet `sed` ähnlich wie `awk`. Allerdings ist `sed` weniger eine Programmiersprache – wobei es allerdings auch möglich ist, Skripte zu erstellen –, sondern vielmehr ein Programm zur Prüfung von Text-Streams auf reguläre Ausdrücke. Seine spezielle Stärke liegt dabei darin, diese gefilterten Ausdrücke zu bearbeiten. So können Textbereiche beispielsweise ersetzt oder auch gelöscht werden.

Die Texte, die `sed` verarbeiten soll, kommen per Default von `stdin`, können aber auch über eine extra angegebene Datei kommen oder über eine Pipe bzw. Eingabeumlenkung übergeben werden.

```
sed [Optionen] 'Adresse' [Dateiname]

user$ echo "Dies ist kein Satz." > austausch.txt
user$ sed s/kein/ein/ austausch.txt
Dies ist ein Satz.
```

Listing 8.112 Nutzung von sed

Adressen In der obigen Aufruf-Syntax findet sich der Parameter `Adresse`. Dieser dient zur Beschreibung des zu verarbeitenden Bereichs. Entweder wird nach einem String bzw. einem regulären Ausdruck gesucht, oder aber die Zeilenadresse übergeben. Diese Adressierung wird in Hochkommas eingebettet und ist mittels Leerzeichen von der »Aktion« getrennt. Bei einer »Aktion« handelt es sich um eine Anweisung zur Bearbeitung der Zeilen, die auf die Adresse zutreffen.

Hier einige Beispiele:

- `sed '3 p' file.txt`
  Eine einzige Zahl adressiert eine einzige Zeile. In diesem Fall wird nur die dritte Zeile der Datei *file.txt* verarbeitet. Die Aktionsparameter werden separat besprochen.
- `sed '3-5 p' file.txt`
  Dieses Beispiel adressiert die Zeilen 3 bis 5.
- `sed '$ p' file.txt`
  Durch das Dollarzeichen (`$`) wird die letzte Zeile adressiert.
- `sed '/string/ p' file.txt`
  Hier werden alle Zeilen, die den String `string` enthalten, adressiert.
- `sed '/^#/d' /etc/rc`
  Filtert alle auskommentierten Zeilen mithilfe des regulären Ausdrucks heraus, wobei nur Zeilen als Kommentar gewertet werden, die mit einer Raute beginnen.

Befehle für sed

Nun fehlen eigentlich nur noch zwei Dinge, um die Grundlagen von `sed` zu erläutern: die Aktionsbefehle und die Optionen. Die Aktionen werden, wie bereits oben gezeigt wurde, durch Einzelbuchstaben dargestellt, die entweder vor oder nach dem Suchmuster geschrieben werden.[19]

- **d:** `sed '50 d' file`
  d löscht die Zeilen, die der Adressierung entsprechen. Im obigen Fall wird die fünfzigste Zeile von *file* entfernt.
- **p:** `sed '1-20 p' file`
  Die Aktion **p** gibt die adressierten Zeilen auf dem Bildschirm aus.
- **s:** `sed '/s/meins/deins/' file`
  Mittels **s** wird eine Änderung im Text vorgenommen. Im obigen Fall wird der String »meins« durch »deins« ersetzt.

19 Die Schreibweise ist vom jeweiligen Befehl abhängig und der Aufzählung zu entnehmen.

- **c:** `sed '/Linuks ist toll./ c\`
  `Linux ist toll.' *.tex`
  Die Aktion **c** ersetzt komplette Zeilen. Nach dem Aktionszeichen müssen ein Backslash und eine neue Zeile folgen, damit `sed` diesen Ausdruck akzeptiert.

- **a:** `sed '/String/ a\`
  `Das hier ist eine zusätzliche Zeile.' *.tex`
  a steht für *append*, also das Anhängen von Text. In diesem Fall ist das Anhängen einer gesamten Zeile gemeint.

- **i:** `sed '/String/ i\`
  `Dies hier ist eine zusätzliche Zeile.' *.tex`
  Im Gegensatz zu `append` fügt **i** die Zeile nicht nach, sondern vor der angegebenen Adresse ein.

- **r:** `sed '/String/ r insert.txt' *.tex`
  r baut die nachstehende Datei – in diesem Fall *insert.txt* – nach der Adresse ein.

`sed` kann mit einigen Optionen aufgerufen werden. Haben Sie vielleicht bereits versucht, bestimmte Zeilen mit der Aktion **p** auszugeben und bekamen kein vernünftiges Ergebnis? Das liegt daran, dass die Option `-n` nicht gegeben war. Diese unterdrückt die Ausgabe des eigentlichen Datenstroms.

Möchten Sie mehrere Kommandos in `sed` in einem einzigen Aufruf integrieren, so kann dies mit `-e` realisiert werden: `sed -e '...' -e '...' file`.

`sed`-Kommandos können außerdem innerhalb einer Datei, besser gesagt, eines Skripts, abgelegt werden. Dieses wird dann mit der Option `-f` angegeben.

8.9.12 grep

`grep` ist eines der meistgenutzten Programme. Es wird dazu verwendet, bestimmte Zeilen aus ASCII-Streams herauszufiltern, womit gemeint ist, dass sie entweder unterdrückt oder nur angezeigt werden.

```
# Alle Dateien, die mit 'kap' beginnen, dann zwei
# beliebige Zeichen enthalten und auf '.tex' enden,
# aus der Pipe des ls-Kommandos herausfiltern:
user$ ls | grep 'kap..\.tex'
kap01.tex
```

```
kap02.tex
kap03.tex
kap04.tex
...

# Alle Nachrichten, die am 22. November zwischen
# 16:00:00 und 16:59:59 geloggt wurden, ausgeben:
user$ grep 'Nov 22 16:..:.. ' /var/log/messages
Nov 22 16:30:13 eygo /bsd: fupids: user 1000: l...
Nov 22 16:34:17 eygo /bsd: fupids: new programm...
...
```

Listing 8.113 Verwendung von grep

Parameter-Aufruf

Der Parameter-Aufruf für `grep` bietet eine Menge nützlicher Befehle. Die wichtigsten und meistgenutzten sind folgende:

- **-v**
  Löscht alle Zeilen, die nicht mit dem regulären Ausdruck übereinstimmen: `grep -v 'regex'`.
- **-c / --count**
  Dieser Parameter zeigt die gefilterten Zeilen nicht an, sondern zählt diese. Wenn er zusammen mit dem `-v` verwendet wird, werden die Zeilen gezählt, die dem Ausdruck nicht entsprechen.

  ```
  user$ ls | grep -c '^kap..\.tex'
  15
  user$ ls kap[01][0-9].tex | wc -l
  15
  ```

  Listing 8.114 Wie viele Dateien sind es denn?

- **-n / --line-number**
  Dieser Parameter gibt die Zeilennummer für die gefundenen Zeilen aus.

```
user$ grep -n Slackware kap05.tex
130:Diese Ausgabe stammt vom 2.4.5er stable-Kernel der
Slackware 8.0-Distribution.
283:von Slackware-Linux befinden sich diese Skripte im
Verzeichnis /etc/rc.d.
...
```

Listing 8.115 Zeilenzahl

Ein kurzes Wort zu egrep

egrep verfügt im Gegensatz zu grep über die Möglichkeit, mehrere Ausdrücke gleichzeitig zu suchen. Die Ausdrücke werden dabei über eine Pipe separiert und in Anführungszeichen oder Hochkommas eingeschlossen:

```
user$ ls -l | egrep 'November|Dezember'
November01.log
November02.log
...
Dezember01.log
Dezember02.log
...
```

Listing 8.116 egrep

8.10 Ein paar Tipps zum Schluss

Bevor wir Ihnen im letzten Abschnitt noch ein paar weitere Fähigkeiten der Shell vorstellen werden, geben wir Ihnen noch ein paar Spezialbefehle mit auf den Weg.

- Das zuletzt ausgeführte Kommando kann in der bash durch die Eingabe von zwei Ausrufezeichen erneut gestartet werden.

```
user$ ls
...
user$ !!
...
user$ echo !!
echo ls
ls
```

Listing 8.117 Programme aus der History

- Der zuletzt angegebene Parameter für ein Kommando wird durch !$ angesprochen: ls buch.ps; ls !$.
- Die aktuelle Prozess-ID liefert die bash über die Variable $$.

8.11 Weitere Fähigkeiten der Shell

Von Aufgaben in der Administration einmal abgesehen, ist es relativ problemlos möglich, CGI-Skripte für Webserver in der Shell zu realisieren. Shellskripte können im Prinzip für fast alle Aufgaben genutzt werden. Die Nachteile sind:

- Sie können keine Systemfunktionen (Syscalls) direkt ausführen.
- Die Shell benötigt einen Interpreter.
- Wenn es um Millisekunden geht, ist die Shell alles andere als geeignet.
- Viele Aufgaben können nur durch externe Programme gelöst werden, die eventuell Ihren Anforderungen nicht perfekt entsprechen.

Wer also etwas umfangreichere Applikationen entwickeln möchte, sollte auf eine Sprache wie C, C++, Perl, Ruby etc. zurückgreifen.

Der springende Punkt ist, ob man Autorität HAT oder eine Autorität IST.
– Erich Fromm

9 Der vi-Editor

Unter Unix schreibt man nicht nur Shellskripts im Editor, man wickelt quasi die gesamte Systemkonfiguration über Editoren ab, da die Systemkonfiguration durch Textdateien realisiert wird.

Anders als unter grafischen Systemen wie Windows erfolgt die Konfiguration hier nicht mit der Maus, sondern zu fast 100 % über Konfigurationsdateien. Möchten Sie ein System richtig konfigurieren, benötigen Sie also folglich einen Editor sowie das Know-how, um ihn zu bedienen. Außerdem müssen Sie den Aufbau jeder einzelnen Konfigurationsdatei und deren Syntax kennen.[1]

Neben dem historisch sicherlich wertvollen `ed`-Editor, mit dem wir Sie nicht quälen werden, gibt es noch einige vernünftige und daher äußerst beliebte Editoren. Der populärste Konsoleneditor dürfte wohl nach wie vor der `vi`-Editor sein, um den es auch in diesem Kapitel gehen soll. Ebenfalls populär sind `nano` und Emacs.

9.1 vi

Auch wenn der `vi`-Editor nicht alle der heute üblichen Features abdecken kann, so ist er doch, hat man ihn einmal verstanden, recht einfach zu bedienen, und vor allen Dingen ist er klein, schnell und überall verfügbar.

9.1.1 Den vi starten

Der Editor wird über die Kommandozeile aufgerufen. Dabei wird optional ein zu editierender bzw. neu zu erstellender Dateiname[2] übergeben.

1 Das hört sich schlimmer an, als es ist: Die Softwareentwickler achten natürlich darauf, eine möglichst einheitliche Syntax für die Konfigurationsdateien zu implementieren.
2 Dieser wird erst beim Abspeichern der Textdatei tatsächlich erstellt.

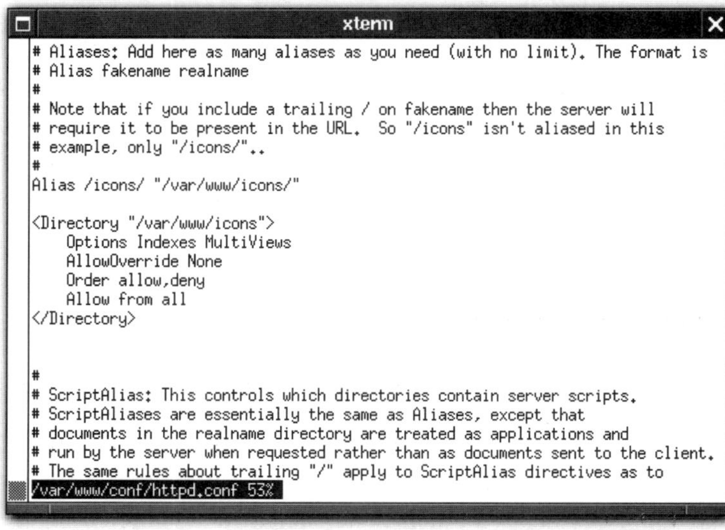

Abbildung 9.1 Der vi-Editor mit geladener httpd.conf

Status-Zeile

Nachdem der Editor geladen worden ist, bekommt man ein fast leeres Terminalfenster[3] zu sehen. Die Tilde-Zeilen stehen für leere Zeilen. Die unterste Zeile wird als Statuszeile genutzt und gibt Ihnen den Dateinamen sowie die Zeilenzahl und die Dateigröße in Zeichen respektive Bytes an:

```
# Statuszeile bei einer neuen Datei:
/tmp/file: new file: line 1

# Statuszeile bei einer bereits gesicherten Datei:
/tmp/file: 1 lines, 5 characters.
```

Listing 9.1 Statuszeile

9.1.2 Kommando- und Eingabemodus

Um mit dem `vi` arbeiten zu können, muss man zunächst wissen, dass er über zwei Modi verfügt: den *Eingabe-* und den *Kommandomodus*. Im Eingabemodus wird Text eingefügt, ersetzt oder gelöscht. Im Kommandomodus lässt sich der Editor konfigurieren. Zudem werden die wichtigen Operationen wie das Abspeichern einer Datei oder das Suchen von Textstellen in diesem Modus abgewickelt.

3 Der vi-Editor läuft nicht auf allen Terminals ganz perfekt. Ein vt100- oder vt220-Terminal sollte jedoch problemlos seinen Dienst tun.

Wie kommt man denn überhaupt ...

... wieder heraus? Ganz einfach: Zunächst wechseln Sie mit der Esc-Taste in den Kommandomodus. Anschließend können Sie in der Statuszeile (die nun zur Kommandozeile geworden ist) den Befehl zum Beenden eingeben. Da Steuerbefehle mit einem Doppelpunkt beginnen und zum Beenden der Quit-Befehl (q) verwendet wird, muss nun folglich :q eingegeben werden.

9.1.3 Dateien speichern

Dateien werden im Kommandomodus gespeichert. Das dafür notwendige Kommando »write« (w) schreibt die Datei unter dem geöffneten Namen auf das Speichermedium. Allerdings kann auch ein Dateiname für die Datei als Parameter für w übergeben werden: :w /home/user/test. Möchte man speichern und gleichzeitig den Editor beenden, so können die Befehle kombiniert werden: :wq [Dateiname].

Soll ohne Rücksicht auf den Verlust von veränderten Daten (also ohne sie zu speichern) ein »Quit« durchgeführt werden bzw. sollen Veränderungen an einer schreibgeschützten Datei – auf die man natürlich Änderungsrechte an den Dateiattributen besitzen muss – durchgeführt werden, muss dem Kommando ein Ausrufezeichen übergeben werden: :q! bzw. :w! oder :wq!. [+]

9.1.4 Arbeiten mit dem Eingabemodus

Nach dem Start des vi-Editors befindet man sich im Kommandomodus. Möchte man Text schreiben, muss man zunächst in den Eingabemodus wechseln. Je nachdem, in welchen Eingabemodus Sie wechseln möchten, ist dafür eine bestimmte Funktionstaste anzuwenden.

Kommando	Wirkung
i (insert)	Text vor dem aktuellen Zeichen einfügen
I	Text am Anfang der Zeile einfügen
a (append)	Text hinter dem aktuellen Zeichen einfügen
A	Text am Ende der Zeile einfügen
o (open)	Text in einer neuen Zeile unterhalb der aktuellen Zeile einfügen
O	Text in einer neuen Zeile oberhalb der aktuellen Zeile einfügen

Tabelle 9.1 Eingabemodi

[»] Am besten probieren Sie alle obigen Kommandos einmal mit einer Beispieldatei aus. Schreiben Sie sich doch eine Mail im `vi`, und senden Sie sich diese dann via Eingabeumlenkung mit dem `mail`-Programm.

9.1.5 Navigation

Um sich im Text zu bewegen, greift man in der Regel auf die Cursor-Tasten zurück. Mit diesen allein werden leider oftmals längere Scroll-Abenteuer unvermeidlich sein. Aus diesem Grund haben sich die Entwickler des Editors einige Features überlegt, um sich effizient und schnell im Text bewegen zu können.

Kommando	Wirkung
$	Zum Ende der aktuellen Zeile
^ und 0	Zum Anfang der aktuellen Zeile
w	Ein Wort vorwärts
b	Ein Wort rückwärts
Strg+F	Eine Seite vorwärts blättern (geht manchmal auch mit der Bild-Ab-Taste)
Strg+B	Eine Seite rückwärts blättern (geht manchmal auch mit der Bild-Auf-Taste)
G	Zur letzten Zeile der Datei bewegen
f[n]	Zum nächsten Vorkommen des Zeichens *n* in der aktuellen Zeile bewegen (Achtung: case-sensitive)
:[n] und [n]G	Zur Zeile *n* bewegen. Eignet sich gut, um Kompilierfehlern im Quellcode nachzugehen.

Tabelle 9.2 Navigationskommandos

[»] An älteren Unix-Terminals standen oftmals keine Cursor-Tasten zur Verfügung. Daher kann man auch mit den Tasten (H) (rechts), (J) (runter), (K) (rauf) und (L) (rechts) navigieren. Dazu muss man allerdings in den Kommandomodus wechseln.

9.1.6 Löschen von Textstellen

Sofern Sie an Editoren grafischer Oberflächen wie etwa aus der Windows-Welt gewöhnt sind, ist Ihnen bekannt, dass mit der Backshift-Taste ein geschriebenes Zeichen wieder gelöscht werden kann. Im `vi`-Editor steht diese Funktionalität nicht zur Verfügung. Ein Löschvorgang muss – wie immer – über den Kommandomodus mit entsprechenden Anweisungen bewerkstelligt werden. Tabelle 9.3 fasst die `vi`-Kommandos zum Löschen von Textstellen zusammen.

Kommando	Wirkung
dw	Löscht das aktuelle Wort.
d$ und D	Löscht vom aktuellen Zeichen bis zum Ende der Zeile.
d0 und d^	Löscht vom aktuellen Zeichen bis zum Zeilenanfang.
df[c]	Löscht vom aktuellen Zeichen bis zum Vorkommen von *c* in der aktuellen Zeile.
dG	Löscht alles von der aktuellen bis zur einschließlich letzten Zeile der Buffers.
d1G	Löscht alles von der aktuellen bis zur einschließlich ersten Zeile des Buffers.
dd	Löscht die aktuelle Zeile.

Tabelle 9.3 Löschkommandos

Sollten Sie einmal aus Versehen eine Aktion durchgeführt haben, die wieder rückgängig gemacht werden soll (etwa unbeabsichtigtes Überschreiben oder Löschen), kann dieser Vorgang mit dem Kommando `u` (undo) rückgängig gemacht werden. Doch beachten Sie, dass diese Möglichkeit nur für den letzten Vorgang besteht. Sobald Sie ein neues Wort geschrieben haben, ist Ihnen diese Möglichkeit also verbaut. Da hilft nur das vorher erstellte Backup bzw. das Beenden, ohne zu speichern (`:q!`). **[+]**

9.1.7 Textbereiche ersetzen

Oftmals möchten Sie ein Wort nicht einfach nur löschen, sondern überschreiben, einzelne Zeichen eines Wortes ersetzen oder Ähnliches. Dies wird mit den `c`-Kommandos bewerkstelligt.

Kommando	Wirkung
cw	Überschreibt ein ganzes Wort.
c$ und D	Überschreibt vom aktuellen Punkt bis zum Ende der Zeile.
c0 und c^	Überschreibt vom aktuellen Punkt bis zum Anfang der Zeile.
cf[c]	Überschreibt bis zum nächsten Zeichen »c« der aktuellen Zeile.

Tabelle 9.4 Ersetzen-Kommandos

Nehmen wir einmal an, der Inhalt einer Datei *text.txt* beinhaltet den String »Das ist der Inhalt von 'text.txt'.«. Nun soll das Wort »ist« in »wird« geändert werden. Bewegen Sie den Cursor dazu auf den Buchstaben »i« des Wortes »ist«, und drücken Sie zunächst die Taste (C) und anschließend (W). **[zB]**

Daraufhin wandelt sich der letzte Buchstabe des Wortes in ein Dollarzeichen ($) um und signalisiert damit das Ende des Textbereichs, den Sie nun ersetzen können. Alles, was nun eingetippt wird, setzt der vi-Editor vor den String »der Inhalt ...«:

```
# nach Aktivierung von 'cw':
Das is$ der Inhalt von 'test.txt'.
# daraus wird:
Das wird der Inhalt von 'text.txt'.
```

Listing 9.2 So ändert man Textstellen.

9.1.8 Kopieren von Textbereichen

Der Kopiervorgang im vi-Editor gestaltet sich ein wenig kompliziert. Zunächst einmal muss zwischen dem Verschieben und dem tatsächlichen Kopieren von Textbereichen unterschieden werden.

Löscht man einen Textbereich mit dem dX-Kommando (etwa dd, um eine ganze Zeile zu löschen), so wird dieser in den Zwischenspeicher kopiert und kann an beliebiger Stelle wieder eingefügt werden. Dazu muss lediglich die Taste (P) betätigt werden. Ein kleines p fügt den Text vor der Cursor-Position ein – ein großes P hinter dieser Position.

Kopieren Möchte man den Text jedoch tatsächlich kopieren, so muss man das y-Kommando verwenden. Die Handhabung entspricht der des oben genannten Kommandos. Der Unterschied besteht lediglich darin, dass der Text nicht gelöscht wird.

9.1.9 Shiften

Mithilfe von zwei Größer- bzw. Kleiner-als-Zeichen (») und («) kann eine Zeile um eine Shift-Einheit nach links bzw. rechts gerückt werden. Dieses Feature eignet sich hervorragend bei programmiertechnischen Anwendungen des Editors, etwa wenn es darum geht, eine Schleife um einen Kommandoblock zu setzen. Die Shift-Einheit kann über die Option :set shiftwidth=x gesetzt werden, wobei x die Anzahl der Zeichen ist, um die verschoben werden soll.

9.1.10 Die Suchfunktion

In den vi-Editor wurde eine exzellente Suchfunktion implementiert. Sie gestattet neben den normalen Suchvorgängen auch die Suche mittels regulärer Ausdrücke. Reguläre Ausdrücke haben Sie bereits in den vorangegangenen Kapiteln kennengelernt.

Generell wird eine Suche mit einem Slash im Kommandomodus des Editors eingeleitet. Diesem Slash folgt anschließend der Suchbegriff, etwa `/Bewerbung`. Mithilfe von regulären Ausdrücken kann auch nach dem Zeilenanfang bzw. -ende, dem Wortanfang und -ende oder nach Strings mit beliebigen Zeichen etc. gesucht werden.

```
# Nach dem Wort ' awk ' suchen:
/\ awk\

# Nach einer Zeile suchen, die mit 'Eine' beginnt:
/^Eine

# Suchen nach Wörtern, die auf 'h' enden. Dabei kann
# hinter dem 'h' ein Leerzeichen, Punkt oder
# Ausrufezeichen stehen:
/?*h[\ .!]
```

Listing 9.3 Suchen nach Textstellen

Um zum nächsten Suchergebnis zu springen, muss lediglich erneut ein Slash im Kommandomodus eingetippt werden. **[+]**

9.1.11 Konfiguration

Natürlich lässt sich der `vi`-Editor auch konfigurieren. Dies geschieht mit dem `set`-Kommando. Über einen Aufruf von `:set all` erhalten Sie eine Liste möglicher optionaler Einstellungen. Die folgende Auflistung enthält die wichtigsten davon:[4]

- `(no)autoident`
  Diese Option bewirkt, dass Einrückungen auch in Folgezeilen fortgeführt werden (sehr praktisch, wenn es um Programmierung geht).
- `(no)number`
  Diese Option schaltet die Zeilenzahlen an. Sie werden dabei am linken Rand des Editors angezeigt. Der Nachteil besteht im schwindenden Editierplatz.
- `shiftwidth & tabstop`
  `shiftwidth` wurde bereits weiter oben erläutert. Ähnlich wie `shift-`

4 Dabei ist zu beachten, dass einige Optionen durch »no« abgeschaltet werden. »noautoident« stellt beispielsweise »autoident« ab.

`width` legt `tabstop` eine Zeichen-Weite fest. Während `shiftwidth` die Shift-Weite, also die Einrück-Einheit festlegt, tut `tabstop` dies für die Tabulator-Einheit: `:set tabstop/shiftwidth=x`

- `(no)showmatch`
  Diese Option lässt Klammerpaare beim Schließen aufblinken. Dies kann sich bei der Softwareentwicklung ebenfalls als sehr praktisch erweisen.
- `(no)showmode`
  Diese Option zeigt in der unteren rechten Ecke der Statuszeile den Modus an, in dem sich der Editor momentan befindet (etwa »append«, »command« oder »insert«).

[»] Um diese Einstellungen dauerhaft zu setzen, sollte man diese in die Datei */.exrc* eintragen:

```
set autoident
set number
set showmode
```

Listing 9.4 Eine Beispiel-.exrc-Datei

9.2 vim

Neben dem Standard-`vi` existiert noch eine sich ständig in Entwicklung befindende Version mit dem Namen `vim` (vi-improved), die als ein Klon angesehen werden kann. Im Gegensatz zum Standard-`vi` läuft der `vim` auf noch mehr Systemen und Plattformen. Zudem kommt eine auf der Gtk-Library basierende grafische Oberfläche hinzu. Des Weiteren ist farbiges Syntax-Highlighting für diverse Programmiersprachen implementiert. Der `vim` ist vollständig `vi`-kompatibel und unterstützt jedes seiner Features. Mehr über ihn erfahren Sie unter *http://vim.org*.

9.2.1 gvim

Die grafische Variante `gvim` bietet zudem noch diverse Farbeinstellungen (sogenannte *Themes*) an. Sehr praktisch ist zudem die Möglichkeit, mehrere Dateien parallel in separaten Fenstern zu laden. Dabei wird der Hauptbereich des `vim` in Subfenster aufgeteilt. Programme können direkt aus dem Editor kompiliert werden, und einige zusätzliche Features wie etwa ein Hex-Editor sind ebenfalls integriert.

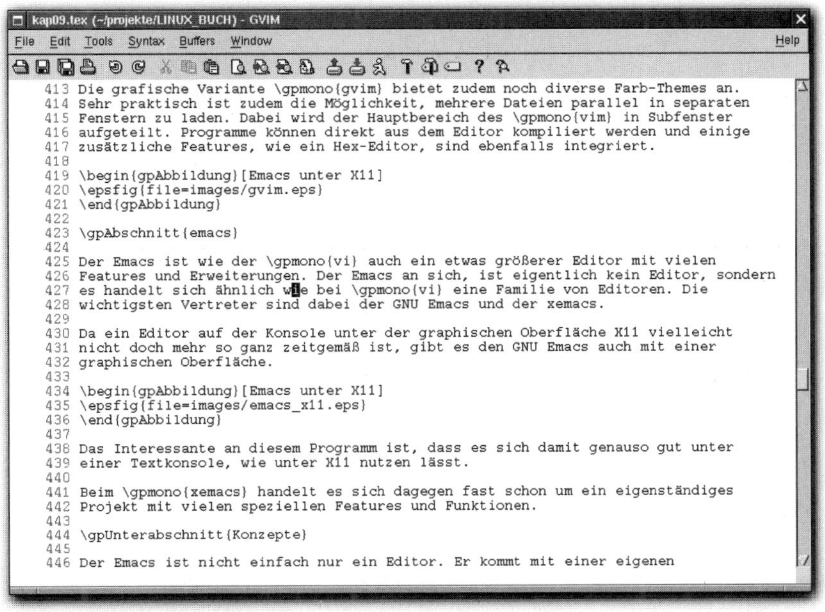

Abbildung 9.2 vi unter X11

Man spricht von »Freizeitaktivität«,
treffender könnte man sagen »Freizeitpassivität«.
– Erich Fromm

10 X11 – Die grafische Oberfläche

In diesem Kapitel beschäftigen wir uns endlich mit der grafischen Oberfläche und ihrer Konfiguration. Sie haben lange darauf warten müssen, und wir freuen uns, dass Sie bis hierher durchgehalten haben – selbstverständlich ist das nicht.

Bilanz

Sie haben schon viel gelernt, vielleicht aber auch einiges gelesen, was Sie nicht sofort verstanden haben. Sie müssen auch nicht alles sofort verstehen, denn oft geht es uns vielmehr darum, bestimmte Vorgehensweisen nachvollziehbar zu machen. Der Umgang mit Computern unter UNIX bzw. Linux ist eben doch anders, als Sie es vielleicht aus der Windows-Welt gewohnt sind.

10.1 Funktionsweise

Um zu verstehen, was Sie nachher überhaupt konfigurieren, wollen wir Ihnen zuvor noch kurz die Funktionsweise des X-Window-Systems erklären.

10.1.1 Geschichte

Grafik für UNIX

Das Massachusetts Institute of Technology (MIT) entwickelte Mitte der 80er-Jahre das X-Window-System. Aus der Idee, eine netzwerktransparente grafische Oberfläche zu erstellen, wurde 1986 schließlich der Standard X10R4 (X-Window-System Version 10, Release 4).

Das vom MIT ins Leben gerufene *X Consortium* befasste sich in den darauffolgenden Jahren mit der Weiterentwicklung des Systems. So wurden ab September 1987, beginnend mit X11R1 bis zu X11R5 (1991), im Jahresrhythmus jeweils neue Versionen veröffentlicht.

X11R6

1992 entschloss man sich zur Gründung der *X Consortium, Inc.* Das Konsortium war eine Non-Profit-Organisation, mit dem Ziel, die Weiterentwicklung des X-Window-Systems voranzutreiben. Aus deren Entwicklungen entstand die Version X11R6, die noch bis heute Verwendung findet. Am 31. Dezember 1996 übertrug das X Consortium die Rechte an X an die *Open Software Foundation*.

Aus der Open Software Foundation ging das XFree86-Projekt hervor. Dort wurde zwar vor allem an der Entwicklung eines X-Window-Systems auf Intel-Plattformen gearbeitet, doch aufgrund seines modularen Designs ist X11 mittlerweile in sehr vielen Umgebungen verfügbar.[1]

Doch auch in der Open-Source-Welt gibt es manchmal Stress, und so wurde am 22. Januar 2004 wegen Differenzen um eine Lizenzänderung beim XFree-Projekt das **X.org-Projekt** gegründet, das sich seitdem mit der Weiterentwicklung des X11-Codes befasst. Für den Benutzer ändert sich außer ein paar Dateinamen im Moment noch nichts. Allerdings stellen viele Distributionen mittlerweile auf die X.org-Pakete um, und so werden Sie früher oder später wohl mit dieser Änderung im Namen in Berührung kommen.

Die herausragende Eigenschaft des X11-Standards ist sicherlich die Netzwerktransparenz, die es bei Windows oder anderen Systemen so nicht gibt. Sie können unter X11 nämlich ein grafisches Programm auf einem Rechner starten, das Fenster aber auf einem anderen Rechner im Netzwerk sehen und damit arbeiten. Nichts anderes bedeutet Netzwerktransparenz.

10.1.2 Client und Server

Netzwerkfähigkeit

Um diese Netzwerktransparenz zu erreichen, muss man logischerweise den hardwareabhängigen vom hardwareunabhängigen Teil des Protokolls trennen.

Client und Server

Die Anwendung ist hier also der XClient, der eventuell über den Umweg eines Toolkits auf die XLib zugreift. Über diese Bibliothek kann dann der XClient über das asynchrone Protokoll mit dem XServer kommunizieren. Erst der XServer »zeichnet« das Fenster und kümmert sich um die Behandlung von Eingaben, die dann zur Verarbeitung zum Client geschickt werden.

1 Sogar auf Mac OS X ...

Dieses Design hat natürlich mehrere Vorteile:

- Alle Anwendungen sind netzwerktransparent, ohne dass Benutzer bzw. Entwickler etwas beachten müssen.
- XServer sind sehr portabel (es gibt z. B. auch XServer für Mac OS X).
- XClients sind sehr portabel.
- Aufgrund des asynchronen Protokolls ist die Performance gut.

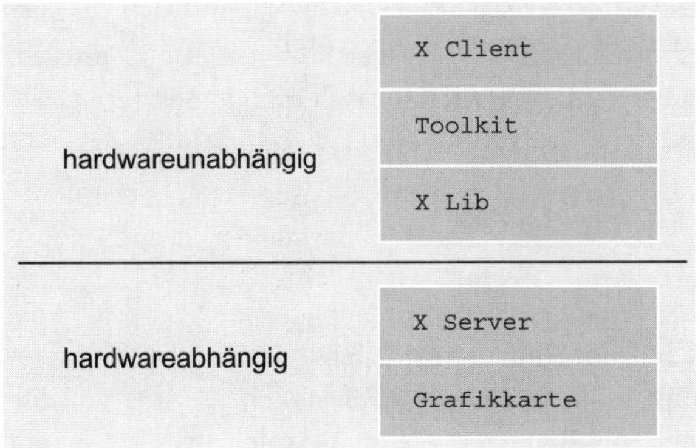

Abbildung 10.1 X-Window-System

10.1.3 Das Display

Um nun einen XServer eindeutig ansprechen zu können, muss man festlegen, wie die einzelnen Server angesprochen und unterschieden werden sollen. Zu diesem Zweck gibt es das sogenannte *Display*, das in der `DISPLAY`-Shellvariablen seine Umsetzung findet.

X und die Shell

Einen bestimmten Desktop eines XServers bezeichnet man in der `DISPLAY`-Variable mit folgender Zeichenkette:

```
172.20.0.1:0.0
```

Listing 10.1 Die DISPLAY-Variable

In diesem Beispiel zeigt das Display auf den ersten XServer (die erste Null) und dort auf den ersten virtuellen Desktop (die zweite Null) des Rechners mit der Adresse `172.20.0.1`.

Aus dieser Beschreibung wird deutlich, wofür man die `DISPLAY`-Variable braucht: Sie legt für eine Konsolensitzung fest, wo ein Fenster geöffnet werden soll. Oft steht in einer `DISPLAY`-Variablen einfach nur ein `:0` –

standardmäßig, also wenn kein Rechner angegeben ist, wird der lokale, und demnach der eigene Rechner benutzt.

Durch die Angabe der `0` greift man in diesem Fall auf den ersten – und im Normalfall den einzigen – XServer zu. Sie könnten aber genauso gut einen zweiten XServer gestartet haben, um als ein anderer Benutzer unter der grafischen Oberfläche Arbeiten zu verrichten.

Zugriffskontrolle

Auch für XServer gelten Zugriffsbeschränkungen. Damit sich fremde Rechner oder Benutzer mit Ihrem XServer verbinden können, müssen Sie über das Programm `xhost` die Zugriffskontrollen reglementieren:

```
$ xhost +local:
```

Listing 10.2 Lokalen Benutzern Zugriff gewähren

Fenster als root

Alle lokalen Benutzer können dann nach einem `export DISPLAY=:0` Fenster auf ihren Desktop schicken. Sie fragen sich jetzt vielleicht, wofür man so etwas denn überhaupt brauchen kann. Aber stellen Sie sich vor, Sie arbeiten über `su` als anderer Benutzer – zum Beispiel als `root` – und benötigen grafische Programme.

Eine alternative Lösung für obiges Problem wäre die Benutzung von `xauth`; die Manpage hilft Ihnen in diesem Fall weiter.

10.1.4 XFree86 und X.org

Wie bereits erwähnt, handelt es sich bei dem X-Window-System in erster Linie um ein Protokoll, das zurzeit in der Version 11, Release 6, vorliegt. Daher sagt man oft auch X11R6 oder einfach nur X11. Nun braucht man natürlich noch eine möglichst freie Software, die dieses Protokoll implementiert.

Kernel und Treiber

Dieser Aufgabe hatte sich das XFree86-Projekt angenommen, das nun wohl aber langsam vom konkurrierenden X.org-Projekt verdrängt werden wird. Für Sie als Anwender ändert sich dabei, wie bereits gesagt, fast nichts, falls doch, werden wir Sie an geeigneter Stelle darauf hinweisen.

Im X11-Code werden also zum Beispiel die Grafiktreiber realisiert. Schließlich wären diese im Linux-Kernel fehl am Platze, da er sich überhaupt nicht um die Darstellung von was auch immer kümmert. Auch wenn spezielle Firmen wie NVidia eigene Kernelmodule für beschleunigte 3D-Leistungen bereitstellen, wird diese Schnittstelle nur gebraucht, damit dann die Grafiktreiber für X11 auch auf die erweiterten Befehle des Grafikchips zugreifen können.

10.2 Die Konfiguration

Separate Konfiguration

Wenn wir von »Konfiguration« sprechen, meinen wir in erster Linie natürlich den XServer. Dort müssen Aus- und Eingabegeräte konfiguriert werden. Für diese Konfiguration gibt es eine zentrale Konfigurationsdatei, die */etc/X11/XF86Config-4*[2] beziehungsweise die */etc/X11/xorg.conf*, falls Sie schon die X.org-Pakete nutzen. Der Inhalt ist im Übrigen nahezu identisch.

10.2.1 Die /etc/X11/xorg.conf

Die *XF86Config/xorg.conf*-Datei, die u. a. von Programmen wie `xf86cfg` bzw. `xorgcfg` erzeugt werden kann, ist in einzelne Sektionen unterteilt. Diese Sektionen beschreiben jeweils verschiedene Elemente der Konfiguration.

Name	Zuständig für ...
Files	Pfadangaben u. a. für Schriftdateien
ServerFlags	Flags für den Server
Module	Dynamisch zu ladende Module
InputDevice	Konfiguration von Eingabegeräten
Device	Konfiguration der Grafikkarte
VideoAdaptor	Xv-Video-Adapter-Konfiguration
Monitor	Monitor
Modes	Videomodi
Screen	»Screen«-Konfiguration
ServerLayout	Allgemeines Layout
DRI	Konfiguration für DRI (Dynamic Rendering Interface)
Vendor	Herstellerspezifische Konfiguration (bei proprietären Treibern)

Tabelle 10.1 Sektionen der /etc/X11/xorg.conf

Was diese Sektionen im Einzelnen bedeuten, werden wir zum Teil in den nächsten Abschnitten erläutern. Einiges jedoch ist zu speziell und würde den Rahmen dieses Kapitels sprengen.

2 So heißt die Datei ab XFree86 Version 4, früher war es einfach die *XF86Config*.

Der Aufbau einer Sektion

Modularer Aufbau

Eine Sektion wird mit dem Section-Schlüsselwort gestartet, worauf dessen Name erscheint. Anschließend folgen Identifikationsfelder, optional anzugebene Felder und das EndSection-Schlüsselwort:

```
Section "<Name der Sektion>"
    Identifier "<Identifikationsbezeichnung>"
    Driver     "<Gerätetreiber>"
    -Optionen-
    ...
EndSection
```

Listing 10.3 Aufbau einer Sektion

Die Tastatur

Die Tastatur-Sektion ist besonders für die grundlegende Steuerung wichtig – was wäre ein System ohne Tastatur? Zu beachten ist lediglich das Tastatur-Layout, das wie auch in der Konsole auf die deutsche Variante verweisen sollte. Der Inhalt der Tastatur-Sektion ist dann in etwa folgender:

```
Section "InputDevice"
    Identifier  "Generic Keyboard"
    Driver      "keyboard"
    Option      "CoreKeyboard"
    Option      "XkbRules"      "xfree86"
    Option      "XkbModel"      "pc105"
    Option      "XkbLayout"     "de"
    Option      "XkbVariant"    "nodeadkeys"
EndSection
```

Listing 10.4 Tastatur-Konfiguration

Was bedeutet dies alles? Zuerst wird diese Konfiguration über den Bezeichner Generic Keyboard identifiziert. Da niemand Sie davon abhält, mehrere Tastatur-Konfigurationen anzulegen, wird dieser Bezeichner später bei der Serverlayout-Konfiguration zur Identifikation der nun letztendlich gewünschten Einstellungen genutzt.

Deutsches Tastatur-Layout

Das Driver-Feld gibt den Treiber an, hier den Standard-Tastaturtreiber. In den Optionen werden die Xkb-Felder festgelegt. Diese sind für die Behandlung der Tastatur zuständig. So wird beispielsweise das Tastatur-Layout angegeben, in diesem Fall ist es de. So können Sie Umlaute ohne Probleme nutzen, und alle Sonderzeichen finden sich an ihrem gewohnten Platz. Darüber hinaus wird festgelegt, dass keine »toten Tasten« verwendet werden.

»Tote Tasten« sind zum Beispiel die Tasten, die die Apostrophe beinhalten. Würden Sie »tote Tasten« verwenden, würde beim Drücken einer Apostroph-Taste zuerst kein Zeichen erscheinen. Dafür würde allerdings der nächste gedrückte Buchstabe eben mit diesem Apostroph versehen. Für Sprachen wie das Französische ist so eine Einstellung sinnvoll, für das Deutsche jedoch nur in ganz seltenen Fällen.

Die Maus

In dieser `InputDevice`-Sektion mit der Option `CorePointer` wird das Hauptzeigergerät angegeben, nämlich die primäre Maus:

```
Section "InputDevice"
    Identifier  "Generic Mouse"
    Driver      "mouse"
    Option      "CorePointer"
    Option      "Protocol"     "ImPS/2"
    Option      "Device"       "/dev/psaux"
    Option      "Buttons"      "5"
    Option      "ZAxisMapping" "4 5"
EndSection
```

Listing 10.5 Maus-Konfiguration

Scrollrad

Wir verwenden hier das *ImPS/2*-Protokoll auf der */dev/psaux*-Schnittstelle. Genauer gesagt, haben wir damit eine PS/2-Maus mit Scrollrad definiert. Damit das Scrollrad auch funktioniert, haben wir fünf anstelle von zwei bzw. drei Tasten angegeben und mittels `ZAxisMapping` die beiden letzten als Scrolltasten für das Vertikalscrollen festgelegt. Diese beiden Tasten (vier und fünf) sind in Wirklichkeit natürlich das Scrollrad der Maus.

Die Grafik-Sektionen

Die Grafik-Sektion (*graphics device section*) legt die entsprechende Grafikkarte und deren zugehörigen Treiber fest. Dafür müssen eigentlich nur die Felder `Identifier` und `Driver` angegeben werden.

```
Section "Device"
    Identifier  "RIVA TNT2"
    Driver      "nv"
    VideoRam    32768
EndSection
```

Listing 10.6 Grafikkarte

In der Screen-Sektion geben Sie an, mit welcher Auflösung und Farbtiefe Sie arbeiten möchten. Wie jede Sektion besteht auch diese Sektion erst einmal aus Identifier und Device. Wichtig ist die Device-Angabe, die sich auf eine vorher definierte Grafikkarte beziehen muss.

In unserem Beispiel wurde in der Grafik-Sektion der Identifier RIVA TNT2 für unsere Karte angegeben. Gibt es hier irgendwelche Probleme, wird das Starten von X mit der Fehlermeldung *»no screens found«* abgebrochen.

```
Section "Screen"
    Identifier  "Screen 1"
    Device      "RIVA TNT2"
    Monitor     "My Monitor"
    DefaultDepth 24

    Subsection "Display"
        Depth       8
        Modes       "800x600" "1024x768" "1280x1024"
        ViewPort    0 0
    EndSubsection
    Subsection "Display"
        Depth       16
        Modes       "800x600" "1024x768" "1280x1024"
        ViewPort    0 0
    EndSubsection
    Subsection "Display"
        Depth       24
        Modes       "1280x1024"
        ViewPort    0 0
    EndSubsection
EndSection
```

Listing 10.7 Screen-Sektion: Grafikkarte und Monitor

Verbindung Gfx/Monitor

Die DefaultDepth-Angabe gibt die Standard-Farbtiefe an, in diesem Fall 24 Bit (16.777.216 Farben). Daraufhin wird die entsprechende Untersektion (Subsection) mit der Depth 24 herangezogen und die dafür angegebene Auflösung ausgewählt, in diesem Fall »1280x1024«. Der ViewPort gibt anschließend den Ausgangspunkt an, von dem aus das Bild aufgebaut werden soll.

Das Server-Layout

Alles zusammen

Nun können Sie mehrere Screens, mehrere Grafikkartentreiber, diverse Eingabegeräte und Monitore definieren. Welche davon letztendlich von X11 benutzt werden sollen, wird in der ServerLayout-Sektion festgelegt.

Die oben festgelegten Identifier werden dabei ausgewählt und angegeben. Im obigen Fall war dies `Screen 1`. Des Weiteren müssen Maus und Tastur angegeben werden:

```
Section "ServerLayout"
    Identifier  "Simple Layout"
    Screen      "Screen 1"
    InputDevice "Generic Mouse"
    InputDevice "Generic Keyboard1"
EndSection
```

Listing 10.8 Server-Layout

10.2.2 xf86config und xorgconfig

Natürlich macht es keinen Spaß, eine solche Konfigurationsdatei per Hand anzulegen. Nutzen Sie deshalb am besten die Möglichkeiten Ihrer Distribution für die X11-Konfiguration.

Tools ...

Alternativ bietet auch das XFree86-Projekt einige Tools zur Konfiguration an, und mit Ihrem um die Konfigurationsdatei erworbenen Wissen können Sie diese auch recht gut bedienen. Natürlich gibt es auch entsprechende Varianten des X.org-Projekts, bei denen sich erstmal nur der Name geändert hat.

Probieren Sie einfach mal `xf86config` und `xorgconfig` bzw. `xf86cfg` und `xorgcfg` aus. Diese beiden Programme – schließlich ändert sich bei den unterschiedlichen Projekten bis jetzt nur der Name – orientieren sich ziemlich stark am Aufbau der Konfigurationsdatei. Die Tools Ihrer Distribution sind da vielleicht etwas abstrakter und näher an der intuitiven Sichtweise.

10.2.3 X -configure

... oder alles automatisch?

Einen anderen Weg, seinen XServer zu konfigurieren, bietet der XServer selbst. Führen Sie als `root` nach einem Login auf der Textkonsole einfach ein `X -configure` aus. Nun versucht sich X selbst zu konfigurieren. Vielleicht bricht das Ganze mit einer Fehlermeldung ab, weil es nicht erfolgreich war, aber in */root/XF86Config.new* beziehungsweise eben in der */root/xorg.conf.new* finden Sie zumindest einen Vorschlag für eine Konfigurationsdatei, die oft schon einige nützliche Hinweise und richtig konfigurierte Sektionen enthält.

Diese Autokonfiguration funktioniert besser, wenn Sie die Programme `mdetect` und `read-edid` installieren. So können Ihre Maus und Ihre Grafikkarten/Monitor-Kombination besser erkannt werden.

10.2.4 Tipps und Tricks

Bevor wir Sie losschicken, um die Konfiguration zu testen, möchten wir kurz noch einige Tipps und Tricks bezüglich der X11-Konfiguration loswerden. Das X-Window-System stammt ja aus den 80er-Jahren, und ab und zu hat man den Eindruck, dass die Dokumentation auch noch aus dieser Zeit stammt ... Daher folgen in diesem Abschnitt noch ein paar Hinweise.

Grafikkarten mit NVidia-Chip

Sollten Sie eine solche Grafikkarte haben, sind Sie auf der sicheren Seite. Viele Distributionen bieten entsprechende Pakete mit den Treibern an, ansonsten gibt es die Treiber auch auf der Webseite des Herstellers.

Proprietäre Treiber

Die Treiber liegen hier in Form eines Kernelmoduls vor, damit direkt auf die Hardware zugegriffen werden kann. Die Treiber sind aber wirklich gut dokumentiert, sodass die Vorgehensweise nach dem Lesen der `README` klar sein sollte.

Andere, neue Grafikkarten

Standardtreiber

Wurde Ihre Karte nicht erkannt oder wissen Sie einfach nicht, welchen Treiber Sie auswählen sollen, dann ist meistens der Vesa-Treiber die beste Lösung. Mit ihm können Sie zwar kaum die eventuell vorhandene Hardware-Beschleunigung nutzen, aber große Auflösungen, gepaart mit hohen Monitorfrequenzen, sind möglich und erlauben damit zumindest das komfortable Arbeiten.

Und ansonsten ...

... gibt es immer noch das Internet. Sie werden nicht der einzige Mensch auf der Welt mit Ihrem Problem sein. Suchen Sie einfach mal in der Suchmaschine Ihrer Wahl mit den Stichwörtern, die Ihr Problem beschreiben, nach einer Lösung. Oft wird man schneller fündig, als man denkt.

10.2.5 Testen der Konfiguration

Wenn Sie auf der Textkonsole sind, tippen Sie einfach mal `startx`. Nun sollte eine grafische Oberfläche starten. Bricht das Kommando jedoch mit einem Fehler ab, so hilft entweder die entsprechende Ausgabe oder sonst die Logdatei */var/log/XFree86.0.log* beziehungsweise */var/log/Xorg.log*, wie sie im neuen Projekt heißt.

Dort finden Sie in jedem Fall eine etwas ausführlichere Beschreibung des Fehlers, die Ihnen helfen sollte, den Fehler zu beheben oder zumindest im Internet nach Lösungen zu suchen. **X starten**

10.3 Window-Manager

Im Folgenden möchten wir uns mit sogenannten Window-Managern befassen. Die Window-Manager tun genau das, was ihr Name sagt: Sie verwalten Fenster. Ein Fenster ist so ziemlich alles, was man auf der grafischen Oberfläche von X11 darstellen kann.

10.3.1 Warum Window-Manager?

Wie wir bereits beim Unterschied zwischen XClients und XServern festgestellt haben, ist das X-Window-System sehr modular aufgebaut. Anders als bei zu großen Einheitsbrei-Systemen kann man einzelne Teile austauschen und ersetzen.

Das beste Beispiel für diese Modularität sind neben den austauschbaren XServern (verschiedene Hardware) die Window-Manager. Das zeigt wieder einmal die für Linux typische Philosophie, dass eine gute Lösung nicht unbedingt für jeden auch immer die beste sein muss.

Aufgaben

Mit dem Window-Manager wird das Verhalten des Fensters und dessen Position von der Anwendung abstrahiert. Genaugenommen übernimmt ein Window-Manager unter anderem folgende Aufgaben:

- **Eingabefokus**
  Der Window-Manager verwaltet den Eingabefokus so, dass beispielsweise nur das im Moment aktive Fenster die Tastatureingaben bekommt. Zudem wird sichergestellt, dass der Benutzer irgendwie (meistens mit der Maus) zwischen den Fenstern wechseln kann.
- **Fensterrahmen**
  Der Window-Manager zeichnet darüber hinaus Rahmen um die Fenster.

- **Verwaltung der Eingabe-Events**
  Der Window-Manager verwaltet natürlich nicht nur den Eingabefokus, er kümmert sich auch allgemein um Maus und Tastatur. Manche Eingaben sind ja auch für ihn selbst gedacht, beispielsweise wenn ein Benutzer ein Fenster schließen möchte und dazu die entsprechende Aktion ausführt.
- **Verwaltung der Fenster an sich**
  Natürlich muss der Benutzer die Fenster auch bewegen und zwischen ihnen wechseln können.

Vielfalt

Nun gibt es natürlich Unterschiede, wenn man sich die einzelnen Window-Manager anschaut, zwischen denen Sie unter Linux wählen können. Vielleicht ist Ihnen schon aufgefallen, dass die Fenster auf den Screenshots in diesem Buch oft anders aussehen – sie haben einen anderen Rahmen, andere Buttons und natürlich andere Farben.

Konzepte

Wichtige Vokabeln

Zum komfortablen Arbeiten brauchen Sie etwas mehr. Viele Fenster werden zum Beispiel schnell etwas unübersichtlich. Für dieses Problem gibt es mehrere Ansätze:

- **Iconify**
  Man kann, wie allseits bekannt, Fenster minimieren und dann als kleinen Button in irgendeiner Taskleiste sehen, bis man sie das nächste Mal braucht. Dann kann man meist mit einem Klick auf den entsprechenden Button das Fenster wieder vergrößern. Da so etwas auch im weitesten Sinne mit dem *Verwalten von Fenstern* zu tun hat, kümmert sich natürlich der Window-Manager auch um diese Aufgaben. Das Minimieren an sich kann dann von Window-Manager zu Window-Manager anders realisiert sein.
- **Virtual Desktops**
  Virtuelle Desktops sind eine Möglichkeit, Ihren Bildschirm um ein paar weitere logische Bildschirme zu erweitern. Sie können dann Ihre Fenster über diese virtuellen Desktops verteilen und meistens über einen sogenannten *Pager* mit Miniaturansichten der Desktops auf diese zugreifen. Auch diese Funktionalität ist vom Window-Manager abhängig.
- **Workspace**
  Workspaces sind im Prinzip dasselbe wie virtuelle Desktops, allerdings mit dem Unterschied, dass man versucht, die Fenster thematisch zu gruppieren. Man hat dann also beispielsweise einen Arbeitsbereich

für Textverarbeitung, einen für E-Mail-Kommunikation sowie einen weiteren für das Arbeiten mit der Shell.

- **Taskleiste**
  In einer Taskleiste werden alle offenen Fenster einer X-Session bzw. eines Workspaces angezeigt, sodass man trotz zum Beispiel überlappender Fenster schnell auf alles zugreifen kann.
- **Startleiste**
  Eine Startleiste ist kein Feature, um vorhandene Fenster zu verwalten, sondern viel eher dazu da, komfortabel neue Programme starten zu können. Meistens findet man in einer Startleiste daher Icons für bestimmte Programme oder auch sogenannte *Startmenüs*, die wiederum eine Vielzahl verschiedener Programme enthalten.

  Des Weiteren findet man oft vielfältige Hybriden zwischen Task- und Startleisten, also Leisten, die beide Funktionalitäten verbinden wollen.

Wie gesagt, die Window-Manager unterscheiden sich nicht nur in Äußerlichkeiten, sondern auch im Funktionsumfang. Man unterscheidet dabei zwei grobe Klassen: die klassischen Window-Manager und die umfangreichen Desktop-Systeme.

10.3.2 Klassische Window-Manager

Old-School

Da wären zum Ersten die klassischen Window-Manager wie zum Beispiel der `fvwm2`. Dieser Typus zeichnet sich vor allem dadurch aus, dass er sich relativ ressourcensparend verhält. Allerdings beschränkt er sich dafür auf das Nötigste, und das Arbeiten ist daher oft sehr gewöhnungsbedürftig.

fvwm, fvwm2

Die Window-Manager der `fwvm`-Familie werden über die Datei *.fvwmrc* bzw. *.fvwm2rc* im Homeverzeichnis eines jeden Benutzers konfiguriert. Dort kann man Farben und vor allem eine Art Startmenü definieren.

Dieses Startmenü öffnet sich meistens beim Klick mit der rechten (oder auch linken) Maustaste und ersetzt damit das bekannte Prinzip von Start- und Taskleiste mit Button für ein Startmenü.

twm

Der `twm` ist eine Art »eingebauter« Standard-Window-Manager für XFree-86 und auch X.org, da er mit diesen Projekten eng verknüpft ist. Entsprechend einfach ist seine Bedienung und entsprechend eingeschränkt sein Funktionsumfang. Er wird gestartet, wenn man für einen Benutzer keinen anderen Window-Manager definiert hat.

WindowMaker

Ganz anders der WindowMaker. Dieser Window-Manager zeichnet sich durch gute Performance, gepaart mit hübschen grafischen Eigenheiten aus. Auch ist die Bedienung stark an NeXTStep angelegt, was ihr ein typisches UNIX-Feeling und damit einen gewissen Freakfaktor verschafft.

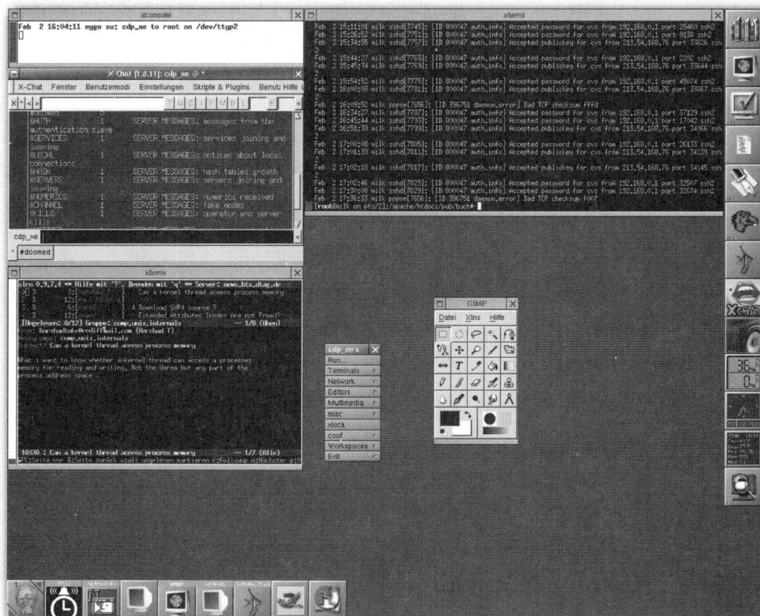

Abbildung 10.2 WindowMaker

Themes Interessant sind vor allem die sogenannten *Themes*. Diese Themen kann man sich unter anderem von `www.themes.org` besorgen und seinen Window-Manager damit nach Belieben anpassen. Für den WindowMaker gibt es, wie für viele andere Fenstermanager auch, sehr, sehr viele Themes, die alle einen Farb- bzw. Musterkanon mit einem mehr oder weniger hübschen Hintergrundbild kombinieren. So kommen Matrix-Fans mit dem »Matrix«-Theme genauso voll auf ihre Kosten wie verträumte Romantiker mit »Mastersons Hideout«. Prädikat besonders wertvoll.

Ansonsten ist für den WindowMaker noch das sogenannte *Dock* typisch, eine Art Startleiste, mit der Programme gestartet sowie deren – und nur deren – Instanzen verwaltet werden können. Man kann in das Dock noch sogenannte *Applets* einfügen, die bestimmte Funktionen wie beispielsweise eine Anzeige über die Systemauslastung übernehmen. So ein Dock findet man in dieser oder ähnlicher Form auch bei anderen Window-Managern wie beispielsweise dem AfterStep.

10.3.3 Desktop-Umgebungen

KDE & Gnome

Im Gegensatz zu den klassischen Window-Managern gibt es auch komplette Desktop-Umgebungen wie Gnome oder KDE. Diese Softwarepakete kümmern sich nicht nur um das Aussehen und Verhalten ihrer Fenster, sondern sie bringen auch gleich einen ganzen Satz von Applikationen mit, um das tägliche Arbeiten mit dem System zu erleichtern.

Qt & GTK

Als besondere Eigenschaft haben diese Programme alle ein einheitliches Look&Feel. Das kommt daher, weil die entsprechenden Programme alle mit demselben Toolkit geschrieben wurden – unter KDE ist das Qt, unter Gnome GTK.

Wenn Sie so eine Desktop-Umgebung nutzen, können Sie natürlich immer noch alle anderen Programme weiterhin nutzen – sie sind also entgegen landläufiger Meinungen beispielsweise unter KDE nicht auf die von KDE mitgebrachten Applikationen beschränkt.

Diese bieten allerdings neben dem einheitlichen Look&Feel mitunter gemeinsam genutzte Einstellungen, Funktionen wie Drag&Drop und andere kleine Sachen, die das Leben einfacher machen. Zudem gibt es nützliche Dienste wie beispielsweise Soundserver, die mehreren Programmen das gleichzeitige Nutzen der Soundkarte ermöglichen.

Im Folgenden wollen wir die beiden großen Desktop-Umgebungen kurz mit ihren jeweiligen Besonderheiten vorstellen. Diese zu erkunden und nach Lust und Laune mit ihnen herumzuspielen, überlassen wir dabei Ihnen ...

KDE

Das *K Desktop Environment* entstand als ein Klon des kommerziellen CDE (Common Desktop Environment) von Sun. Dieses Projekt wird gleichermaßen von Linux-Anfängern wie -Profis genutzt, da es eine gute Bedienung und geniale Programme bietet.

Manche stört allerdings, dass sich KDE von der Oberfläche und der Bedienung recht deutlich an die populären Windows-Betriebssysteme von Microsoft anlehnt. Wohlgemerkt: anlehnt. Es wurde nicht alles bedingungslos übernommen, aber gute und sinnvolle Features und Verhaltensweisen kann man teilweise unter KDE wiederfinden.

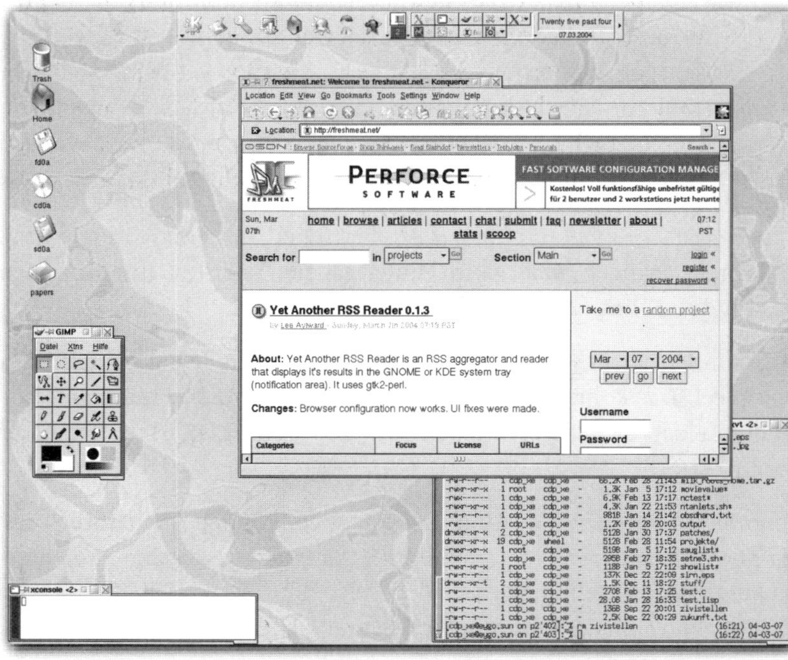

Abbildung 10.3 KDE

Zentrale Kontrolle

Die Besonderheit an KDE ist vor allem seine Homogenität und Konsistenz bezüglich der Bedienung. Mit dem KDE Kontroll-Center `kcontrol` kann man dabei das Look&Feel der Oberfläche sehr stark seinem persönlichen Geschmack anpassen.

Über den `aRts`-Soundserver können Sie mitunter sogar Nicht-KDE-Programmen eine Möglichkeit zur Audioausgabe geben.[3]

Aus der großen Anzahl der KDE-Applikationen wollen wir die vielleicht wichtigsten kurz vorstellen:

- **Konqueror**
  Der schnelle Webbrowser und Dateimanager des KDE-Projekts setzt teilweise wirklich Maßstäbe, was den Komfort angeht. Besonders an-

3 Eigentlich ist der Zugriff auf die Soundkarte immer nur mit einem Prozess möglich. Daher braucht man solche Soundserver, damit nicht ein Programm unnötig die Soundkarte blockiert. Stattdessen verwaltet der Sound-Dämon die Karte und lässt die Programme über ein Interface auf diese zugreifen.

zumerken ist die Integration des Konquerors in das gesamte KDE. Aber sehen Sie selbst ...

Und wenn Sie einmal dabei sind, beachten Sie die Unterstützung für verschiedenste Protokolle und Dienste. Der Konqueror ist gleichzeitig Dateimanager, Webbrowser, FTP-Client ... und was für Sie vielleicht interessant ist: Mit dem Konqueror kann man auch sehr angenehm Manpages betrachten (Sie erinnern sich?). Tippen Sie dazu einfach mal `man:/xinit` in die Adresszeile, um sich die Hilfeseite für das `xinit`-Kommando anzeigen zu lassen.

Abbildung 10.4 Konqueror

- **Konsole**
  Eine sehr interessante Möglichkeit, die Vorteile der Shell unter X11 zu nutzen.
- **KEdit, KWrite und Kate**
  Die Sammlung der unter KDE vorhandenen Editoren bietet eine ganze Reihe netter Features wie Syntax-Highlighting oder eine Rechtschreibprüfung.
- **KMail**
  Wenn man einmal mit KDE arbeitet, bietet sich die Nutzung des »hauseigenen« Mail-Programms an. KMail gliedert sich natürlich wie alle

anderen Applikationen sauber in das System ein – wenn Sie also im Browser auf eine Mail-Adresse klicken, wird KMail geöffnet.

- **K3b**
  Mit diesem netten Programm können Sie unter Linux recht komfortabel CDs brennen. Es ist ein Meilenstein in Richtung Benutzerfreundlichkeit bei dieser Aufgabenstellung.[4]
- **KOffice**
  KOffice ist eigentlich ein eigenständiges Projekt mit dem Ziel, ein Office-System direkt für KDE zu entwickeln.

Wie gesagt, alle Applikationen gliedern sich sauber in das System ein. Allerdings können Sie jedem Dateityp auch Ihr eigenes Lieblingsprogramm zuordnen, das bei einem Klick auf eine entsprechende Datei im Konqueror geöffnet werden soll. Unter Linux sind wir ja tolerant.

Gnome

Bei Gnome kann man eigentlich jeden beliebigen Window-Manager nutzen, die Desktop-Umgebung ist unabhängig vom Handling der Fenster. Im Gegensatz dazu steht KDE, unter dem man standardmäßig an den `kwm` als speziellen Window-Manager für KDE gebunden ist.

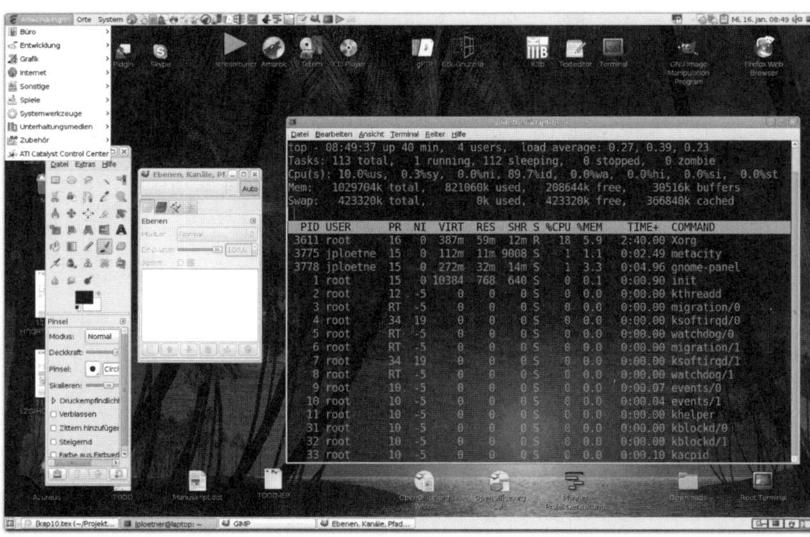

Abbildung 10.5 Gnome

---

4 Vor einigen Jahren war das Brennen einer CD unter Linux noch eine sehr komplexe Problemstellung, die erst mit mehreren Shell-Befehlen mit jeweils vielen kryptischen Parametern gelöst werden konnte.

Glaubenskriege

Das Gnome-Projekt wurde ursprünglich als freie Alternative zu KDE entwickelt, das auf der früher nicht ganz freien Qt-Bibliothek aufsetzt. Mittlerweile ist Qt für X11 allerdings Open Source und steht unter der GPL, sodass dieses Argument in den Glaubenskriegen zwischen Anhängern beider Umgebungen nicht mehr wirklich zählt.

Wie immer ist auch hier die Entscheidung zwischen den beiden Systemen Geschmackssache. Gnome ist vielleicht etwas traditioneller in der Bedienung. Böse Zungen nennen das eine Umschreibung für »umständlich«, Open-Source-Hardlinern dagegen ist KDE viel zu »Windows-ähnlich«.

Jedenfalls heißt das `aRts`-Äquivalent unter Gnome `esd`, und auch sonst werden Sie einige Gemeinsamkeiten finden, die vielleicht nur etwas anders realisiert wurden.

Hier nun wichtige Gnome-Applikationen:

- **The GIMP**
  Das *GNU Image Manipulation Program* – ein Bildbearbeitungsprogramm – gab es eigentlich schon vor Gnome. Um dieses mit einem Benutzerinterface auszustatten, wurde das GTK-(GIMP ToolKit-)Interface programmiert, auf das Gnome später aufsetzte (siehe Abbildung 10.6).

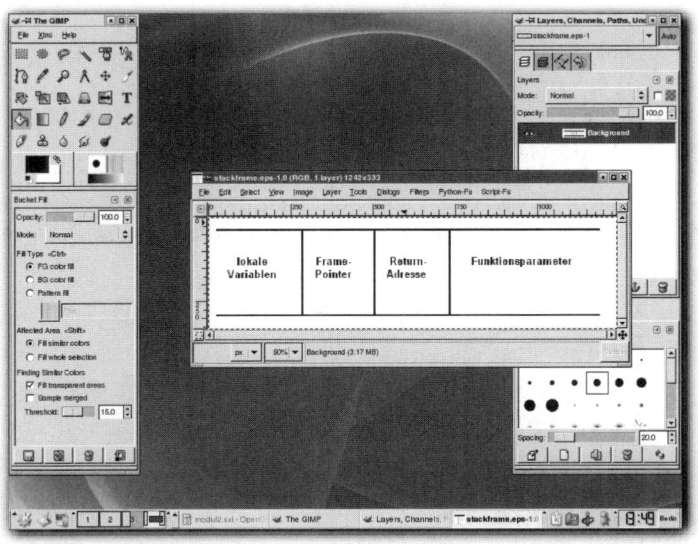

Abbildung 10.6 The GIMP

- **Nautilus**
  Nautilus ist ein, besser gesagt, *der* Dateimanager für Gnome. Unterstützt werden dabei, ähnlich wie beim Konqueror, viele unterschied-

liche Protokolle wie unter anderem auch FTP und HTTP. Damit lässt sich Nautilus auch als Webbrowser nutzen.

- **xchat**
  Mit dem bekannten `xchat`-Programm kann man sich mit einem Internet-Relay-Chat-Server (IRC-Server) verbinden und dort chatten. IRC ist ein recht altes, aber trotzdem noch sehr häufig genutztes Protokoll für Chats im Internet. Ihm gegenüber stehen die sogenannten *Instant Messenger* wie AIM oder ICQ, für die es natürlich auch Linux-Clients gibt.
- **Evolution**
  Evolution ist ein E-Mail-Client mit Groupware-Funktionen wie Kalender, Aufgabenliste und Adressbuch für Gnome.

10.4 X11 starten

Bei der X11-Konfiguration sind wir bereits kurz auf das Starten von X11 eingegangen, indem wir einfach das `startx`-Kommando in den Raum gestellt haben. Im Folgenden wollen wir uns aber ausführlich mit den Möglichkeiten des Startens und Nutzens des X-Window-Systems befassen.

10.4.1 Aus dem Textmodus

Sollten Sie während Ihrer Installation kein X konfiguriert haben bzw. es beim Booten nicht automatisch starten lassen, kommen bzw. verbleiben Sie nach dem Hochfahren des Systems in einer Art Textmodus[5] – und aus diesem heraus müssen Sie X11 manuell starten.

X, xinit und startx

Ordnung ins Chaos

Aus dem Textmodus wird X11 also über das Programm `xinit` gestartet. Der Aufruf dieses Programms kann dank zahlreicher Parameter recht kompliziert werden, daher nutzt man meistens das `startx`-Skript. Dieses Skript kapselt den `xinit`-Aufruf und setzt alle Argumente für dieses Programm entsprechend Ihrem Bedarf.

5 Sollte Ihr Kernel/Grafikkarte-Gespann den Framebuffermodus unterstützen, befinden Sie sich nach dem Booten nicht wirklich in einem »klassischen« Textmodus. X11 ist dann allerdings immer noch nicht aktiv, daher sprechen wir weiterhin von der Textkonsole, auch wenn Sie dort höhere Auflösungen erzielen.

Startskripte für xinit

Wie bereits von der Shell her bekannt, gibt es auch bei X11 Skripte, die beim Starten der grafischen Oberfläche entsprechend ausgeführt werden. Bei einem ganz normalen `startx` ist das die `.xinitrc` im Homeverzeichnis des Benutzers bzw. die globale `/etc/X11/xinit/xinitrc`.

Früher wurde diese Datei hauptsächlich zum automatischen Starten von diversen Programmen genutzt. In der Zeit der Desktop-Systeme verliert sie jedoch immer mehr an Bedeutung.

```
#!/bin/bash
xterm &
exec fvwm2
```

Listing 10.9 .xinitrc

Nach dem Start des `xinit`-Programms wird zuallererst der XServer gestartet. Danach schaut `xinit` erstmal auf der Kommandozeile nach, welche Applikationen der Benutzer gern gestartet hätte. Ansonsten wird eben die *.xinitrc* ausgeführt.

In diesem Beispiel werden einfach nur eine grafische Shell und ein Window-Manager gestartet. Beim Beenden des Window-Managers – oder allgemein jedes Programms nach dem `exec`-Schlüsselwort – wird von `xinit` auch die X-Session beendet und der grafische Modus damit wieder verlassen. Wenn Sie sich noch an das Shell-Kapitel erinnern, ist die grafische Sitzung also so lange aktiv, wie dieses Skript läuft ...

Damit könnte man zum Testen auch einmal Folgendes probieren:

```
#!/bin/bash
exec xterm
```

Listing 10.10 .xinitrc

Xterm als Fenstermanager?!

So startet nur die grafische Shell, nach deren Ende auch die X-Session vorbei ist. Sie haben jetzt allerdings weder einen Rahmen um die Fenster noch können Sie diese bewegen – auch wenn Sie aus der Shell heraus natürlich neue Programme starten können. Wenn Sie verstanden haben, wozu ein Window-Manager da ist, ist dieses Verhalten allerdings nur logisch: `xterm` ist eine grafische Shell und kein Window-Manager, daher können wir unsere Fenster auch nicht verwalten ...

10.4.2 Grafische Login-Manager

X nach dem Booten

Der wesentlich elegantere Weg des Logins über die grafischen Login-Manager wird oft nur bei Workstations eingeschlagen. Wird ein solcher Login-Manager benutzt, wird X11 über ein `init.d`-Skript gestartet, sodass nach dem Booten eine grafische Oberfläche zur Benutzerauthentifizierung geboten wird.

Das Schema ist dabei altbekannt: Nur Benutzername und Passwort werden zum erfolgreichen Einloggen benötigt, allerdings kann man beides je nach Konfiguration auch vor einem hübschen Hintergrundbild auswählen bzw. eingeben.

Zur Installation der jeweiligen Login-Manager empfehlen wir, unbedingt die entsprechenden Pakete aus Ihrer Distribution zu nutzen – sie werden auf jeden Fall vorhanden sein. Die wichtigsten Window-Manager sind dabei:

- **xdm**
  Der `xdm` ist der »klassische« Login-Manager für X11. Über den `xdm` können Sie sich dabei auch remote an entfernten Rechnern anmelden und dort dann entsprechende X11-Sessions nutzen.
- **kdm**
  Der `kdm` ist ein Login-Manager speziell für KDE. Speziell deswegen, weil er auf den KDE/Qt–Bibliotheken aufbaut und sich auch über KDE konfigurieren lässt. Dafür fügt er sich aber nahtlos in das Design und in die Umgebung von KDE ein.

  Zu beachten ist weiterhin, dass der `kdm`, anders als der `xdm`, speziell für Workstations gedacht ist, sodass das Einloggen auf entfernten Rechnern nicht voll unterstützt wird.
- **gdm**
  `gdm` ist quasi ein `xdm` für Gnome. Im Vergleich zum `kdm` ist der `gdm` allerdings vielseitiger und bietet mehr Konfigurationsoptionen. Das Projekt ist durchaus einen Besuch wert, auch wenn man aufpassen sollte, welche Version man erwischt – es gibt einen GDM für Gnome1, Gnome2.2 und für Gnome2.4 bzw. dessen Bibliotheken.

Nach dem erfolgreichen Login hat man, ähnlich wie nach dem Starten der Textkonsole, eine ganze Session zur Verfügung, die bis zum Beenden des Window-Managers aktiv ist. Allerdings endet im Gegensatz zum Konsolen-Login bei grafischen Login-Managern mit der Session des Window-Managers auch die Login-Session.

10.4.3 Startskripte für xdm

Natürlich hat man auch bei `xdm` eigene Startskripte. Die heißen hier allerdings statt *.xinitrc* einfach *.xsession*, erfüllen aber im Allgemeinen dieselbe Funktion. Aus diesem Grund ist die `.xinitrc` oft nur ein Link auf die *.xsession*, was die Handhabung deutlich vereinfacht.

10.5 Die wichtigsten Programme

Hier wollen wir alle wichtigen Programme vorstellen, die in den nachfolgenden Kapiteln nicht noch einmal näher erläutert werden. Die Auswahl ist dabei willkürlich, wir haben aber versucht, uns am Bekanntheitsgrad und der Verbreitung der einzelnen Programme zu orientieren.

10.5.1 Eterm, xterm und Co.

Die Shell unter X

Anfangen wollen wir dabei mit den grafischen Shells, von denen Sie im Buch schon einige Screenshots gesehen haben. Im Prinzip sind diese Shells nichts anderes als ein Fenster mit einer Shell darin (was auch sonst?), das sich mehr oder weniger gut konfigurieren lässt.

Die Standard-Shell für X11 – wenn man das so sagen kann – ist der `xterm`. Wenn wir von ihm sprechen, meinen wir aber meistens auch jede andere Shell und nutzen den `xterm`-Begriff somit als Bezeichnung für die Gruppe dieser Programme. Andere Terminal-Emulationen (wie der eigentlich korrekte Begriff lautet) unterscheiden sich vom `xterm` selbst vor allem durch erweiterte Konfigurationsmöglichkeiten.

Xterm aufgebohrt

Und an dieser Stelle kommt die nach dem `xterm` wohl zweitberühmteste Terminal-Emulation ins Spiel – der `Eterm`. Wenn Sie auf diversen Screenshots für Window-Manager-Themes transparente Shells bzw. Fenster oder gar vermeintlich auf den Desktop-Hintergrund ausgegebene Logfiles bewundern, ist in den meisten Fällen der `Eterm` mit im Spiel.

Mithilfe der Manpage kann man alle möglichen und unmöglichen Konfigurationsoptionen setzen, und ein Blick in das hauseigene Konfigurationsverzeichnis */.Eterm* offenbart dann noch einmal Welten. Und spätestens mit einem halbtransparenten `Eterm` ohne Fensterleiste findet auch der letzte Windows-verwöhnte Kritiker die Shell cool.

10.5.2 Mozilla: Browser, Mail- und Usenet-Client

Websurfen unter Linux

Der Firefox-Browser ist mittlerweile nicht mehr nur unter Linux eine Institution. Auch unter Windows oder anderen Betriebssystemen ist der Firefox dabei, sich durchzusetzen und signifikante »Marktanteile« zu gewinnen. Aber woran liegt das?

Zuerst einmal ist der Firefox ein sehr schneller Browser, wenn nicht gar der schnellste, was das Rendern von Webseiten anbelangt. Zudem hält er sich noch strenger an Standards als der Internet Explorer und stellt Webseiten damit sehr korrekt dar.[6]

Beim Mozilla-Projekt handelt es sich nicht mehr nur um einen puren Browser, sondern um eine ganze *Suite* von Programmen und Tools. Urspünglich ist das Projekt aus dem offenen Quellcode des Netscape-Browsers hervorgegangen, und der Netscape 6 und 7 bauen heute auf dem Mozilla auf.

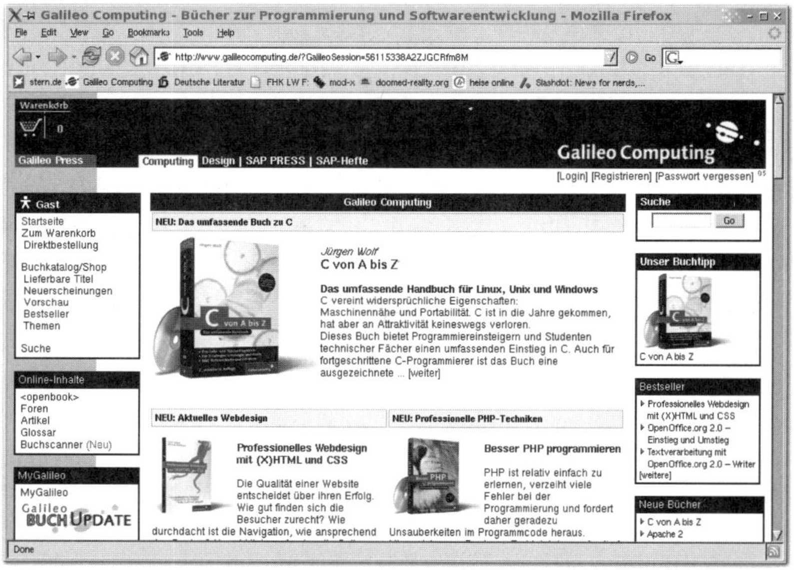

Abbildung 10.7 Firefox

Mail und Usenet

Das für Endanwender neben Firefox wohl bedeutendste Subprojekt stellt das freie Mail- und Usenet-Programm »Thunderbird« dar. Dieser Client unterstützt alle wichtigen Standards wie S/MIME, digitale Signaturen und

6 Manche auf den Internet Explorer »optimierte« Webseiten nutzen Befehle und Direktiven, die es eigentlich offiziell gar nicht gibt und die damit nur im IE funktionieren. Diese gebrochenen Standards sind allerdings recht selten, kommen aber vor.

Verschlüsselung. Er beinhaltet jedoch auch ein Adressbuch, eine Rechtschreibprüfung für Mails, die Möglichkeit das Design durch diverse Themes anzupassen (dies gilt auch für Firefox) und einen Junk-Mail-Analyser, um Sie recht effektiv vor Spam zu schützen. Und nicht zu vergessen: Selbstverständlich ist es auch möglich, mehrere Mail- und Usenet-Accounts parallel zu verwenden.

10.5.3 The GIMP

Professionelle Grafikverarbeitung

Das *GNU Image Manipulation Program* (GIMP) hatten wir bereits kurz angesprochen, als es um herausragende Gnome-Programme ging. Hier wollen wir nun etwas mehr über the GIMP und die entsprechenden Konzepte erzählen und beschreiben, was er alles kann.

Welche Bedeutung the GIMP für die Linux-Community hat und hatte, wird vielleicht aus folgendem Artikel deutlich, der anlässlich Version 1.0 der Grafiksuite erschien:

> *»It has been a long time coming, but the wait is over: Linux has its first real end-user power tool. It's not for administrators. It's not for network hacks. It's not another developers tool. It's for artists. It's for media managers and graphics nuts. It's for fun. It's for real. It's the GIMP.«*
> *– Michael Hammel (Linux Journal, November 1997)*

Wie der Name schon sagt, ist GIMP also ein Bildbearbeitungsprogramm. Aber eigentlich ist es mehr als das. Man kann GIMP zur professionellen Bearbeitung von Fotos, zum Erstellen von Grafiken, zum Konvertieren von Bildformaten, als Bild-Renderer und für vieles mehr verwenden. Im Folgenden haben wir eine von `gimp.org` adaptierte kurze und deshalb unvollständige Liste von Features zusammengestellt:

- Vielfältige Zeichentools wie Pinsel, Bleistift, Airbrush, Klonen et cetera
- Ausgefeiltes Speichermanagement, sodass die Bildgröße nur durch den vorhandenen Plattenspeicher begrenzt ist.
- Hochqualitatives Anti-Aliasing durch Sub-Pixel-Sampling
- Voller Alpha-Channel-Support für Transparenzeffekte
- Unterstützung von Bildebenen und Farbkanälen
- Eine prozedurale Datenbank, über die interne Funktionen durch externe Plug-ins genutzt werden können.
- Erweiterte Skripting-Möglichkeiten

- Mehrfaches Rückgängigmachen/Wiederherstellen
- Nur durch die Hardwareressourcen begrenzte Anzahl gleichzeitig offener Bilder
- Mächtiger Editor für Farbverläufe und Überblendungen
- Unterstützung von Animationen über die Bildebenen (*frame-as-layer*)
- Transformationstools zum Rotieren, Skalieren, Ausschneiden, Spiegeln et cetera
- Viele unterstützte Dateiformate wie gif, jpg, png, xpm, tiff, tga, mpeg, ps, pdf, pcx, bmp et cetera
- Auswahltools für rechteckige, eliptische, freie, unscharfe und »intelligente« Bereiche
- Plug-in-Support für die Unterstützung neuer Dateiformate und Effekte
- Über 100 bereits vorhandene Plug-ins
- Eigene Pinselformen und Muster

Chaos auf dem Desktop?

Wenn man GIMP das erste Mal startet, fällt einem auf, dass das Programm aus mehreren separaten Fenstern besteht. Für Windows-Anwender mag das vielleicht etwas ungewohnt erscheinen, aber wenn man mehrere virtuelle oder auch reale Bildschirme zur Verfügung hat, ist es einfach angenehmer, wenn man alle zu bearbeitenden Bilder in separaten Fenstern entsprechend verteilen kann.

GIMP erlaubt nun, Grafikdateien relativ unabhängig vom verwendeten Format professionell zu bearbeiten. Dazu werden standardmäßig mehrere Bildebenen (»Layer«) unterstützt, und zudem enthält GIMP eine ganze Reihe schon vorkonfigurierter Plug-ins sowie Schnittstellen für eigene Erweiterungen.

Für was und wie man GIMP dann letztendlich nutzt, sei jedem selbst überlassen. Es gibt schließlich auch tausendseitige Bücher über GIMP, und daher wollen wir hier nicht zu sehr ins Detail gehen. Unser Tipp: Sehen Sie sich einmal die Dokumentation von `www.gimp.org` an, wenn Sie sich näher mit dem Programm beschäftigen möchten. Gerade der Umgang mit Layern und Plug-ins ist wichtig und für Neulinge vielleicht nicht so ganz intuitiv zu begreifen.

Letztendlich kann man das Resultat dann in vielen verschiedenen Formaten speichern. Um während des Bearbeitungsprozesses keinen Restriktionen zu unterliegen, bringt GIMP mit *.xcf* sogar eine eigene Erweiterung mit.

10.5.4 xchat

Das nächste wichtige Programm ist ein Chat-Client. Auch Chat-Clients können wichtig sein, wenn man im Zeitalter der globalen Kommunikation mithalten will. Und die wird heutzutage oft durch Chatten realisiert.

chatten!

Der `xchat` ist ein recht populärer Client für den *Internet Relay Chat (IRC)*. Bei dieser vielleicht etwas archaisch anmutenden Art des Chats müssen Sie sich manuell mit einem Server verbinden, um dort in bestimmten Räumen (*Channels*) unter einem Phantasienamen (*Nickname*) chatten zu können.

Startet man den `xchat` zum ersten Mal, bekommt man eine Standardliste mit den verschiedensten Servern. Wählen Sie aber erstmal einen Nickname, und suchen Sie dann – falls Sie nicht schon wissen, wo Sie hinwollen – einen Server aus der Liste heraus, und versuchen Sie sich zu verbinden. Wenn Sie verbunden sind, probieren Sie ein `/join #test`, um den Test-Channel zu betreten. Vielleicht finden Sie dort andere Leser dieses Buches, die auch gerade die entsprechende Passage ausprobieren.

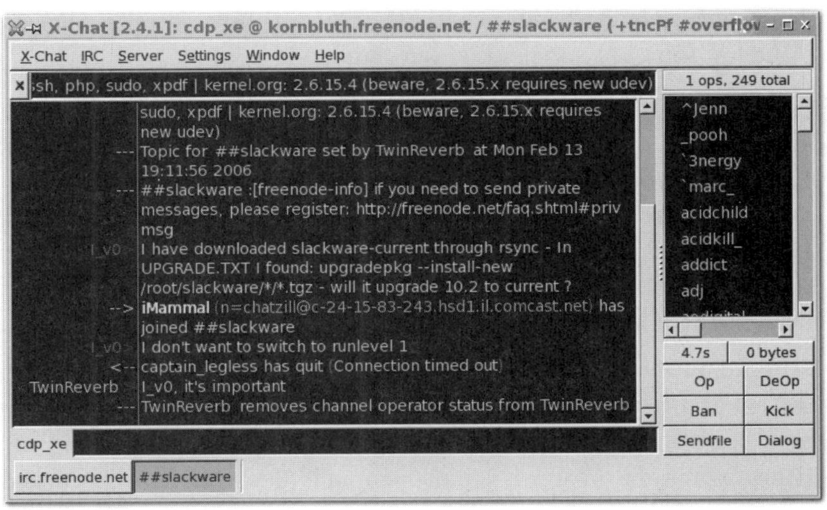

Abbildung 10.8 XChat

Ohne konkretes Ziel wird der Ausflug in den IRC aber ein recht langweiliges Unterfangen. Sehen Sie deshalb einfach mal bei ihrem Lieblings-OpenSource-Projekt vorbei, und schauen Sie nach einem entsprechenden

Server/Channel-Paar. Die Chancen stehen relativ gut, dass Sie entsprechende Hinweise finden werden.

In den entsprechenden Channels selbst wird hauptsächlich über bestimmte, eingegrenzte Themen geredet. Oft allerdings auch über mehr, was jedoch sehr stark vom Channel abhängig ist, und manchmal ist es unerwünscht, wenn andere Themen angeschnitten werden.

Exkurs: Instant Messenger

ICQ & Co.

Den Gegensatz zu dieser traditionellen Art des Chats bilden sogenannte *Instant Messenger*. Dort lädt man sich am besten ein mit Ad- und Spyware versehenes Programm von einem mit Werbung überfluteten Server eines kommerziellen Anbieters herunter, um sich dann nach einer Registrierung mit dem Tool auf dem zentralen Server des Anbieters anzumelden. Mit den Open-Source-Tools, die wir Ihnen gleich vorstellen werden, ist man da schon besser beraten.

Sie können dann über diverse Spielarten der *Buddy-Listen* Ihre Freunde »verwalten«, die Sie auch gleich belästigen können, sobald diese »online« – also auf dem zentralen Server des Anbieters – angemeldet sind.

Im Gegensatz dazu hat IRC fast menschliche Züge. Man trifft sich, wenn man denn möchte, auf einem bestimmten Server in einem bestimmten Raum und kann dort mit vielen anderen Usern über diverse Themen plaudern. So richtig sozial mit vielen anderen Leuten.

Es fällt ziemlich schwer, manche Entwicklung wie den Verfall der Netzkultur objektiv und teilnahmslos hinzunehmen und zu kommentieren. Natürlich können Sie auch unter Linux die durchaus vorhandenen Vorteile des Instant Messaging nutzen – wir empfehlen Ihnen Clients à la `EveryBuddy` oder `pidgin`.

Besonderheiten des IRC

Falls Sie nur mit Instant Messengern vertraut sind, gibt es für Sie beim IRC ein paar Neuheiten. In jedem *Channel* gibt es sehr wahrscheinlich ein paar *Operatoren*, die durch das `+o`-Flag gekennzeichnet sind. Diese Administratoren des Channels können störende Benutzer rauswerfen und diese auch daran hindern, in den Channel zurückzukommen. Außerdem gibt es *moderierte* Channels, in denen eben nur Operatoren bzw. *Moderatoren* und die Benutzer mit *voice* sprechen können. Letztere zeichnen sich durch ein `+v`-Flag aus.

10.6 Tuning

Im Folgenden wollen wir uns mit etwas ausgefalleneren und vielleicht auch interessanteren Aspekten der X11-Nutzung beschäftigen.

10.6.1 Xinerama und DualHead

Haben Sie vielleicht eine DualHead-Grafikkarte oder noch eine ältere PCI-Grafikkarte samt Monitor herumliegen? Es wäre doch schade, wenn sie einfach so verstauben würde, denn Sie können sie immer noch einsetzen.

Bevor man aber ans Konfigurieren geht, muss man sich daüber im Klaren sein, was man überhaupt möchte:

- **Xinerama**
  Mit der Xinerama-Erweiterung werden die beiden Monitore als gemeinsamer Desktop behandelt. Hat man also zwei von diesen schicken 17-Zoll-TFTs mit jeweils einer Auflösung von 1280 * 1024, kann man diese zu einem großen 2560 * 1024 Desktop verbinden.
- **Doppelte Oberfläche**
  Oder Sie wählen zwei getrennte Desktops, die sich mit z. B. unterschiedlicher Auflösung oder Farbtiefe konfigurieren lassen. KDE kann man dann auf dem zweiten Desktop auch anders als auf dem ersten konfigurieren.
- **2 XServer**
  Prinzipiell ist es natürlich auch möglich, gleich zwei völlig autonome XServer zu konfigurieren. Manche Leute haben es so geschafft, sich die Kosten für einen zweiten PC zu sparen. Sie haben nämlich einfach eine zweite Maus, eine zweite USB-Tastatur (normale Rechner haben nur eine PS/2-Tastaturschnittstelle) sowie natürlich die obligatorische zweite Grafikkarte samt Monitor angeschlossen und entsprechend konfiguriert, sodass man wie an zwei Arbeitsplätzen völlig autonom arbeiten kann.

  Zwei Rechner statt einem

  Dies zu realisieren ist zwar nicht ganz einfach, Sie können aber im Netz nach einer guten Anleitung suchen.

Die Konfiguration

Zuallererst müssen Sie natürlich wie immer die Konfigurationsdatei editieren. Anstatt einer Grafikkarte, eines Monitors und einer Screen-Sektion brauchen Sie jetzt von allem zwei – nämlich für das zweite Grafikkarte/Monitor-Paar.

Als einzige Neuerung müssen Sie jetzt in der Grafikkarten-Sektion im Feld BusID die PCI-Bus-ID eintragen. Die wird zum Beispiel mit lspci, cat /proc/pci oder eben über X -configure gleich richtig in die Beispielkonfiguration eingetragen.

```
Section "Device"
        Identifier   "Karte1"
        Driver       "ati"
        VendorName   "ATI"
        BoardName    "Mach64 CT"
        BusID        "PCI:0:15:0"
EndSection
```

Listing 10.11 Device-Section mit BusID-Feld

Sie sollten natürlich beachten, dass der Identifier bei beiden Karten unterschiedlich ist, ansonsten gibt es selbstverständlich Probleme. Und achten Sie darauf, welchem Monitor Sie welche Grafikkarte zuordnen – auch hier sollten Sie die Identifier nicht durcheinanderbringen. Aber um solchen Problemen vorzubeugen, ist X -configure wirklich nur zu empfehlen.

Haben Sie nun also die Grafikkarten, Monitore und Screens konfiguriert, müssen Sie diese noch im ServerLayout zusammenfügen. Unser Beispiel hier ist selbsterklärend, achten Sie nur darauf, die Xinerama-Option wieder auszukommentieren, falls Sie einen gemeinsamen Desktop wünschen:

```
Section "ServerLayout"
        Identifier       "My Layout"
        Screen       0   "Screen0"     0 0
        Screen       1   "Screen1"     RightOf "Screen0"
        InputDevice      "Mouse0"      "CorePointer"
        InputDevice      "Keyboard0"   "CoreKeyboard"
#       Option           "Xinerama"    "on"
EndSection
```

Listing 10.12 Zwei Desktops ohne Xinerama

10.6.2 X11 in einem Fenster

Sie können auch X-Sessions in einem Fenster in Ihrem bereits vorhandenen Desktop anzeigen lassen. Dazu benötigen Sie das Programm Xnest.

```
$ startx -- /usr/X11R6/bin/Xnest :1
```

Listing 10.13 X in einem Fenster starten

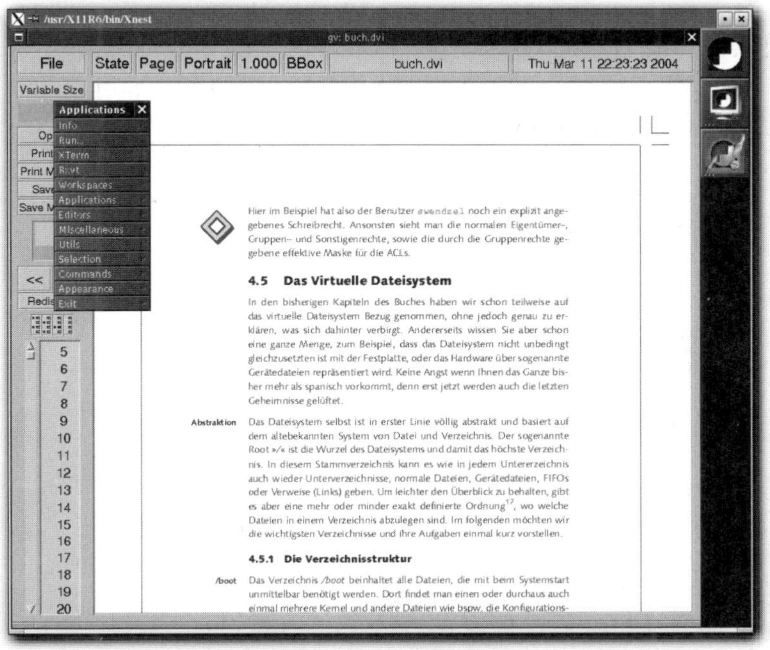

Abbildung 10.9 Eine WindowMaker-Sitzung in Xnest

10.6.3 Mehrere X-Sessions

Natürlich können Sie auf einem Rechner auch mehrere X-Sessions gleichzeitig starten. Sie müssen allerdings darauf achten, dass sie auf verschiedenen Displays laufen:

```
$ startx -- :1
```

Listing 10.14 Eine zweite X-Session starten

Hier müssen Sie das Display nicht als Shell-Variable, sondern als Argument für den Aufruf von `startx` verwenden.

> In unserem Buch »Linux. Das distributionsunabhängige Handbuch« erfahren Sie mehr über X11, die einzelnen Window-Manager und die grafischen Anwendungen.

Für jene, die glauben, dass »haben« eine höchst natürliche Kategorie innerhalb der menschlichen Existenz ist, mag es überraschend sein, wenn sie erfahren, dass es in vielen Sprachen kein Wort für »haben« gibt.
– Erich Fromm

11 Einführung in Netzwerke

Zuerst wollen wir uns damit beschäftigen, was ein Netzwerk überhaupt ist. Danach schauen wir uns an, wie wir uns unter Linux mit einem Netzwerk verbinden. Wir betrachten dabei das lokale Netz und natürlich das Internet. Des Weiteren erfahren Sie, was man alles mit Linux in einem Netzwerk anstellen kann – ob als Client oder als Server.

11.1 Etwas Theorie

Zuallererst kommt wie so oft die Theorie vor der Praxis und damit vor dem Spaß. Und leider ist gerade beim Thema Netzwerk die Theorie sehr wichtig, da man sonst wichtige Fachbegriffe und Zusammenhänge einfach nicht kennt und dann, wenn ein Problem auftaucht, nicht weiterkommt.

Kommunikation!

Der Sinn eines Netzwerks ist klar: Man will zwei oder mehr Rechner miteinander verbinden, um beispielsweise Daten auszutauschen oder um es einzelnen Rechnern zu ermöglichen, Dienste in Anspruch zu nehmen. Um so eine Verbindung bereitzustellen, braucht man natürlich zuerst eine physikalische Verbindung wie ein Kabel oder Funkhardware. In diesem Buch soll aber nicht thematisiert werden, wie Sie Ihr Netz anständig verkabeln, wir möchten uns lieber auf die Konfiguration Ihres Heimnetzwerks unter Linux konzentrieren.

11.1.1 TCP/IP

Sprache der Computer

Damit sich zwei Systeme in einem Netzwerk unterhalten können, müssen sie – umgangssprachlich ausgedrückt – dieselbe Sprache sprechen. Und die Sprache der Netzwerke ist heutzutage TCP/IP. TCP/IP (Transmission Control Protocol/Internet Protocol) ist eigentlich eine Protokollfamilie, die aus vielen einzelnen Protokollen besteht. Wir würden hier gern auf jedes einzelne Protokoll im Detail eingehen und mit dem entsprechenden technischen Hintergrund vor allem den kreativen Umgang mit der Technik näher beschreiben. Jedoch schreiben wir ein Buch über Linux und nicht einen technischen Fortsetzungsroman oder die »unendliche Geschichte«. Von daher werden wir uns auf das Nötigste beschränken.

Damit man also einen Rechner in einem Netz finden kann, braucht man eine Art Adresse. So eine Adresse nennt man bei TCP/IP[1] eine IP. Diese IP ist bei aktuellen Versionen der Protokollfamilie eine Kombination aus vier durch einen Punkt getrennten Nummern von 0 bis 255 (das entspricht einem Byte).

Bei der aktuellen Protokollfamilie? Ja, denn uns gehen langsam die IP-Adressen aus. Wir haben 256 hoch 4 mögliche IP-Adressen, also über den Daumen gepeilt etwa 4,2 Milliarden Stück. Und es reicht trotzdem nicht.

Adressen haben eine ganz besondere Eigenschaft, die sie erst zu Adressen, so wie wir sie verstehen, macht: ihre Eindeutigkeit. Und so muss auch im Internet, dem größten TCP/IP-Netzwerk der Welt, diese Eindeutigkeit gegeben sein. Nun ist es aber so, dass in den Anfängen des Internets nur so mit IP-Adressen um sich geworfen wurde. Firmen und Universitäten bekamen sie gleich blockweise, und irgendwann im großen Dotcom-Boom um die Jahrtausendwende wurden sie halt knapp. So steht uns – allerdings von der Öffentlichkeit eher unbeachtet – nach dem Jahr-2000-Problem nun der nächste größere technische Salat bevor, nur weil uns wiedereinmal ein paar Nummern fehlen. Aber keine Angst, die besten Ingenieure und Informatiker der Welt haben schon einen Nachfolger für TCP/IP Version 4 entwickelt – TCP/IP Version 6, kurz IPv6. Dort sehen die Nummern leider weniger übersichtlich aus, da die Adressen viermal so groß sind. Aber diesmal reichen die IP-Adressen hoffentlich für die nächsten tausend Jahre. Und mit ein bisschen Glück läuft die ganze Umstellung auch noch reibungslos ab.

Aber vom weltweiten Netz zurück zu unserem Heimnetzwerk – das Internet braucht uns jetzt erst einmal nicht zu kümmern, dort bekommen Sie für die Zeit Ihrer Einwahl von Ihrem Provider sozusagen eine offizielle IP vermietet und automatisch zugeteilt. Damit es aber nicht zu Konflikten zwischen internen, sprich privaten IP-Adressen und den offiziellen des Internets kommt, wurden einige nicht offizielle, private Bereiche defi-

1 Es gibt noch andere Protokolle wie IPX, die aber eine immer geringere Rolle spielen und wohl über kurz oder lang aussterben werden.

niert, die jeder für sein eigenes abgeschlossenes LAN zu Hause oder in der Firma benutzen kann:

Klasse	Adressbereich	Adressen
Class A:	10.0.0.0 – 10.255.255.255	1 x ca. 16 Mio. Adressen
Class B:	172.16.0.0 – 172.31.255.255	16 x 65.524 Adressen
Class C:	192.168.0.0 – 192.168.255.255	254 x 255 Adressen

Tabelle 11.1 Nicht offizielle IP-Bereiche

Der eigene Rechner

Dazu kommt der Adressbereich 127.0.0.1 – 127.255.255.255, der nur für die lokale Kommunikation im Rechner benutzt wird. So bezeichnet die IP 127.0.0.1 den Localhost und demnach den eigenen Rechner. Somit kann man auch etwas mit TCP/IP spielen, ohne gleich Geld in Hardware investieren zu müssen.

Jetzt werden Sie sich aber sicher fragen, warum vor den IP-Bereichen jeweils Class A, B und C steht. Nun, in den Anfangstagen des Internets wurden die IP-Adressen, wie bereits gesagt, in größeren Blöcken vergeben. Bestimmte Nummernbereiche indizierten die Größe des Netzes – so war es bei Klasse A-Netzwerken nur die erste Stelle, die das Netzwerk identifizierte, die restlichen Stellen gaben den entsprechenden Rechner darin an. Bei Klasse C hingegen waren die Netze kleiner: Die ersten drei Stellen gaben das Netz vor, nur die letzte Stelle identifizierte den einzelnen Rechner. So konnten also maximal 255 Rechner in einem Klasse-C-Netzwerk miteinander verbunden sein.

Mehr Flexibilität

Später fand man diese Einstellung jedoch zu statisch, und man begann, die sogenannte *Netzmaske* einzuführen. Nach der Einführung war nicht mehr durch die Anfangszahlen festgelegt, wie das Netz zu einer IP auszusehen hatte, sondern durch eine binäre Maske. In dieser Maske identifizieren alle Bits der IP, die in der Maske auf 1 gesetzt sind, den Netzwerkteil. Also ist eine Netzmaske sinnvollerweise so aufgebaut, dass bis zu einem gewissen Punkt nur Einsen und ab dann nur Nullen gesetzt sind. Da binäre Zahlen aber sehr lang sind, schreibt man die Netzmaske in der Regel dezimal.

11.1.2 Ihr Heimnetzwerk

[zB]

Hätte man also eine Netzmaske von 255.255.255.0 und eine IP von 192.168.1.1, dann würde der Teil 192.168.1 das Netzwerk identifizieren (bei diesen Bits der IP sind die Bits der Netzmaske gesetzt) und die letzte Zahl, eine 1, den Rechner. Durch Spielereien mit utopischen Netzmasken wie 255.255.128.0 konnte man die vorhandene IP-Reichweite noch besser in einzelne Subnetze aufteilen und damit den Adressraum besser nutzen.

Da eine Netzmaske sinnvollerweise so aufgebaut ist, dass zuerst ausschließlich Einsen und danach ausschließlich Nullen kommen, addiert man die auf Eins gesetzten Bits oft nur zusammen und gibt eine IP und die zugehörige Netzmaske in der Form `192.168.0.1/24` an. Es wären hier also die ersten 24 Bits gesetzt, was einer Netzmaske von 255.255.255.0 entsprechen würde.

Das alles wirkt jetzt sicher recht verwirrend auf Sie. Aber sicherlich werden Sie einsehen, dass ohne exakt geregelte Protokolle keine Kommunikation zustande kommen kann. Und zudem werden Sie mit Netzwerken sicherlich nicht so viel zu tun bekommen, es sei denn, Sie erlegen es sich mit Ihrem Heimnetzwerk selbst auf. Dort kann man sich sehr gut mit den nicht offiziellen Standardadressen behelfen, die bei vielen Konfigurationstools schon voreingestellt sind. Und wenn die Hersteller aus guter Absicht nicht alles verkomplizieren, indem sie blumige Umschreibungen für die oben genannten technischen Fakten liefern, können sie nach der Lektüre dieses Kapitels alle Einstiegshürden meistern.

Zu beachten bleibt nur, dass Rechner von sich aus nur mit Rechnern aus demselben Netzwerk kommunizieren können – da sie sinnvollerweise mehr oder weniger direkt miteinander verkabelt sind. Wie man Ihnen aber sagen kann, wo sie andere Netzwerke und damit die entsprechenden Rechner finden, wird im Abschnitt 11.3, »Routing«, erklärt.

Und ins Internet

> Damit Ihre Rechner nach erfolgreicher Konfiguration des Heimnetzwerks auch ins Internet können, brauchen Sie natürlich eine Art *Tor*. Dieses Tor hätte dann die Aufgabe, sich mit dem Internet zu verbinden und die Kommunikation aller weiteren Rechner im Heimnetzwerk ins Internet zu tunneln.

Meistens übernimmt diese Aufgabe ein sogenanntes *Gateway* bzw. ein *Router*. Diese übersetzen dann auch die privaten IP-Adressen in offizielle, die Sie von Ihrem Internet-Service-Provider bei der Einwahl erhalten. Mehr zu diesem Thema erfahren Sie im Abschnitt über das Routing.

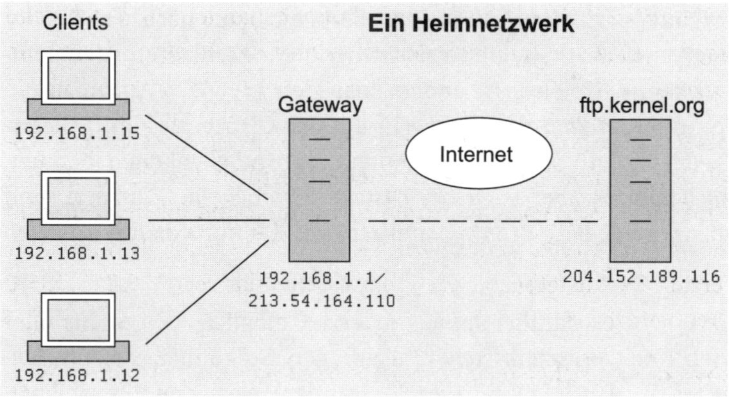

Abbildung 11.1 Schema eines Heimnetzwerks

Auf Abbildung 11.1 können Sie ein kleines Heimnetzwerk mit privaten IP-Adressen erkennen. Ein Gateway stellt die Verbindung ins Internet her und hat neben der privaten noch eine vom Provider zugewiesene offizielle IP.

11.2 Konfiguration einer Netzwerkschnittstelle

Jede Netzwerkschnittstelle, sei sie physikalisch im Rechner als Netzwerkkarte vorhanden oder nur als logische Repräsentation einer PPP-Verbindung, wird unter Linux durch ein entsprechendes Device repräsentiert. Um Netzwerkschnittstellen, für die wir uns ja im aktuellen Kapitel besonders interessieren, zu konfigurieren, gibt es ein spezielles Programm namens `ifconfig`.

11.2.1 Konfiguration von Netzwerkkarten mit ifconfig

Die Netzwerkkarte fit machen

Normalerweise benutzt man `ifconfig`, wenn man eine Netzwerkkarte für das eigene LAN fit machen will. Für einen solchen Einsatz reicht für gewöhnlich ein einziger Aufruf des Programms:

```
# ifconfig eth0 192.168.0.1 netmask 255.255.255.0
```

Listing 11.1 Konfigurieren einer Netzwerkschnittstelle

Wir weisen der Schnittstelle `eth0` (das ist die lokale Netzwerkkarte) die IP-Adresse 192.168.0.1 zu. Die Netmask wird mit 255.255.255.0 angegeben, d. h., dass unser Netz über keine weiteren Subnetze verfügt. Die Netmask kann auch in Hexadezimalform angegeben werden.

Und nach dem Booten? Schade ist nur, dass Linux diese Einstellungen beim nächsten Reboot wieder vergessen hat. Es gibt verschiedene Möglichkeiten, dem entgegenzuwirken, beispielsweise indem man den `ifconfig`-Aufruf in ein Startskript unter */etc/init.d* einbaut, ein mit der Distribution mitgeliefertes Tool oder andere spezifische Konfigurationsmöglichkeiten benutzt. Letztendlich gibt es aber auch bei Distributionen keine Zauberei, und alles landet wieder bei `ifconfig` und */etc/init.d* – nur vor Ihren Augen versteckt.

Mit `ifconfig` ist es darüber hinaus jederzeit möglich, den Status aller installierten Netzwerkschnittstellen abzufragen. So können Sie zum Beispiel feststellen, welche IP-Adresse Ihr Modem nach der Einwahl hat, ob sich Ihre Netzwerkkarte im Promiscuous Mode befindet oder ob eine Schnittstelle gerade deaktiviert ist.

Hier ein Beispiel:

```
# ifconfig eth0
eth0      Link encap:Ethernet  HWaddr 00:30:F1:33:80:86
          inet addr:172.20.2.1  Bcast:172.20.255.255 Mask:255.255.0.0
          inet6 addr: fe80::230:f1ff:fe33:8086/10 Scope:Link
          UP BROADCAST RUNNING MULTICAST  MTU:1500 Metric:1
          RX packets:79815 errors:0 dropped:0 overruns:0 frame:0
          TX packets:112662 errors:0 dropped:0 overruns:0 carrier:0
          collisions:319 txqueuelen:100
          RX bytes:7635961 (7.2 Mb)  TX bytes:8276791 (7.8 Mb)
          Interrupt:11 Base address:0x9000
```

Listing 11.2 Beispielausgabe von ifconfig

Hier lassen wir uns den Status der Schnittstelle `eth0` der ersten Netzwerkkarte ausgeben. Genauso gut könnten wir bei einer Modem-Einwahl auch den Status von `ppp0` oder bei ISDN den von `ippp0` abfragen. Ein `ifconfig` ohne Parameter gibt übrigens den Status aller momentan aktiven Netzwerkschnittstellen aus.

Information Overkill Die Ausgabe sieht auf den ersten Blick vielleicht etwas unübersichtlich aus, allerdings zeigt sie uns auch alle verfügbaren Informationen an. Die erste Zeile sagt aus, dass es sich bei `eth0` um eine normale Netzwerkkarte (Ethernet) handelt, die die MAC-Adresse 00:30:F1:33:80:86 besitzt. In der nächsten Zeile bekommen wir die Konfiguration unseres Netzwerks angezeigt, also dass die Netzwerkkarte die IP-Adresse 172.20.2.1 besitzt und sich in einem Netz mit der Netzmaske 255.255.0.0 befindet.

In der nächsten Zeile bekommen wir noch die Informationen, dass die Schnittstelle aktiviert (UP) ist, dass die Karte Multicast unterstützt und beispielsweise, dass die MTU (Maximal Transmission Unit), also die maximale Größe eines Pakets, 1500 Byte beträgt.

In den nächsten Zeilen bekommen wir in Form von selbsterklärenden Statistiken noch sehr ausführlich Auskunft über empfangene und gesendete Pakete. Die Ausgabe schließt mit der Angabe des Interrupts und der Basis-Adresse der Karte. Diese Informationen sind wichtig für die Hardwarekonfiguration Ihres Computers.[2]

Spielereien mit ifconfig

Nun macht lesen aber nur halb so viel Spaß wie selber ausprobieren! Gesetzt den Fall, Sie wissen, was Sie tun bzw. wissen zumindest, wie Sie später den Grundzustand wiederherstellen[3], bietet Ihnen `ifconfig` alle Möglichkeiten zur Manipulation.

Netzwerkkarten simulieren

Wenn Sie möchten, können Sie zum Beispiel Ihrer Netzwerkkarte mehr als eine IP-Adresse gleichzeitig geben. Linux bietet Ihnen nämlich die Möglichkeit, mehrere *virtuelle* Netzwerkkarten zu konfigurieren. Hängen Sie dazu beispielsweise an Ihre Schnittstelle einen Doppelpunkt und die Nummer der Konfiguration an:

```
# ifconfig eth0:1 192.168.0.1 netmask 255.255.255.0
```

Listing 11.3 Eine Netzwerkkarte mit 2 IP-Adressen

Das führt dazu, dass bei erneutem Aufruf vom `ifconfig` ohne Parameter plötzlich ein neues Netzwerk-Interface hinzugekommen ist:

```
# ifconfig
eth0    Link encap:Ethernet  HWaddr 00:30:F1:33:80:86
        inet addr:172.20.2.1  Bcast:172.20.255.255  Mask:255.255.0.0
        inet6 addr: fe80::230:f1ff:fe33:8086/10 Scope:Link
        UP BROADCAST RUNNING MULTICAST  MTU:1500  Metric:1
        RX packets:17214 errors:0 dropped:0 overruns:0 frame:0
        TX packets:23006 errors:0 dropped:0 overruns:0 carrier:0
        collisions:47 txqueuelen:100
        RX bytes:1646983 (1.5 Mb)  TX bytes:1693867 (1.6 Mb)
        Interrupt:11 Base address:0x9000

eth0:1  Link encap:Ethernet  HWaddr 00:30:F1:33:80:86
        inet addr:192.168.0.1  Bcast:192.168.0.255  Mask:255.255.255.0
        UP BROADCAST RUNNING MULTICAST  MTU:1500  Metric:1
        Interrupt:11 Base address:0x9000
```

Listing 11.4 Beispielausgabe von ifconfig

Jetzt besitzt Ihre Schnittstelle zwei IP-Adressen in unterschiedlichen Netzen; beachten Sie aber bitte, dass die Karte immer noch nur über ein

2 Das soll aber nicht das Thema dieses Buches sein, also ignorieren Sie ruhig alles, was Sie nicht verstehen.

3 Beispielsweise durch einen Neustart; wie gesagt, die Änderungen, die man bei `ifconfig` vornimmt, sind nicht persistent.

Kabel mit der Außenwelt verbunden ist. Jetzt fragen Sie sicherlich, wofür man solche Spielereien überhaupt braucht. Gute Frage! Aber in Unternehmen gibt es manchmal Situationen, die es notwendig machen, die IT-Infrastruktur umzustellen. Zwei Server werden dann zum Beispiel zu einem vereinigt, weil die Hardware gerade so billig ist und die Leistung ausreicht, beide Serverdienste zu betreiben. Jetzt haben Sie aber das Problem, dass auf allen Clients im Unternehmen noch die alten IP-Adressen der beiden ursprünglichen Server eingestellt sind. Sie könnten sich natürlich an die Arbeit machen und Tausende PCs umkonfigurieren, oder Sie nutzen bei Ihrem neuen Server einfach die Möglichkeit und geben ihm zwei IP-Adressen statt einer.

`ifconfig` kann ein Netzwerk-Interface auch deaktivieren. Dies wird mittels des `down`-Befehls bewerkstelligt.

```
# ifconfig eth0:1 down
```

Listing 11.5 Deaktivieren einer Netzwerkschnittstelle

Jetzt ist die Schnittstelle deaktiviert und taucht auch nicht mehr bei einem `ifconfig` ohne Parameter auf.

Aber es geht noch weiter:

```
# ifconfig eth0 mtu 500
```

Listing 11.6 Die Maximum Transfer Unit herabsetzen

Dieser Befehl setzt die maximale Paketgröße (MTU) auf der Schnittstelle `eth0` auf 500 Byte statt 1500 Byte herab. Alle Pakete, die diese Schnittstelle passieren, werden jetzt in kleinere Pakete aufgeteilt.

11.2.2 DHCP

Alles automatisch

Eine andere Möglichkeit, eine Netzwerkkarte ganz einfach zu konfigurieren, ist BOOTP bzw. DHCP, eine neuere und erweiterte Version von BOOTP. Wenn Sie DHCP nutzen, brauchen Sie im Allgemeinen gar nichts von Hand einzustellen – alles geht nämlich automatisch.

Der Nachteil ist natürlich, dass Sie einen DHCP-Server im Netzwerk brauchen. Diesen Server, der Ihrem Rechner die notwendigen Informationen zur Konfiguration gibt, müssen Sie nicht kennen.

Vereinfacht gesagt, schicken Sie nur einen großen Hilferuf ins Netzwerk – also über das Kabel, das an Ihrer Netzwerkkarte angeschlossen ist.

Der DHCP-Server fühlt sich dann angesprochen und schickt Ihnen die Daten zu. So wird Ihnen beispielsweise automatisch eine freie IP-Adresse zugewiesen, und es wird Ihnen gesagt, wo lang es ins Internet geht.

Die meisten Distributionen lassen Ihnen bei der Installation die Wahl zwischen dem automatischen Beziehen der IP-Adresse mittels DHCP oder der oben vorgestellten statischen Methode. Da Sie meistens nur in größeren fremden Netzwerken, wie es z. B. Firmennetzwerke sind, mit DHCP zu tun haben werden, wollen wir nicht im Detail auf DHCP eingehen.

dhcp-client

Für den Fall, dass Sie Ihre Schnittstelle nicht, wie in der Installation vorgesehenen, mit DHCP ausstatten wollen, sei kurz auf das Programm `dhcp-client` hingewiesen. Über einen einfachen Aufruf können Sie eine Netzwerkschnittstelle per DHCP konfigurieren:

```
# dhcp-client -i eth1
```

Listing 11.7 eth1 mittels dhcp-client konfigurieren lassen

11.3 Routing

Mit der Zuweisung der entsprechenden IP-Adressen kann, aber muss unser Netzwerk nicht notwendigerweise richtig konfiguriert sein. Ein wichtiger Aspekt der Netzwerkkonfiguration ist das Routing – und das eröffnet aufgrund der vielfältigen Möglichkeiten, die Linux bietet, eine hübsche Spielwiese, und zwar nicht nur für alle technikbegeisterten Freaks.

11.3.1 Was ist Routing?

Wege im Netzwerk

Sie wissen bisher, dass Rechner in einem Netzwerk IP-Adressen haben. Was Sie aber nicht wissen, ist, wie die Kommunikation von Netzwerk zu Netzwerk funktioniert – woher sollen denn die Rechner wissen, wohin sie ihre Pakete schicken sollen, wenn die Adresse nicht im eigenen Netz liegt? Die Antwort ist einfach: Sie wissen es nicht. Man muss es ihnen sagen, und zwar durch das Routing.

Prinzipiell kann man Routing statisch oder dynamisch organisieren. Dynamisches Routing basiert auf diversen Routing-Protokollen, die auch im TCP/IP-Protokollpaket enthalten sind. Allerdings sind diese Protokolle eher für große Netzwerke gedacht, in denen beispielsweise ein Ausfall von einzelnen Routern automatisch überbrückt werden muss. Aus diesem

Grund möchten wir uns nur mit statischem Routing befassen, bei dem jedem Rechner von Hand gesagt wird, wie er in andere Netze kommt.

Um zu wissen, wohin welches Paket geschickt werden muss, hat jeder Rechner eine sogenannte *Routing-Tabelle*. Eine Routing-Tabelle enthält als wichtigste Spalten das jeweilige Ziel, das ein einzelner Rechner oder ein ganzes Netz sein kann, das Netzwerkinterface, über das die Pakete gesendet werden müssen, und eventuell einen sogenannten *Router* bzw. *Gateway*, der sich dann weiter um die Pakete kümmert.

So ein Gateway ist immer dann im Einsatz, wenn zwei Netze miteinander verbunden werden sollen. Dabei ist dieses Gateway nur ein Rechner, der in beiden Netzen vorhanden ist. Will ein Rechner aus Netz A zu einem Rechner X in einem anderen Subnetz Kontakt aufnehmen, so schickt er seine Pakete also zu einem Gateway. Dieses Gateway ist in beiden Netzen und leitet die Pakete einfach nur weiter.

Mit dem LAN ins Netz

Natürlich muss man nicht für jedes einzelne Netzwerk einen Eintrag in der Routing-Tabelle hinzufügen. Man kann auch einfach ein sogenanntes *Standard-Gateway* angeben, zu dem alle Pakete geschickt werden, für die sonst keine Regel existiert. Das ist vor allem dann sinnvoll, wenn Sie für Ihr kleines LAN einen gemeinsamen Internetzugang konfigurieren möchten – dann hat das Standard-Gateway eine Verbindung zum Netz und leitet für Ihr gesamtes internes Netz die Pakete weiter. Natürlich könnten Sie auch einen Hardwarerouter für diese Aufgabe kaufen – aber warum unnötig Geld bezahlen?

11.3.2 route

Der Standardbefehl für das Arbeiten mit der Routing-Tabelle ist `route`. Mit `route` können Sie Routen setzen, löschen oder sich einfach nur die aktuelle Routing-Tabelle ansehen:

```
# route
Kernel IP routing table
Destination  Gateway     Genmask      Flags  Metric Ref Use Iface
172.20.0.0   *           255.255.0.0  U      0      0     0 eth0
default      172.20.0.1  0.0.0.0      UG     0      0     0 eth0
```

Listing 11.8 Die Routingtabelle

Unser Netz, so sieht's aus

Hier sehen wir, dass wir das Netz 172.20.0.0 direkt (kein Gateway) über das Interface `eth0` erreichen. Für alles andere schicken wir die Pakete auch über `eth0` zu 172.20.0.1 und vertrauen darauf, dass dieser Rechner die Pakete schon ordnungsgemäß weiterleiten wird. Dabei ist zu beachten, dass das Netz, in dem das Standard-Gateway ist, auch erreicht werden kann! Es nützt nichts, wenn wir ein schönes Gateway installiert und konfiguriert haben und die anderen Rechner zwar wissen, dass es dieses Gateway gibt, es allerdings nicht erreichen können! Daher ist in diesem Beispiel der erste Eintrag wichtig.

Jetzt schauen wir uns aber einmal an, wie wir eine Routing-Tabelle überhaupt aufbauen. Wir wollen die obige Konfiguration erreichen, fangen aber bei Null an – wir haben also eine leere Routing-Tabelle und noch kein Interface konfiguriert.

```
# ifconfig eth0 192.168.0.2 netmask 255.255.255.0
# route
Kernel IP routing table
Destination  Gateway  Genmask         Flags Metric Ref Use Iface
192.168.0.0  *        255.255.255.0   U     0      0     0 eth0
# route add default gw 192.168.0.1
# route add -net 172.20.0.0 netmask 255.255.0.0 gw 192.168.0.1
# route
Kernel IP routing table
Destination  Gateway      Genmask         Flags Metric Ref Use Iface
172.20.0.0   192.168.0.1  255.255.0.0     UG    0      0     0 eth0
192.168.0.0  *            255.255.255.0   U     0      0     0 eth0
default      192.168.0.1  0.0.0.0         UG    0      0     0 eth0
```

Listing 11.9 Füllen einer Routing-Tabelle

In diesem Beispiel sind vor allem zwei Dinge interessant: **[zB]**

1. Das Programm `ifconfig` setzt selbst eine Route beim Konfigurieren eines Interfaces. Das macht auch Sinn, da man ja das entsprechende Netz direkt erreichen kann, wenn die eigene Netzwerkkarte eine IP-Adresse in diesem Netz hat.
2. Das Hinzufügen einer Route zu einem Netz (`-net`) oder zu einem speziellen Rechner (`-host`) geschieht mit `route add`. Als weitere Parameter nimmt der Befehl optional noch die Netzmaske des Zielnetzes und ein Gateway entgegen.

Bleibt noch zu klären, wie man eine Route wieder aus der Tabelle löschen kann:

```
# route del -net 172.20.0.0
```

Listing 11.10 Löschen einer Route

Was man mit `route` noch so alles anstellen kann, erfahren Sie natürlich auf der Manpage. Dort finden Sie auch weitere Informationen zu den möglichen Parametern, da `route` noch viel spezieller Routen setzen und löschen kann, indem man beispielweise das entsprechende Interface mit angibt.

> Zu beachten bleibt jetzt lediglich, dass `route` genau wie `ifconfig` mögliche Änderungen bei einem Neustart wieder vergessen hat. Also ab damit in ein Skript nach */etc/init.d*.

11.3.3 iproute2

Mehr Power

Wir wollen Ihnen nicht nur das Basiswissen vermitteln, sondern auch ein paar Ausblicke auf weitergehende Möglichkeiten geben. Ein solcher Ausblick sei nun mit `iproute2` gegeben. Wie wir schon sagten, bietet Linux ungeahnte Möglichkeiten, was Netzwerke anbelangt.

Mit `iproute2` können Sie zum Beispiel so richtig verrückte Sachen machen, wie etwa Routing abhängig vom Interface, auf dem ein Paket ankommt, und so weiter. Sie könnten auch Loadbalancing realisieren, also die Verteilung des Netzwerkverkehrs, je nach Auslastung auf verschiedene Netzwerkschnittstellen und damit Leitungen. Wenn solche Themen Sie interessieren, schauen Sie doch mal ins Linux-Routing HOWTO.

11.4 Netzwerke benutzerfreundlich – DNS

Namen für Rechner

Nun haben wir Sie lange genug gequält und können endlich mit den guten Nachrichten herausrücken. Es ist natürlich absolut unpraktikabel, sich IP-Adressen als Adressen für Rechner zu merken, und außerdem hatten Sie sicherlich bisher eher mit Rechnern der Form »www.ichbineineSeite.com« zu tun.

11.4.1 DNS

Für eine solche Übersetzung von leicht eingängigen und leicht zu merkenden Namen in computerverständliche IP-Adressen ist der DNS-Dienst zuständig. DNS steht für *Domain Name Service* und muss natürlich für das Internet zentral verwaltet werden.

Natürlich können Sie DNS auch in Ihrem kleinen Heimnetzwerk einsetzen und Ihren Computern Namen wie »Jupiter« geben. Ebenso haben auch Netze einen Namen, und alles zusammen wird durch Punkte getrennt. Anders als bei IP-Adressen steht der Rechnername dabei vor dem Netzwerkbezeichner. Der Rechner »www.ichbineinetolleSeite.com« ist demnach der Rechner »www« im Netz »ichbineinetolleSeite.com«.

Hierarchischer Aufbau

Dem Netzwerknamen ist dabei noch eine sogenannte TLD, *Top Level Domain*, zugeordnet, die definiert, wer für die Verwaltung des DNS in dieser *Zone* des Internets verantwortlich ist. Die bekannten `.com`, `.net` und `.org` sind für internationale, kommerzielle bzw. gemeinnützige Seiten gedacht. Deutsche Seiten gehören demnach in die von der DENIC verwaltete `.de`-Hierarchie. Über alles hält die mächtige ICANN ihre Hand, ein leider ziemlich amerikanisch dominiertes Gremium, das in allen Fragen das letzte Wort hat. Die ICANN entscheidet zum Beispiel, welche Firma die Hauptregistrierung für die lukrativen `.com`-Domains bekommt.

Und so funktioniert's

Aber wie funktioniert DNS nun wirklich? Wir haben schon angedeutet, dass in diesem System ziemlich zentralistische Strukturen herrschen. In der Tat werden die Informationen von sogenannten *Rootservern* an alle weiteren untergeordneten DNS-Server verteilt. Die Oberhoheit über diese Server hat natürlich auch die ICANN, und wer aus ihnen entfernt wird, ist nicht mehr im Internet zu finden.

Wenn Sie nun »www.ichbineinetolleSeite.com« laden möchten, müssen Sie also erst einmal einen DNS fragen, welche IP-Adresse eigentlich zu diesem Namen gehört. Im Normalfall wird Ihnen ein solcher Server von Ihrem Provider automatisch nach der Einwahl ins Internet zugeteilt. Haben Sie die IP bekommen, so können Sie ganz normal, wie Sie es gelernt haben, über TCP/IP mit diesem Rechner in Verbindung treten.

> Es gibt gewisse Konventionen, wie man Server für bestimmte Dienste nennen sollte. So heißen Webserver beispielsweise `www`, FTP-Server schlicht `ftp`, Mailserver zum Versenden `mail` beziehungsweise `smtp` und Mailserver zum Abholen von Mails `pop` bzw. `imap`. Hält man sich an diese Konventionen, fällt es leicht, sich in einem solchen Netzwerk zurechtzufinden.

Lastverteilung

In einem kleinen Netzwerk kann man dann auch die Möglichkeit nutzen, einem Rechner mehrere Namen zu geben. Und in einem größeren Netzwerk ist es bei einer solchen Namensgebung egal, ob ein Server irgendwann einmal umzieht – eine kurze Änderung im DNS, und die Clients finden ihren Server wieder. Zudem nutzen viele Firmen diese Möglichkeit für sogenanntes *Loadbalancing*, bei dem die Last auf mehrere Server gleichmäßig verteilt wird. So kann es sein, dass man, wenn man »www.mustersite.xyz« eingibt, auf »www43.mustersite.xyz« landet.

11.4.2 DNS und Linux

Sollte Ihnen kein DNS-Server von Ihrem Provider zugeteilt worden sein, müssen Sie ihn ein einziges Mal vor Ihrer ersten Verbindung ins Netz festlegen. Dazu passen Sie einfach die Datei */etc/resolv.conf* an, die diese Information speichert. Listen mit schnellen DNS-Servern gibt es im Internet, oder Sie fragen einfach Ihren Provider nach seinen eigenen.

```
$ cat /etc/resolv.conf
domain wg
nameserver 212.185.248.212
```

Listing 11.11 Der Nameserver in der /etc/resolv.conf

Es ist natürlich einleuchtend, dass man einen DNS-Server als IP-Adresse angeben sollte – ansonsten hat man wieder ein schönes Beispiel für das Henne-Ei-Problem.

Und bei Ihnen zu Hause?

Wenn Sie nun für Ihr kleines Heimnetzwerk auch Namen verwenden wollen, können Sie natürlich einen DNS-Server aufsetzen. Im Normalfall wäre das allerdings ein absoluter Overkill und viel zu kompliziert. Viel einfacher ist es doch, Linux zu sagen, welche Namen man gern für Netzwerke und Rechner vergeben möchte.

```
$ cat /etc/networks
# This file describes a number of netname-to-address
# mappings for the TCP/IP subsystem.  It is mostly
# used at boot time, when no name servers are running

loopback        127.0.0.0
beispiel        192.168.1.0

# End.
```

Listing 11.12 Netzwerke selbst definieren: /etc/networks

Die entsprechende Datei für Netzwerke ist also die */etc/networks*. In sie schreibt man nur den gewünschten Namen sowie das gewünschte Netz. Damit ist man fertig.

```
$ cat /etc/hosts
#
# Syntax:
#
# IP-Address  Full-Qualified-Hostname  Short-Hostname
#
```

```
127.0.0.1    localhost

# special IPv6 addresses
::1          localhost ipv6-localhost ipv6-loopback

fe00::0      ipv6-localnet

ff00::0      ipv6-mcastprefix
ff02::1      ipv6-allnodes
ff02::2      ipv6-allrouters
ff02::3      ipv6-allhosts

172.20.2.1   johannes.wg   johannes
```

Listing 11.13 Und das Ganze mit Rechnern: /etc/hosts

Die Datei für Rechner, die */etc/hosts*, sieht dagegen auf den ersten Blick komplizierter aus. Das ist aber nur der Fall, da teilweise schon IPv6-Adressen angegeben wurden. Ansonsten haben wir nur die Rechner `localhost` und `johannes` definiert. Die Syntax ist hier auch wieder selbsterklärend: Zuerst kommt die IP-Adresse und dann folgen die gewünschten Namen.

Weitergedacht

Jetzt könnten wir also anstatt `172.20.2.1` auch `johannes` oder `johannes.wg` schreiben, wenn wir den entsprechenden Rechner meinen. Dieses schöne System ist allerdings kein Dienst und damit nur lokal verfügbar. Das heißt, dass Sie auf allen Rechnern im System eine solche Datenbasis pflegen müssten. Allerdings gibt es für solche Probleme auch Lösungen, wie beispielsweise NIS bzw. NIS+, die dann die entsprechenden Dateien auf alle Rechner im Netzwerk verteilen.

Nun gibt es aber ein Problem – die Reihenfolge. Was hat nun Priorität: der DNS des Providers, die lokalen *hosts*- und *networks*-Dateien oder gar ein eventuell vorhandenes NIS-System? Für diese Probleme gibt es eine Lösung: die */etc/nsswitch.conf*.

```
$ cat /etc/nsswitch.conf
passwd: compat
group:  compat

hosts:          files dns
networks:       files dns

services:       files
protocols:      files
rpc:            files
ethers:         files
```

```
netmasks:       files
netgroup:       files
publickey:      files

bootparams:     files
automount:      files nis
aliases:        files
```

Listing 11.14 Ordnung ins Chaos: /etc/nsswitch.conf

Uns interessiert eigentlich der Eintrag für *hosts* und *networks*: Es soll zuerst lokal gesucht werden, dann erst im DNS des Providers. Das macht im Normalfall eigentlich immer Sinn und ist daher auch eine Voreinstellung. Die anderen Optionen in der Datei tragen einfach dem Fakt Rechnung, dass man noch viel mehr per NIS bzw. NIS+ im Netzwerk verteilen kann, als nur diese beiden Dateien.

11.4.3 Windows und die Namensauflösung

Hauptsache anders

Nun gibt es unter Windows auch die Möglichkeit, Rechnern im Netzwerk Namen zu geben. Die Windows-Namensgebung funktioniert noch einmal völlig anders, nämlich über das sogenannte *NETBIOS*-System. Als Laie kann man sich ganz einfach vorstellen, dass Microsoft in diesem Fall das Rad einfach noch einmal erfunden hat.[4] Mit dem Unterschied, dass das Rad diesmal nur mit anderen Rädern des Herstellers optimal funktioniert und sich leider nur in eine Richtung drehen kann – aber nur bei gutem Wetter. NETBIOS setzt zwar auf TCP/IP auf, macht sonst aber sein eigenes Ding.

Sollte man es wirklich ernsthaft in Erwägung ziehen, diese Namensgebung zu nutzen, muss man das sogenannte *Samba*-Paket installieren. Mit diesem hat man die Möglichkeit, auf freigegebene Windows-Laufwerke zuzugreifen und eben die Namensgebung zu nutzen. In diesem Fall kann man in die */etc/nsswitch.conf* auch noch `winbind` als Quelle für entsprechende Namensinformationen eintragen. Mehr Hinweise zu Samba finden Sie in Abschnitt 12.6.

---

4 Tatsächlich ist es so, dass es lange Zeit viele konkurrierende Netzwerkprotokolle neben TCP/IP gegeben hat, von denen man nicht abhängig sein wollte. Also gehört NETBIOS als Programmierinterface viel eher zu den »Altlasten«, am Ende läuft es aber auf dasselbe hinaus.

11.5 Mit Linux ins Internet

Wenn man mit Linux ins Internet will, ist man mit anderen Gegebenheiten konfrontiert, als wenn man ein lokales Netzwerk aufbauen möchte. So verkabelt man nicht selbst mehrere Rechner miteinander, sondern verbindet sich mit einem Provider. Dieser Provider stellt dann den Internetzugang zur Verfügung.

So eine Verbindung stellt man im Allgemeinen über eine Punkt-zu-Punkt-Verbindung über die Telefonleitung her. Dazu benötigt man ein analoges Modem, eine ISDN-Karte oder ein DSL-Modem. Mit diesen Geräten können Sie dann das Medium »Kupferkabel« überwinden und Ihre Daten zum Provider senden, der sie dann ins Internet routet.

Komfortabel?

Mittlerweile gibt es zum Einrichten dieser Punkt-zu-Punkt-Verbindungen auch unter Linux komfortable grafische Tools wie zum Beispiel `kppp`. Auch wenn diese Programme Sie vor technischen Details weitestgehend schützen, finden wir es trotzdem wichtig, dass Sie über den technischen Hintergrund Bescheid wissen.

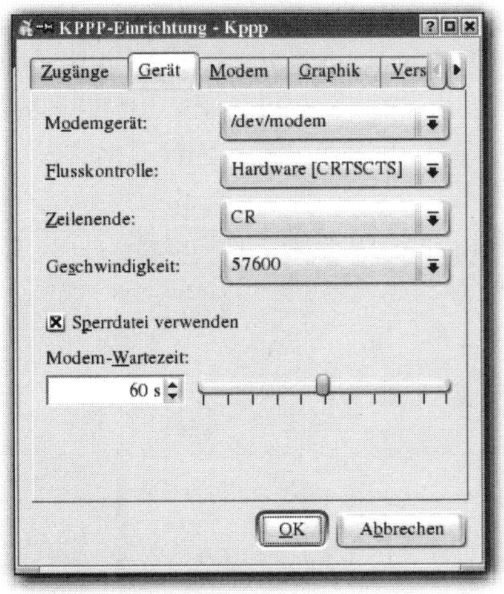

Abbildung 11.2 Einfache Konfiguration mit kppp: Einstellungendialog

11.5.1 Einwahl mit DSL

Die Technik

Zuerst lassen Sie uns kurz etwas über die grundlegende Technik von DSL erzählen. Diese unterscheidet sich nämlich insofern von der von ISDN beziehungsweise der des analogen Modems, dass man *eigentlich* eine Standleitung besitzt. Man muss alo keinen Provider extra anrufen, da man prinzipiell ständig verbunden ist.

Aber eben nur »eigentlich«. Da man nicht in jeden Haushalt ein Glasfaserkabel legen kann, wird die bereits vorhandene Telefonleitung genutzt, um ein hochfrequentes Signal in der Regel zur Deutschen Telekom zu übertragen. Aus diesem Grund braucht man auch das DSL-Modem und den Splitter, der die hochfrequenten DSL-Signale von denen der normalen Telefonleitung trennt.

PPP für DSL?

Ansonsten unterscheidet sich DSL im Allgemeinen nicht sehr von einem normalen Ethernet-Netzwerk. Damit die Provider allerdings trotzdem zeitbasiert abrechnen können, wird weiterhin eine Variante des altbekannten Point-to-Point-Protokolls genutzt – PPPoE (PPP over Ethernet).

Das heißt, Sie benötigen von Ihrem Provider wieder ein Login mit Passwort und müssen entsprechende Software – den `pppoe`-Dämon – konfigurieren.

DSL unter Linux

Natürlich gibt es auch für diese Konfiguration die traditionelle Methode und den Weg über ein Frontend. Da sich aber bei allen Distributionen immer mehr das Frontend `pppoeconf` durchsetzt, wollen wir dieses auch besprechen.

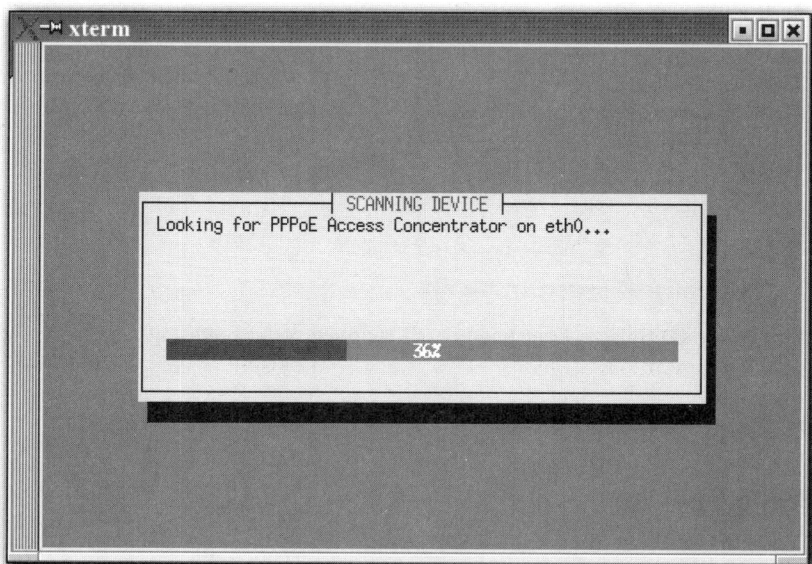

Abbildung 11.3 pppoeconf

Starten Sie das Tool einfach als `root`, dann wird an allen gefundenen Ethernet-Schnittstellen nach einem DSL-Modem gesucht.

Wird dann ein Modem gefunden, brauchen Sie nur noch den von Ihrem Provider vergebenen Benutzernamen mit dem entsprechenden Passwort einzugeben – und Sie sind im Internet.

Das Einzige, was es noch zu beachten gibt, ist die Konstruktion des Benutzernamens bei T-Online. Dort haben Sie nämlich »kryptische« Dinge, wie eine Anschlusskennung usw., was ja eigentlich nicht in das Konzept, so wie wir es erklären, passt.

Aber auch T-Online kocht nur mit Wasser bzw. mit PPPoE, und Ihr Benutzername sieht wie folgt aus:

```
abcedfgh0123456789#0001@t-online.de
```

Listing 11.15 T-Online-Benutzerkennung

Wobei `abcdefgh` ihre T-Online-Nummer und `0123456789` entsprechend Ihre Anschlusskennung bezeichnet.

11.6 Firewalling und NAT

Und jetzt das LAN!

In diesem Abschnitt wollen wir uns mit der Frage beschäftigen, wie Sie Ihr lokales Netz mit dem Internet verbinden und welche Konsequenzen sich daraus für die Sicherheit ergeben. Sie haben richtig gelesen: Ein lokales Netz ins Internet zu bringen ist eine andere Thematik als die Verbindung eines einzelnen Rechners zum Internet, wie wir sie ja schon behandelt haben.

11.6.1 Network Address Translation

Auf den Punkt gebracht, ermöglicht NAT eine intelligente Handhabung von IP-Adressen. Diese wird wichtig, wenn man sich noch einmal die Koexistenz von offiziellen und privaten IP-Adressen vor Augen führt.

Die privaten IP-Adressen können im Internet nicht geroutet werden, weil sie privat sind. Daher muss ein Rechner als Gateway quasi ein Tor ins Internet bilden und alle lokalen Adressen in (eine) öffentliche übersetzen. Kommen dann Pakete zurück, muss die Übersetzung natürlich wieder rückgängig gemacht werden. Ansonsten könnte der Rechner im lokalen Netz, von dem ursprünglich die Verbindung ausging, gar nichts mit den

Paketen anfangen. Und eine Übersetzung von privaten in öffentliche IP-Adressen soll ja schließlich transparent sein.

Eine IP-Adresse für viele Rechner

Aber NAT kann noch mehr als diesen früher oft als *Masquerading* bezeichneten Vorgang. In einem Unternehmensnetzwerk kann unter Umständen auch Portforwarding sinnvoll sein.

[zB] Stellen Sie sich einmal folgendes Szenario vor: Ein Unternehmen hat nur eine Leitung ins Internet mit einer festen IP, möchte aber für mehrere Serverdienstleistungen unterschiedliche Rechner als Server einsetzen. Die einfachste Lösung ist das Weiterleiten von Verbindungswünschen an die verschiedenen Rechner im LAN mit NAT. Je nachdem, zu welchem Port und damit zu welchem Serverdienst sich ein Client verbinden möchte, wird er vom Gateway an den entsprechenden Server im LAN weitergeleitet.

Durch die Einführung von NAT konnte die akute Knappheit der Adressen noch einmal hinausgezögert werden. Wie lange das reichen wird, ist allerdings umstritten, da es wie immer bei unterschiedlichen Interessen widersprüchliche Meinungen und Studien über dieses Problem gibt.

Mit Masquerading ins Netz

Werden wir aber einmal praktisch. Sie haben also ein lokales Netz sowie einen Rechner mit Internetzugang. Nun möchten Sie beides verbinden. Unter Linux mit 2.4er-Kernel geht das mit einem mehr oder weniger aufwendigen Aufruf des `iptables`-Kommandos, mit dem wir später auch Firewalls realisieren werden:

```
# iptables -t nat -A POSTROUTING -o ppp0 -j MASQUERADE
```

Listing 11.16 Masquerading mit iptables

Dieser Befehl ermöglicht Masquerading auf dem Interface `ppp0`. Diese Änderung wird in der sogenannten `POSTROUTING`-Chain vorgenommen. Was Chains sind, erfahren Sie im Anschluss, wenn wir `iptables` näher behandeln.

Mit dieser Einstellung, die übrigens keinen Reboot überlebt und daher in ein `init`-Skript wie beispielsweise */etc/init.d/bootmisc.sh* eingetragen werden sollte, kann Ihr LAN online gehen. Natürlich sollten Sie dazu noch den Rechner mit der Internetverbindung als Gateway eintragen. Unter Linux können Sie das mit dem Ihnen bereits bekannten Programm `route` tun:

```
# route add default gw 172.20.0.1
```

Listing 11.17 Gateway-Konfiguration mit route

Damit die Einstellungen permanent werden, sollten Sie das Gateway aber in einer Datei wie der */etc/network/interfaces* vornehmen. Alternativ können Sie natürlich auch den Aufruf des `route`-Kommandos in ein `init`-Skript packen.

11.6.2 Firewalling mit iptables

Für Linux ab der 2.4er-Entwicklungsreihe des Kernels ist `iptables` die Firewallsoftware der Wahl. Die Software bietet uns ein Interface, mit dem wir den Netzwerk-Stack des Kernels verändern und kontrollieren können. Mit diesen Möglichkeiten können wir dann Firewalling und eben NAT realisieren.

iptables

Eigentlich ist `iptables` ein Kommandozeilenprogramm, dem man mit vielen Aufrufen die gewünschte Konfiguration mitteilt. Wir wollen aber nicht erklären, wie man mit `iptables` genau umgeht, dafür gibt es viel schönere, komfortablere und vor allem sinnvollere Frontends.

Allerdings können wir einmal auf das prinzipielle Konzept eingehen, sodass Sie später ohne Probleme mit den entsprechenden Frontends arbeiten können.

An Regeln halten

Die `iptables`-Firewall basiert nämlich auf Regeln. Diese werden der Reihe nach durchgearbeitet und auf einkommende Pakete angewandt. Passt ein Paket in eine Regel, weil es von einer bestimmten Absenderadresse oder beispielsweise von einem bestimmten Port kommt, wird entsprechend der Regel verfahren.

Meistens geht man bei einer Firewall-Konfiguration so vor, dass man als letzte Regel alles verbietet und dann nur stückweise erlaubt, was auch wirklich erlaubt ist. Dumm ist `iptables` dabei nicht: Als sogenannte *Stateful-Firewall* hat man die Möglichkeit, sich aufgebaute Verbindungen zu »merken«.

Außerdem erlaubt `iptables` es, die Pakete in bestimmten Stadien der Verarbeitung abzufangen und durch Regeln zu prüfen. Diese Stadien der Verarbeitung werden dabei als *Chains* bezeichnet. Für die Firewall-Konfiguration sind im Allgemeinen nur die Chains INPUT, FORWARD und OUTPUT wichtig, die Tabelle 11.2 zeigt.

Chain	Bedeutung
INPUT	Hier werden ankommende Pakete verarbeitet.
FORWARD	Hier werden alle über diesen Rechner gerouteten Pakete verarbeitet.
OUTPUT	Hier werden alle ausgehenden Pakete verarbeitet.

Tabelle 11.2 Chains für iptables

Mit diesem Wissen könnten Sie im Prinzip schon eine Firewall erstellen. Ein einfacher Regelsatz könnte dabei so aussehen:

1. Alle bereits aufgebauten Verbindungen erlauben
2. Alle Verbindungsversuche aus dem internen Netz erlauben
3. Alles andere verbieten

Wird ein TCP/IP-Paket nun von der Firewall untersucht, werden alle Regeln der Reihe nach angewandt. Mit diesem einfachen Setup könnten Sie schon für den Heimgebrauch eine sehr hohe Sicherheitsstufe erreichen – Angreifer hätten nämlich keine Möglichkeit, eine Verbindung mit Ihrem Rechner aufzubauen.

Hübsche Frontends

Glauben Sie uns, Sie wollen wirklich nicht mit `iptables` von Hand arbeiten. Nutzen Sie lieber ein Frontend wie den `fwbuilder` oder die `turtlefirewall`, die dank abstrakter Oberflächen ein sehr übersichtliches Arbeiten erlauben und später alles in viele `iptables`-Aufrufe übersetzen.

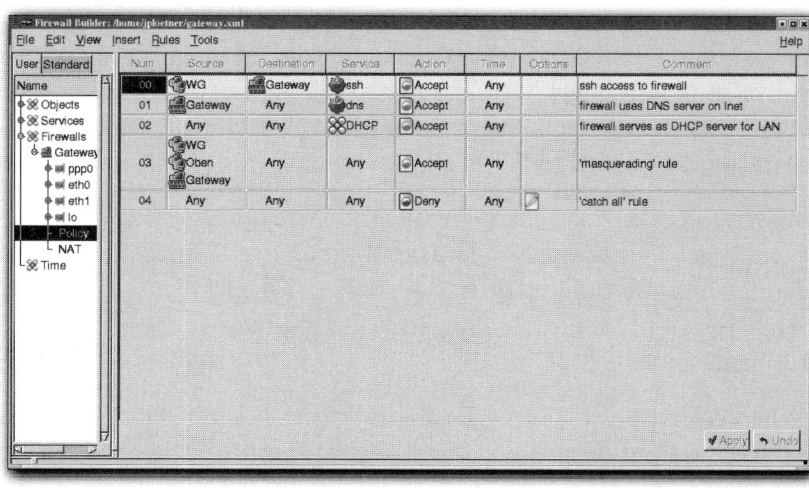

Abbildung 11.4 fwbuilder

Wie besprochen wollen wir aber das Arbeiten mit diesen Frontends nicht weiter erläutern. Lesen Sie in diesem Fall die entsprechende Dokumentation der Software.

Mit `iptables -L` können Sie schließlich überprüfen, ob Ihre Regeln entsprechend gesetzt wurden.

```
# iptables -L

Chain INPUT (policy ACCEPT)
target     prot opt source               destination


Chain FORWARD (policy ACCEPT)
target     prot opt source               destination


Chain OUTPUT (policy ACCEPT)
target     prot opt source               destination
```

Listing 11.18 Firewall mit iptables ausgeben

Hier in diesem Fall ist keine Firewall aktiv, da alle Chains auf `ACCEPT` gesetzt sind und damit kein Paket geblockt wird.

11.6.3 Firewalling mit dem TCP-Wrapper

Der TCP-Wrapper bietet eine einfache Möglichkeit, den Zugriff auf einzelne Dienste des Rechners zu beschränken, und hat damit auch so etwas wie eine Firewall-Funktionalität.

Der TCP-Wrapper wird dabei nur aktiv, wenn die Dienste über ihn gestartet werden. Das kann man beispielsweise über einen entsprechenden Eintrag in der */etc/inetd.conf* erreichen. Den `inetd` behandeln wir zwar erst im nächsten Kapitel, aber das Firewall-Thema ist hier aktuell. Daher wollen wir dem etwas vorgreifen.

Funktionsweise

Firewalling noch einfacher

Die Konfiguration ist dabei denkbar einfach, denn sie wird über die zwei Dateien */etc/hosts.allow* und */etc/hosts.deny* gesteuert. Beide Dateien enthalten dabei Paare von Diensten und Clients, um den entsprechenden Clients eben den Zugriff auf die entsprechenden Dienste zu gewähren bzw. zu verbieten.

Die Regeln werden dabei folgendermaßen angewandt:

- Der Zugriff wird gewährt, wenn das Paar (Serverdienst, Clientrechner) in der */etc/hosts.allow* zu finden ist.
- Ansonsten wird geprüft, ob das Paar in der */etc/hosts.deny* zu finden ist. Falls ja, wird der Zugriff verweigert.
- Ist es dort auch nicht zu finden, dann wird der Zugriff gewährt.

Die /etc/hosts.allow und die /etc/hosts.deny

Mit anderen Worten: Man muss die beiden Dateien wirklich nur mit entsprechenden Paaren von Serverdiensten und Clients füllen. Aber wie sehen die beiden Dateien nun im Einzelnen aus?

```
# Kommentar

Serviceliste: Rechnerliste
...
```

Listing 11.19 Syntax der Dateien hosts.allow und hosts.deny

Die Rechnerliste kann nun mit ein paar Schlüsselwörtern und Wildcards speziell auf Ihre Bedürfnisse zugeschnitten werden.

Schlüsselwort	Bedeutung
ALL	Dieses Schlüsselwort trifft selbstverständlich auf *alles* zu.
LOCAL	Dieses Schlüsselwort bezeichnet alle Rechner im lokalen Netz.
EXCEPT	Dieses Schlüsselwort nimmt nachfolgende Rechner von der Regel aus.

Tabelle 11.3 Wichtige Schlüsselwörter

Außer dem `LOCAL`-Schlüsselwort können diese Bezeichner natürlich auch auf die Dienste angewandt werden, für die diese Regeln gelten sollen.

Wildcard	Bedeutung
n.n.n.n/m.m.m.m	Ein Ausdruck dieser Form wird als die Bezeichnung eines Netzes der Form »Netz/Netzmaske« gewertet (z. B. 192.168.1.0./255.255.255.0).
n.n.n.n/nm	Dieser Ausdruck bezeichnet ebenfalls ein Netz, allerdings wird die Netzmaske hier in der einfacheren Form der Anzahl aufeinanderfolgender Einsen notiert (z. B. 192.168.1.0/24).

Tabelle 11.4 Wichtige Wildcards

Wildcard	Bedeutung
.	Muster, die mit einem Punkt anfangen, werden auch als Netzbezeichner gehandhabt. So bezeichnen jeweils `.unsernetz.de` und `192.168.` zwei Netze.
/	Bezeichner, die mit einem Slash anfangen, werden als Dateinamen behandelt, deren Inhalt entsprechend an dieser Stelle für die Überprüfung genutzt wird.

Tabelle 11.5 Wichtige Wildcards (Forts.)

Diese Wildcards helfen vor allem bei der Bezeichnung der Netze. Aber schauen wir uns einmal ein paar Beispiele an.

Beispiele

Zuerst wollen wir mal mit dem TCP-Wrapper unsere aus dem Abschnitt zu `iptables` bekannte einfache Firewall umsetzen. Wir erinnern uns: Wir wollten alle Zugriffe auf unsere Ports und damit auf unsere Serverdienstleistungen von allen Rechnern aus verbieten – es sei denn, sie liegen in unserem lokalen Netz.

Diese Firewall erreichen wir ganz einfach mit folgender Konfiguration: Wir brauchen eine leere *hosts.allow* und eine */etc/hosts.deny* mit folgendem Inhalt: **[zB]**

```
ALL: ALL EXCEPT LOCAL
```

Listing 11.20 Eine /etc/hosts.deny

Da unsere *hosts.allow* leer ist, wird sie nicht zur Überprüfung herangezogen. Und in unserer *hosts.deny* verbieten wir den Zugriff auf alle Dienste, es sei denn, der Rechner kommt aus dem lokalen Netz.

> Die Sache mit dem lokalen Netz ist beim TCP-Wrapper etwas komisch. Das Schlüsselwort `LOCAL` bezeichnet nämlich nur alle Rechner ohne einen Punkt im Namen. Das bedeutet, Sie benötigen für diesen Zugriff einen entsprechenden DNS bzw. eine entsprechende */etc/hosts*. In dieser sollte der Name ohne Punkte gegebenenfalls *vor* dem vollen Namen genannt werden!

Eine gute Konfiguration mit dem TCP-Wrapper sieht meistens so aus, dass in der *hosts.deny* mit `ALL: ALL` alles verboten wird. Dann wird die *hosts.allow* zum ausschließlichen Kriterium für den Zugriff. **Alles verbieten**

Eine etwas komplexere *hosts.allow* könnte dann zum Beispiel so aussehen:

```
sshd  : LOCAL, 212.183.
httpd : ALL EXCEPT .evil.net
```

Listing 11.21 Eine etwas komplexere hosts.allow

Hier wurde allen lokalen Rechnern sowie allen Rechnern des Netzwerks `212.183.` der Zugang zum Secure-Shell-Dämon gewährt, einem Dienst, der remote-Logins erlaubt. Außerdem wurde allen außer den bösen Rechnern von `.evil.net` der Zugriff auf unseren Webserver erlaubt.

Einschränkungen

Nun ist der TCP-Wrapper zwar nicht schlecht, aber er hat doch eine Reihe von Einschränkungen:

- **Dienste müssen über den TCP-Wrapper gestartet werden**
  Die Serverdienste müssen über den TCP-Wrapper gestartet werden. Lesen Sie dazu auch Abschnitt 12.2 über den `inetd`.
- **Beschränktheit auf TCP**
  Natürlich gelten die Einschränkungen nur für solche Serverdienste, die auf TCP aufsetzen. Allerdings werden das auch die meisten und die wirklich relevanten sein.
- **Beschränkung auf lokale Dienste**
  Und natürlich ist die Zugriffskontrolle nur auf Dienste beschränkt, die auf diesem Rechner laufen, während man bei `iptables` auch Server *hinter* der Firewall schützen kann.
- **Verlass auf DNS**
  Mitunter verlässt man sich beim TCP-Wrapper auf die Integrität von Hostnamen. Unter gewissen Umständen – beispielsweise bei einem gehackten DNS-Server – kann dies aber zu weiteren Problemen führen.

11.7 Nützliche Netzwerktools

In diesem Abschnitt wollen wir nicht mehr auf die Konfiguration Ihres Netzwerks eingehen, sondern ein paar einfache Tools vorstellen, um Ihr Netzwerk zu testen und auszuprobieren.

11.7.1 ping

Geht das Netzwerk?

`ping` ist ein sehr nützliches Programm, um die Funktion des Netzwerks zu testen. Dabei versucht `ping` einen angegebenen Rechner mit einem

ICMP ECHO-Paket zu erreichen, und der angesprochene Rechner sollte mit einem ICMP ECHO REPLY-Paket antworten.

Das *Internet Control Message Protocol* (ICMP) wurde beim Design von TCP/IP extra zur Kontrolle von Netzwerken entworfen und bietet eine Vielzahl von interessanten Möglichkeiten. Wenn man bedenkt, welche Macht heutzutage mit dem Internet verbunden ist, lohnt es sich zumindest für Informatiker, mal einen Blick hinter die Kulissen zu wagen und so den kreativen Umgang mit der Technik zu fördern.

Ein `ping`-Aufruf sieht in der einfachsten (meist ausreichenden) Form folgendermaßen aus:

```
$ ping 172.20.0.1
PING 172.20.0.1 (172.20.0.1): 56 data bytes
64 bytes from 172.20.0.1: icmp_seq=0 ttl=255 time=1 ms
64 bytes from 172.20.0.1: icmp_seq=1 ttl=255 time=1 ms
64 bytes from 172.20.0.1: icmp_seq=2 ttl=255 time=1 ms
64 bytes from 172.20.0.1: icmp_seq=3 ttl=255 time=1 ms

--- 172.20.0.1 ping statistics ---
4 packets sent, 4 packets received, 0% packets loss
round-trip min/avg/max = 0.3/0.3/0.5 ms
```

Listing 11.22 Pingen eines anderen Rechners

In diesem Beispiel haben wir das »Pingen« nach vier versendeten Paketen mit der Tastenkombination Strg+C abgebrochen, um uns die Gesamtstatistik anzusehen. Wie man selbst mit einfachsten Englischkenntnissen in diesem Beispiel sehen kann, wurden alle vier Pakete beantwortet, und somit funktioniert die Kommunikation zumindest auf TCP/IP-Ebene zwischen diesen beiden Rechnern.

Nur Diagnose

Es sei allerdings darauf hingewiesen, dass viele moderne Firewalls ICMP ECHO-Pakete blocken und der Zielrechner sie aus diesem Grund nicht beantworten kann. Wie man aus den obigen Fakten leicht ablesen kann, ist das aber völliger Unsinn. `ping` ist weder ein Sicherheitsloch noch ein potenzielles Risiko – es ist einfach nur ein Diagnosemittel. Im allerschlimmsten Fall sieht ein Cracker nur, dass der Rechner online ist – er weiß weder, was das für ein Rechner ist, noch hat er mit `ping` irgendeine Chance, in das System einzudringen.[5]

5 Tatsächlich war es bei ersten Versionen von Windows 95 möglich, das System mit einem modifizierten ICMP-Paket, dem sogenannten »Ping of Death«, zum Absturz zu bringen.

Schlägt ein `ping` fehl, so kann das mehrere Ursachen haben. Entweder sind die Ursachen lokal bedingt, etwa durch eine falsch konfigurierte Netzwerkkarte, oder mit dem Routing stimmt etwas nicht. In solchen Fällen hilft oft ein kurzer Blick mit `ifconfig` auf die Schnittstellenkonfiguration und mit `route` auf die Routingtabelle, um zu sehen, was los ist. Ist dort alles in Ordnung, liegt der Fehler beim anderen Rechner.[6]

11.7.2 netstat

`netstat` bietet diverse nützliche Funktionen zur Fehlerdiagnose. So können Sie sich beispielsweise die Routing-Tabelle ansehen oder sich einen Überblick über laufende Dienste Ihres Systems verschaffen. Betrachten Sie einmal folgende Beispiele:

`netstat` mit dem Parameter `-tcp` liefert die aktiven TCP-Verbindungen, die unser Rechner geöffnet hat. Ohne diesen Parameter würden auch noch die UDP-Verbindungen angezeigt werden, die allerdings weniger interessant sind.

```
$ netstat --tcp -n
Active Internet connections (w/o servers)
Proto Recv-Q Send-Q Local Address      Foreign Address    State
tcp        0      0 172.20.2.1:36810  129.13.65.195:995  ESTABLISHED
```

Listing 11.23 Aktive TCP-Verbindungen anzeigen

Offene Verbindungen

Hier haben wir die numerische Ausgabe mit dem Switch `-n` genommen, das heißt, es werden die IP-Adressen der verbundenen Rechner direkt angezeigt, und es wird nicht versucht, durch Reverse-DNS den IP-Adressen wieder Hostnamen zuzuordnen. Die Ausgabe zeigt uns als interessanteste Ausgabe den Socket der Verbindung an – also das Paar der verbundenen IP-Adressen mit den jeweiligen Ports auf beiden Rechnern. Wenn wir jetzt wüssten, was 995 für ein Port ist, könnten wir herausfinden, welchen Dienst unser Rechner gerade in Anspruch nimmt. Dazu schauen wir nur einmal kurz in die Datei */etc/services* und suchen nach dem entsprechenden Port:

```
$ cat /etc/services | grep 995
pop3s   995/tcp spop3   # pop3 protocol over TLS/SSL
[...]
```

Listing 11.24 Den Dienst auf dem TCP-Port 995 herausfinden

6 Oder man hat einfach wieder mal vergessen, das Kabel einzustecken.

Unser Rechner ruft gerade über eine verschlüsselte Verbindung Mails ab[7] – also ein ganz normaler Vorgang.

Die Datei */etc/services* enthält dabei Standard-Ports für diverse Dienste. Man hat sich im Laufe der Zeit auf diese Verteilung geeinigt. Allerdings gibt es für neue Protokollvarianten oft auch neue Ports, und es ist nicht immer eindeutig, welcher Dienst zu welchem Port gehört.

Doch zurück zu `netstat`: Wir können `netstat` auch benutzen, um ähnlich wie mit `ifconfig` Informationen über unsere Netzwerkschnittstellen zu erhalten. Dazu benutzen wir den Parameter `-i`, um an Informationen über alle Netzwerkschnittstellen des Systems zu kommen. Zusätzlich benutzen wir wieder den Parameter `-n`, um die Ausgabe in numerischer Form zu veranlassen.

```
$ netstat -i -n
Kernel Interface table
Iface    MTU Met   RX-OK RX-ERR RX-DRP   TX-OK TX-ERR TX-DRP TX-OVR Flg
eth0    1500  0   126214      0      0  209007      0      0      0 BMRU
lo     16436  0      148      0      0     148      0      0      0 LRU
```

Listing 11.25 netstat als Ersatz für ifconfig

Dieser Aufruf ist vor allem nützlich, wenn man schnell und übersichtlich Informationen über die übertragenen Pakete erhalten möchte – die Ausgabe bei `ifconfig` ist zwar auch sehr umfangreich, aber zugegebenermaßen doch nicht sehr übersichtlich. Die Ausgabe von `netstat` erklärt sich genau dann von selbst, wenn Sie wissen, was Sie mit den Informationen anzufangen haben – und aus diesem Grund werden wir in diesem Buch jetzt nicht weiter darauf eingehen.[8]

Ähnlich wie bei `route` kann man mit `netstat` auch noch die Routing-Tabelle ausgeben:

```
$ netstat -r
Kernel IP routing table
Destination  Gateway     Genmask      Flags  MSS Window  irtt Iface
172.20.0.0   *           255.255.0.0  U       40 0          0 eth0
default      172.20.0.1  0.0.0.0      UG      40 0          0 eth0
```

Listing 11.26 netstat als Ersatz für route

Sie sehen, dass `netstat` ein umfangreiches Tool ist, mit dem man viel anfangen kann – gesetzt den Fall, man kann die Ausgaben richtig interpretieren.

---

7 Das POP3-Protokoll ist ein einfaches Protokoll, um E-Mails von einem Server abzuholen, und mit SSL kann man Übertragungen verschlüsseln.

8 Und wenn Sie trotzdem der Ehrgeiz packt – es gibt ja auch noch die Manpage ...

11.7.3 nmap

Wer Linux einsetzt, beschäftigt sich oft auch mit der Sicherheit seiner Server. Auch wenn man kein Netzwerkadministrator ist und sich nur mit seinem eigenen Rechner beschäftigt, ist es trotzdem wichtig, sich mit diesem Thema auseinanderzusetzen.

Am besten macht man das, indem man sich die Waffen der Gegenseite zu Eigen macht. So kann man zum Beispiel mit einem Portscanner die eigenen Server auf potenzielle Sicherheitslücken oder die Firewall auf eventuelle Schwachstellen scannen. So ein Portscanner macht dabei nichts anderes, als zu versuchen, sich mit allen Ports des Rechners zu verbinden. Ist so ein Versuch erfolgreich, läuft auf diesem Port ein Dienst. Nun kann in der */etc/services* nachgeschaut werden, um welchen Dienst es sich handeln könnte. So wird erst einmal überprüft, was überhaupt auf dem fraglichen Rechner aktiv ist. Mit diesen Informationen könnten Angreifer dann weitergehen und beispielsweise die genaue Software der Serverdienste ermitteln und diese dann auf Schwachstellen untersuchen.

Aber zurück zum Portscanning. Als Beispiel für einen Portscanner möchten wir das Programm `nmap` behandeln, das von `insecure.org` kostenlos geladen werden kann. Es bietet neben den Standardfunktionen auch einige Extras wie beispielsweise eine automatische Betriebssystemerkennung.

Im Folgenden möchten wir einen Scan auf 172.20.0.1 ausführen, dazu müssen wir jedoch als `root` eingeloggt sein.

```
# nmap -sS 172.20.0.1 -O

Starting nmap V. 2.54BETA29 ( www.insecure.org/nmap/ )
Interesting ports on  (172.20.0.1):
(The 1531 ports scanned but not shown below are in
  state: closed)
Port       State       Service
21/tcp     open        ftp
22/tcp     open        ssh
23/tcp     open        telnet
25/tcp     open        smtp
37/tcp     open        time
53/tcp     open        domain
79/tcp     open        finger
80/tcp     open        http
110/tcp    open        pop-3
111/tcp    open        sunrpc
113/tcp    open        auth
```

```
139/tcp    open        netbios-ssn
443/tcp    open        https
513/tcp    open        login
514/tcp    open        shell
784/tcp    open        unknown
2049/tcp   open        nfs
3306/tcp   open        mysql

Remote operating system guess: Linux 2.1.19 - 2.2.17
Uptime 12.108 days (since [date] 14:53:36 2001)

Nmap run completed -- 1 IP address (1 host up)
  scanned in 9 seconds
```

Listing 11.27 Portscanning mal praktisch

Sicherheitstest

Was man mit diesen Informationen anfangen kann, soll nicht Teil des Buches sein. Allerdings sollten Sie sich, wenn Sie so einen Scan bei sich durchführen, immer fragen: Ist das wirklich das Ergebnis, das ich haben will? Sobald mehr Dienste laufen, als Sie brauchen, stellen diese ein potenzielles Sicherheitsrisiko dar.

Wenn Sie mehr über die Funktionsweise, über `nmap` und über Portscanner erfahren wollen, suchen Sie einfach im Internet[9]. Achten Sie nur darauf, dass Sie auf einer halbwegs professionellen Ebene bleiben, es gibt viele Kids, die ohne viel Hintergrundwissen viel Müll zusammenschreiben.

11.7.4 tcpdump

Wenn Sie sich für den Inhalt der übertragenen Daten interessieren, wird Ihnen `tcpdump` weiterhelfen. Dieses Programm ist in der Lage, alle TCP- und UDP-Pakete anzuzeigen, die über den jeweiligen Rechner laufen. So könnte man beispielsweise im Klartext übertragene E-Mails oder Passwörter mitlesen.

[zB]

Im Folgenden haben wir genau das vor. Aber bevor Sie jetzt schon wieder große Pläne schmieden und die Weltherrschaft an sich reißen wollen, lassen Sie sich gesagt sein, dass Ihnen diese Möglichkeit nicht viel bringt – es sei denn, Sie loggen auf einem Webserver großer Firmen mit oder zumindest von einem Router des Internets. Und so was wird schnell langweilig.

Aber schauen wir uns das Beispiel an:

9 Etwa auf *insecure.org*.

```
# tcpdump -X -n port 110
[...]
16:54:28.961890 172.20.2.1.16582 > 1.2.3.4.110
0x0000   4500 004f 7f3e 4000 4006 8498 ac14 0201    E..O.>@.@.......
0x0010   3e32 4a8b 40c6 006e c2d6 7aae be8d 971a    >2J.@..n..z.....
0x0020   8018 16d0 d96c 0000 0101 080a 0236 05ae    .....l.......6..
0x0030   0395 f6c5 4564 af45 2455 6534 6224 6234    ....USER.someuse
0x0040   1234 4342 3423 6234 2345 2632 6234 0a      r@somehost..
16:54:29.076218 1.2.3.4.110 > 172.20.2.1.16582
0x0000   4500 0034 6056 4000 3706 ac9b 3e32 4a8b    E..4`V@.7...>2J.
0x0010   ac14 0201 006e 40c6 be8d 971a c2d6 7ac9    .....n@.......z.
0x0020   8010 16a0 5253 0000 0101 080a 0395 f701    ....RS..........
0x0030   0236 05ae                                  .6..
16:54:29.077691 1.2.3.4.110 > 172.20.2.1.16582
0x0000   4500 0049 6057 4000 3706 ac85 3e32 4a8b    E..I`W@.
16:54:29.076218 1.2.3.4.110 > 172.20.2.1.16582
0x0000   4500 0034 6056 4000 3706 ac9b 3e32 4a8b    E..4`V@.7...>2J.
0x0010   ac14 0201 006e 40c6 be8d 971a c2d6 7ac9    .....n@.......z.
0x0020   8010 16a0 5253 0000 0101 080a 0395 f701    ....RS..........
0x0030   0236 05ae                                  .6..7...>2J.
0x0010   ac14 0201 006e 40c6 be8d 971a c2d6 7ac9    .....n@.......z.
0x0020   8018 16a0 34c1 0000 0101 080a 0395 f701    ....4...........
0x0030   0236 05ae 2b4f 4b20 4e65 6564 2061 2070    .6..+OK.Need.a.p
0x0040   6173 7377 6f72 640d 0a                     assword..
16:54:29.077808 172.20.2.1.16582 > 1.2.3.4.110
0x0000   4500 0042 7f3f 4000 4006 84a4 ac14 0201    E..B.?@.@.......
0x0010   3e32 4a8b 40c6 006e c2d6 7ac9 be8d 972f    >2J.@..n..z..../
0x0020   8018 16d0 339c 0000 0101 080a 0236 05b9    ....3........6..
0x0030   0395 f701 5041 5353 206f 7574 7369 6465    ....PASS.outside
0x0040   0d0a
[...]
53 packets received by filter
0 packets dropped by kernel
```

Listing 11.28 tcpdump in Aktion

Hier haben wir `tcpdump` gesagt, dass wir die Inhalte der Pakete sehen wollen (Option `-X`) und haben einen Filter auf den POP3-Standardport gesetzt, über den im Normalfall die Mails abgeholt werden. Das haben wir gemacht, damit wir auch nur die Informationen bekommen, die uns wirklich interessieren und nicht in binärem Datenmüll ersticken.

Wie man dann dem Dump leicht entnehmen kann, ist die Mailadresse »someuser@somehost« mit dem Passwort »outside«. Die Mails wurden dabei vom Rechner »1.2.3.4« abgeholt. Dies sollte vorerst als kleine Demonstration von `tcpdump` genügen. Mit den Daten aus dem Beispiel könnte man nun auch selbst die Mails für dieses Postfach abholen.

Viel Wissen bedeutet noch nicht Verstand.
– Heraklit

12 Serverdienste

Damit ein Netzwerk auch einen Sinn ergibt, muss »vernetzt« gearbeitet werden. Das bedeutet nun aber nichts anderes, als dass Daten geteilt und Dienste erbracht werden. Um Dienste zu erbringen oder überhaupt erst einmal die Möglichkeit zu haben, Daten zu teilen, sind Serverdienste notwendig. Diese Dienste wollen wir nun kurz vorstellen.

12.1 Grundlegende Konzepte

Da wir ja von Netzwerkdiensten sprechen, kommen wir natürlich nicht um TCP/IP herum. Ohne die Netzwerkprotokolle wäre eine Kommunikation zwischen unterschiedlichen Rechnern so nicht möglich.

Doch betrachten wir zuerst einmal die generellen Konzepte einer solchen Kommunikation. Da gibt es das Prinzip der Gleichbehandlung aller Rechner, wie in einem sogenannten Peer-to-Peer-Netzwerk, und da gibt es das Client-Server-Prinzip.

Hierarchie der Rechner

Beim Client-Server-Prinzip nimmt der Client vom Server eine Dienstleistung in Anspruch, wohingegen alle Peers in einem gleichnamigen Netzwerk gleichberechtigt und damit gleichzeitig Client und Server sind.

12.1.1 Peer-to-Peer-Netzwerke

Dieses Netzwerkkonzept ist noch nicht sehr alt. Die ersten praktisch genutzten Peer-to-Peer-Netzwerke kamen ungefähr Mitte der 90er-Jahre auf. Seitdem wird dieses Prinzip stetig weiterentwickelt, und während die ersten Peer-to-Peer-Netzwerke noch Server brauchten, um sich zu organisieren, schaffen das die neuesten Generationen mittlerweile auch ohne zentrale Anlaufstelle.

Den Durchbruch schaffte dieses Konzept vor allem mit den Tauschbörsen. Nutzer können so fast ohne Kontrolle nach Belieben Dateien tauschen, ohne dass eine Firma oder ein anderer Anbieter eines Servers verklagt werden könnte. Diese Form der »Netzdemokratie« ist nicht unumstritten und eine Bewertung natürlich immer schwierig.

Von der technischen Seite lässt sich jedenfalls sagen, dass eine Kontrolle der Inhalte nicht möglich ist.[1] Es fehlt jegliche Möglichkeit zur Kontrolle – eine echte freie, unzensierte Demokratie ist also möglich.

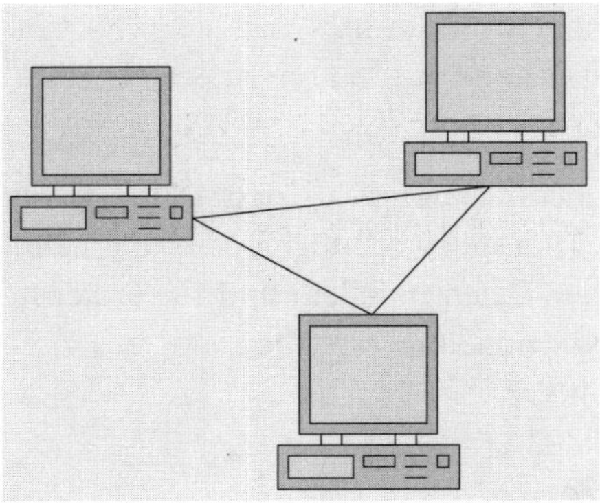

Abbildung 12.1 Schema Peer-to-Peer

12.1.2 Das Client-Server-Prinzip

Das weitaus ältere und wichtigere Konzept für die Rechnerkommunikation ist jedoch das Client-Server-Prinzip, bei dem ein Kommunikationspartner den *aktiven* und der andere den *passiven* Teil übernimmt. Doch sehen wir uns zur Veranschaulichung einmal ein einfaches Beispiel an:

[zB] Sie surfen wieder einmal im Netz. Dabei agieren Sie natürlich in einem Netzwerk – dem Internet. Mit ihrem Webbrowser fordern Sie also eine Seite an und nehmen dazu mit dem entsprechenden Webserver Kontakt auf. Ihr Rechner fragt nur nach der Seite und verhält sich als Client demnach passiv. Der Server übernimmt den aktiven Teil, indem er die Leistung – in diesem Fall einfach die Webseite – zur Verfügung stellt.

Server versus Client

Natürlich ist der Client nicht ausschließlich passiv: Er fordert die Seite an und muss sie natürlich auf dem Rechner des Benutzers auch entsprechend darstellen. Die Passivität drückt sich viel eher im Zusammenhang mit der

1 Es gibt auch Bestrebungen, solche Netzwerke kommerziell zu nutzen. Diese Nutzung benötigt zur Kontrolle und Abrechnung allerdings wieder einen zentralen Server und ist daher im eigentlichen Sinne kein Peer-to-Peer-Netzwerk. Das Einzige, was an dieses Konzept erinnert, ist der Fakt, dass Sie die Dateien von anderen Nutzern statt von einem Server laden. Das spart dem Betreiber natürlich Geld, aber hat nichts mehr mit dem eigentlichen Gedanken zu tun.

Dienstleistung aus, um die es ja eigentlich geht. Damit hat der Client überhaupt nichts zu tun, außer dass er sein Interesse daran bekundet. Aber ohne diese Interessenbekundung wäre ja auch schließlich keine Kommunikation zustande gekommen.

Serverdienste vs. Serverprozesse

Da ein Server nie weiß, wann welcher Client eventuell eine bestimmte Information benötigt, muss er immer auf Anfragen reagieren können. An dieser Stelle möchten wir einen Bogen zu den Serverprozessen schlagen, die wir bereits in Kapitel 6 angesprochen haben. Ein Server- bzw. Dämonprozess war ein Prozess, der im Hintergrund ohne besondere Aufmerksamkeit des Benutzers seinen Dienst verrichtet. Diese Eigenschaften fordern wir natürlich auch von Serverdiensten eines Netzwerks, und es ist natürlich nur logisch, wenn solche Dienste dann auch als Dämonprozesse auf einem Server realisiert sind.

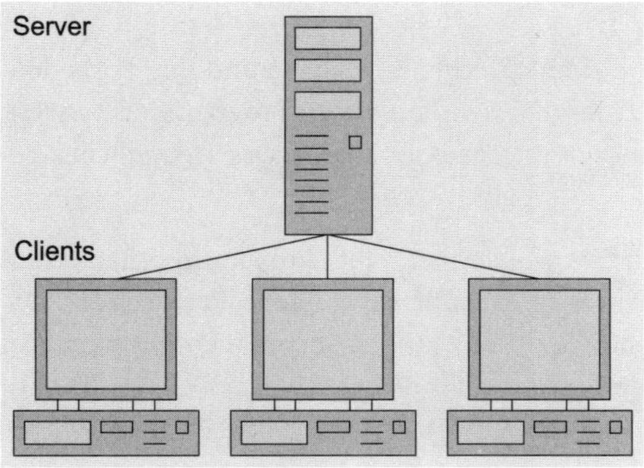

Abbildung 12.2 Schema Client-Server-Prinzip

12.1.3 Und das Ganze mit TCP/IP

Wir wissen bereits, dass jeder Rechner in einem Netzwerk eine IP-Adresse als eindeutige Identifikation hat, die man mittels DNS auch durch Namen maskieren kann. Möchte ein solcher Rechner nun eine Serverdienstleistung anbieten, wird er einen Dämonprozess starten. Dieser Prozess wird nun wiederum einen Port öffnen und dort auf ankommende Verbindungen warten.

Damit ein Client sich nun zum Server verbinden kann, muss er dessen entsprechenden Port kennen. Aus diesem Grund sind bestimmte Dienste einzelnen Ports zugeordnet. Ein Client wird also für eine Webseite zuerst Port 80 probieren.

```
$ cat /etc/services
...
smtp        25/tcp   mail   # Simple Mail Transfer
smtp        25/udp   mail   # Simple Mail Transfer
...
finger      79/tcp          # Finger
finger      79/udp          # Finger
http        80/tcp          # World Wide Web HTTP
http        80/udp          # World Wide Web HTTP
www         80/tcp          # World Wide Web HTTP
www         80/udp          # World Wide Web HTTP
www-http    80/tcp          # World Wide Web HTTP
www-http    80/udp          # World Wide Web HTTP
...
```

Listing 12.1 Standarddienste und ihre Ports in der /etc/services

Dienste-verzeichnis

In der */etc/services* sind dafür entsprechende Dienste und ihre Ports definiert. Diese Datei wird unter anderem von vielen Programmen genutzt, die Netzwerke betreffende kryptische Ausgaben etwas freundlicher gestalten wollen.

Im Folgenden werden wir uns wieder mehr auf Linux konzentrieren und Ihnen wichtige Serverdienste und damit verbundene Programme bzw. Softwarepakete vorstellen. Viele Dienste und Server werden wir dabei nur exemplarisch behandeln.

12.2 inetd

Wie wir bereits angesprochen haben, sind Serverdienste oft als Dämonprozesse realisiert. Wenn so ein Dämonprozess allerdings nicht ständig gebraucht wird, benötigt er in der restlichen Zeit trotzdem Ressourcen wie Speicher und auch ab und zu etwas CPU-Leistung. Nun hat zwar Linux einige Konzepte zur Optimierung der Speicherverwaltung und Prozessorlast für diese Fälle, aber ein solches Szenario ist trotzdem nicht ideal.

Aus diesem Grund gibt es den `inetd` bzw. seine neuere Version, den `xinetd`. Dieser Server ist eine Art *Super-Server*, da er alle Ports überwacht und erst dann die Server startet, wenn ein Verbindungswunsch vorliegt.

12.2.1 Die /etc/inetd.conf

Der Superserver

Natürlich muss der `inetd` für alle Server, die er zu starten hat, und alle Ports, die er zu überwachen hat, konfiguriert werden. Allerdings ist es dann letztendlich effizienter, anstelle mehrerer Dämonen nur dieses eine Programm im Speicher zu haben. Wenn man Server durch `inetd` starten lässt, hat man durch den Startvorgang natürlich eine minimale Zeitverzögerung bei der Antwort des Servers. Diese Verzögerung ist aber derart minimal, dass sie nur bei wirklich sehr stark ausgelasteten Servern in Firmen ins Gewicht fällt. Aber schauen wir uns einmal die Konfiguration des `inetd` an:

```
$ cat /etc/inetd.conf
...
echo    stream  tcp  nowait  root    internal
...
finger  stream  tcp  nowait  nobody  /usr/sbin/tcpd
  in.fingerd -w
...
```

Listing 12.2 Konfiguration des Super-Servers

In diesem Fall wurde der `finger`-Service konfiguriert. Pro Server wird beim `inetd` eine Zeile zur Konfiguration genutzt, die wie folgt aufgebaut ist:

- **Servicename**
  /etc/services
  Zuerst wird der Service angegeben, um den es sich handelt. Dazu wird die */etc/services* herangezogen, da diese Information nur benötigt wird, um den entsprechenden Port festzulegen, auf dem der `inetd` dann wachen muss. Sollten Sie also benutzerdefinierte Programme auf bestimmten Ports mit `inetd` laufen lassen wollen, sollten Sie vorher die */etc/services* erweitern.

- **Sockettyp-Protokoll wait/nowait**
  Diese drei Angaben beziehen sich auf die verwendeten Protokolle. Im Wesentlichen hängen diese drei Angaben auch zusammen, und für TCP-basierte Dienste benötigt man die Einstellungen `stream tcp nowait`. Da auf TCP basierende Server der wohl am meisten benötigte Typ sind, wollen wir hier nicht weiter auf die Ausnahmen wie UDP oder RPC eingehen. Im Zweifelsfall hilft wie immer die Manpage oder auch die Dokumentation der Serversoftware, die Sie installieren wollen.

Rechte und Sicherheit

- **Benutzer**
  Das nächste Feld gibt den Benutzer an, mit dessen Rechten der Serverprozess gestartet werden soll. Natürlich kann man auch die Gruppe in der Form »Benutzer.Gruppe« angeben.
- **Das eigentliche Programm**
  Als Nächstes folgt der vollständige Pfad zum eigentlichen Programm.
- **Dessen Argumente**
  Als Letztes benötigen wir noch dessen Argumente. Wichtig ist, dass Programme als nulltes Argument ihren eigenen Programmnamen erwarten. Dieser muss also als Erstes in der Liste der Argumente auftauchen.

  In unserem speziellen Fall wird bei einer Verbindung auf TCP-Port 79 das Programm */usr/sbin/tcpd* mit den Rechten des Users `nobody` und den Argumenten `in.fingerd -w` gestartet. Das Programm `tcpd` emuliert dadurch einen Finger-Server, sodass man keine Extra-Software benötigt. Das wirkt zwar etwas komisch, ist aber für viele »kleine« Server so implementiert. Über das erste Argument `tcpd` wird dabei angegeben, um welchen Server es geht.

Die Konfiguration vom `xinetd` sieht anders aus, bezieht sich im Wesentlichen aber auch auf diese Informationen. Mit einem Beispieleintrag und den Kommentaren der Konfigurationsdatei des `xinetd` bzw. der Manpage sollten Sie auch diesen ohne Probleme konfigurieren können.

12.2.2 TCP-Wrapper

Im letzten Beispiel haben Sie gesehen, wie man Programme mittels des TCP-Wrappers startet. In diesem Fall wird dann die Kontrolle über die */etc/hosts.allow* und die */etc/hosts.deny* aktiv, die wir ja bereits im letzten Kapitel ausführlich besprochen haben.

12.2.3 update-inetd

Das Programm `update-inetd` ist ein nettes kleines Programm, mit dem man die */etc/inetd.conf* verwalten kann. Im Prinzip könnten wir dieselben Handlungen auch mit einem Texteditor vornehmen, allerdings ist die Benutzung des Programms »sauberer«. Uns bleibt nämlich erspart, dass wir den `inetd` über seine neue Konfiguration mit einem `SIGHUP` informieren müssen.

Dienste deaktivieren

Einen bereits vorhandenen Eintrag in der *inetd.conf* kann man durch folgenden Aufruf auskommentieren und den Serverdienst damit deaktivieren:

```
# update-inetd --disable finger
```

Listing 12.3 Dienste deaktivieren

Dienste wieder aktivieren

Einen bereits vorhandenen auskommentierten Eintrag kann man ebenso einfach wieder aktivieren:

```
# update-inetd --enable finger
```

Listing 12.4 Dienste aktivieren

Damit wäre der Finger-Server wieder aktiv.

Einen neuen Dienst eintragen

Natürlich können wir auch einen Dienst völlig neu in die Datei eintragen. Das Format der Option entspricht dabei genau dem Format der *inetd.conf*:

```
# update-inetd --group MAIL --add 'pop-3\t\tstream  \
  \ttcp\tnowait\troot\t/usr/sbin/tcpd              \
  \t/usr/sbin/in.pop3d'
```

Listing 12.5 Dienste hinzufügen

Hier hätten wir einen Mailserver konfiguriert, der in die Gruppe[2] `MAIL` eingetragen wird. Die `\t` werden dann in der Datei durch einen Tabulator ersetzt.

12.3 Standarddienste

Zuerst wollen wir sogenannte Standarddienste behandeln. Viele dieser Dienste haben heute nur noch historische Bedeutung, aber da Sie ab und zu auf sie stoßen könnten, möchten wir sie doch wenigstens kurz vorstellen.

2 Die Gruppe ist eigentlich unwichtig. Vor dem entsprechenden Eintrag in der Datei *inetd.conf* wird nämlich nur ein entsprechender Kommentar gesetzt.

12.3.1 finger

Da wir im letzten Abschnitt bereits auf `finger` eingegangen sind, wollen wir diesen Dienst gleich einmal näher erläutern. Der `finger`-Dienst ist auch ein typisches Beispiel dafür, dass ein Dienst, den man kennen sollte, für die praktische Arbeit nicht wirklich wichtig ist.

Informationen über Benutzer

Mit `finger` kann man normalerweise[3] Informationen über Benutzer erfragen. Mit einem Rechner als Argument bzw. dem Ausdruck »Benutzer@Rechner« kann man viele Informationen abfragen.

```
$ finger jploetner@localhost
Login: jploetner              Name:  Johannes Plötner
Directory: /home/jploetner    Shell: /bin/bash
On since Thu Oct 30 17:03 (CET) on pts/0, idle 8:10
On since Thu Oct 30 17:03 (CET) on pts/1, idle 8:10
On since Thu Oct 30 17:03 (CET) on pts/2
No Mail.
No Plan.
```

Listing 12.6 finger in Aktion

12.3.2 telnet

Ein ganz anderer Dienst ist `telnet`. Mit `telnet` kann man sich auf einfache Art auf einem anderen Rechner im Netzwerk einloggen – natürlich nur, wenn auf diesem auch ein entsprechender Server läuft. Aber schauen wir uns gleich einmal eine `telnet`-Session an:

```
$ telnet 127.0.0.1
Trying 127.0.0.1
Connected to 127.0.0.1.
Escape character is '^]'.

yorick login: swendzel
Password:
Linux 2.4.5
Last login: Sun Nov 23 13:26:02 +0100 2003 on pts/0 \
  from localhost.
No mail.
swendzel@yorick:~% logout
Connection closed by foreign host.
```

Listing 12.7 Eine telnet-Session

3 Außer z.B. bei *kernel.org*, denn dort wird der Finger-Dienst nur genutzt, um eigene Informationen zu liefern.

An diesem Beispiel sehen Sie eigentlich schon fast alles, was es über telnet zu sagen gibt. Im Normalfall übergibt man nämlich nur den Hostname als Argument an telnet und loggt sich danach mit seinem Benutzernamen und Passwort ein. Schließlich kann man, nach erfolgreicher Authentifizierung, mit einer Shell auf dem entfernten Rechner arbeiten. [zB]

Aber wie richtet man nun einen Telnet-Server ein? Am einfachsten starten wir den telnetd, wie auch den fingerd, über den inetd bzw. die */etc/inetd.conf*:

```
telnet  stream  tcp   nowait  root    /usr/sbin/tcpd
  in.telnetd
```

Listing 12.8 telnetd in der /etc/inetd.conf aktivieren

Nun können Sie auch etwas mit telnet experimentieren und damit arbeiten. Trotzdem wird telnet heutzutage nicht mehr gern gesehen und kaum noch in produktiven Umgebungen eingesetzt.

Das Problem ist die fehlende Verschlüsselung von telnet. Alles wird sozusagen im Klartext übertragen, und alle übertragenen Daten könnten mitgelesen – oder schlimmer noch – verändert werden. Ein Hacker muss dazu zwar bereits »im Besitz« eines Gateways sein, über das der Traffic mit Ihrem Zielrechner läuft, das kann jedoch durchaus vorkommen. Das ist vor allem ärgerlich, wenn man gerade als root auf einer fremden Maschine arbeitet. Aus diesem Grund setzt man heutzutage die später in diesem Kapitel noch beschriebene Secure Shell (SSH) ein.

12.3.3 Die r-Tools

Nun kommen wir zu einem etwas paradoxen Abschnitt. Am liebsten würden wir Ihnen die r-Tools nämlich vorenthalten und überhaupt nicht erläutern, da es für sie ähnlich wie für telnet keine Berechtigung mehr gibt. Mit Tools wie rcp, rlogin usw. konnte man *remote* arbeiten, also Dateien auf entfernte Rechner kopieren oder sich beispielsweise einloggen. Gesteuert wurden die Zugriffe der Einfachheit halber in einer Datei im Homeverzeichnis des Benutzers, die »glaubwürdige« Rechner und Benutzer auszeichnete, die .rhosts. **rcp, rlogin**

Das Schlimme an dieser Datei war, dass der Zugriff, wenn er einmal in der .rhosts erlaubt war, ohne Passwort erfolgen konnte. Das eröffnete unzählige Möglichkeiten für Einbrüche in Systeme. Sei es, dass man irgendwie einen Eintrag in die Datei schmuggelte, oder sei es, dass man einfach die Absenderadresse des eigenen Rechners fälschte.

ssh, scp

Wie dem auch sei, nutzen Sie stattdessen lieber die Programme wie `ssh` oder `scp`, die die Kommunikation verschlüsseln und deshalb nicht so leicht zu knacken sind.

12.3.4 Weitere kleine Server

Im Folgenden möchten wir kurz und bündig noch einige weitere Serverdienste in tabellarischer Form vorstellen. Diese teilweise recht archaischen Dienste erfüllen meist keinen praktischen Zweck, wurden aber häufig zur Diagnose des Netzwerks genutzt.

Dienst	Port	Beschreibung
echo	7	Gibt alles Gelesene wieder zurück.
discard	9	Liest alle Eingaben ohne Reaktion.
systat	11	Gibt ein `ps` auf dem Port aus.
daytime	13	Gibt Datum und Uhrzeit in einem lesbaren Format zurück.
netstat	15	Gibt die Ausgabe des gleichnamigen Programms auf dem Port aus.
qotd	17	Gibt einen Sinnspruch aus.
chargen	19	Generiert Zeichen.
time	37	Gibt die Zeit in einem Binärformat wieder.

Tabelle 12.1 Übersicht über einige typische Serverdienste

Wie Sie sehen, sind diese Dienste nur bedingt sinnvoll und bilden im schlimmsten Fall noch eine Sicherheitslücke, wenn nämlich wichtige Informationen über den Systemstatus nach außen gelangen. Das ist ein Grund mehr, über diese Dienste Bescheid zu wissen, die übrigens alle im Zweifelsfall über den `inetd` gestartet werden.

12.4 Secure Shell

Als nächsten wichtigen Dienst wollen wir gleich auf die sogenannte *Secure Shell* eingehen, auf die wir schon mehrmals verwiesen haben. Im Prinzip geht es bei diesem Dienst darum, zwischen zwei Rechnern eine verschlüsselte Verbindung aufzubauen, über die dann Daten wie beispielsweise eine ganze Login-Session übertragen werden können.

12.4.1 Das SSH-Protokoll

Wir wollen jetzt nicht alle Einzelheiten des ziemlich komplizierten Protokolls besprechen und können auch nicht alle kryptografischen Verfahren darlegen. Und doch müssen einige Punkte erwähnt werden, die für den Umgang mit SSH wichtig sind.

Zuallererst unterscheidet man zwischen SSH-Protokoll Version 1 und SSH-Protokoll Version 2. Der wichtigste Unterschied ist auch hier wieder die Sicherheit. Die Version 2 des Protokolls ist weniger anfällig für Attacken und unterstützt mehr Verschlüsselungsverfahren als die Vorgängerversion.

Sicheres Login

Das wirklich Tolle an SSH ist aber nicht, dass es uns verschlüsselte Login-Sessions ermöglicht – SSH kann viel mehr. Im Prinzip können wir jedes Protokoll über SSH *tunneln* und damit die Übertragung verschlüsseln. Dafür muss zwar auf der Gegenseite der SSH-Dämon laufen, aber dann steht unserer verschlüsselten Kommunikation nichts mehr im Wege.

Exkurs Kryptologie

Wenn wir über Verschlüsselung sprechen, kommen wir natürlich nicht um die entsprechende Wissenschaft herum – die Kryptologie. Die Kryptologie hat dabei zwei große Teilbereiche, die ständig miteinander im Wettstreit sind. Da wäre zum einen die Kryptografie, die sich um sichere Verschlüsselung bemüht, und zum anderen die Kryptoanalyse, die sich mit dem *Brechen* von Verschlüsselungen beschäftigt.

Beide Wissenschaften haben ihre Berechtigung, denn wo sensible Daten geschützt werden sollen, gibt es auch immer diverse Begehrlichkeiten. Verabschieden Sie sich am besten gleich von der Vorstellung der absoluten Geheimhaltung Ihrer Daten. Es ist nur eine Frage der Zeit und des Aufwandes – letztlich lässt sich jede Verschlüsselung brechen.[4] Zudem ist jede Kette nur so stark wie ihr schwächstes Glied, und wenn sie Daten im Klartext auf der Festplatte Ihres Laptops speichern, haben Sie eigentlich schon verloren.

Digitale Signaturen und Co.

Bei der Verschlüsselung unterscheidet man prinzipiell zwei Typen: die symmetrische und die asymmetrische. Der Unterschied ist einfach: Während man bei der symmetrischen Verschlüsselung zwei identische Schlüssel zum Ver- und Entschlüsseln braucht, sind es bei asymmetrischen Verfahren zwei unterschiedliche Schlüssel – ein öffentlicher sowie ein privater.

4 Ausgenommen: One-Time-Pads

Nun ist es zwar schön, wenn man unterschiedliche Schlüssel hat, allerdings sind asymmetrische Verfahren um einiges langsamer. Aus diesem Grund nutzt man teilweise asymmetrische Verfahren, um sicher einen Schlüssel für die schnellen symmetrischen Verschlüsselungen zu vereinbaren.

Asymmetrische Verfahren eignen sich außerdem noch für digitale Signaturen, die ohne diese Art der Verschlüsselung nicht existieren würden. Der Trick ist nämlich, dass man einen Text mit dem privaten Schlüssel signiert. Dann kann jeder mit Ihrem öffentlichen Schlüssel nachprüfen, ob der Text wirklich von Ihnen kommt – da ja nur Sie den privaten Schlüssel kennen und niemand ohne Schlüssel die Signatur fälschen kann. Auch ein verändertes Dokument würde auffallen, da die Signatur nicht mehr stimmen würde.

Prüfsummen

Damit man in so einem Fall nicht den ganzen Text signieren muss, werden sogenannte *Hash-Verfahren* wie MD5 benutzt. Diese reduzieren einen Text oder auch andere Daten auf ein paar Bytes, die aber sehr stark vom Text abhängen. Ändert man beispielsweise nur einen Buchstaben, sieht der Hash-Wert des gesamten Textes gleich ganz anders aus.

```
$ md5sum buch.pdf
3f0155772d7c18bfa260b1e9663475c4  buch.pdf
```

Listing 12.9 MD5 unter Linux: md5sum

Mit dem `md5sum`-Programm kann man unter Linux solche Hash-Werte für Dateien oder andere Daten berechnen lassen. Ändert man nur ein einzelnes Zeichen, sieht der Hash-Wert folgendermaßen aus:

```
$ echo "." >> buch.pdf
$ md5sum buch.pdf
58714bc108965f9b48ece74fad621c10  buch.pdf
```

Listing 12.10 Modifizierung einer MD5-Prüfsumme

An dieser Stelle soll diese durchaus grobe Einführung in die Begriffe der Kryptologie genügen, damit Sie sicher mit SSH umgehen können.

Exkurs Politik

Exportverbote

Damit effektive Verschlüsselungstechniken nicht in die Hände der »Bösen« kommen, gibt es in vielen Ländern wie den USA ein Exportverbot für Kryptografie. Die entsprechende kryptografische Software wird dabei wie ein Waffenexport behandelt. Zum Glück ist die deutsche Regierung da liberaler, denn wir erlauben, im Gegensatz zu den USA, den Export für den Massenmarkt ...

Man muss sich aber verdeutlichen, dass es den Regierungen am liebsten ist, wenn sie trotzdem mitlesen können – oder zumindest theoretisch die Möglichkeit haben. Es ist ja bekannt, dass große Teile des Internets gefiltert und von den Geheimdiensten, vor allem denen der USA und Großbritanniens, analysiert werden.

Jedenfalls sei Ihnen ans Herz gelegt, dass Sie doch etwas auf Ihre persönlichen Daten achten. Vor allem die Wirtschaft schleckt sich die Finger nach möglichst umfassenden Kundenprofilen, und Geheimdienste aller Art wollen auch wissen, was Sie denn so denken. Behalten Sie also Ihre Freiheit und Ihren offenen Geist, indem Sie eine gesunde Skepsis bezüglich kryptografischer Sicherheit an den Tag legen. Vor allem, wenn Ihnen die amerikanische Regierung etwas empfiehlt – es ist leider so.

12.4.2 Secure Shell nutzen

Um SSH nutzen zu können, benötigen Sie in erster Linie einen Client und einen Server. Unter UNIX-Systemen gibt es das Programm `ssh`, das uns eine Verbindung zu entfernten Rechnern ermöglicht.

Wie funktioniert das nun? Wir verbinden uns mit einem Rechner `rechner` als Benutzer `user`, indem wir `ssh` folgendermaßen aufrufen:

```
$ ssh user@rechner
user@rechner's password:
No mail.
Last login: Sun Dec 14 11:00:37 2003
user@rechner:~$
```

Listing 12.11 ssh benutzen

Es funktioniert also wie bei `telnet` – man muss nur den Benutzer auf dem entfernten Rechner angeben und dessen Passwort wissen.

Secure Copy

SSH ist auch zum sicheren Kopieren von Dateien zwischen unterschiedlichen Rechnern geeignet. Dazu nutzt man das `scp`-Programm von der Syntax her genauso wie das normale `cp`-Kommando. Der einzige Unterschied liegt in der Angabe der auf entfernten Rechnern liegenden Dateien:

```
user@rechner:/home/user/test.txt
```

Listing 12.12 Entfernte Dateien ansprechen

Dateien im Netzwerk kopieren

Dieser Ausdruck bezeichnet die Datei */home/user/test.txt* vom Rechner `rechner`. Der Benutzername `user` wird dabei verwendet, um sich auf dem System anzumelden. Falls nötig, wird vor dem Kopiervorgang nach einem Passwort für den Benutzer gefragt.

```
$ scp test.txt jploetner@172.20.2.1:~
jploetner@172.20.2.1's password:
test.txt  100% |*************************| 103 00:00
$
```

Listing 12.13 Ein Beispiel

[zB]

In diesem Beispiel wurde die Datei *test.txt* aus dem aktuellen Verzeichnis auf den Rechner `172.20.2.1` in das Homeverzeichnis[5] des Benutzers `jploetner` kopiert.

Automatisches Einloggen

SSH kann aber noch mehr, nämlich zum Beispiel Logins ohne Passwort auf der Basis asymmetrischer Verschlüsselungsverfahren durchführen. Zuerst müssen wir dazu mit dem Programm `ssh-keygen` ein entsprechendes Schlüsselpaar auf dem Client-Rechner erstellen.

```
$ ssh-keygen -t rsa
Generating public/private rsa key pair.
Enter file in which to save the key (~/.ssh/id_rsa):
  <Enter>
Enter passphrase (empty for no passphrase): <Enter>
Enter same passphrase again: <Enter>
Your identification has been saved in ~/.ssh/id_rsa.
Your public key has been saved in ~/.ssh/id_rsa.pub.
The key fingerprint is:
9b:e7:1e:1b:11:3a:f3:c5:a0:e7:18:a3:68:55:60:88
  root@gateway
```

Listing 12.14 Schlüsselerstellung mit ssh-keygen

Schlüssel erstellen

Hier haben wir zwei RSA-Schlüssel ohne Passphrase hergestellt. Das RSA-Verfahren ist ein bekanntes asymmetrisches Verschlüsselungsverfahren,

5 Sie erinnern sich? Die Tilde (~) steht auch als Alias für das Homeverzeichnis.

weswegen wir auch zwei Schlüssel erhalten – einen privaten und einen öffentlichen.

Um SSH nun ohne Passwort nutzen zu können, müssen wir den öffentlichen Schlüssel noch zum Benutzeraccount auf dem Server bringen.

```
$ scp .ssh/id_rsa.pub jploetner@172.20.2.1:~/.ssh/
jploetner@172.20.2.1's password:
id_rsa.pub 100% |*************************| 222 00:00
$ ssh jploetner@172.20.2.1
jploetner@172.20.2.1's password:
No mail.
Last login: Sun Dec 14 11:12:37 2003
$ cd ~/.ssh
$ cat id_rsa.pub >> authorized_keys
$ exit
logout
Connection to 172.20.2.1 closed.
```

Listing 12.15 Schlüssel aktivieren

Dazu kopieren wir per `scp` den öffentlichen Schlüssel auf den Server und hängen die Datei dann mit einem `cat` lokal an die */.ssh/authorized_keys* an.

```
gateway:~# ssh jploetner@172.20.2.1
No mail.
Last login: Sun Dec 14 18:25:13 2003 from gateway
jploetner@athlon2000:~$
```

Listing 12.16 Der Test – Login ohne Passwort

... und automatisch einloggen!

Der finale Test zeigt nun, dass das Einloggen per SSH ohne Passwort klappt. Vielleicht machen Sie sich Gedanken über die Sicherheit, aber die ist nur gefährdet, wenn schon jemand Zugriff auf Ihren Benutzeraccount am Client-Rechner hat. Denn dann kann sich jeder – wie Sie auch – ohne Passwort gleich zum nächsten Server verbinden. In der Praxis sollte man sich dieser Gefahr zwar bewusst sein, sie aber auch nicht überbewerten.

Secure-Shell-Tunnel

Als kurzen Ausblick wollen wir noch die SSH-Tunnel erläutern. Bei einem solchen Tunnel wollen Sie eine unverschlüsselte Verbindung verschlüsseln, und zwar indem Sie die Daten über einen SSH-Kanal leiten. Dazu wird, anstatt eine direkte Verbindung aufzubauen, das `ssh`-Programm mit den entsprechenden Optionen gestartet.

Andere Dienste absichern

SSH öffnet dann lokal bei Ihnen einen Port und leitet diesen Port auf den anderen Rechner weiter. Dort verbindet es das andere Ende des Tunnels mit dem gewünschten Port auf dem Server. Nun können Sie die Verbindung einfach nutzen, indem Sie Ihr Programm (beispielsweise einem Chat-Client) anweisen, sich nicht mit dem Server, sondern mit dem entsprechenden Port auf Ihrem eigenen Rechner zu verbinden. Den Rest übernimmt SSH.

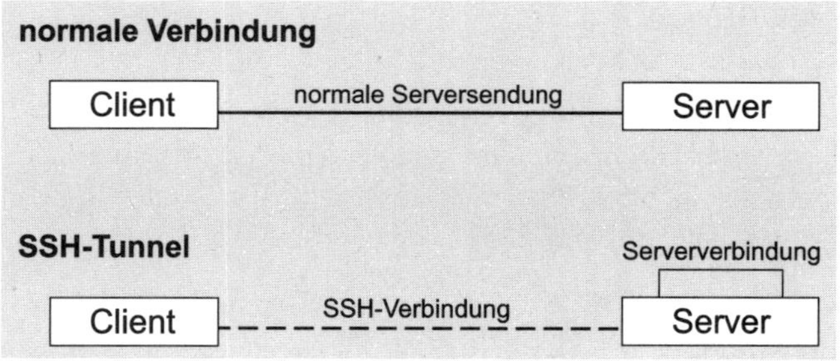

Abbildung 12.3 Schema

Einen Tunnel richtet man wie folgt ein:

```
$ ssh -f -N -C -L 8888:rechner:6667 -l user rechner
```

Listing 12.17 Einen Tunnel aufbauen

Dieser Aufruf bewirkt Folgendes:

- **-f**
  Nach dem erfolgreichen Verbindungsaufbau *forkt* (siehe Kapitel 6) sich SSH in den Hintergrund, sodass die Shell nicht weiter blockiert wird.
- **-N**
  SSH führt nach einer erfolgreichen Verbindung auf der Gegenseite kein Kommando aus – wir wollen ja nur die Port-Weiterleitung.
- **-C**
  Die Verbindung wird komprimiert, damit der Datentransfer beschleunigt wird.
- **-L 8888:rechner:6667**
  Dies öffnet uns den lokalen Port 8888, der mit dem Port 6667 auf `rechner` verbunden ist. Die Strecke zwischen den beiden Systemen wird mit SSH getunnelt.
- **-l user**
  Wir loggen uns auf der Gegenstelle mit dieser Benutzerkennung ein.

- **rechner**
  Wir verbinden uns, um den Tunnel aufzubauen, zum SSH-Port dieses Systems.

Jetzt müssen wir, um die verschlüsselte Verbindung zu nutzen, unserem Client-Programm nur noch sagen, dass wir statt mit `rechner:6667` mit `localhost:8888` sprechen wollen. Ein `netstat -tcp` sollte uns dann eine Verbindung zu `localhost` Port 8888 und eine Verbindung zu `rechner` auf den SSH-Port anzeigen.

> Das Ganze funktioniert natürlich nur, wenn wir uns auf dem entsprechenden Server mit SSH einloggen können. Zudem muss man, um Ports unterhalb von 1024 adressieren zu können, Rootrechte besitzen. Also wählen Sie als Benutzer lieber einen höheren Port für die lokale Verbindung.

12.4.3 Der Secure-Shell-Server

Manche Leute meinen, dass ein Linux-Rechner einen SSH-Server dringender braucht als die Tastatur oder einen Bildschirm. Und da haben Sie nicht so ganz unrecht. Eigentlich sollte auf jedem mit einem Netzwerk verbundenen Rechner dieser Dienst laufen, da er wirklich nützlich ist und als sicher angesehen wird.

Server-Konfiguration

Konfiguriert wird der Server hauptsächlich über die *sshd_config*, die sich meistens im Verzeichnis */etc/ssh* befindet. Die Datei ist zum großen Teil mit sinnvollen Voreinstellungen belegt, sodass wir hier nur auf die wichtigsten Optionen eingehen werden:

- `X11Forwarding yes|no`
  Mit dieser Einstellung aktivieren bzw. deaktivieren Sie die X11-Weiterleitung. Wird dieses Feature vom Client sowie vom Server unterstützt, können Sie die Netzwerkfähigkeit des X-Protokolls erleben. Dann ist es möglich, auf dem Server eine X-Anwendung zu starten, das Fenster aber auf Ihrem Client zu sehen.

- `PermitRootLogin yes|no`
  Erlaubt bzw. verbietet ein Login als `root` über SSH.

- `*Authentication yes|no`
  SSH unterstützt ja viele Authentifizierungsmethoden, und mit den verschiedenen Optionen kann man sie jeweils aus- bzw. einschalten.

  Beispielsweise sollte man `RSAAuthentication yes` benutzen, um die oben vorgestellte Methode mit `ssh-keygen` nutzen zu können. Möchte man dazu das *normale* Verfahren deaktivieren, sollte die Option `PasswordAuthentication` auf `no` gesetzt werden.

12.5 Das World Wide Web

Die wichtigste Dienstleistung des Internets ist das WWW. Natürlich können Sie auch und gerade unter Linux eigene Webserver aufsetzen und auch nutzen. Im Folgenden beschreiben wir die Nutzung des Apache-Webservers, der meistgenutzten Webserver-Software des Internets.

12.5.1 Das HTTP-Protokoll

Zuvor allerdings, wie immer, noch etwas Theorie. Viele Menschen setzen das World Wide Web mit dem Internet gleich – dem ist aber nicht so. Das Internet ist einfach ein großes Netzwerk sehr vieler über die ganze Welt verteilter Computer. Wenn man aber vom World Wide Web spricht, dann meint man meist die Gesamtheit aller HTTP-Dienste[6] des Internets – also alles, was man sich mit einem Browser anschauen kann. Dass in einem Netzwerk aber noch viel, viel mehr Dienste angeboten werden können, wissen Sie spätestens seit dem letzten Kapitel.

Um eine Webseite oder gar einen ganzen Internetauftritt zur Verfügung zu stellen, braucht man logischerweise auch einen Serverdienst – in unserem Fall eben den Apache-Webserver. Der Webbrowser als Client baut, wie gewohnt, eine Verbindung zum Server auf und bekommt von diesem die Seite.

Interessant sind einige Besonderheiten des HTTP-Protokolls. Es gibt nämlich in einem gewissen Sinne keine Verbindungen: Wenn ein Client sich verbindet, wird die TCP-Verbindung im Allgemeinen nach dem Senden der Seite wieder unterbrochen. Damit hat der Webserver keine Möglichkeit festzustellen, ob sich ein Benutzer eingeloggt hat oder ob er neu auf der Seite ist. Man benötigt daher einige Tricks, um solche Sessions zu ermöglichen.

Proxy-Server

Eine weitere Besonderheit sind sogenannte *Proxy-Server*. Ein Proxy ist dabei eine Art Zwischenspeicher zwischen Client und Server. Der Client verbindet sich in einem solchen Fall mit dem Proxy statt mit dem Server,

6 Hyper Text Transfer Protocol

und der Proxy holt dann die Seite für den Client. Das hat den Vorteil, dass ein Proxy eventuell Seiten zwischenspeichern und damit den Zugriff für den Client beschleunigen kann. Vor allem in Firmennetzwerken oder Rechenzentren hat man damit einen deutlichen Gewinn. Ein Proxy wird im lokalen Netz immer schneller sein als ein Server aus dem Internet.

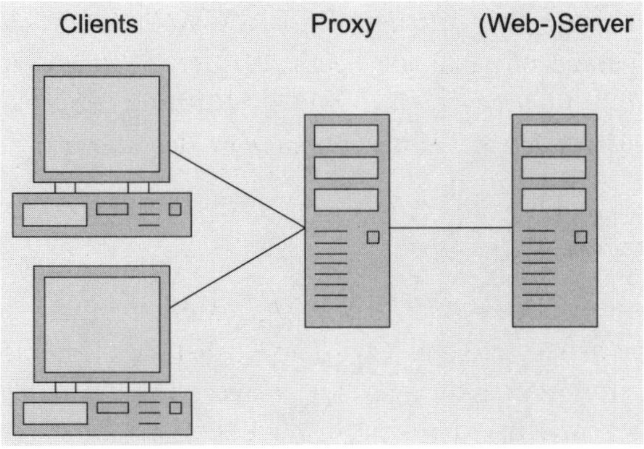

Abbildung 12.4 Schema Proxy-Server

Cookies und Co.

Ein Weg ist einfach: Wenn sich ein Benutzer einloggt, wird jedes Mal eine eindeutige ID mitgeschickt. Damit kann eine dynamische Seite[7] feststellen, zu welcher Session ein Request gehört, und dementsprechend die Seite erzeugen.

Kekse und Sitzungen

Eine andere Möglichkeit, Sessions zu verfolgen, sind Cookies. Leider haben Cookies bei Anwendern einen schlechten Ruf und sind oft deaktiviert – dabei erfüllen sie in 95% aller Fälle einen sinnvollen und wichtigen Zweck. Cookies werden aber auch genutzt, um Ihr Surfverhalten zu analysieren, sodass dann personalisierte Werbung für Sie auf Webseiten platziert werden kann.

HTTP im Detail

[zB]

Aber schauen wir uns einmal im Detail an, was bei einem HTTP-Request übertragen wird. Wir nutzen dazu das Programm `telnet`, das ja nicht nur Client eines Logindienstes ist, sondern sich auch mit anderen Ports verbinden kann. Bei einer solchen Anwendung wird die Eingabe des Be-

7 Standardmäßig sind Seiten nur statisch, da HTML eine Seitenbeschreibungssprache ist und keine dynamischen Inhalte ermöglicht. Dynamische Sprachen wie PHP oder ASP erzeugen HTML-Seiten. Sie erlauben so, Inhalte dynamisch zu gestalten und trotzdem für den Client kompatibel zu bleiben.

nutzers unverändert gesendet beziehungsweise die Ausgabe des Servers auf dem Bildschirm dargestellt – ideal also zum Testen von Protokollen.

```
$ telnet www.gmx.de 80
Trying 213.165.65.100...
Connected to www.gmx.de.
Escape character is '^]'.
GET / HTTP/1.0

HTTP/1.1 200 OK
Date: Sat, 22 Nov 2003 15:20:36 GMT
Server: Apache
Cache-Control: no-cache
Expires: Thu, 01 Dec 1994 16:00:00 GMT
Pragma: no-cache
Connection: close
Content-Type: text/html; charset=iso-8859-1

<!DOCTYPE HTML PUBLIC "-//W3C//DTD HTML 4.0
  Transitional//EN">
<html>
<head>
<title>GMX - Homepage</title>
...
</body>
</html>
Connection closed by foreign host.
```

Listing 12.18 Senden eines HTTP-Requests zum Abrufen einer Seite

An diesem Beispiel haben wir Folgendes gesehen:

1. **DNS**
   Zuerst wird der Hostname in eine IP-Adresse umgewandelt, damit man sich überhaupt gemäß TCP/IP verbinden kann.

2. **Der Client ist passiv**
   Der im HTTP-Protokoll vorgesehende Befehl `GET` zum Anfordern einer Seite wird vom Client – in unserem Fall nicht durch den Browser, sondern durch den Benutzer – geschickt. Dabei verhält sich dieser total passiv und wartet nur auf die Seite.

3. **Server-Antwort**
   Der Server stellt die Seite aktiv zur Verfügung. Dabei schickt er einige Informationen über sich mit den puren HTML-Daten, die den Aufbau der eigentlichen Seite beschreiben.

4. **HTTP ist unverschlüsselt**
   Wie Sie sehen, wird alles im Klartext übertragen – die Befehle des Protokolls genauso wie die Daten an sich. Wird eine Leitung abgehört, kann ein Hacker also ohne Weiteres die Seiten mitlesen, die Sie gerade laden.

   Zum sicheren Übertragen gibt es das sogenannte *HTTPS-Protokoll*, das einen gewissen Schutz bietet, obwohl es auch geknackt werden kann.

5. **HTTP ist verbindungslos**
   Nach der erfolgreichen Übertragung wird die Verbindung vom Server beendet.

So viel zur Terminologie. Einige Begriffe werden Sie zwar schon gehört haben, aber in diesem Kontext war eine Erläuterung noch einmal wichtig.

12.5.2 Einrichten eines Apache-Webservers

Kommen wir nun zu dem mit Abstand interessantesten Teil – der Konfiguration eines eigenen HTTP-Servers. Auch wenn Sie nicht gerade Provider sein wollen, kann ein eigener Webserver für Sie praktisch sein. Vor allem wenn Sie Ihre eigene Homepage basteln wollen, werden Sie den Nutzen eines eigenen Servers schätzen lernen.

Als eigenen Webserver empfehlen wir dabei den Apache – den im Internet am weitesten verbeiteten Webserver. Aus diesem Grund ist es ziemlich wahrscheinlich, dass Ihre Distribution bereits ein Apache-Paket enthält.

Etwas Geschichte

Der Grund, warum Apache so erfolgreich ist, liegt sicherlich in seiner Geschichte. Unter der Bezeichnung *NCSA httpd* wurde er als einer der ersten Webserver vom National Center for Supercomputing Applications an der University of Illinois entwickelt.

Irgendwann wurde der Support für das Produkt allerdings eingestellt, und die Administratoren der zahlreichen NCSA-Installationen, die es bis dahin gab, waren auf sich allein gestellt. Schon bald kursierten viele Patches und Erweiterungen. Diese Bestrebungen wurden später im Apache-Projekt koordiniert, dessen Name sich aus dieser Geschichte erklärt: *A PAtCHy server*.

Heute gibt es zwei verschiedene Entwicklungszweige für die Apache-Software. Es gibt den eher noch experimentellen Apache in der Version

2 und die alte, bewährte 1.3er-Version. Welche Version Sie letztendlich benutzen, bleibt Ihnen überlassen.

Die httpd.conf

Konfiguration

Im Folgenden wollen wir den Apache konfigurieren.[8] Dazu editieren wir die *apache2.conf*, die sich meistens in */etc/apache2* bzw. */etc/httpd* befindet. Die Datei ist dabei sehr groß – kein Wunder bei einer so wichtigen und umfangreichen Software. Falls die Datei bei Ihnen recht klein ist, dann wird es wahrscheinlich mehrere Include-Anweisungen geben, die andere Konfigurationsdateien in diese Datei einbinden (etwa die *ports.conf* zur Konfiguration der Ports, auf denen der Apache Verbindungen entgegennimmt). Wir werden die wichtigsten Optionen im Folgenden erläutern.

```
# Standalone-Server auf Port 80
Port                80
PidFile              /var/run/apache2.pid
```

Listing 12.19 Die apache2.conf (bzw. Teile aus ports.conf)

Unser Apache läuft auf Port 80, dem entsprechend wird er *nicht* durch den `inetd` gestartet. Der Servername ist selbsterklärend. In die `PidFile` schreibt der Dienst nach dem Start seine Prozess-ID hinein.

```
User                www-data
Group               www-data
```

Listing 12.20 Rechte

Kein root

Mit diesen beiden Anweisungen legt man natürlich die Rechte fest, unter denen der Prozess laufen soll. Auf keinen Fall sollten hier administrative `root`-Rechte vergeben werden. Wichtig ist nur, dass der betreffende Benutzer Zugriff auf das `DocumentRoot`-Verzeichnis mit allen Webseiten hat.

```
ServerRoot          "/etc/apache2"
```

Listing 12.21 ServerRoot

In diesem Verzeichnis sucht der Apache weiter nach verschiedenen Konfigurationsdateien. Dieses Verzeichnis kann je nach Distribution auch anders heißen und braucht in der Regel nicht geändert zu werden.

8 Die Installation haben Sie bestimmt schon ganz selbstständig über das Paketverwaltungstool Ihrer Distribution erledigt.

```
$  ls -l /etc/apache2/mods-enabled/mime.load \
          /etc/apache2/mods-enabled/dir.load
lrwxrwxrwx 1 root root 26 Feb 15  2007
        /etc/apache2/mods-enabled/dir.load ->
        ../mods-available/dir.load
lrwxrwxrwx 1 root root 27 Feb 15  2007
        /etc/apache2/mods-enabled/mime.load ->
        ../mods-available/mime.load
```

Listing 12.22 Module enablen

Apache kennt zudem Module, die seine Funktionalitäten erweitern (es gibt beispielsweise ein PHP-Modul). Die verfügbaren installierten Module finden sich dabei meist in *mods-available/* des `ServerRoot`-Verzeichnisses. Um ein Modul zu aktivieren, wird ein symbolischer Link im Verzeichnis *mods-enabled* auf die entsprechende Datei im Verzeichnis *mods-available/* erstellt.

In diesem Fall wurden zwei absolut unerlässliche Module eingebunden: `mime_module` und `dir_module`. Ersteres bringt unserem Webserver bei, unterschiedliche »Dateitypen« zu verstehen und vor allem dem Browser mitteilen zu können. Nur so kann dieser wissen, ob er gerade eine Webseite (also HTML-Code) oder ein JPEG-Bild (also Binärdaten) lädt.

index.html finden

Das andere Modul lässt den Webserver nach einem »Standarddokument« suchen, wenn in der URL nichts weiter angegeben wurde. So kommt man beim Aufruf von *example.com* auf die Seite *example.com/ index.html* – oder, wenn sie im entsprechenden Verzeichnis vorhanden ist, auf die Seite */index.htm*. Im Apache2 kann für jede Site, die auf dem Server läuft, ein eigenes Verzeichnis für die angebotenen Webdateien festgelegt werden. Die Standardseite (»default site«) wird über *sites- available/default* konfiguriert.

```
DocumentRoot /var/www/
  <Directory />
    Options FollowSymLinks
    AllowOverride None
  </Directory>
  <Directory /var/www/>
    Options Indexes FollowSymLinks MultiViews
    AllowOverride None
    Order allow,deny
    allow from all
    # This directive allows us to have apache2's default start
    # page in /apache2-default/, but still have / go to the
```

```
    # right place
    RedirectMatch ^/$ /apache2-default/
  </Directory>
```

Listing 12.23 /etc/apache2/sites-available/default (Ausschnitt)

In diesem Abschnitt legt man nun fest, dass der Root für Webdokumente das Verzeichnis */var/www* ist. Lädt man also die *http://www.example.com/index.html*, wird die lokale Datei */var/www/index.html* an den Client gesendet.

Module

Diese wenigen Direktiven reichen nun bereits aus, um einen einfachen kleinen Webserver mit Apache zu betreiben. Natürlich gibt es noch viel mehr als die beiden hier vorgestellten Module. Teilweise bringen diese dann auch ihre eigenen Schlüsselwörter mit, über die entsprechende Funktionalitäten konfiguriert werden können. Solche häufig vorkommenden Module sind unter anderem:

- **mod_cgi.so**
  Mit diesem Modul kann man CGI-Dateien nutzen. CGI (Common Gateway Interface) war die erste Möglichkeit für interaktive Webinhalte.
- **libphp5.so**
  Mit diesem Modul kann man mit PHP erstellte Webseiten mit dem Apache darstellen. PHP selbst ist, wie viele andere Erweiterungen, nicht Teil der Standard-Apache-Distribution[9] und muss separat installiert werden. Eine gute Adresse für alles rund um PHP ist dabei *www.php.net*.
- **mod_ssl.so**
  Sicheres Surfen
  Mit diesem Modul kann man einen HTTPS-Server aufsetzen und damit über den sogenannten *Secure Sockets Layer* eine verschlüsselte Verbindung zwischen Client und Server aufbauen.

Je nach Distribution gibt es nun spezielle Pakete, die den Apache mit der ein oder anderen Funktion nachrüsten, oder auch Pakete, die einen zum Beispiel bereits für SSL vorkonfigurierten Apache installieren.

9 Bei diesem umfangreichen Projekt spricht man auch von einer Distribution, beachten Sie jedoch den Unterschied zu den Linux-Distributionen.

12.5.3 Den Apache verwalten

Natürlich muss man einen Serverdienst wie den Apache auch zur Laufzeit verwalten können. Im Folgenden wollen wir kurz auf das `apache2ctl`-Tool sowie die wichtigsten Logfiles eingehen.

apache2ctl

Mit dem Programm `apache2ctl` kann man den Apache kontrollieren. Dazu gehört neben den Möglichkeiten des Startens, Neustartens und Stoppens natürlich auch die Option, die Konfigurationsdatei auf Korrektheit hin zu überprüfen:

```
# apache2ctl configtest
Syntax OK
```

Listing 12.24 apache2ctl

Konfigdatei prüfen

Ist die *httpd.conf* fehlerhaft, wird der entsprechende Fehler angegeben. Mit dieser Hilfe kann das Problem dann oft recht einfach und schnell behoben werden. Nach einer eventuellen Änderung an der *httpd.conf* kann der Apache dann mit der `restart`-Option neu gestartet werden:

```
# apache2ctl restart
/usr/sbin/apache2ctl restart: httpd restarted
```

Listing 12.25 Apache neu starten

Eine vollständige Liste der von Ihrem `apache2ctl`-Programm unterstützten Funktionen und Befehle finden Sie in der zugehörigen Manpage.

Die Logdateien

Standardmäßig schreibt der Apache in zwei unterschiedliche Logdateien. Die *access.log* wird zur Protokollierung einzelner Zugriffe genutzt, und in die *error.log* werden dagegen nur Fehler geschrieben.

Kontrolle

Beide Dateien befinden sich oft in einem Unterverzeichnis unter */var/log/(apache2)* beziehungsweise unter */usr/local/(apache2/)*, falls Sie den Apache von Hand aus den Sourcen kompiliert haben.

```
85.181.56.167 - - [05/Sep/2007:22:35:38 +0200] "GET
 /favicon.ico HTTP/1.1" 200 1406 "-" "Mozilla/5.0
 (Windows; U; Windows NT 5.1; de; rv:1.8.1.5)
 Gecko/20070713 Firefox/2.0.0.5"
```

Listing 12.26 Eine Zeile aus der access.log

Hier sehen Sie eine Zeile aus der `access.log`. Wie Sie bemerken, schickt Ihr Browser sehr viele Informationen über sich und das entsprechende Betriebssystem mit. Ansonsten können Sie noch ablesen, dass die Anfrage für die *index.html* vom Rechner `172.20.2.1` kam.

```
[Sun Jul 01 08:52:23 2007] [error] [client 66.249.66.180]
       File does not exist: /var/www/robots.txt
[Sun Jul 01 09:15:00 2007] [error] [client 65.55.208.135]
       File does not exist: /var/www/robots.txt
```

Listing 12.27 Ausschnitt aus der error.log

Hier können Sie feststellen, wofür die *error.log* außer für die Fehler-Eintragungen sonst noch genutzt wird: für Server-Nachrichten. Hier im Beispiel sehen Sie die Nachrichten, die der Apache bei unserem Restart hinterlassen hat.

12.6 Samba

Windows-Freigaben

Wenn man nichts anderes kennt, verspürt man als Nächstes vielleicht den Wunsch, sich mit Windows-Freigaben zu verbinden bzw. selbst Dateien freizugeben. Das entsprechende Protokoll heißt SMB und baut auf NETBIOS auf. NETBIOS ist dabei eine von Microsoft entworfene Methode, lokale Windows-Netze zu organisieren. Samba ist die Linux-Software, die das SMB-Protokoll versteht und implementiert.

12.6.1 Windows-Freigaben mounten

Leider ist NETBIOS im Funktionsumfang recht beschränkt und nicht gerade intuitiv zu verstehen. Immerhin stammt es ja aus einer Zeit, in der sich TCP/IP noch nicht wirklich durchgesetzt hatte.

Wenn man selbst Dateien freigeben will, spielt man natürlich Server. Aber auch, wenn man als Client auf fremde Freigaben zugreifen will, braucht man dieses Programmpaket. Da sich aber alles in das Gesamtkonzept von Linux einfügt, braucht man, um Freigaben einzubinden, nur ein spezielles `mount`-Kommando:

```
# mount -t smbfs -o username=tridge,password=foobar
  //fjall/test /mnt/win
```

Listing 12.28 Mounten einer Freigabe

In diesem Beispiel würde vom Rechner mit der Windows-Bezeichnung `fjall` die Freigabe `test` nach */mnt/win* gemountet. Bei einer Freigabe handelt es sich um den Dateisystemtyp `smbfs`, und man benötigt auch eine Loginkennung. Diese übergibt man mit dem `-o`-Parameter entweder in der Form `username=xyz,password=xyz` oder mittels `guest`, falls der Zugang anonym erfolgt.

12.6.2 Dateien freigeben

Möchte man nun selbst Dateien freigeben, müssen zunächst der Samba-Dämon `smbd` sowie der `nmbd`, eine Art DNS für NETBIOS, laufen. Die Samba-Software ist dabei für alle wichtigen Distributionen als Paket verfügbar, sodass Sie sich eigentlich nicht um das Kompilieren und das Erstellen von Runlevelskripten kümmern müssen. Eine eigene Konfiguration ist aber trotzdem notwendig, um den Dienst sinnvoll nutzen zu können.

In Anhang A.1 finden Sie eine Beispielkonfiguration mit einigen Erläuterungen. Bevor Sie sich diese jedoch zu Gemüte führen, möchten wir Sie noch auf einige Besonderheiten der Samba-Konfiguration hinweisen.

Die *smb.conf* ist in sogenannte *Sektionen* unterteilt. Zwingend vorgeschrieben ist dabei nur die generelle Einstellungen betreffende `[global]`- Sektion; alle anderen Sektionen beschreiben Drucker bzw. Dateifreigaben. Außerdem sollte man sich veranschaulichen, dass Samba eigentlich eine Software ist, die versucht, zu *übersetzen*. Dieses Übersetzen ist immer nötig, wenn zwei Welten miteinander kommunizieren möchten, in diesem Fall die Windows-Welt mit Linux.

12.7 Dateien tauschen mit FTP

Ein anderes System, um plattformübergreifend Dateien tauschen zu können, ist FTP, das *File Transfer Protocol*. Im Prinzip ist FTP, ähnlich wie SMB, ein Dienst für Dateiserver: Die grundlegende Funktionsweise ist also gleich.

12.7.1 Das FTP-Protokoll

FTP ist wie HTTP ein Protokoll, das im Klartext – sprich unverschlüsselt – übertragen wird. Im Gegensatz zum HTTP, bei dem Befehle und Daten über dieselbe Verbindung laufen, ist bei FTP die Kontroll- von der Datenverbindung getrennt.

Passiv vs. aktiv

Nach dem Einloggen an den auf Port 21 laufenden Serverdienst hat man die Kontrollverbindung aufgebaut. Um an die Daten zu kommen, braucht man nun noch die Möglichkeit, eine Datenverbindung aufzubauen. Beim File Transfer Protocol unterscheidet man dabei *passives* und *aktives* FTP, je nachdem, ob der Server oder der Client die Verbindung aufbaut und damit den Port für die Datenverbindung bestimmt.

Man hat wie bei SMB auch die Möglichkeit, über die Benutzerverwaltung den Dateizugriff zu regulieren beziehungsweise unterschiedliche Verzeichnisse freizugeben. Anders als bei SMB und Samba gibt es bei FTP viele Clients und Server, die das Protokoll implementieren.

Ja, an dieser Stelle sprechen wir von Clients. Es ist uns leider noch niemand bekannt, der einen Dateisystemtreiber für FTP geschrieben hätte, auch wenn das prinzipiell kein Problem darstellen würde. Sie können also FTP-Freigaben im Gegensatz zu SMB-Freigaben nicht mounten.

Die Benutzerverwaltung gestaltet sich bei FTP durch ein User/Passwort-Paar. Besondere Aufmerksamkeit sei dabei dem *anonymen* FTP gewidmet, bei dem als Benutzer `anonymous` sowie ein beliebiges Passwort[10] übergeben werden.

[zB] Betrachten wir nun aber einmal das FTP-Protokoll mithilfe des `telnet`-Programms an einem Beispiel:

```
$ telnet 172.20.0.1 21
Trying 172.20.0.1...
Connected to 172.20.0.1.
Escape character is '^]'.
220 172.20.0.1 FTP
USER jploetner
331 Password required for jploetner.
PASS passwort
230 User jploetner logged in.
PASV
227 Entering Passive Mode (195,137,212,28,186,8).
LIST
150 Opening ASCII mode data connection for file list
226 Transfer complete.
```

10 Eigentlich sollte es sich bei dem Passwort um die eigene E-Mail-Adresse handeln. Allerdings ist es selten der Fall, dass überhaupt nur das Format des Passworts bezüglich der Merkmale einer E-Mail-Adresse überprüft wird. Und in einem solchen Fall reicht es aus, ein Passwort à la `user@host.com` anzugeben.

```
QUIT
221 Goodbye.
Connection closed by foreign host.
```

Listing 12.29 Aufbau einer FTP-Verbindung

FTP im Detail

Nachdem wir mit dem PASV-Kommando in den passiven Übertragungsmodus gewechselt sind, müssen wir uns mit dem vom Server angegebenen Port[11] verbinden. Nur so können wir das Ergebnis unserer LIST-Anfrage bekommen. Dazu müssen wir auf einer zweiten Konsole eine zweite telnet-Verbindung für den Datenkanal aufbauen:

```
$ telnet 172.20.0.1 47624
Trying 172.20.0.1...
Connected to 172.20.0.1.
Escape character is '^]'.
dr-xr-x--- jploetner www-data 216 Apr 15  2003 .
dr-xr-x--- jploetner www-data 216 Apr 15  2003 ..
drwx------ root      root      80 Apr 15  2003 .cfg
drwxr-xr-x root      root      48 Apr 15  2003 backup
drwxr-xr-x jploetner ftponly   48 Apr 15  2003 files
drwxr-xr-x jploetner ftponly  208 Nov 13 20:53 html
drwxr-xr-x root      root     104 Nov 18 02:18 log
drwxrwxrwx jploetner ftponly   48 Apr 15  2003 phptmp
drwxr-xr-x jploetner ftponly   48 Apr 15  2003 store
Connection closed by foreign host.
```

Listing 12.30 FTP-Datenverbindung

12.7.2 FTP nutzen

Zuerst möchten wir auf die Nutzung von FTP auf Clientseite eingehen, bevor wir die Server-Konfiguration besprechen.

ftp

Der einfachste, aber dafür auch auf fast allen Plattformen verfügbare FTP-Client ist das Kommandozeilenprogramm ftp.

11 Wir haben vom Server die Daten 195,137,212,28,186,8. Das heißt, wir müssen uns mit dem Rechner 195.137.212.28 auf Port 186*256 + 8 = 47624 verbinden.

```
$ ftp 172.20.0.1
Connected to 172.20.0.1.
220 172.20.0.1 FTP
Name (172.20.0.1:jploetner): jploetner
331 Password required for jploetner.

Password:
230 User jploetner logged in.
Remote system type is UNIX.
Using binary mode to transfer files.
ftp> ls
229 Entering Extended Passive Mode (|||37759|)
150 Opening ASCII mode data connection for file list
dr-xr-x--- jploetner www-data 216 Apr 15  2003 .
dr-xr-x--- jploetner www-data 216 Apr 15  2003 ..
drwx------ root      root      80 Apr 15  2003 .cfg
drwxr-xr-x root      root      48 Apr 15  2003 backup
drwxr-xr-x jploetner ftponly   48 Apr 15  2003 files
drwxr-xr-x jploetner ftponly  208 Nov 13 20:53 html
drwxr-xr-x root      root     104 Nov 18 02:18 log
drwxrwxrwx jploetner ftponly   48 Apr 15  2003 phptmp
drwxr-xr-x jploetner ftponly   48 Apr 15  2003 store
226 Transfer complete.
ftp> quit
221 Goodbye.
```

Listing 12.31 Dateien mit ftp herunterladen

Hier im Beispiel wurde dieselbe Aufgabe von `ftp` durchgeführt, die wir vorher mit zwei `telnet`-Sessions kompliziert gezeigt hatten.

Wichtige Kommandos für `ftp` sind:

- **ls**
  Zeigt den Inhalt des aktuellen Verzeichnisses an.
- **cd**
  Wechselt in ein Verzeichnis.
- **get**
  Dieser Befehl nimmt einen Dateinamen als Argument und lädt die Datei vom Server in ein Verzeichnis auf dem lokalen Rechner herunter.
- **put**
  Funktioniert genau wie `get`, nur lädt es eine Datei auf den Server, statt sie herunterzuladen.

- **chmod**
  Ändert die Rechte einer Datei auf dem Server.
- **delete**
  Löscht Dateien vom Server.
- **quit**
  Beendet die Verbindung zum Server.

Grafische Programme

Grafische Programme sind die weitaus komfortablere Art, FTP zu nutzen. Ein funktionsfähiges X11-System vorausgesetzt, können Programme wie `gftp` oder der `konqueror` komfortabel mit FTP-Seiten umgehen. In Browsern mit FTP-Unterstützung, wie eben dem Konqueror, kann man ganz einfach durch bestimmte URLs den Zugriff erreichen:

FTP benutzerfreundlich

Schreibweise	Bedeutung
ftp://user:password@host	Einloggen mit Authentifizierung
ftp://host	anonymes FTP

Tabelle 12.2 FTP-URLs

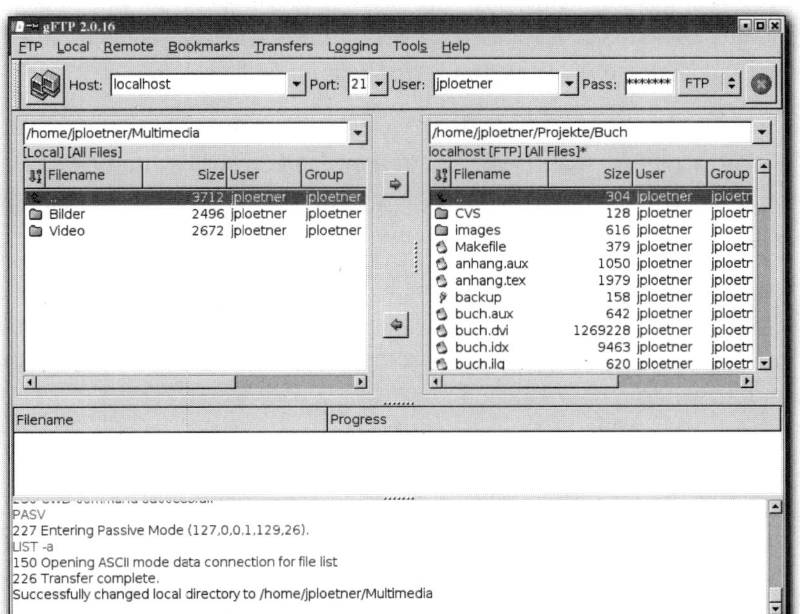

Abbildung 12.5 gftp mit einer FTP-Verbindung zu localhost

Hier loggt man sich als Benutzer `user` mit dem Passwort `password` auf dem Rechner `host` ein. Je nach Client hat man dann die Möglichkeit, vielleicht per Drag & Drop Dateien hoch- und wieder herunterzuladen.

Andere Programme wie `gftp` bieten eine doppelte Verzeichnisansicht – lokal und remote, also die der FTP-Seite. Dort müssen die Verbindungsdaten über Masken eingegeben werden.

12.7.3 Einen Server konfigurieren

Welche Software?

Als FTP-Server wollen wir uns den `proftpd` ansehen. Aber warum ausgerechnet diesen und nicht einen anderen Server? Prinzipiell steht es Ihnen natürlich frei, den Server Ihrer Wahl zu nutzen. `proftpd` ist aber ein einfacher, kleiner Server. Er wurde entwickelt, um sicherer und schneller als andere Programme zu sein. Inwieweit das Projekt nun im Einzelnen diese Ziele erreicht hat, sei einmal dahingestellt, für unser Heimnetzwerk ist `proftpd` aber sicher nicht die schlechteste Wahl.

Konfigurationsdateien

Dämon vs. inetd

Der `proftpd` wird hauptsächlich über die */etc/proftpd.conf*[12] gesteuert. Bevor man ans Konfigurieren geht, muss man sich aber entscheiden, ob man den Dienst `standalone` oder über den `inetd` starten will – in einem Heimnetzwerk ist meistens die `inetd`-Variante die beste.

Sollten Sie den `proftpd` über Ihren Paketmanager installiert haben, brauchen Sie also nur noch die Konfigurationsdatei zu suchen und zu editieren. Eventuelle Startskripte im `init.d`-Verzeichnis bzw. die Einträge in der Datei */etc/inetd.conf* sollten dann schon vorhanden sein.

Unter A.2 im Anhang finden Sie eine kommentierte Beispielkonfiguration für die Software. Beachten Sie bitte, dass für anonymes FTP ein Benutzer names `ftp` mit gültigem Homeverzeichnis auf Ihrem System vorhanden sein muss.

12.8 E-Mail unter Linux

Eines der bedeutendsten Mittel zur Kommunikation in heutiger Zeit ist das Senden und Empfangen von elektronischer Post – E-Mail. Das Schöne an Linux ist, dass Sie softwaretechnisch für null Euro alles bekommen, was ein professioneller Internet-Service-Provider auch hat. Linux

12 Die Datei kann bei Ihrer Distribution natürlich an einem anderen Ort liegen.

kann problemlos als Mail-Relay, SMTP-Server, POP3-Server, IMAP-Server, Spamfilter, Virenfilter und auch als Mail-Client verwendet werden. Über diese Themen ließe sich ein eigenes Buch verfassen, daher reißen wir hier nur die für den Anwender wichtigsten Thematiken an, konzentrieren uns also weniger auf den Serverbetrieb.

12.8.1 Grundlegende Begriffe

Bevor wir nun in die Mail-Welt von Linux einsteigen, müssen zunächst einige grundlegende Begriffe im Zusammenhang mit Mail-Netzwerken geklärt werden.

- **MUA**
  Ein MUA (»Mail User Agent«) ist ein Programm, mit dem der Anwender Mails empfängt und versendet. Bekannte MUAs sind beispielsweise `mutt` oder `pine`.
- **MTA**
  Ein MTA (»Mail Transfer Agent«) ist für die Zustellung von Mails an den Ziel-Mail-Server zuständig. Primär wird die nicht sonderlich einfach konfigurierbare `sendmail`-Software für diese Zwecke eingesetzt. Weitere bekannte MTAs sind `postfix`, `Exim` oder `QMail`.
- **MDA**
  Ein MDA (»Mail Delivery Agent«) ist ein Programm, das für die Zustellung der empfangenen Mails an die jeweilige Mailbox des Anwenders zuständig ist. Auf vielen Systemen ist ein MDA nicht unbedingt notwendig, da der MTA diese Aufgabe oftmals schon übernimmt. Wer allerdings umfangreiche Filtermöglichkeiten in seinem Netzwerk installieren möchte, kann beispielsweise auf das Programm `procmail` zurückgreifen.

Grafische Mail-Programme

Natürlich stehen Ihnen unter Linux einige hervorragende Mail-Programme zur Verfügung. Mit KDE wird das bereits in Kapitel 10 erwähnte `kmail`-Programm geliefert. Ein weiteres, sehr empfehlenswertes Mail-Programm ist `sylpheed`. Beide kommen ohne lokales `sendmail`-System aus, können über den Mailserver Ihres Providers senden und multiple Mail-Accounts handhaben. `sylpheed` ist zudem als Newsreader einsetzbar.

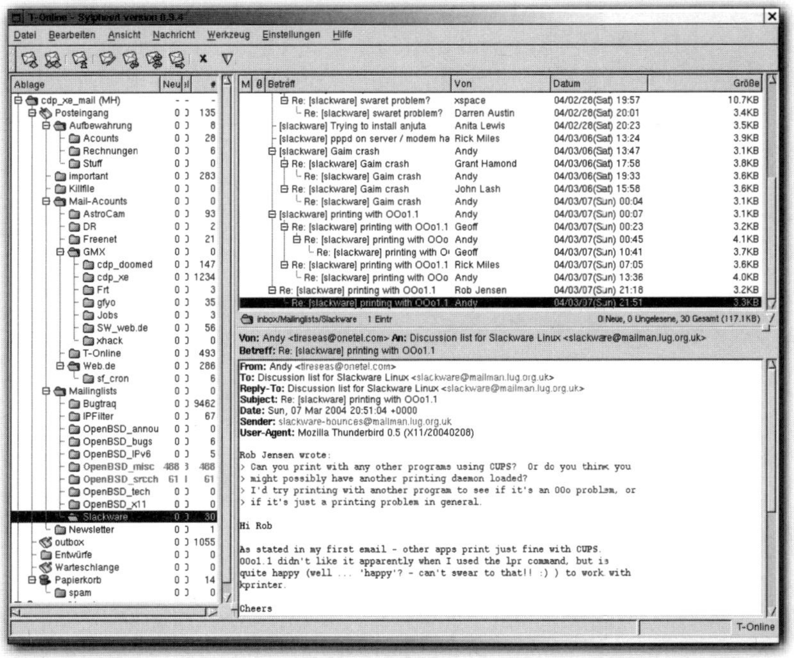

Abbildung 12.6 sylpheed

Ebenfalls sehr für Einsteiger geeignet ist das Mail-Programm `evolution`. Es hat Microsoft Outlook als Vorbild und beinhaltet neben der typischen Funktionalität eines Mail-Programms auch einen Kalender mit Terminplaner.

12.8.2 fetchmail

Einige Mail-Programme beziehen die Mails aus lokalen Mailboxen, das heißt, jeder gute Client kann darauf konfiguriert werden, Mails aus so einer Mailbox zu beziehen. `fetchmail` ist ein Programm, das die Mails für eine beliebige Anzahl von Accounts von den Servern der Provider herunterlädt und in lokale Mailboxen einträgt bzw. an einen MDA weiterleitet. `fetchmail` unterstützt dabei diverse Protokolle wie POP2, POP3, IMAP und einige weitere sowie verschlüsselte Verbindungen. Die Feature-Liste ist recht lang und soll hier auch gar nicht zu sehr im Mittelpunkt stehen. Konzentrieren wir uns lieber auf eine einfache Basiskonfiguration anhand eines Beispiels.

[zB] Die Konfiguration von `fetchmail` wird in der Datei *~/.fetchmailrc* abgelegt. Im einfachsten Fall sieht diese folgendermaßen aus:

```
# Entweder so:
server pop3.sun
proto pop3
user swendzel
pass mypass
# keep
mda /usr/local/bin/procmail

# Oder so:
poll pop3.sun with proto pop3:
    user swendzel there has password mypass
      is swendzel here and wants mda                \
      /usr/local/bin/procmail
    user nocheiner there has passowrd xyz
      is nobody here and wants mda /bin/mail
```

Listing 12.32 Grundlegende .fetchmailrc

fetchmail und procmail

In diesem Fall wird Post vom Server[13] `pop3.sun` abgeholt. Er ist über das in `proto` angegebene Protokoll (POP3) anzusprechen. Der Name des Accounts ist `swendzel`, das Passwort ist in `pass` festgelegt. Alle empfangenen Mails werden an den Mail Delivery Agent (MDA) `procmail` weitergeleitet. `procmail` wird die Post anschließend sortieren und in entsprechenden Mailboxen ablegen. Anstelle von `procmail` können Sie die Post aber auch einfach an `sendmail` weiterleiten.

Bei der Testkonfiguration sollten die vorhandenen Mails zwar durchaus heruntergeladen, jedoch nicht vom Server gelöscht werden – es könnte ja etwas schiefgehen. Dieses Verhalten erzwingt man durch den `keep`-Befehl in der *.fetchmailrc*.

Da die Passwörter im Klartext in der Konfigurationsdatei abgelegt werden, sollte die Datei mit entsprechenden Zugriffsrechten versehen werden. Das heißt, nur dem Eigentümer sollten Schreib- und Leserecht zustehen, die restlichen Bits sind auf null zu setzen.

Testen der Konfiguration

Am besten testet man `fetchmail` mit der `verbose`-Option. Dadurch erhält man beim Aufruf detailliertere Meldungen. Ein erfolgreicher Testlauf sieht in etwa folgendermaßen aus:

---

13 Der Port des Servers kann mit dem Befehl `port` angegeben werden.

```
user$ fetchmail
1 message for swendzel@sun at pop3.sun (845 octets).
reading message swendzel@sun@pop3.sun:1 of 1        \
  (845 octets)
procmail: [19470] Mon Dec 22 17:04:09 2003
procmail: Assigning "COMSAT=off"
procmail: Assigning "COMSAT=no"
procmail: Assigning "MAILDIR=~/Mail"
procmail: Assigning "PMDIR=~/.procmail"
procmail: Assigning "LOGFILE=~/.procmail/log"
procmail: Opening "~/.procmail/log"
 flushed
```

Listing 12.33 fetchmail-Test

fetchmail als Dämonprozess

Das Tolle an `fetchmail` ist, dass es auch als Dämonprozess betrieben werden kann. So kann beispielsweise alle 30 Minuten Post abgeholt werden, ohne dass ein Aufruf des Programms erfolgen muss. Dafür verwenden wir den Parameter `-d [Zeit]`, wobei `[Zeit]` die Wartezeit in Sekunden angibt, die gewartet werden soll, bis wieder neue Post abgeholt werden kann. Der Parameter `-L` protokolliert die Ausgaben von `fetchmail` in der Datei */var/log/fetchmail*:

```
# fetchmail -d 1800 -L /var/log/fetchmail ;        \
  tail -f /var/log/fetchmail
fetchmail: starting fetchmail 6.2.4 daemon
fetchmail: sleeping at Mon, 22 Dec 2003 17:17:54    \
  +0100 (CET)
...
```

Listing 12.34 fetchmail als Dämon

12.8.3 procmail

Wie bereits gesagt wurde, handelt es sich bei `procmail` um einen MDA. `procmail` nimmt Mails (etwa von `fetchmail`) entgegen und sortiert diese. Damit ist es beispielsweise möglich, die Mails für die Mailing-Liste X in Mailbox X, die Mails von Freunden in Mailbox Y oder den Spam nach */dev/null* zu sortieren.

.procmailrc Für die Verwendung von `procmail` muss eine *.procmailrc*-Datei im Heimatverzeichnis angelegt werden, die in etwa folgendermaßen aussehen könnte:

```
VERBOSE=on              # Detailliertere Ausgaben
COMSAT=off              # Keine Benachrichtigung über
                        # neue Mail via comsat

MAILDIR=$HOME/Mail/    # Dort liegen die Mailboxen
PMDIR=$HOME/.procmail # Das Procmail-Verzeichnis
LOGFILE=$HOME/.procmail/log # Die Logdatei

# Alle Post, die an den T-Online-Account geht, in
# die Mailbox IN.TONLINE packen:
:0:
* ^To:.*@t-online.de
IN.TONLINE

# Die Post für einen GMX-Account in die entspr.
# Mailbox packen:
:0:
* ^To:.*@gmx.net
IN.GMX
```

Listing 12.35 .procmailrc

Filtern

Wie Sie sehen, arbeitet der Filter mithilfe regulärer Ausdrücke. Eine Mail hat unter anderem auch eine »To:«-Zeile, d. h., wir können mittels regulärer Ausdrücke prüfen, ob der Anfang einer Mailzeile dieses »To:« enthält. Darauf folgen ein beliebiges Zeichen mit einem beliebigen Vorkommen (.*) (also der Empfängeraccount) und der String `@t-online.de` für die Host-Bezeichnung.

Genauso könnten wir auch die »From:«- oder »Subject:«-Zeile einer Mail auf verschiedene Begriffe filtern.

Zwar kann `procmail` noch einiges mehr, dennoch soll an dieser Stelle diese kleine Einführung reichen. Wir verweisen aber auf die Manpage `procmailrc(5)`.

12.8.4 MTAs

Ein MTA (Mail Transfer Agent) ist dafür zuständig, die Mails an das Zielnetzwerk zu leiten. Auf jedem freien und auch kommerziellen UNIX-System (etwa Solaris) ist der Standard-MTA `sendmail`. Die Konfiguration von `sendmail` ist schwer und soll hier nicht besprochen werden. `sendmail` wies in der Vergangenheit auch diverse Sicherheitslöcher auf und galt daher als nicht sonderlich sicher.

Aus diesem Grund wurden einige weitere MTAs wie `postfix`, `qmail` oder `exim` entwickelt. Sie sind einfacher einzurichten und oftmals sicherer als `sendmail`. Falls Sie jedoch keinen MTA benötigen, sich eine Menge Arbeit beim Umsteigen auf einen anderen MTA sparen möchten oder kein professioneller Netzwerker sind, wäre es trotz allem sinnvoll, weiter bei dem vorkonfigurierten `sendmail`-System zu bleiben. Generell ist das Senden von Mails über die Standardkonfiguration von `sendmail` unter Linux ohne jegliche Anpassung möglich.

12.9 Das Usenet

Das Usenet ist ein weltweites Nachrichten-Netzwerk. Jeder, der über einen Internetzugang verfügt, hat Zugriff auf dieses Netzwerk. Es funktioniert folgendermaßen:

Der Anwender baut mit seinem Client eine Verbindung zum Usenet-Server seines Providers auf. Anschließend abonniert der Anwender die für ihn interessanten *Newsgroups*. Eine Newsgroup ist ein Forum, das sich mit einem bestimmten Thema beschäftigt.

Der Anwender ist nun in der Lage, die abonnierten Newsgroups zu durchforsten, die Themen, die ihn interessieren, zu lesen, auf diese zu antworten und neue Themen zu posten.

12.9.1 Newsgroups

Diskussionen im Netz

Die Newsgroups sind nach einer Themenhierarchie geordnet. Die Newsgroup *de.comp.os.unix.networking.samba* etwa ist der deutschen Sprache (de) untergeordnet und beschäftigt sich mit Computern (comp), genauer gesagt mit Betriebssystemen (os[14]). Zudem wird die Betriebssystem-Thematik auf UNIX und schließlich auf netzwerktechnische Fragen eingegrenzt. Doch es geht noch weiter: In dieser Newsgroup diskutiert man ausschließlich über Samba.

Am Ende von Kapitel 1 finden Sie eine kleine Aufzählung Linux-spezifischer Newsgroups.

14 operating system

12.9.2 Clients

Linux stellt mehrere bekannte und gute Usenet-Clients zur Verfügung. Konzentrieren wir uns an dieser Stelle einfach auf einige hervorragende X11-Vertreter und `slrn`. In der letzten Auflage dieses Buches gingen wir noch auf `tin` und `nn` ein, aber die sind definitiv Schnee von gestern.

Möchten Sie einen Konsolen-Client verwenden, dann empfehlen wir Ihnen im Übrigen `slrn`. Dieser Client muss allerdings – wie sollte es anders sein – von Hand über eine Konfigurationsdatei an die eigenen Bedürfnisse angepasst werden. Um den Client einmal zu testen, reicht es allerdings aus, wenn Sie der Shellvariablen `NNTPSERVER` den Hostnamen Ihres Usenet-Servers zuweisen.

```
export NNTPSERVER=news.btx.dtag.de
```

Listing 12.36 Usenet-Server für slrn festlegen.

sylpheed und Co.

Auch für die grafische Oberfläche existieren NNTP-Clients. Das bereits zuvor in diesem Kapitel besprochene Programm `sylpheed` etwa ist ein `gtk`-basiertes Mail-Programm und ein Usenet-Client zugleich. Auch Mozilla bietet Ihnen eine sehr komfortable Zugangsmöglichkeit zum Usenet.

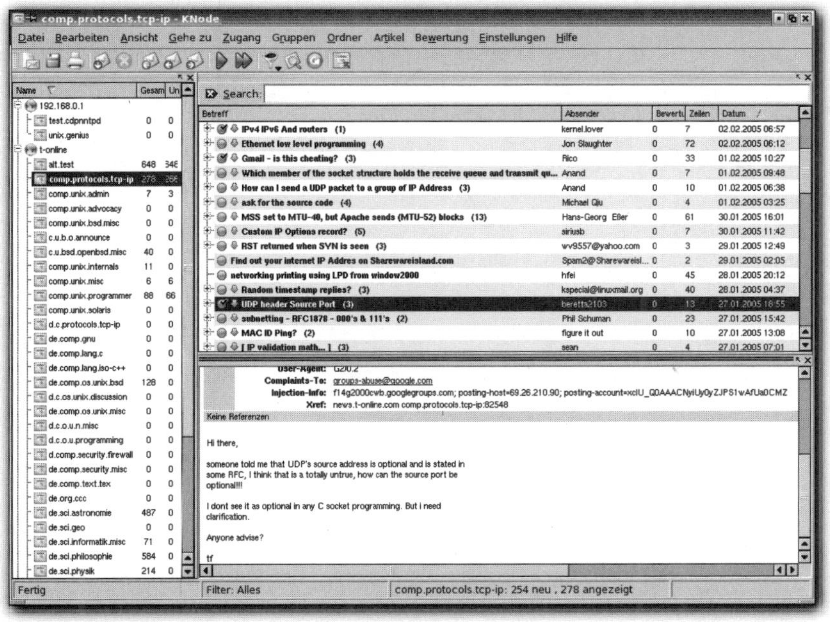

Abbildung 12.7 knode

`knode` (siehe Abbildung 12.7) ist ein reiner Qt-basierter Usenet-Client und Bestandteil des KDE-Projekts. Dieser Client ist äußerst einfach zu handhaben und bietet trotzdem hervorragende Konfigurationsmöglichkeiten.

12.9.3 Server

Sofern Sie tatsächlich einen eigenen Usenet-Server aufsetzen möchten, stehen Ihnen nicht sonderlich viele Optionen zur Verfügung. Die erste Option wäre der bekannteste Usenet-Server *INN*, der vom Internet Software Consortium entwickelt wird. Er unterstützt alle Features des NNTP-Protokolls, ist allerdings schwierig zu konfigurieren.

Eine Reise von tausend Meilen beginnt mit dem ersten Schritt.
– Laotse

13 Drucken und Textverarbeitung

13.1 Druckerkonfiguration

Ruhe braucht man wahrlich, wenn es um die Druckerkonfiguration geht. Im Folgenden wollen wir einmal eine Druckerkonfiguration vom Stadium des Kaufs bis hin zur ersten gedruckten Testseite unter Linux an einem sehr konkreten Beispiel durchspielen. Aus diesem Fallbeispiel sollen Sie aber nicht nur lernen, wie Sie einen Drucker richtig konfigurieren, sondern auch, wie man generell an Probleme herangeht. Mit anderen Worten: Dieses Kapitel ist mit Absicht etwas anders gehalten, als Sie es bisher von uns gewohnt sind.

Aber gehen wir Schritt für Schritt vor, und erledigen wir eins nach dem anderen. Vor einiger Zeit sollte für meine WG ein neuer Drucker angeschafft werden. Ganz ziel- und planlos suchten wir uns durch die unterschiedlichen nachweihnachtlichen Angebote. Schließlich wurden wir fündig und einigten uns auf den »Canon i560«.[1]

Als Nächstes wollten wir die Linux-Tauglichkeit unseres zukünftigen Tintenknechts überprüfen und surften zur Canon-Webseite *www.canon.de*. Dort fanden wir dann folgende Notiz unter der Rubrik »Treiberdownloads für Linux«:

> *Von Canon wird derzeit kein Treiber zur Verfügung gestellt. Der Dritthersteller ZEDOnet bietet »TurboPrint für Linux« an, welches nach Herstellerangaben diesen Drucker unterstützt. Da dieser Treiber von Canon weder entwickelt, noch getestet wurde, kann seitens Canon keine Garantie bezüglich der Funktionalität übernommen werden. Bei Fragen zur Installation und Verwendung des Treibers wenden Sie sich bitte direkt an den Hersteller ZEDOnet.*

1 Nicht, dass Sie uns billige Schleichwerbung unterstellen: Irgendwann hatten wir einfach keine Lust mehr und haben das nächstbeste Angebot genommen, bei dem es nichts offensichtlich Negatives gab.

Das ist eine typische Einstellung, bei der man den Herstellern gern etwas von Kundendienst erzählen würde. Immerhin haben sie realisiert, dass es bereits Linux gibt, halten aber wie so viele Hardware-Hersteller noch an dieser typischen Einstellung fest: »Da verkauft jemand ein Produkt, also muss das gut sein.«

Da wir allerdings kein Geld für Treibersoftware ausgeben wollten, suchten wir einfach mal im Internet auf *www.google.de* mit folgenden Stichworten: »Canon i560 Linux«. Unter den ersten Suchergebnissen war auch ein Archiv der Mailing-Liste `lp.canon`, wo wir folgendes Posting fanden:

> *Would like to inform you guys that the Canon i560 USB printer works pretty fine with the gimp-print driver »BJC-7100«. The result is satisfying enough until the real driver arrives.*
>
> *Jonas*

Das klang doch gleich viel besser. Da meldete jemand, dass er das Ding mit einem bestimmten Treiber zum Laufen bekommen hat. Im selben Thread waren auch andere Erfolgsmeldungen sowie einige Tipps, wie man den standardmäßig nicht so optimalen Druck verbessern kann.

Mit deutlich gebesserter Laune sind wir noch am selben Tag in einen Fachmarkt gegangen und konnten dann trotz »hilfsbereiter« Verkäufer auch tatsächlich finden, was wir gesucht haben – unseren zukünftigen Drucker.

Als gelernter Informatiker legt man natürlich sofort nach dem Auspacken die Anleitung zur Seite und fängt erst einmal an herumzuspielen, wobei auch prompt die Klappe der Papierzufuhr abbrach. Das war Gott sei Dank kein bleibender Schaden – man konnte sie wieder einklippsen – und so konnten wir dann auch, nach widerwilliger Lektüre der beigefügten Kurzanleitung, das Gerät an den PC anschließen.

13.1.1 CUPS – Common UNIX Printing System

An dieser Stelle müssen wir etwas Vorwissen vermitteln. Es geht nämlich darum, wie man Drucker unter Linux ansteuert. Wie für alles gibt es auch für Drucker entsprechende Serverdienste, die die Ressource inklusive passender Warteschlange für unsere Druckaufträge verwalten.

Exkurs: Das BSD-Printing-System

Früher wurde das Printsystem über den `lpd` (line printing daemon) verwaltet, ein aus der BSD-Welt übernommenes Drucksystem. Hatte man dort seinen Drucker konfiguriert, konnte man über die »lp«-Tools auf den meistens mit `lp` bezeichneten Drucker zugreifen. Die wichtigsten Tools seien hier kurz genannt:

- **lpq**
  Das `q` in `lpq` steht für *Queue* und deutet bereits an, dass man mit diesem Tool die Druckerwarteschlange betrachten kann.
- **lpr**
  Mit diesem Kommando kann man Dateien zum Drucken schicken.
- **lprm**
  Und hiermit kann man die Daten anhand ihrer Jobnummer, die wir über `lpq` bekommen, wieder aus der Druckerwarteschlange löschen.

In der Praxis sah es dann im einfachsten Fall so aus:

```
$ lpr kap13.tex
$ lpq
lp is ready and printing
Rank     Owner       Job    File(s)      Total Size
active   jploetner   18     kap13.tex    6144 bytes
$ lprm 18
$ lpq
lp is ready
no entries
```

Listing 13.1 lpr, lpq und lprm in Aktion

CUPS versus lpd

Irgendwann wollte und brauchte man aber mehr, und CUPS wurde entwickelt. CUPS ist eine portable Druckumgebung, die auf dem *Internet Printing Protocol (IPP)* aufsetzt. Auch wenn CUPS »UNIX« im Namen trägt, ist natürlich ebenfalls eine volle Unterstützung für Windows-Clients vorhanden.

CUPS bietet dabei unter anderem folgende Vorteile gegenüber `lpd`:

- Es ist ohne besondere Druckerkonfiguration möglich, über das Netzwerk zu drucken – nur der Drucker-Server muss konfiguriert werden.
- CUPS bietet außerdem Möglichkeiten zur Zugriffskontrolle und zur Verschlüsselung der übertragenen Daten.
- Es werden sehr viele Drucker unterstützt.
- Es ist schlicht einfacher zu konfigurieren.

Vor allen Dingen der erste sowie der letzte Punkt sind geeignet, den zukünftigen Drucker-Server-Admin zu überzeugen. Aber nun zurück zu unserem neuen Canon-Drucker.

CUPS-Installation

Um diesen Drucker nutzen zu können, müssen wir CUPS installieren. In unserem konkreten Fall haben wir, um Arbeit zu sparen, auf dem späteren Drucker-Server einfach die CUPS-Pakete installiert. Bei dem Rechner handelte es sich um eine Debian-Installation. Daher wurde `apt-get` benutzt, um die Pakete herunterzuladen und zu konfigurieren.

```
# apt-get install cupsys
...
```

Listing 13.2 CUPS in Debian installieren

Als Nächstes müssen wir nun die Informationen, die wir ganz zu Anfang im Posting gelesen haben, verarbeiten und den Drucker über den »BJC-7100«-Treiber ansteuern.

CUPS-Konfiguration

CUPS selbst bietet ein Webinterface, über das es sich konfigurieren lässt. Standardmäßig werden Sie auf Port `631` des lokalen Rechners eine Administrationsoberfläche unter folgender URL vorfinden:

```
http://127.0.0.1:631/admin
```

Listing 13.3 CUPS-Webinterface

Alternativ können wir auch das KDE-Kontrollzentrum `kcontrol` nutzen, das auch eine einfache Möglichkeit zur Konfiguration von CUPS bietet. Gehen Sie dort als `root` auf **Angeschlossene Geräte - Drucker**, und klicken Sie mit der rechten Maustaste auf das weiße Feld, damit aus dem Kontextmenü **Drucker hinzufügen** ausgewählt werden kann.

Die nächsten Schritte sind einfach. In unserem Fall wurde für einen parallelen Drucker die Option **Lokaler Drucker (parallel, seriell, USB)** und auf der nächsten Seite der Punkt **Parallel Port #1** mit `parallel:/dev/lp0` ausgewählt. Nun mussten wir noch den passenden Treiber auswählen, was aber dank unserem Posting von der Mailing-Liste kein Problem war – wir wählen den `BJC-7100` von Canon.

Die nun gedruckte Testseite verrät uns, dass der Drucker zwar funktioniert, aber noch nicht auf optimale Qualität eingestellt ist. Aber unser

Drucker taucht jetzt in der Übersicht im Kontrollzentrum auf, und wir können die Druckereigenschaften bearbeiten und zum Beispiel die DPI-Zahl erhöhen, was uns einen feineren Druck und damit eine höhere Qualität erlaubt.

Natürlich können Sie diese Konfigurationsarbeit auch genauso über das Webinterface von CUPS vornehmen – aber da auf unserem Druckerrechner schon KDE installiert war, haben wir uns für diese Methode entschieden.

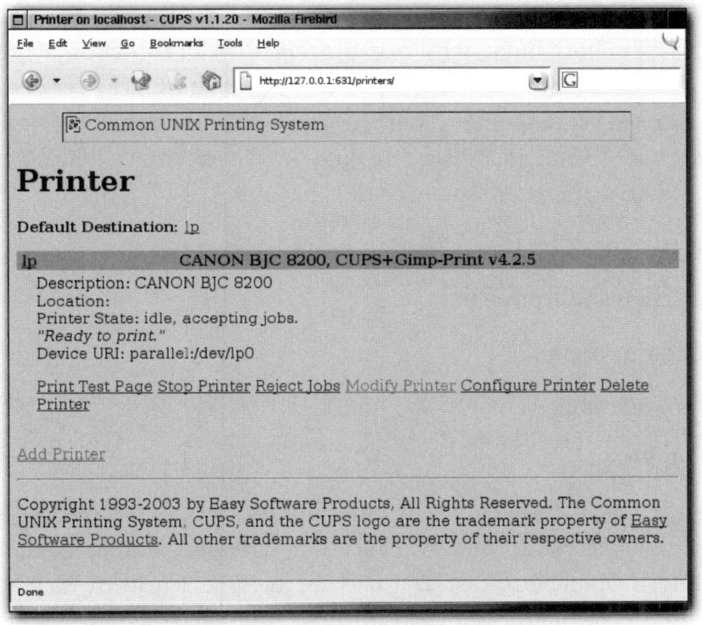

Abbildung 13.1 Die CUPS-Weboberfläche samt konfiguriertem Drucker

13.1.2 Den Drucker benutzen

Da CUPS, was die »lp«-Tools angeht, durchaus kompatibel zum `lpd` ist, sollten Sie nicht nur aus allen Programmen komfortabel drucken, sondern auch die vorhin erwähnten Kommandozeilenprogramme nutzen können.

13.2 Textverarbeitungsprogramme

Im Folgenden wollen wir uns kurz mit den unter Linux verfügbaren Textverarbeitungprogrammen befassen. Wir wollen nicht viel Wirbel um die unterschiedlichen Programme machen, sondern Ihnen einfach die drei wichtigsten Applikationen vorstellen.

13.2.1 OpenOffice.org

Das OpenOffice.org-Projekt[2] ging aus dem erst kommerziellen und später freien StarOffice hervor und will eine plattformunabhängige Office-Umgebung bereitstellen.

Die OpenOffice-Suite

Wenn man OpenOffice nutzt, wird man unweigerlich an Mircosoft Word erinnert – durchaus eine Hilfe für Umsteiger. Zudem ist es nicht verwerflich, Design-Entscheidungen zu übernehmen, wenn sie denn gut sind. Aber OpenOffice bietet mehr als nur eine Textverarbeitung, wie man leicht aus der Komponentenliste ersehen kann:

- Textprogramm
- Tabellenkalkulationsprogramm
- Präsentationsprogramm
- Zeichenprogramm
- Formeleditor

Also halten wir fest: OpenOffice ist eine funktionsreiche Office-Umgebung, die auf vielen Plattformen wie auch MS Windows und Linux läuft und dabei noch Open-Source ist. Der nächste logische Schritt ist, sich zu fragen, warum man dann noch Geld für eine kommerzielle Office-Suite wie MS Office ausgeben soll. Tatsächlich tun das auch viele Firmen und öffentliche Verwaltungen nicht mehr. Wo es möglich ist, wird auch schon viel auf OpenOffice umgestellt.

Im Übrigen unterstützt OpenOffice.org das OASIS OpenDocument-Format, ein Standard für Dateiformate im Office-Bereich. Die von OpenOffice.org eingesetzten Dateiendungen sind dabei *.odt* für Text-Dokumente, *.ods* für Tabellenkalkulation, *.odp* für Präsentationen, *.odf* für Formeln und *.odg* für Grafiken.

2 Die Domain-Endung `.org` wird tatsächlich mit im Namen geführt. Der Einfachheit halber sprechen wir aber von OpenOffice.

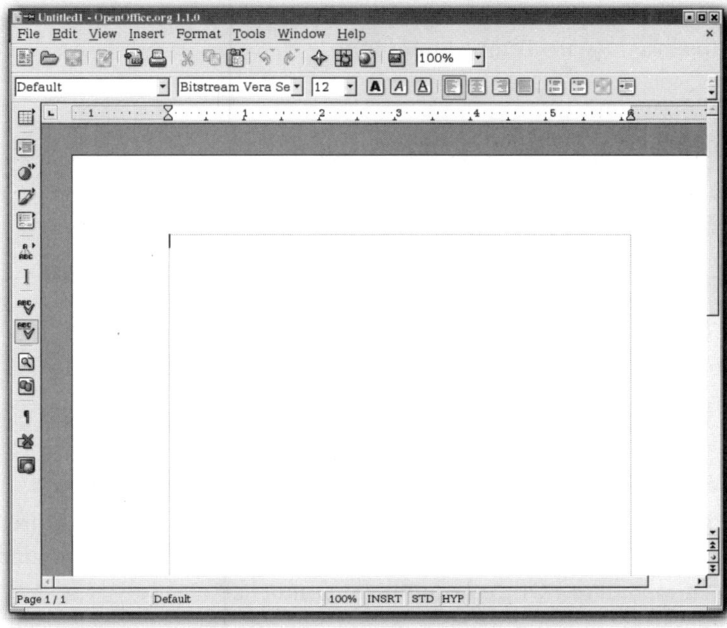

Abbildung 13.2 Die OpenOffice-Textverarbeitung

13.2.2 KOffice

Eine besondere Office-Umgebung für KDE ist KOffice. Da die Office-Suite natürlich auf den KDE-Komponenten aufbaut, ist sie zumindest unter KDE die subjektiv schnellste Office-Suite. Wenn Sie ausschließlich Linux und KDE nutzen, kann KOffice durchaus die bessere Wahl als Office-Suite sein. Auch KOffice unterstützt das OASIS OpenDocument-Format.

Die Programmteile:

- **KWord**
  Eine Textverarbeitung
- **KSpread**
  Eine mächtige Tabellenkalkulation
- **KPresenter**
  Ein Programm für Bildschirmpräsentationen
- **Kivio**
  Ein Programm für Flussdiagramme
- **Karbon14**
  Ein Vektorzeichenprogramm

- **Krita**
  Ein pixelorientiertes Zeichenprogramm
- **Kugar**
  Ein Tool für *Business Quality Reports*
- **KChart**
  Ein integriertes Grafik- und Diagrammzeichenprogramm
- **KFormula**
  Ein mächtiger Formeleditor
- **Kexi**
  Ein Tool für den Datenbankzugriff

Die Integration in KDE

Das Besondere an KOffice ist, wie gesagt, die Integration in KDE. Durch KParts wird dabei eine Integration in andere KDE-Applikationen und damit auch in andere KOffice-Komponenten möglich.

Die Welt hat genug für Jedermanns Bedürfnisse,
aber nicht genug für Jedermanns Gier.
– Mahatma Gandhi

14 Speichermedien unter Linux

Wie wir bereits wissen, gibt es unter Linux ein virtuelles Dateisystem (VFS), das alle Speichermedien in eine einzige Hierarchie abstrahiert. Wie sich nun aber spezielle Speichermedien in das VFS eingliedern, klärt dieses Kapitel.

14.1 Neue Festplatten integrieren

Wie wir Ihnen bereits in Kapitel 3 erklärt haben, werden Festplatten mit dem `(c)fdisk`-Programm partitioniert. Die Bezeichnung der Laufwerke wurde in Kapitel 4 besprochen: Die primäre Platte ist *hda*, die nächste *hdb*[1] usw.

Gesetzt den Fall, in Ihrem Rechner ist bisher nur eine Platte (*/dev/hda*) integriert, dann wird die neu integrierte Platte wahrscheinlich die Bezeichnung */dev/hdb* tragen.

Formatieren

Die Formatierung wird mit dem für zukünftige Dateisysteme angemessenen Programm erledigt, also etwa `mke2fs` für das Standard-Dateisystem `ext2` oder `mkreiserfs` für das Reiser-Dateisystem.

```
# mkreiserfs /dev/hdb1
```

Listing 14.1 Formatierung einer Partition

Mountpoint festlegen

Nun muss lediglich noch der Mountpoint für die neue Platte erstellt werden. Eventuell sollte eine dauerhafte Mount-Zeile in der *fstab*-Datei (siehe Kapitel 4) angelegt werden.

1 Falls Sie die Platte nicht als *Primary Slave* anschließen, heißt die Bezeichnung natürlich entsprechend anders.

```
# mkdir /var/www/htdocs/pub
# mount /dev/hdb1 /var/www/htdocs/pub
```

Listing 14.2 Einbinden der neuen Partition

14.2 Eine Datei als Dateisystem

14.2.1 Loop-Device

Ein *Loop Device* bezeichnet eine spezielle Gerätedatei */dev/loop**, die das Mounten von Dateisystemen erlaubt, die als Dateien vorliegen. Das ist notwendig, da `mount` nur auf Gerätedateien operieren kann.

Sinnvoll wird das Ganze bei aus dem Netz geladenen CD-Images, die man zum Beispiel vor dem Brennen kontrollieren möchte. Man kann aber auch alle möglichen anderen Dateien über so ein Loop Device mounten.

Doch wie erstellt man selbst eine solche Datei? Im Prinzip ist dies relativ einfach: Zuerst erstellen wir mit dem `dd`-Programm eine Datei beliebiger Größe. Diese Größe muss natürlich der der fertigen Dateipartition entsprechen. Im folgenden Beispiel entscheiden wir uns für eine 30 MB große Datei. Als Eingabequelle wird */dev/zero* verwendet, um unser Image mit binären Nullen zu füllen – irgendeinen initialen Inhalt brauchen wir schließlich.

```
# dd if=/dev/zero of=filefs.img bs=1M count=30
30+0 records in
30+0 records out
# ls -l filefs.img
-rw-r--r-- 1 root wh 31457280 Jan 9 16:28 filefs.img
```

Listing 14.3 Erzeugen der Raw-Datei

Dateisystem erzeugen

Auf dieser Datei wird anschließend ein Dateisystem – in unserem Fall ext2 – erzeugt. Dabei werden 1024 Bytes pro Inode (`-i`) bei einer Blockgröße von 1024 Bytes pro Block verwaltet. Eine Inode entspricht nun also genau einem Block, was vor allem bei kleineren Dateisystemen Sinn macht. Zudem entscheiden wir uns, 3 Prozent[2] der Partitionsgröße als für `root` reservierten Speicher zu verwenden (`-m`). Die Frage, ob das Dateisystem erstellt werden soll, obwohl es sich nicht um ein dafür vorgesehenes

2 Der Standardwert ist fünf Prozent.

Gerät handelt, kann in unserem Fall mit »y« (yes) beantwortet bzw. mit dem -F-Parameter unterdrückt werden.

```
# mke2fs -i 1024 -b 1024 -m 3 -v filefs.img
mke2fs 1.22, 22-Jun-2001 for EXT2 FS 0.5b, 95/08/09
filefs.img is not a block special device.
Proceed anyway? (y,n) y
Filesystem label=
OS type: Linux
Block size=1024 (log=0)
Fragment size=1024 (log=0)
30720 inodes, 30720 blocks
921 blocks (3.00%) reserved for super user
First data block=1
4 block groups
8192 blocks per group, 8192 fragments per group
7680 inodex per group
Superblock backups stored on blocks:
        8193, 24577

Writing inode tables: done
Writing superblocks and filesystem accounting
information: done

This filesystem will be automatically checked
every 22 mounts or 180 days, whichever comes
first. Use tune2fs -c or -i to override.
```

Listing 14.4 Dateisystem erzeugen

Fertig! Nun können Sie probieren, das Dateisystem zu mounten. Man könnte nun die Datei mittels losetup an ein Loop Device binden und dieses dann mounten:

```
# mkdir /loop
# losetup /dev/loop0 filefs.img
# mount -t ext2 /dev/loop0 /loop
```

Listing 14.5 losetup und mount

Alternativ kann man auch mount die Arbeit mit losetup überlassen, wenn man die loop-Option nicht vergisst:

```
# mount -t ext2 filefs.img /loop -o loop
# cat /dev/zero > /loop/file  # Testdatei mit Inhalt
^C
# df -h
```

```
Filesystem          Size Used Avail Use% Mounted on
/dev/hda1           3.7G 1.5G  2.1G  30% /
/root/filefs.img     26M  13M   13M  48% /loop
```

Listing 14.6 Eine Datei direkt mounten

14.2.2 Und das Ganze mit dem RAM

Ein Dateisystem können Sie auch im Hauptspeicher anlegen, zum Beispiel um für zeitkritische Anwendungen Perfomanceverluste wegen langer Plattenzugriffe zu vermeiden. Das Ganze nennt sich dann »Ramdisk« und läuft über */dev/ram**:

```
# mke2fs /dev/ram0
mke2fs 1.22, 22-Jun-2001 for EXT2 FS 0.5b, 95/08/09
Filesystem label=
OS type: Linux
Block size=1024 (log=0)
Fragment size=1024 (log=0)
1944 inodes, 7777 blocks
...
...
# mount /dev/ram0 /mnt/ramdisk
# df -h
Filesystem          Size Used Avail Use% Mounted on
/dev/hda1           3.7G 1.5G  2.1G  30% /
/dev/ram0           7.4M  13k  6.9M   1% /mnt/ramdisk
```

Listing 14.7 RAM-Device

14.3 CDs brennen

Natürlich können Sie unter Linux auch CDs bzw. DVDs brutzeln. Dies geht einerseits auf Konsolenebene mit Programmen wie `cdrecord`, andererseits (selbstverständlich) mit Programmen für X11. Im Folgenden werden wir Ihnen beide Methoden anhand eines Beispieles vorstellen.

14.3.1 ISO-Dateien erzeugen

Oftmals soll ein ISO-Image von den zu brennenden Dateien erzeugt werden. Ein solches *Abbild* einer Verzeichnisstruktur wird dabei nach dem ISO-9660-Standard oder einer seiner Erweiterungen gespeichert, woher auch die Bezeichnung *ISO-Image* resultiert. Dafür steht Ihnen unter anderem das Programm mkisofs zur Verfügung. Im folgenden Beispiel erstellen wir eine ISO-Datei mit dem Label »htdocs«, erlauben lange Dateinamen für ein ISO-9660-Dateisystem und speichern es in der Datei *backup.iso*. Als Quellverzeichnis für das Image wird */var/www/htdocs* (Apache-Webdokumente) angegeben.

```
# mkisofs -V htdocs -J -r -o backup.iso          \
  /var/www/htdocs
26.05% done, estimate finish Sat Jan 10 16:29:35 2004
52.11% done, estimate finish Sat Jan 10 16:29:35 2004
78.12% done, estimate finish Sat Jan 10 16:29:37 2004
Total translation table size: 0
Total rockridge attributes bytes: 9945
Total directory bytes: 12288
Path table size(bytes): 64
Max brk space used 1d000
19216 extents written (37 Mb)
```

Listing 14.8 mkisofs

Ein ISO-Image einer CD erstellen

Manchmal kommt es vor, dass man nicht nur Dateien von der Festplatte, sondern auch mal eine ganze CD brennen bzw. kopieren möchte. Hierfür kann man das vielseitige dd verwenden, das bereits in Abschnitt 7.3.2 besprochen wurde.

```
# dd if=/dev/hdc of=image.iso
```

Listing 14.9 Eine in /dev/hdc eingelegte CD auf Platte kopieren

Dieses Beispiel liest die ISO-Rohdaten, die auf der CD stehen, vom entsprechenden Device (*/dev/hdc*) und speichert sie in der Datei *image.iso*. Diese Datei kann dann wiederum mit cdrecord gebrannt werden.

14.3.2 cdrecord

Zum Brennen der *backup.iso*-Datei können Sie das Konsolenprogramm cdrecord verwenden. Mit diesem Programm können auch bootfähige CDs erstellt werden. Es läuft eigentlich auf jedem UNIX-System und mittlerweile sogar unter Windows.

```
# cdrecord dev=4,0 speed=2 backup.iso
```

Listing 14.10 cdrecord

Die zwei Zahlen hinter `dev` geben die SCSI-ID (ATAPI-CD-Laufwerke werden über den SCSI-Treiber angesprochen) und dessen LUN an. Die Schreibgeschwindigkeit beim Brennen wurde auf zweifach gesetzt.

Welche LUN Ihr Laufwerk hat bzw. welche Laufwerke überhaupt zur Verfügung stehen, erfahren Sie über `cdrecord -scanbus`. Auch können Sie im »–dummy«-Modus das Schreiben erstmal auch nur simulieren.

14.3.3 Die benutzerfreundliche Variante: k3b

Ein besonders für Einsteiger und Windows-Umsteiger geeignetes Programm ist `k3b`. Die Bedienung erfolgt über eine ähnlich wie WinOn-CD aufgebaute Oberfläche. `k3b` kann CD-Projekte erstellen, CDs und DVDs kopieren, Dateien via Drag&Drop hinzufügen, CD-Text schreiben, ISO- und Cuesheet/Bin-Dateien brennen und vieles mehr. Des Weiteren können CDs und DVDs gerippt und natürlich wiederbeschreibbare CD-RWs auch wieder gelöscht werden.

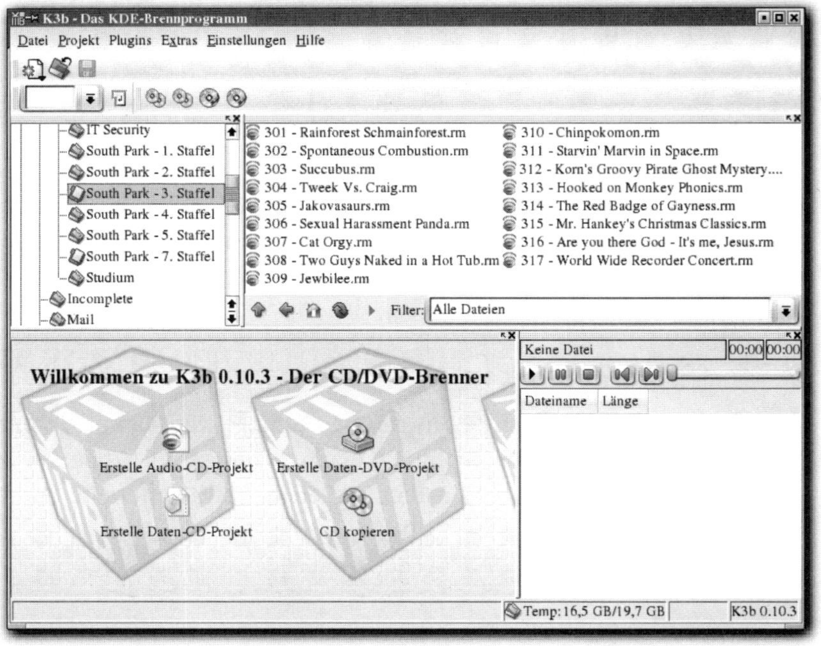

Abbildung 14.1 k3b

Folgende Brennformate werden momentan unterstützt:

- Daten-CDs (ISO-9660- und Joilet-Dateisysteme)
- Audio-CDs (incl. WAV-, MP3- und OGG-Dekodierung)
- Video-CDs (CD-i und SVCD)
- Mixed-Mode-CDs
- DVDs
- eMovix-CDs

Natürlich kocht auch `k3b` nur mit Wasser und setzt wie viele grafische Tools unter Linux intern wieder auf den Konsolenprogrammen wie `mkisofs` und `cdrecord` auf.

14.4 USB-Sticks und Co.

USB-Speichermedien sind zurzeit schwer im Kommen. Ob als einfacher Datenstick oder gleich als MP3-Player – auch für größere Datenmengen sind diese Platzwunder schon recht brauchbar. Aus diesem Grund wollen wir Ihnen nun die Linux-Nutzung dieser Hardware näher erläutern.

14.4.1 USB-Treiber

Um diese Sticks nutzen zu können, brauchen wir notwendigerweise einen PC mit einem Mainboard, das USB unterstützt. Meistens wird der entsprechende Support schon bei der Installation erkannt, und die entsprechenden Module werden geladen:

```
# lsmod | grep usb
...
```

Listing 14.11 USB-Support im Kernel?

Findet man dann Ausgaben wie `ohci-hcd` oder `usb-ohci`, wird zumindest bereits der Controller unterstützt. Wenn nicht, muss man eventuell ein entsprechendes Modul nachladen. Für Kernel 2.4 heißt das Modul `usb-ohci` oder je nach Mainboard auch `usb-uhci`, ab Kernel 2.6 heißt es `ohci-hcd` bzw. `uhci-hcd` oder ähnlich.

Als Nächstes braucht man nun das Modul, das den USB-Stick als Speichermedium ansprechen kann. Dazu muss man – falls das nicht bereits automatisch geschehen ist – das das Modul `usb-storage` laden.

```
# modprobe usb-storage
# mkdir /mnt/usb
```

Listing 14.12 Kernel-Modul laden

14.4.2 Das Device ansprechen

Bei der Gelegenheit haben wir gleich einen Mountpoint für den Stick unter */mnt/usb* angelegt. Der Stick wird später als SCSI-Festplatte erkannt werden,[3] und es wird dann, da im Normalfall keine weiteren Platten installiert sein werden, das entsprechende Device als */dev/sda* bezeichnet sein.

Dort sprechen wir dann die erste Partition als */dev/sda1* an. Um das Mounten und Unmounten später zu vereinfachen, fügen wir folgende Zeile in die `/etc/fstab` ein:

```
/dev/sda1  /mnt/usb  auto  rw,noauto,owner,user  0 0
```

Listing 14.13 Der USB-Stick in der fstab

Jetzt können wir den Stick ganz einfach mit `mount /mnt/usb` mounten. Ganz wichtig: Denken Sie vor dem Ausziehen des Sticks daran, ihn wieder zu unmounten!

14.5 SoftRAID und LVM

Wir wollen Sie zwar nicht zu Systemadministratoren ausbilden – schließlich ist dies hier ein Einsteigerbuch –, doch sei erwähnt, dass Linux in Sachen Speichermanagement nicht schlecht dasteht.

LVM

LVM (Logical Volume Manager) bietet Ihnen die Möglichkeit, Dateisysteme über mehrere Partitionen, ja sogar über mehrere Speichermedien zu verteilen.

SoftRAID

SoftRAID bietet Ihnen hingegen eine Softwarelösung, um Ihr System in verschiedenen RAID-Leveln zu fahren und damit Performace bzw. Datensicherheit zu gewinnen. Zwar muss der Prozessor dafür etwas Leistung

3 Wir benötigen also SCSI-Support im Kernel!

einbüßen, da er sich um Dinge kümmern muss, die ansonsten ein Controller übernehmen würde, doch kann man das auf modernen, leistungsfähigen Rechnern durchaus in Kauf nehmen. SoftRAID wurde erstmals in Linux 2.0 mit RAID-Level 0 implementiert. In den darauf folgenden Versionen wurden jedoch Erweiterungen für weitere Level implementiert.

Die Menschen drängen sich zum Lichte,
nicht um besser zu sehen,
sondern um besser zu glänzen.
– Fiedrich Nietzsche

15 Multimedia unter Linux

Dieses Kapitel beschäftigt sich nun endlich mit der Thematik »Multimedia« und was Sie damit unter Linux so alles anstellen können. Dazu gehört zum einen natürlich Software, zum anderen aber auch die Hardwarekonfiguration, damit man die entsprechenden Geräte auch nutzen kann.

Hierzu gehört selbstverständlich auch die grafische Oberfläche X11. Lesen Sie also Kapitel 10 sorgfältig, bevor Sie mit Multimedia anfangen. Sie können mit entsprechenden Programmen zwar auch von der Kommandozeile aus MP3s abspielen, jedoch stellen sich die meisten Menschen zu Recht oft etwas anderes unter dem Stichwort *Multimedia* vor.

15.1 Multimedia und die Distributionen

Je nach Distribution kann Multimedia gut oder eben weniger gut unterstützt sein. Wie wir bereits mehrfach erläutert haben, verfolgen die einzelnen Distributionen schließlich unterschiedliche Philosophien bzw. haben unterschiedliche Zielgruppen im Visier.

Der Weg des geringsten Widerstands

Wie immer gilt: Sollte Ihre Distribution einen Weg anbieten, der vielleicht leichter oder auch nur anders als der hier beschriebene ist, so versuchen Sie diesen zuerst. Es ist immer praktischer, Software im Paketsystem zu verwalten und so mit Updates klarzukommen, als diese von Hand zu installieren.

15.1.1 Der distributionsunabhängige Weg

Trotzdem wollen wir mit dem quasi »allgemein gültigen«, distributionsunabhängigen Weg anfangen, bevor wir dann kurz auf die Besonderheiten der einzelnen Distributionen eingehen.

Schritt 1: Kernel-Support

Wenn Sie gewisse Hardware unterstützen wollen, benötigen Sie unter Umständen Kernel-Support. Das bedeutet im günstigsten Fall, dass Sie mit `modprobe` ein paar Module laden müssen, bzw. im schlechtesten Fall, dass Sie die Ehre haben, einen neuen Kernel zu kompilieren oder gar Patches einzuspielen.

Richtig suchen

Um eine Hilfestellung bzw. erst einmal eine Idee von dem zu erhalten, was Sie machen müssen, sollten Sie zunächst die Suchmaschine Ihrer Wahl zu Rate ziehen. Vielleicht müssen Sie etwas suchen bzw. die Stichwörter variieren; die Erfahrung hat aber gezeigt, dass diese Eigeninitiative oft der beste Weg zur Lösung eines solchen Problems ist.

Wenn Sie dann das entsprechende Modul geladen haben – denken Sie an die Kontrolle mit `lsmod` – sollte auch ein entsprechendes Device im `/dev`-Verzeichnis vorhanden sein.

Schritt 2: Die Software

Nun brauchen Sie nur noch entsprechende Software, um die Schnittstellen, die der Treiber bietet, auch optimal nutzen zu können. Wenn Sie im Software-Archiv Ihrer Distribution nicht fündig werden, sind die beiden Webseiten

- *http://www.sourceforge.net*
- *http://www.freshmeat.net*

ein sehr guter Ausgangspunkt, um entsprechende Programme zu suchen.

Vorsicht: Falle!

Eigentlich sind alle auch nur halbwegs relevanten Projekte auf diesen Seiten aufgeführt. Achten Sie aber darauf, ob ein gut klingendes Projekt nicht erst noch in der Planungsphase steht bzw. generell schon benutzbar ist. Meistens finden Sie auf den Webseiten der Projekte dann auch Dokumentationen und Anleitungen zum Aufsetzen der eventuell benötigten Hardwareunterstützung.

Wie Sie merken werden, müssen Sie Zeit investieren, um so langsam auf einen grünen Zweig zu kommen. Wenn Sie sich allerdings diese Zeit nehmen und am Ball bleiben, werden Sie vielleicht irgendwann vollkommen auf Linux umsteigen können und vor allem wollen.

15.1.2 Debian

Was Multimedia anbelangt, ist die Debian-Distribution ein wenig das Sorgenkind. Die Philosophie dieses Projekts besagt, dass am besten nur vollständig freie Software in die Distribution aufgenommen wird. Darüber hinaus hat man beim jeweiligen `stable`-Release nicht unbedingt immer die neuesten Versionen, was sich vor allem in Sachen Multimedia oft schmerzlich bemerkbar macht.

Auf *www.apt-get.org* und *marillat.free.fr* kann man »inoffizielle« Debian-Pakete unter anderem aus dem Multimediabereich finden. Mit einer entsprechend konfigurierten */etc/apt/sources.list* kann man dann ganz normal per `apt-get install` seinen Debian-Rechner zu einer Multimediastation machen.

15.1.3 SUSE

Im Gegensatz zu Debian ist SUSE (aber auch Ubuntu) wohl das Musterbeispiel für standardmäßig guten Multimedia-Support. Mit `yast` bzw. `yast2` kann man die zum großen Teil schon während der Installation automatisch erkannte Hardware einfach konfigurieren.

Auch die entsprechende Software ist teilweise schon vorhanden und installiert. Ansonsten gibt es auch oft auf den Seiten der durch Freshmeat bzw. SourceForge gefundenen Projekte entsprechende Pakete.

15.2 Konfiguration der Soundkarte

Kommen wir nun zum Thema Soundkartenkonfiguration. Am besten wenden wir dabei das eben Angesprochene an. Zuerst kümmern wir uns um die entsprechende Hardware – die Soundkarte. Und um die richtig einzubinden, müssen wir wissen, wie die Soundunterstützung des Kernels aussieht.

15.2.1 Bis Kernel 2.6 – OSS

Open-Sound-System

Die Kernel der 2.4er-Entwicklungsreihe waren die letzten, die standardmäßig mit OSS, dem Open-Sound-System, als Unterstützung für Soundkarten ausgeliefert wurden. Man unterscheidet dabei zwischen der OSS-API, einem Interface zu Audiotreibern, das neben Linux auch noch von vielen anderen UNIXen unterstützt wird, und den OSS-Treibern, die eben dieses Interface für den Kernel implementierten.

Treiber laden

Die Vorbereitungen bei der Kernel-Konfiguration sahen dann so aus, dass zuerst die entsprechenden Treibermodule mit dem Kernel kompiliert werden mussten. Die Unterstützung für eine Karte wurde dann durch das Laden der entsprechenden Kernel-Module aktiviert. Nach einem Laden mit `modprobe` sah man dann meist so etwas:

```
# lsmod
...
es1370                30348   1
gameport               1388   0  [es1370]
soundcore              3428   4  [es1370]
...
```

Listing 15.1 OSS im Kernel

In diesem Beispiel wurde eine Ensoniq-1370-kompatible Soundkarte benutzt, deren Modul noch das `soundcore`-Modul als Basis sowie die Unterstützung für Gameports nachgeladen hat.

Wenn der Treiber erfolgreich geladen wurde, ist das entsprechende Device */dev/dsp* aktiviert. Wird aber der falsche Treiber geladen, schlägt dies fehl und eine entsprechende Meldung wird ausgegeben:

```
# modprobe i810_audio
/lib/modules/2.4.22/kernel/drivers/sound/i810_audio.o:
  init_module: No such device
...
```

Listing 15.2 Ein Treiber für die falsche Karte wird geladen.

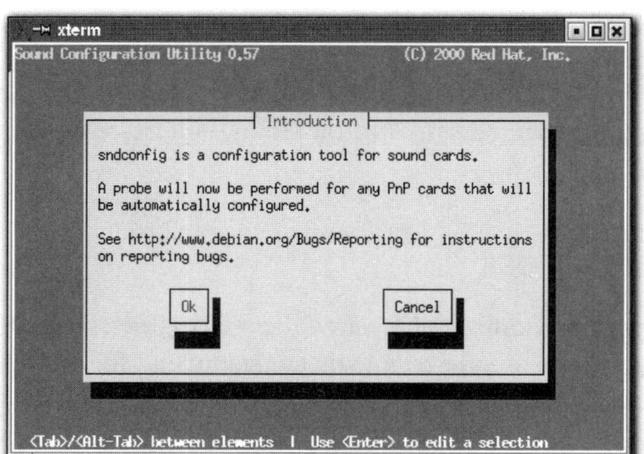

Abbildung 15.1 sndconfig

Alles automatisch

Auf dieser Basis wird, wie es bei SUSE oft der Fall ist, schon während der Installation die Soundkarte automatisch bestimmt. Ist das, wie bei Debian, nicht der Fall, kann man sich ein Tool wie `sndconfig` herunterladen und versuchen, die Soundkarte automatisch zu bestimmen.

Dieses Tool stammt ursprünglich aus der RedHat-Distribution, ist aber mittlerweile auch für andere Distributionen wie Debian verfügbar.

Test der Konfiguration

Eine hübsche Spielerei zum Testen einer funktionierenden Soundinstallation ist die sogenannte *voice of god*:

```
# cat /vmlinuz > /dev/dsp
```

Listing 15.3 voice of god

Bei diesem Beispiel leiten wir einfach die binären Daten des Kernels per Ausgabeumleitung auf die Soundkarte – wenn Sie nun ein lautes Rauschen hören, funktioniert Ihre Soundkarte, und Sie wissen, wie sich der Kernel anhört.

15.2.2 Ab Kernel 2.6 – ALSA

ALSA steht für *Advanced Linux Sound Architecture*, ist seit Kernel 2.6.0 standardmäßig dabei und hat damit das Open-Sound-System ersetzt. Das hat vor allem folgende Gründe:

- Guter Support für alle Arten von Audioschnittstellen wie normale Soundkarten oder professionelle Multichannel-Soundkarten
- Modularisierte Soundtreiber
- Ein multiprozessor- und threadsicheres Design
- Eine Userpace-Bibliothek (alsa-lib), die die Anwendungsentwicklung vereinfacht und eine höhere Funktionalität bietet
- Unterstützung für das alte OSS-Interface, für Kompatibilität mit den meisten OSS-Programmen

Darüber hinaus klingt die Soundwiedergabe mit ALSA-Treibern oft auch noch besser als mit entsprechenden OSS-Varianten.

Die Konfiguration von ALSA läuft dabei gar nicht so anders wie die von OSS. Sie müssen auch die entsprechenden Module samt Parametern laden. Um die ALSA-Module dabei von ihren entsprechenden OSS-Äquivalenten zu unterscheiden, haben diese alle ein `snd-` vor ihrem Namen. So können Sie nach einer erfolgreichen Installation prüfen, ob Ihr System eventuell schon ALSA unterstützt:

```
# lsmod
Module                 Size  Used by
...
snd_via82xx           25184  3
snd_seq_oss           34560  0
snd_seq_midi_event     7936  1 snd_seq_oss
...
snd                   52516  17 ...
```

Listing 15.4 ALSA im Kernel

Ausführliche Hilfen

Die Module per Hand zu laden ist zwar recht umständlich, bei den meisten Distributionen allerdings zum jetzigen Zeitpunkt noch immer der einzige Weg. Das wird sich zwar noch ändern, aber da wir nicht wissen, wie ALSA und der 2.6er-Kernel in die Distributionen integriert sein werden, legen wir Ihnen so lange *http://www.alsa-project.org* ans Herz. Dort erfahren Sie, ob Ihre Karte unterstützt wird, und Sie finden zudem noch Installationshinweise speziell für Ihre Hardware und Distribution!

15.3 Audiowiedergabe

Im letzten Abschnitt haben wir nur die Soundkarte konfiguriert – und egal ob OSS oder ALSA – bis jetzt haben wir nur das Device. Was uns noch fehlt, sind Applikationen, die es benutzen.[1] An dieser Stelle möchten wir noch einmal an Kapitel 10 erinnern, in dem bereits die Sound-Dämonen angesprochen wurden.

15.3.1 Ausgabemöglichkeiten

Blockade unter OSS

Diese wurden eingeführt, damit Applikationen bei der Benutzung der OSS-Treiber nicht unnötig das Sounddevice (meist */dev/dsp*) blockieren, da unter OSS nur ein exklusiver Zugriff möglich war. Entsprechend den unterschiedlichen Sound-Diensten gibt es für die meisten Programme unterschiedliche Ausgabe-Plug-ins:

1 Die *voice of god* zählen wir mal nicht dazu.

Schnittstelle	Beschreibung
OSS	Die OSS-API wird direkt zur Ausgabe genutzt.
ALSA	Die ALSA-Schnittstelle wird direkt genutzt.
SDL	Die SDL – eine Medienbibliothek – als Ausgabeschnittstelle nutzen. Diese setzt wiederum auf beispielsweise OSS oder ALSA auf.
aRts	Der KDE-Sound-Dämon. Dieser wird normalerweise beim KDE-Start aktiviert.
esd	Der Gnome Sound-Dämon

Tabelle 15.1 Die wichtigsten Sound-Ausgabemöglichkeiten

Nun stellt sich natürlich die Frage, wie es unter ALSA weitergeht. Mit diesen Treibern können wir blockadefrei auch mit mehreren Programmen gleichzeitig die Audioschnittstelle nutzen.

Das Problem hierbei ist nun viel eher, dass viele Programme noch kein Ausgabe-Plug-in für ALSA besitzen. Von daher werden wir die Sound-Dienste wohl auch in Zukunft noch benötigen.

15.3.2 MP3-Player und Co.

Jetzt kommen wir endlich zu den Playern. Von diesen möchten wir als wichtigsten nur den `xmms` vorstellen.

XMMS

MP3!

Das X-MultiMedia-System ist recht weit verbreitet und unterstützt alle möglichen Audio- und zum Teil auch Videoformate. Sie können für fast alle Sound-APIs ein Ausgabe-Plug-in bekommen. Alles in allem erinnert der XMMS in seinem Aussehen und Verhalten an den WinAMP 2.0, mit dem Unterschied, dass XMMS mittlerweile mehr Features unterstützt als das einstige Vorbild.

Was lässt sich zum XMMS noch sagen? Wir schlagen vor, Sie probieren ihn mit Ihren Lieblings-MP3s einfach mal aus. Im Kontrast dazu können Sie ja zum Beispiel die bei KDE mitgelieferten Player ausprobieren.

SoX

Die Shell und Sound

Als Nicht-GUI-Softwarepaket sei hier noch kurz `sox`, das *Schweizer Taschenmesser* für Audio, erwähnt. Auf der Kommandozeile kann man mit `sox` verschiedenste Formate ineinander konvertieren und diverse Filter auf die Audiodaten anwenden.

15.3.3 Text-to-Speech

Sie wollen sich einmal einen Text von Ihrem Computer vorlesen lassen? Probieren Sie doch einmal ein Text-to-Speech-Tool wie *Festival* aus. Mittlerweile gibt es auch eine Reihe netter Plug-ins für alle möglichen Anwendungen wie z. B. Browser, mit denen Sie sich sogar Webseiten vorlesen lassen können.

Sollten Sie sich allerdings auf solche Abenteuer einlassen, bringen Sie etwas Zeit und Ruhe mit. Nach der einen oder anderen Bastelstunde kann ein interessantes Ergebnis wahrgenommen werden, mit dem Sie auch so manchen Ihrer Freunde beeindrucken können.

15.4 Videos und DVDs

Im letzten Abschnitt haben wir uns um den Ton gekümmert – der nächste Schritt ist das zugehörige Bild. Wer jetzt denkt, dass man unter Linux mit viel Glück nur die wichtigsten AVIs oder MPEG-Videos abspielen kann, hat weit gefehlt. Das war einmal. Mittlerweile steht Linux mit der entsprechenden Software Windows in nichts nach, und teilweise kann man sogar mit einfachen Mitteln mehr anstellen als mit dem Betriebssystem aus Redmond. Doch schauen wir uns dazu erstmal die entsprechende Software an.

15.4.1 DVDs, DivX und Co.

Vorher wollen wir aber noch ein paar Begriffe und Gegebenheiten klären, damit Sie später nicht ins Schleudern kommen.

Codec

Videos entschlüsseln

Videos sind, wie überhaupt jede Multimediadatei, immer in einem speziellen Format gespeichert. Um das Format dann wieder *lesen* zu können, braucht man einen Decoder, der uns die Daten dann entsprechend wieder ausgibt. Ein Codec (*co*der/*dec*oder) ist nun eine Art Software-Bibliothek mit entsprechenden Funktionen.

DivX

DivX ist ein besonderer Codec (genauer: eine Codec-Familie) für Videodateien. Oft sind Filme, die man aus dem Netz laden kann, platzsparend als DivX kodiert. Diese Raubkopien haben DivX erst richtig berühmt gemacht – immerhin kann eine 6-GB-DVD so nahezu ohne Qualitätsverluste auf eine 600-MB-Videodatei gebracht werden, die dann auch gebrannt werden kann.

DVD

Die *Digital Versatile Disc*, kurz DVD, ist ähnlich wie die CD auch eine Art »Datenscheibe« – allerdings mit einer viel größeren Kapazität. Diese Kapazität wird heutzutage oft für Filme genutzt, auch wenn die DVD prinzipiell jede Art von Daten speichern kann.

Wichtig bei Video-DVDs sind vor allem die Ländercodes. Sie sollen verhindern, dass eine DVD überall abgespielt werden kann und der Filmindustrie damit Verluste entstehen. Folgende Ländercodes gibt es:

Code	Region
0	Überall spielbar
1	USA, Kanada und US-Kolonien
2	Europa, Grönland, Südafrika, Japan, Ägypten und der mittlere Osten
3	Südost-Asien, Südkorea, Hongkong, Indonesien, Philippinen und Taiwan
4	Australien, Neuseeland, Mexiko, Zentralamerika und Südamerika
5	Russland und andere Länder der ehemaligen UdSSR, Osteuropa, Indien und Afrika
6	VR China
7	Reserviert für zukünftige Nutzung
8	Internationales Gelände, zum Beispiel in Flugzeugen oder auf Schiffen

Tabelle 15.2 DVD-Ländercodes

Zudem ist die »Verschlüsselung« mit dem CSS-Verfahren zu beachten. Ursprünglich sollte dieses Feature das Abspielen auf nicht lizenzierten Playern verhindern, allerdings wurde die aufgrund von Exportbeschränkungen recht schwache Verschlüsselung recht bald geknackt.

15.4.2 MPlayer

Der MPlayer (MoviePlayer) ist unter Linux das Nonplusultra, was Videos anbelangt. Schauen wir uns einmal die Features an:

- Support für MPEG 1/2/4, DivX 3/4/5, Windows Media 7/8/9, RealAudio/Video bis Version 9, Quicktime 5/6, und Vivo 1/2
- Viele für MMX/SSE(2)/3DNow(Ex) optimierte native AV-Codecs
- Support für XAnim- und binäre Realplayer-Codec-Plug-ins

- Support für Windows-Codec-DLLs (!)
- Grundlegende VCD/DVD-Abspielfunktionalität (inkl. Untertitel)
- Videoausgabe auf allen möglichen und unmöglichen Schnittstellen
- Jedes unterstützte Dateiformat kann in Raw/DivX/MPEG4-AVI (mit pcm/mp3-Audio) konvertiert werden
- Zugriff auf V4L-Geräte wie beispielsweise Webcams
- und anderes mehr

Unterstützung für Windows-Codes

Wie Sie sehen, kann der MPlayer als besonderer Clou sogar mit Windows-Codes umgehen. Aus diesem Grund ist auch eine brandneue Version von DivX für den MPlayer absolut kein Problem. Eventuell sollten Sie aber beachten, dass Sie die Win32-Codes als eigenes Paket in Ihrer Distribution finden, sodass Sie dieses unter Umständen noch installieren müssen, bevor alles wirklich so funktioniert, wie es soll.

Konfiguration

Videotreiber

Wie bei allen anderen Multimediaplayern gibt es auch beim MPlayer das Problem, das passende Ausgabe-Plug-in zu wählen – nur müssen Sie außer den bekannten Audioschnittstellen auch noch einen passenden Videotreiber auswählen. Letzteres geht aber meistens recht schnell, wenn Sie ein Paket Ihrer Lieblingsdistribution nutzen.

Alle entsprechenden Plug-ins müssen nämlich mit einkompiliert werden, weswegen die entsprechenden Bibliotheken auf Ihrem Rechner vorhanden sein sollten.[2] Bei einem Paket sind aber schon die wichtigsten Plug-ins enthalten. Sie können einfach eins nach dem anderen ausprobieren.

Exkurs: Bugfixes in freier Software

Eigentlich gehört es ja nicht hierher. Bei der Recherche für MPlayer sind wir aber auf der MPlayer-Homepage *www.mplayerhq.hu* auf folgenden interessanten Ablauf eines Bugfixes gestoßen:

Ein großer Bug hatte sich in eine Beta-Release des MPlayers geschlichen – er ließ sich auf einigen Architekturen nicht kompilieren. Hier der Ablauf dieser Angelegenheit:

---

2 Die meiste Software, wie der MPlayer auch, überprüft während des Übersetzungsvorgangs, welche der Möglichkeiten auf Ihrem Rechner vorhanden sind – daher sollten die entsprechenden Bibliotheken vorher installiert bzw. sollte die Ausgabe dieser Überprüfung kurz begutachtet werden.

- **09.12.2003 05:24 GMT**
  Der Bug wurde entdeckt.
- **09.12.2003 09:15 GMT**
  Der Bugfix war im CVS.
- **09.12.2003 10:00 GMT**
  Auf dem FTP-Server waren die neuen Dateien zu bekommen.

Binnen fünf Stunden war also ein wichtiger Bug gefixt. Da kommen zwangsläufig Fragen auf: Warum ging das so schnell? Warum kommt so ein Bug überhaupt in ein (Beta-)Release?

Um diese Fragen beantworten zu können, muss man freie Software verstehen. Die Entwickler sind eben darauf angewiesen, dass die Software getestet wird und dass es Rückmeldungen durch die Nutzer gibt. Immerhin investieren sie ihre Freizeit und viel Energie in ihre Projekte – das sollte man respektieren und eben auch unterstützen. Freie Software würde anders nicht funktionieren.

Und dass mit dem Bugfix dann alles doch so schnell ging, ist natürlich Ehrensache der Entwickler.

Der Haken ...

Die Frage bleibt vielleicht, wo der Haken an dieser tollen Software ist. Tatsächlich muss man lange suchen, bis man schließlich etwas findet: MPlayer unterstützt in seiner aktuellen Version keine DVD-Menüs, obwohl man sich die Scheiben trotzdem ohne Einschränkungen ansehen kann. Wenn Sie das trotzdem stört, können Sie sich ja mal den nächsten Videoplayer anschauen.

15.4.3 XINE

XINE unterstützt unter anderem DVD-Menüs. Auch sonst ist die Feature-Liste ähnlich lang wie beim MPlayer. Daher wurden von uns einige Punkte zusammengefasst:

- Abspielen von CDs, DVDs und VCDs
- Support für alle möglichen und unmöglichen Video- und Audiodateien
- Support für Multimediastreams aus dem Netz

Ob man sich nun für XINE oder den MPlayer entscheidet, ist weitestgehend Geschmackssache. Wer will, kann natürlich auch beide installieren und ausgiebig testen. Meistens lässt sich einer von beiden leichter konfigurieren, in jedem Fall hilft aber die entsprechende Dokumentation – wenn man nicht zu faul ist, sie auch zu lesen.

Konfiguration

Für die Konfiguration von XINE gilt, was die Ausgabe-Plug-ins anbelangt, dasselbe wie für die Konfiguration des MPlayers. Falls es mit der Konfiguration von XINE nicht so richtig klappen will, ist oft die Webseite des Projekts (*www.xinehq.de*) ein guter Startpunkt für die Problemlösung. Teilweise muss man noch für DVD-Support und Ähnliches Bibliotheken installieren, damit alles funktioniert.

Beispielsweise benötigen Sie zum Abspielen von DVDs die folgenden Bibliotheken:

- libdvd
- libdvdread
- libdvdnav

15.5 Installation einer TV-Karte

Die Installation einer TV-Karte ist nun ein weiterer Schritt in Richtung Multimedia-PC. Wie auch bei den Soundkarten ist in erster Linie der auf der Karte verwendete Chip wichtig, für den die Unterstützung dann im Kernel aktiviert werden muss. Achten Sie beim Kompilieren des Kernels also auf folgende Punkte:

- **<*> Enable loadable module support**
- **Video For Linux**
  - `[M] Video For Linux`
  - `[M] BT848 Video For Linux`

Der hier selektierte Chipsatz ist für die meisten marktüblichen TV-Karten der richtige. Da aber viele Karten diesen Chip besitzen, müssen Sie beim Laden der Module noch entsprechende Optionen angeben, die die Karte identifizieren. Lesen Sie dazu bitte unbedingt die Dokumentation im Verzeichnis des Kernel-Quellcodes (bzw. unter */usr/share/doc*, falls Sie vorkompilierte Pakete verwenden) oder eben im Netz.

```
# insmod videodev.o
# insmod i2c.o verbose=0 scan=1 i2c_debug=0
# insmod tuner.o debug=1 type=1
# insmod msp3400.o debug=0
# insmod bttv.o card=10 pll=1 radio=0
```

Listing 15.5 Installation einer WinTV-PCI-Karte

Danach sollte die Karte ohne Probleme funktionieren, und das Programm kann mit Tools wie `xawtv` unter X11 genossen werden.

Erst die Treiber, dann die Tools

15.6 Webcams und Webcam-Software

Für Webcams gilt Ähnliches wie für die TV-Karten: Vor der Nutzung müssen die entsprechenden V4L-Treiber eingebunden werden. Nun benötigt man aber für unterschiedliche Modelle unterschiedliche Module, daher raten wir: Suchen Sie zuerst im Internet Hilfe, bevor Sie sich ausgiebig mit der Thematik auseinandersetzen.

Wir werden hier nur ein Beispiel exemplarisch behandeln, damit Sie die Handlungsabläufe prinzipiell verstehen.

15.6.1 Beispiel: USB-IBM-Cam einrichten

Um den Support für diese Webcam einzubinden, benötigen Sie zunächst folgende Module:

- **videodev**
  Das Video4Linux Modul
- **usbcore**
  Das USB-Core-Modul. Es wird auf jeden Fall benötigt.
- **input**
  Das Input-Modul. Es wird im Allgemeinen auch benötigt.
- **usb-uhci**
  Dieses Modul braucht man, um USB auf dem Motherboard zu aktivieren. Wenn Sie beim Laden dieses Moduls Fehler angezeigt bekommen, sollten Sie `usb-ohci` oder die `uhci`-Treiber ausprobieren.
- **ibmcam**
  Das Webcam-spezifische Modul. Andere mögliche Webcam-Module (für andere Modelle) könnten sein:

- ov511 z.B. für Creative WebCam III
- dc2xx z.B. für verschiedene Kodak-Modelle
- cpia, cpia_usb z.B. für Creative WebCam II

Eventuell muss man nur noch die entsprechenden Einträge im Verzeichnis */dev* erstellen.[3] Dazu sollten Sie einfach /dev/MAKEDEV video – natürlich als User root – aufrufen.

15.6.2 Webcam-Software

Nun sollten Sie mit der entsprechenden Software schon ein Bild sehen. Ein paar wichtige Programme wollen wir Ihnen nun noch vorstellen.

xawtv

Noch mehr xawtv

Man kann xawtv nicht nur zum Fernsehen, sondern auch für den Zugriff auf alle möglichen Multimedia-Devices – wie eben auch Webcams – nutzen.

```
$ xawtv -hwscan
This is xawtv-3.71, running on Linux/i686 (2.4.20)
looking for available devices

/dev/v4l/video0: OK        [ -device /dev/v4l/video0 ]
type : v4l
name : BT878(Hauppauge (bt878))
flags: overlay capture tuner

/dev/v4l/video1: OK        [ -device /dev/v4l/video1 ]
type : v4l
name : IBM USB Camera
flags: capture
```

Listing 15.6 Verfügbare Video-Devices suchen

Hier haben wir eine WinTV-Karte sowie eine IBM-USB-Webcam gefunden. Mit folgender Option kann man dann auf die Webcam zugreifen: xawtv -c /dev/video1.

3 Ab Kernel 2.6 entfällt dieser Schritt allerdings aufgrund des devfs.

streamer

Mit `streamer` hat man ein hübsches Programm, um von der Kommandozeile aus diverse Webcams anzusteuern. Man kann dabei einzelne Bilder oder auch Videostreams aufnehmen.

```
$ streamer -c /dev/video1 -b 16 -o bild.jpg
```

Listing 15.7 Bild aufnehmen

Videos in der Shell

Wie auch bei `xawtv`, gibt man hier mit der `-c`-Option das Video-Device an. Mit `-b` stellt man schließlich die Farbtiefe ein, und `-o` legt die Ausgabedatei fest. Ganz ähnlich funktioniert das auch mit einem Video-Stream:

```
$ streamer -c /dev/video1 -f rgb24 -r 4 -t 00:05:00
  -o video.avi -q
```

Listing 15.8 Ein Video aufnehmen

Dieser Aufruf würde ein 5 Minuten langes (`-t 00:05:00`) TrueColor-AVI (`-f rgb24`) mit 4 Frames pro Sekunde (`-r 4`) aufnehmen.

Gqcam

Gqcam wurde ursprünglich für Connectix Quickcams entwickelt, kann mittlerweile aber so ziemlich alle Video4Linux-Devices ansprechen. Das Programm zeichnet sich durch seine intuitive Oberfläche und einfache Bedienung aus.

Motion

Bewegungserkennung

Motion ist ein nettes Programm, das Bewegungen auf dem Kamerabild erkennt und dann verschiedene Handlungen ausführen kann – beispielsweise das Versenden einer E-Mail, die Aufnahme eines Videostreams oder auch das Hochladen der Daten auf einen Webserver.

Anhang

A Quellcode

A.1 Samba-Konfiguration

```
[global]

######## Standardeinstellungen ########

# workgroup = NT-Domain-Name bzw. Workgroup-Name
  workgroup = MYGROUP

# Mit der Option server string kann man eine
# Beschreibung für den Server angeben.
  server string = Samba Server

# Die nächste Option ist wichtig für die Sicherheit.
# Mit ihr kann man den Zugriff auf den Server auf
# bestimmte Netze beschränken. Hier im Beispiel wird
# der Zugriff auf zwei Klasse-C-Netzwerke sowie das
# Loopback-Interface beschränkt.
  hosts allow = 192.168.1. 192.168.2. 127.

# Wenn Sie Ihre Drucker automatisch laden wollen,
# anstatt Druckerfreigaben manuell zu konfigurieren,
# sollte diese Option verwendet werden.
  load printers = yes

# Mit der nächsten Option können Sie den Account für
# den Gastzugang festlegen. (Dieser Account sollte
# natürlich auch tatsächlich auf dem System
# existieren.)
  guest account = pcguest

# Die nächste Option veranlasst Samba, für jeden
# sich verbindenden Client eine eigene Logdatei
# anzulegen.
  log file = /var/log/samba/%m.log

# Die Größe der Logdateien beschränken (in Kilobyte)
  max log size = 50

# Die Sicherheitseinstellung des Servers -- Näheres
# hierzu finden Sie in der Manpage.
  security = user
```

```
# Sollen die Passwörter bei der Übertragung
# verschlüsselt werden?
  encrypt passwords = yes

# Diese Optionen sollten auf Linux-Systemen eine
# bessere Performance erzielen.
  socket options = TCP_NODELAY SO_RCVBUF=8192 \
                   SO_SNDBUF=8192

# Sofern Sie Samba auf bestimmte Interfaces
# einschränken möchten, sollten Sie diese hier
# auflisten. Ansonsten kann von jeder
# Netzwerkschnittstelle aus auf Samba zugegriffen
# werden.
# interfaces = 192.168.12.2/24 192.168.13.2/24

####### NETBIOS-Einstellungen #######

# Falls Sie mehrere SMB-Server in Ihrem Netzwerk
# haben, können Sie Samba verbieten, lokaler Master
# zu werden. Diese Option ist jedoch erst in
# größeren Netzwerken interessant.
# local master = no

# Wenn Sie es Samba nicht verbieten, lokaler Master zu
# werden, nimmt Samba mit diesem Wert an den Wahlen
# teil.
# os level = 33

# Die folgende Option erlaubt Samba, auch über
# Subnetzgrenzen hinweg zu operieren. Falls Sie schon
# einen NT-Domain-Controller haben, wird diese Option
# jedoch nicht benötigt.
  domain master = yes

# Aktivieren Sie die folgende Option, um Samba als
# Domain-Logon-Server für Win95-Systeme zu
# aktivieren.
# domain logons = yes

# Windows Internet Name Serving Support
# Mit dieser Option kann man über den nmbd WINS-
# Server spielen.
  wins support = yes
```

```
# Ansonsten kann Samba hier den WINS-Server des
# Systems finden:
# wins server = w.x.y.z

# Sollte man NETBIOS wegen seiner Beschränkungen oder
# einfach aus Prinzip ablehnen, kann man Samba über
# diese Option anweisen, NETBIOS-Namen über DNS
# aufzulösen -- besser gesagt, dies zu versuchen.
  dns proxy = yes

####### Freigaben #######

# Die Heimatverzeichnisse. Für jeden Benutzer wird
# also ein anderes Verzeichnis freigegeben -- eben
# sein Homeverzeichnis.
[homes]
   comment = Heimatverzeichnisse
   browseable = no
   writable = yes

# Dieses Beispiel ist gut, um Dateien zu teilen.
[tmp]
   comment = Temporary file space
   path = /tmp
   read only = no
   public = yes

# Ein öffentliches Verzeichnis, in dem nur die
# Mitglieder der Gruppe staff schreiben dürfen.
[public]
   comment = Public Stuff
   path = /home/samba
   public = yes
   writable = yes
   printable = no
   write list = @staff

# Druckerfreigabe:
# Mit einem BSD-ähnlichen Druckersystem (der
# Standard) brauchen Sie hier nichts extra zu
# definieren.
[printers]
   comment = All Printers
   path = /usr/spool/samba
   browseable = no
#  public = yes # erlaubt dem Gastbenutzer zu drucken
```

```
   guest ok = no
   writable = no
   printable = yes
```

Listing A.1 smb.conf

A.2 ProFTPd-Konfiguration

```
##### ProFTPd-Konfiguration #####

# Dies ist eine einfache Konfiguration für den
# ProFTPd. Sie realisiert einen einfachen, durch
# inetd gestarteten Server mit Anonymous-Login.

# Der Servername
ServerName                      "FTP Server"

# inetd oder standalone?
ServerType                      inetd
DeferWelcome                    off

# Standardoptionen
MultilineRFC2228                on
DefaultServer                   on
ShowSymlinks                    on
AllowOverwrite                  on

# Verbindungstimeouts...
TimeoutNoTransfer               600
TimeoutStalled                  600
TimeoutIdle                     1200

# Diese Dateien im Homeverzeichnis der User werden
# bei den entsprechenden Aktionen angezeigt:
DisplayLogin                    welcome.msg
DisplayFirstChdir               .message

# Langes Listing bei "ls"
ListOptions                     "-l"

# Hier kann man "böse" Befehle blocken.
DenyFilter                      .*/

# Port 21 ist der Standard-FTP-Port
Port                            21
```

```
# Um Denial-of-Service-Attacken gegen den Server
# vorzubeugen, werden hier nicht mehr als 30
# Verbindungen zu einem bestimmten Zeitpunkt
# erlaubt. Das funktioniert allerdings nur bei
# "ServerType standalone", ansonsten muss dies über
# den inetd geregelt werden.
MaxInstances                    30

# Benutzer- und Gruppenrechte für den Server setzen
User                            nobody
Group                           nogroup

# Standardeinstellung für Benutzerverzeichnisse
<Directory /*>
  # Die umask für Dateien und Verzeichnisse setzen
  Umask                         022  022
  # Dateien sollen überschreibbar sein
  AllowOverwrite                on
</Directory>

# Eine einfache Konfiguration für anonymes FTP

<Anonymous ~ftp>
  User                                ftp
  Group                               nogroup
  # Benutzer sollen sich sowohl mit "ftp" als auch
  # mit "anonymous" einloggen können.
  UserAlias                     anonymous ftp

  # Benutzer "ftp" braucht keine Shell in der
  # /etc/passwd
  RequireValidShell             off

  # Maximale Anzahl von anonymen Logins
  MaxClients                    10

  DisplayLogin                  welcome.msg
  DisplayFirstChdir             .message

  # Überall das Schreiben verbieten
  <Directory *>
    <Limit WRITE>
      DenyAll
    </Limit>
  </Directory>
```

```
  # Für ein Upload-Verzeichnis sollten Sie die
  # folgenden Zeilen entkommentieren.
  # <Directory incoming>
  #   Umask                           022  022
  #   # Lesen und Ändern verboten...
  #   <Limit READ WRITE>
  #     DenyAll
  #   </Limit>
  #   # ...aber Hochladen erlaubt
  #   <Limit STOR>
  #     AllowAll
  #   </Limit>
  # </Directory>

</Anonymous>
```

Listing A.2 proftpd.conf

B Die Buch-DVD

Die diesem Buch beiliegende DVD beinhaltet verschiedenste interessante Dinge, mit denen der Verlag und wir Ihnen hoffentlich eine kleine Freude bereiten können.

Zunächst einmal ist diese DVD bootfähig und enthält einige Linux-Distributionen sowie das Betriebssystem OpenBSD. Sie können alle diese Systeme direkt von der DVD installieren bzw. Knoppix sogar direkt booten. Mit Knoppix steht Ihnen ein direkt von DVD lauffähiges Linux-System zur Verfügung, das Sie verwenden können, ohne eine Installation durchführen zu müssen.

Des Weiteren sind diverse Dokumentationen enthalten. Dazu zählen verschiedene Guides, FAQs, HOWTOs und Tutorials, die wir und der Verlag für Sie ausgesucht haben.

Wir hoffen, dass diese DVD sowohl den Ansprüchen von Einsteigern als auch denen von fortgeschrittenen Benutzern gerecht wird, und wünschen Ihnen viel Spaß beim Erkunden dieses Mediums.

B.1 Welche Versionen sind auf der DVD?

- **Knoppix 5.1.1 2007-01-04** – ein direkt von DVD startbares Linux-System
- **Gentoo Linux 2007.0 x86 minimal install** – eine Distribution für Fortgeschrittene mit einem Port-System
- **Slackware Linux 12.0 x86** – die älteste noch existierende Linux-Distribution
- **OpenBSD 4.1 i386** – ein sehr sicheres BSD-Derivat
- **Ubuntu 7.04** – eine besonders bei Einsteigern beliebte Distribution (basiert auf Debian)

B.2 Benutzung der DVD

Die auf der DVD enthaltenen Distributionen sowie OpenBSD lassen sich, wie bei Betriebssystemen üblich, nicht innerhalb von Windows starten. Sie müssen die DVD entweder unmittelbar nach dem Einschalten des

Rechners in Ihr DVD-Laufwerk einlegen oder lassen diese vor einem Neustart eingelegt, sodass der Rechner sie vor dem Hochfahren des Betriebssystems lesen kann.

Wenn die DVD nicht bootet

Für den Fall, dass die DVD nicht gebootet wird, muss in der Regel die Bootreihenfolge der Laufwerke im BIOS des Computers abgeändert werden. Diese muss so eingestellt werden, dass das DVD-Laufwerk *vor* der Festplatte gebootet wird. Ist das nicht der Fall, würde das bereits installierte Betriebssystem gestartet werden.

Die Veränderung der BIOS-Einstellung lässt sich jederzeit rückgängig machen. Zudem wird Ihr installiertes Betriebssystem automatisch gestartet, wenn keine bootbare DVD im Laufwerk liegt.

C Literatur

BorDel02A: Olaf Borkner-Delcarlo: GUI-Programmierung mit Qt, Hanser Fachbuchverlag, 06/2002.

BovetMacro02A: Daniel P. Bovet, Marco Cesati: Understanding the Linux Kernel, 2nd Edition, O'Reilly, 12/2002.

Hamb95A: S. Hambridge: Request For Comments: 1855 – Netiquette Guidelines, Intel Corp. 10/1995.

Herold99A: Helmut Herold: Linux-Unix Systemprogrammierung, 2. Auflage, Addison-Wesley, 1999.

Herold03A: Helmut Herold: awk & sed. Die Profitools zur Dateibearbeitung und -editierung. Addison-Wesley, 2003.

HuA: Craig Hunt: TCP/IP Netzwerk-Administration, 2. Auflage, O'Reilly, 12/2000.

JoyA: William Joy: An Introduction to the C shell, Department of Electrical Engineering and Computer Science (University of California, Berkeley).

KirDaw01A: Olaf Kirch, Terry Dawson: Linux – Wegweiser für Netzwerker, 2. Auflage, O'Reilly, 06/2001.

Lloyd92A: B. Lloyd L&A, W. Simpson Daydreamer: RFC 1334 – PPP Authentication Protocols, Network Working Group 10/1992.

PloeWend07A: Johannes Plötner, Steffen Wendzel: Praxisbuch Netzwerksicherheit, 2. Auflage, Galileo Press, 2007.

PloeWend08A: Johannes Plötner, Steffen Wendzel: Linux. Das distributionsunabhängige Handbuch, 2. Auflage, Galileo Press, 2008.

Pember92A: Bill Pemberton: The Elm Users Guide. A painless introduction to electronic mail using the Elm mail system, 10/1992. *Zu finden unter www.instinct.org/elm/.*

Robbins02A: Arnold Robbins: sed & awk kurz und gut, O'Reilly 2002.

Shoens94A: Kurt Shoens: Mail Reference Manual, Version 5.5, 9/1994.

Steph99A: Peter Stephenson: A User's Guide to the Z-Shell, 1999. *Zu finden unter http://zsh.sunsite.dk/Guide/.*

Stevens00A: W. Richard Stevens: Programmieren von UNIX-Netzwerken, 2. Auflage, Carl Hanser Verlag, 2000.

TravA: Simon Travaglia: The Bastard Operator from Hell, *frei verfügbar auf http://bofh.ntk.net/Bastard.html.*

VoReJo97A: P. Volkerding, K. Reichard, E. Johnson: Linux Konfiguration und Installation, 2. Auflage, Prentice Hall, 1997.

WaEv98A: Kevin Washburn, Jim Evans: TCP/IP – Aufbau und Betrieb eines TCP/IP Netzes, 2. Auflage, Addison-Wesley, 1998.

Wendzel03A: Steffen Wendzel: Das Allroundgenie Z-Shell, FreeX 06/2003.

WendzPloetn06A: Steffen Wendzel, Johannes Plötner: Einstieg in Linux, 2. Auflage, Galileo Press, 2006.

Wielsch99A: Michael Wielsch: Das Computertaschenbuch Linux, 4. Auflage, Data Becker, 1999.

Index

B

C

D

E

F

G

H

I

J

K

L

M

N

T

U

V

W

X

Z